Halina Nelken

Freiheit will ich noch erleben

Krakauer Tagebuch

Vorwort von
Gideon Hausner

Aus dem Polnischen von
Friedrich Griese

Bleicher Verlag

Dieser Bericht erschien 1987 unter dem Titel
Pamietnik z getta w Krakowie (Tagebuch aus dem Krakauer Ghetto),
Toronto: Polski Fundusz Wydawniczy w Kanadzie 1987.

Die Deutsche Bibliothek – CIP-Einheitsaufnahme

Nelken, Halina:
Freiheit will ich noch erleben : Krakauer Tagebuch / Halina Nelken.
Vorw. von Gideon Hausner. Aus dem Poln. von Friedrich Griese.
– 1. Aufl. – Gerlingen : Bleicher, 1996
Einheitssacht.: Pamietnik z getta w Krakowic ‹dt.›
ISBN 3-88350-732-6

Lektorat: Jens Dittmar
Umschlag: Lothar Pataczek, Starnberg
Herstellung: Wilhelm Röck, Weinsberg
ISBN 3-88350-732-6

Mögt ihr ihn nennen, wie ihr wollt – »gerecht« oder »wahnsinnig«, einen »Krieg der Flanken«, der »Nationen« oder der »Rassen« – egal, denn ich habe schon einen Namen für ihn, der sich in jeder Stunde bestätigt: Krieg gegen die Familie ...

Maria Pawlikowska-Jasnorzewska,
»Poetisches Skizzenbuch« (1941/42)

Die Vergangenheit – der Zukunft

Meinem Sohn und Enkel

Inhalt

Editorische Notiz

Die polnische Originalausgabe wurde in der deutschen Übersetzung behutsam gekürzt. Bei den Texten in eckigen Klammern handelt es sich um Anmerkungen des Übersetzers.

Vorwort

Hunderte, vielleicht sogar Tausende von Juden in Städten und Städtchen, in Ghettos und Lagern haben Memoiren und Tagebücher verfaßt. Dr. Józef Kermisz zitiert die Worte von Emanuel Ringelblum in der Einleitung zum »Tagebuch« aus dem Warschauer Ghetto und stellt mit tiefem Bedauern fest, daß diese Tagebücher größtenteils abhanden gekommen und bei Deportationen, Aufständen und Bränden vernichtet worden sind, und er führt eine lange Liste von Schriftstellern, Untergrundkämpfern und» gesellschaftlichen Aktivisten auf, deren Tagebücher unwiederbringlich verloren sind.
Nach dem Krieg knüpfen die wundersam erretteten Auserwählten des Schicksals an diese Mission an und veröffentlichen ihre Erinnerungen. Doch Erinnerungen sind etwas anderes als Tagebücher, die unter dem Eindruck des unmittelbar Erlebten entstanden. Erinnerungen spiegeln die damalige Realität durch das Prisma der Jahre, die seither verstrichen sind, Erinnerungen sind um zusätzliche Informationen angereichert, die dem Verfasser seinerzeit unbekannt waren. Und wenn sie auch wahrhaftig sind, so ist ihre Wahrheit doch eine kontrollierte, ihre Tendenz ist von aktuellen Ereignissen beeinflußt, welche die Authentizität des Berichteten beeinträchtigen kann.
Aber auch die »brühwarm« aufgezeichneten Tagebuchnotizen von Schriftstellern, Gelehrten und Politikern unterscheiden sich von jenen, die von Kindern oder heranreifenden Mädchen wie Anne Frank geschrieben wurden. Bekannte Aktivisten und Jugendführer verfassen Tagebücher ganz bewußt für die Nachwelt, als ein Testament, das einer künftigen Generation von einer tragischen Epoche Zeugnis geben soll, zum ewigen Angedenken. Unter diesem Aspekt treten persönliche Dinge in den Hintergrund, während Dinge von historischem Gewicht, soziale, politische und ökonomische Faktoren hervorgehoben werden.
Das Tagebuch des jungen Mädchens, das, noch bevor es ins Leben tritt, von ihm ausgeschlossen und ins Ghetto gesperrt wird, dient ihm als verläßlicher Beichtvater. Ihrem Tagebuch vertraut die junge Autorin alle Erlebnisse, Abenteuer, Gedanken, Träume und Enttäuschungen an, die sie ihrer Mutter und sogar ihrer engsten Freundin vorenthält. Ihr Tagebuch enthält auch Berichte von allge-

meinen Ereignissen, allerdings aus der Sicht des persönlich Erlebten. Gerade das macht seine Stärke aus: es ist ein unverfälschtes menschliches Dokument.
Ist die junge Tagebuchautorin eine intelligente und sensible Person, die sich obendrein durch die Fähigkeit auszeichnet, das, was sie sieht und empfindet, zu beschreiben (wir sprechen dann von literarischem Talent), so wird ihr Tagebuch zu einem unschätzbaren Zeitzeugnis, zum Schauplatz der Ereignisse und des Lebens in einem bestimmten Kreis, des Lebens einer Gesellschaftsschicht, der durch historische Ereignisse bewirkten Veränderungen.
Ein solches Zeugnis ist das Tagebuch von Halina Nelken*, das sie im Alter von fünfzehn bis siebzehn Jahren schrieb. Ein Jahr vor dem Krieg begonnen, wurde es seit Beginn der Besatzung über die Dauer des Krakauer Ghettos hinweg in der ersten Person fortgeführt und schließlich einer polnischen Freundin zur Aufbewahrung übergeben. In der Folgezeit wurde es »sicherheitshalber (wie treuherzig!) in der dritten Person fortgesetzt, großenteils in der Form von Gedichten, die den Leidensgefährten in den Lagern Płaszów, Auschwitz, Ravensbrück, Malchow und Leipzig vorgetragen wurden.
Es ist, wie das Tagebuch der Anne Frank, ein intimes Tagebuch; es hält die Geheimnisse eines jungen Herzens fest, eines heranreifenden Mädchens, das geistig reif, aber ohne jede Lebenserfahrung ist, das voller Elan ins Leben drängt und zugleich gehemmt ist – äußerlich durch die Verhältnisse des Ghettos, innerlich durch die im Elternhaus empfangene Erziehung.
Vor dem Hintergrund eines dramatischen Ringens mit der Realität, eines ungeheuren Grolls gegen ein Schicksal, das der Tagebuchautorin die besten Lebensjahre raubt, spielt sich der tragische, sich allmählich verstärkende Niedergang einer jüdischen Familie ab, die der bürgerlichen Intelligenz angehört, einer Familie assimilierter polnischer Patrioten, die für Polens Unabhängigkeit gekämpft hatten, einer schönen, glücklichen, optimistischen Familie, die ins Elend absinkt. Vor diesem Hintergrund wird die Demoralisierung der Jugend geschildert, die sich vor der Realität in den Alkohol flüchtet, und die stille Verzweiflung der älteren Generation, die den Mut verliert und dennoch »die Fasson wahrt«.

* 1985 ausgezeichnet in einem Wettbewerb des Vereins der Krakauer in Israel.

Dieses absolut aufrichtige, bisweilen naive Zwiegespräch Halinas mit ihrem Tagebuch wurde durch knappe zurückblickende Anmerkungen ergänzt, die in den achtziger Jahren in Cambridge, USA, hinzugefügt wurden. Das Tagebuch von Halina Nelken bereichert die Erinnerungsliteratur aus der Zeit der deutschen Besatzung um ein wertvolles Dokument von rarer Qualität, das dem Leser dieser Literatur und dem Historiker jener Epoche erlaubt, die psychische Situation des ins Ghetto eingesperrten Menschen aufgrund einer umfassenden Selbstanalyse der Seele und der Erlebnisse eines jungen Mädchens besser zu verstehen.

*Gideon Hausner**

* Ankläger im Eichmann-Prozeß und Verfasser von »Die Vernichtung der Juden«, München: Kindler 1979.

Erster Teil:
Krakau, Długosz-Straße 7

Ein weißes Gitterbettchen, Gewirr von Stimmen, dazwischen ein kindliches: »Ist sie das?« Hier die schmunzelnden Eltern, dort die Großmutter, einen kleinen Jungen an der Hand. Der Blondschopf mit dem Pagenschnitt verbirgt sich in den Falten des veilchenblauen Kleides: »Oma, sie hat so große ›Gucker‹, ich hab Angst. Wie sie schaut!«
»Aber Felix, das ist doch dein Schwesterchen. Hast du Angst vor Halinka? Jedes Baby hat so große Äuglein.«
Die Geschichte von Feleks Furcht gehört zu den beliebten Familienanekdoten, ebenso die sensationelle Tatsache, daß nicht »Papa« und »Mama« meine ersten gesprochenen Worte waren, sondern ein ganzer Satz.
Als ich schon ein großes Mädchen war, schaute ich mir mit Felek auf dem weißen Bärenfell liegend unser Familienalbum an.
»Ich hatte Angst vor dir, Liliok.« So nannte mich mein Bruder.
»Das weiß ich noch.«
»Quatsch. Das meinst du nur, weil so oft davon gesprochen wurde.«
»Ich weiß es noch«, beharrte ich. »Oma trug ein veilchenblaues Kleid und du einen Samtanzug.«
Oma ließ ihre Stickarbeit sinken: »Moment, ein veilchenblaues Kleid, das aus Wien – ja, das kann sein, ganz sicher. Nicht zu glauben!«
Sie und Mama warfen mir einen erstaunten Blick zu. Vielleicht war es wirklich nur ein Reflex aufgeschnappter Erzählungen, aber dennoch: das sind meine frühesten Erinnerungen; besonders diese vier Augenpaare: die veilchen-saphirblauen von Mama, die graublauen von Oma, die grünlichblauen von Vater und von Felek. Mein Bettchen stand in dem Schlafzimmer mit den Wiener Möbeln, die mit Intarsien verziert waren. Abends warf die Hängelampe ein raffiniertes Muster an die Decke und ein sanft streuendes Licht auf das große, anheimelnd heitere Zimmer. Die weit geöffnete Tür führte ins Eßzimmer, in den »Salon«. Gegenüber der Tür nahm eine riesige Kredenz die halbe Wand ein – wie eine mächtige Burg, von zwei Türmen flankiert und von Figuren und Balustraden geschmückt. In der Nische zwischen ihnen ein trutziger Moses, der mit wehenden Gewändern und den Gesetzestafeln auf dem Arm vom Berg Sinai herabschritt. Ich hatte Angst vor dieser düsteren, bedrohlichen Gestalt. Einmal nachts weckte mich Licht aus dem Eßzimmer; es kam mir vor, als bedrängte mich Moses mit seinen Tafeln. Schreiend fuhr ich hoch. Die Eltern

eilten herbei, und außer mir klammerte ich mich krampfhaft an Mama, einen verstohlenen Blick auf die entsetzliche Figur werfend.

Meinem Blick folgend, erriet Mama: »Ach, er hat das Kind erschreckt! Wir werden Moses entthronen müssen.«

Papa, der sehr groß war, langte mühelos nach der Balustrade. Sein Schatten mit dieser Figur in den erhobenen Händen, ins Riesenhafte gewachsen und vom Fußboden bis zur Decke reichend, machte mir noch mehr Angst. Tags darauf wanderte die Kredenz in ein anderes Zimmer. Ihren Platz nahm die Servante, das Glasschränkchen ein. Im Krieg landete die Servante beim Antiquitätenhändler Stieglitz am Adolf-Hitler-Platz, aber einstweilen stand sie im Salon. Über ihr leuchteten das verschneite Dörfchen von Fałat und die anmutigen Pastellblumen von Wyczółkowski. Über der Tür hing eine große »Landschaft vor dem Sturm« – ein Stoppelfeld mit zu Hocken aufgestellten Garben unter einem graudüsteren Himmel. Der Künstler persönlich, Kamocki, hatte Oma dieses Bild geschenkt. An der anderen Wand galoppierten Pferde von Wojciech Kossak, nicht so wertvoll wie die Rosse seines Vaters Julius, aber dafür mit Ulanen und einem Mädchen mit einem Mündchen wie eine Himbeere.

Näher beim Ofen, dessen cremefarbene Kacheln von einem Blumenrelief verziert waren, hing ein kolorierter Stich, der einen Palast inmitten eines Parks zeigte, davor Kutschen und auf den Alleen Damen in Krinolinen und Reiter mit Windhunden. Ich stieg auf einen Stuhl und spazierte mit dem Finger über die Rasenflächen zum Palast, bis Józka, das Kindermädchen, mich mit der Bemerkung »Beschmier nicht das Glas!« verscheuchte.

Zwischen den Fenstern lachten die fröhlichen Malven von Filipkiewicz, und vor der Helligkeit versteckte sich bescheiden ein Aquarell von Theodor Grott. Nur dieses Bildchen wurde gerettet, und in meinem Wohnzimmer in Cambridge, Massachusetts, strahlt es jetzt den sanften Liebreiz der dörflichen Landschaft meiner Heimat aus.

In den Häusern der Krakauer Intelligenz waren Jugendstilbilder ebenso populär wie Perserteppiche, Gummibäume, zarter Zierspargel in dekorativen Vasen und Bric-à-brac. Im Spiegel an der Rückwand der Servante spiegelten sich diese aus Koralle und Elfenbein kunstvoll geschnitzten, mit Gold und Silber verzierten Nippsachen; Tierchen aus Achat, Bernstein und Muranoglas, anmutige Figurinen aus Meißner Porzellan und das Häuschen von Hänsel

und Gretel – eigentlich ein Hexenhaus -, mit Muscheln verschiedener Gestalt beklebt.
Rechts und links darunter standen schlanke Kelche, und in der Mitte umgaben Pokale einen schlicht geformten, hohen Krug aus dickem grünem Glas, der das rubinrote Wappen [des vereinigten Königreichs] der Krone und Litauens trug. Dieses Wappen befand sich für mich genau auf Augenhöhe, als Oma uns erklärte, daß die Krone Polen bedeute, nämlich der weiße Adler mit der Krone, und daß Litauen der Ritter mit dem erhobenen Schwert auf dem dahinsprengenden Pferd sei. Ich habe die Lubliner Union nie mit dem berühmten Bild von Matejko assoziiert, sondern immer mit diesem Krug meines Großvaters.
Auf dem untersten Bord thronte eine silberne Kutsche voller Kristallfläschchen mit Gewürzen. Diese Kutsche kam nur an hohen Festtagen und bei Familienfeiern auf den Tisch, zusammen mit dem Service aus Wiener Porzellan für 24 Personen. Dieser Wahnsinn aus Tassen, Tellern, Saucieren und Kompottschalen war ein Brautgeschenk meiner Mutter.
Mama und Oma hatten ein vorzügliches Mittel, ausgelassene Kinder zu beruhigen: Gemeinsam sangen wir volkstümliche Weisen und Weihnachtslieder. Felek entwickelte sogleich die Klavierbegleitung, und wir sangen mehrstimmig Kanons und sogar Couplets. Wenn Oma deutsche Lieder und »Sorrento« anstimmte, scherzte Mama: »Oho, die Mama wird wieder sentimental!«
Das Vorlesen fand meistens in Omas Zimmer auf dem grünen Plüschsofa statt. Wir betrachteten die Bildchen und lauschten den Märchen der Brüder Grimm, von Andersen und von polnischen Autoren. Felek und ich liebten diese Lesestunden. Die Konopnicka und Mickiewicz hörten wir so oft, daß wir die »Krim-Sonette« auswendig aufsagen konnten.
Märchenbücher mit Bildern, die alten illustrierten Wochenblätter und Omas Alben mit Landschaftsbildern waren eine vorzügliche Zerstreuung, wenn die Kinder krank waren, besonders für mich. Denn anders als mein Bruder war ich als Kind schwächlich. Felek strotzte vor Gesundheit, er war ein lächelnder Pummel, stets mit dem Leben zufrieden. Er war der Stolz und der Sonnenschein der ganzen Verwandtschaft. Schlittenfahren, Schlittschuhlaufen, Spiele mit Kameraden, die Schule, Briefmarken, Domino, Schach, Schwarzer Peter – alles machte ihm Spaß. Aber am meisten liebte er Klavierspielen, Lesen und gutes Essen.
Vor dem Essen ekelte ich mich. Weder Medikamente noch Spa-

ziergänge verhalfen mir zu Appetit. Ich war ein »grüner Frosch«, ein schmächtiges Geschöpf, und immer wieder fesselten mich andere Gebrechen ans Bett. Ich erinnere mich an Scharlach, an das gedämpfte Licht der Nachttischlampe und an meine Eltern, die an meinem Bettchen wachten. Ich war zu schwach, um den Kopf zu heben, Mama gab mir mit einem Strohhalm Limonade ein und sang leise ein Lied, dessen zwanzig Strophen wohl für die halbe Nacht reichten. Während meiner Rekonvaleszenz spielte Felek mit mir Scherenschnitte. Und vor allem, er ärgerte mich nicht – weil ich ihm die Süßigkeiten und Leckereien gab, die man mir geschenkt hatte.

Von den ständigen Unpäßlichkeiten heilte mich das elegante Fräulein Doktor Blanksteinówna. Sie kam, mit ihren hohen Absätzen klappernd, auf Hausbesuch, und nachdem sie das Stethoskop aus ihrer Tasche hervorgeholt hatte, klopfte und horchte sie mich abgemagertes Wesen aufmerksam ab. Sie verschrieb Lebertran und Eisen. Für Spritzen und zur Bestrahlung mit der Höhensonne mußte ich zu ihr ins Ambulatorium der Krankenkasse.

Als ich die Kinderkrankheiten schließlich hinter mir hatte, wechselte ich in die Betreuung von Dr. Alexander Bieberstein, der die ganze Familie seit Jahren kurierte und uns Kinder von Geburt an kannte. Ernsthaft krank war eigentlich keiner von uns, nicht einmal unsere Oma, die »ältere Dame«, die in Karlsbad Brunnen- und zu Hause Mineralwasser trank und an »Zucker« und »Säure« litt. Wir wunderten uns, daß sich das nicht gegenseitig aufhob. Dann und wann spürte sie ein arthritisches Reißen im Arm. So haben Felek und ich für sie zum Geburtstag den folgenden Glückwunsch verfaßt:

Unsre Oma lebe hundert Jahr.
Das wünschen wir von Herzen.
Und daß sie in dem wehen Arm
nie mehr empfinde Schmerzen.

Oma legte diese Glückwunschadresse als Andenken in den Sekretär in ihrem Zimmer. Das war ein schönes Möbelstück mit Intarsien aus verschiedenfarbigem Holz und Schubladen, in deren Innerem sich weitere Schublädchen und Geheimfächer verbargen. Über dem Sekretär hing ein Porträt von Opa Fabian Barber im Gehrock und mit Schleife unter dem Stehkragen. Von ihm hatten Onkel Ignacy, sein Sohn Mietek und ich die Haut, die niemals bräunt, und die blonden Haare mit dem kupfernen Schimmer geerbt.

»Mein verstorbener Mann, Teilnehmer am Januaraufstand«, klärte Oma die Uneingeweihten voller Stolz auf. »Im Trauergeleit marschierte eine Delegation von Veteranen im Schnürrock mit, und ein Orchester spielte Trauermärsche und patriotische Lieder, bis ans Friedhofstor an der Miodowa-Straße.«

Auf dem Grabmal war der polnische Adler zu sehen. Nachdem Oma 1935 gestorben war, gingen Mama und ich an den Jahres- oder Feiertagen auf den Friedhof. Schon unter dem Eisenbahnviadukt streckten Bettler ihre Hände nach Almosen aus, und ich fürchtete mich ein wenig vor ihrem Jammergeschrei »Rachmunes!« Hinter dem Tor war es still. Der von alten Bäumen beschattete Friedhof machte mir keine Angst. Auf den Grabplatten las ich Namen, die ich von den Schildern von Krakauer Ärzten, Anwälten und Geschäften kannte. Alles war mir vertraut. Das schlanke Denkmal von Opa spiegelte sich in einem polierten schwarzen Marmorblock wider, dem Grabmal des Sejm-Abgeordneten Dr. Ozjasz Thon.

Die Deutschen zertrümmerten die Denkmäler auf dem jüdischen Friedhof, doch die Überlebenden fanden die Gräber ihrer Angehörigen wieder. Marian, unser Hausmeister, ummauerte den bescheidenen Granitgrabstein. Die alten, mit Goldlettern ausgeschmückten heroischen Inschriften ersetzte er durch die schlichte Aufschrift »Rozalia und Fabian Barber« und durch eine Liste unserer engsten Verwandten aus Krakau, die dem Nazismus zum Opfer gefallen waren.

Was »ewige Ruhestätte« bedeutet, wurde mir erst nach dem Tod meiner Mutter klar, die in der fremden amerikanischen Erde bestattet wurde. Es tat mir weh, daß sie nicht in Krakau bei den Ihren ruht, wo der ewige Schlaf wohl weniger einsam wäre. In einem atavistischen Reflex habe ich bei meiner ersten Reise nach Krakau eine Handvoll Erde von ihrem Grab zum Friedhof an der Miodowa mitgenommen; Erde, die ich um den Gedenkstein meiner Großeltern zusammenkratzte, verstreute ich dafür auf Mamas Grab in West Roxbury, Massachusetts.

Meine Mutter, die jüngste einer zahlreichen Geschwisterschar, war noch klein, als ihr Vater starb. Sie kannte ihn eigentlich nur aus den Erzählungen von Oma, die ihren Kindern und Enkeln bei dieser Gelegenheit beibrachte, patriotische Oden zu deklamieren und nationale Choräle zu singen. Großvater war in Wien seiner Ausbildung nachgegangen, wenn er sich nicht gerade in allerlei Revolutionen und Kriegen herumschlug. Es hatte ihn sogar bis in die Türkei getrieben. Von dort stammten unser Teppich und die orientalischen Wandbehänge. Offenbar hatte sich Großvater im Januaraufstand 1863 ausgezeichnet, denn Oma bezog eine lebenslange Witwenrente vom polnischen Staat.

Großvater leitete die Verwaltung der Brauerei von Baron Götz, wurde »seßhaft« und gründete eine Familie. Er muß ein fortschrittlicher Mensch gewesen sein, denn er sorgte dafür, daß seine Söhne und Töchter eine Ausbildung erhielten und einen Beruf ergriffen. Und er hatte von mehreren Ehefrauen zahlreiche Nachkommen. Die Frauen gebaren und gebaren und starben; die Kinder wuchsen heran, gingen aus dem Haus und wanderten nach Übersee aus; und Opa schaute sich nach einer neuen Ehefrau um. Er fand sie in Gestalt einer blutjungen Waisen.

Oma muß sehr schön gewesen sein, denn bis ins hohe Alter bewahrte sie sich einen Teint wie Porzellan, wunderbare hellblaue Augen und »zobelartige« Brauen. Ihre Familie wurde von einer Choleraepidemie dahingerafft, in der Sanitäter in Schutzkleidung die Leichen mit langen Haken aus den Häusern zogen und auf einen Wagen mit Kalk warfen. Das verwaiste Mädchen war ratlos und verloren, und so nahm sie die ernsten Absichten des älteren Herrn dankbar zur Kenntnis. Er liebte sie, wie es schien, er verschaffte ihr eine Position, er war weltgewandt, gutsituiert, fürsorglich wie ein Vater und immer noch recht munter, denn Oma gebar ihm sieben Kinder. Zwei starben im Kindesalter. Dafür gediehen die anderen fünf prächtig und wurden zum Trost der bald verwitweten jungen Mutter.

Als ich erwachsen war, äußerte ich mein Erstaunen darüber, daß Oma sich nicht wiederverheiratet hatte.

»Das war eine andere Zeit«, erklärte mir meine Mutter, »nur ein Krösus hätte damals um die Hand einer kinderreichen Frau anhalten können. Oma bekam eine hohe Witwenrente von Baron Götz und ein Stipendium für die Ausbildung ihrer Kinder. Sie war wohlversorgt. Eine Wiederheirat hätte diese Privilegien zunichte gemacht.«

Als geachtete Witwe von Fabian Barber und Eigentümerin einer Immobilie mit Garten führte Oma also ein hinreichend gesichertes, auskömmliches Leben. Alljährlich fuhr sie zur Kur in ausländische »Bäder«, in Krakau hatte sie ein Abonnement beim Słowacki-Theater – damals war jede Woche eine Premiere -, sie ließ allen

Kindern eine Ausbildung angedeihen und verheiratete ihre Töchter gut. Eine enge bürgerliche Welt? Vielleicht.
Ihre älteste Tochter hatte ein hitziges Temperament, und Oma atmete auf, als Bronka frühzeitig nach Ungarn heiratete. Ferry, Ferdinand Héda, leitete die Filiale einer Wiener Schokoladenfabrik. Zu allen Festtagen trafen Pakete bei uns ein, die vorzügliche Schokoladenbonbons, Pralinen, Marzipanfrüchte, gewaltige Nikoläuse und Figuren aus köstlicher Schokolade in buntem Stanniol enthielten.
Ich war wohl drei oder vier Jahre alt, als wir bei Tante in den Ferien waren. Ich weiß nicht, warum mich die Tante ausschimpfte und mir einen Klaps gab. Jedenfalls brüllte ich aus Leibeskräften (womit ich mir den Spitznamen »Schreihals« einhandelte) und flüchtete mich zu Mama. Auf ihrem Schoß in Sicherheit, drohte ich der Tante, von Schluchzern unterbrochen, wie die böse Hexe aus Grimms Märchen: »Wenn ich groß bin, gehe ich mit der Tante auf einen hohen Berg, und dann stoße ich die Tante in die Tiefe, und wenn die Tante tot ist, dann lache ich!«
Einstweilen lachte jedoch die Tante, daß ihr die Tränen über die Wangen rannen, und ich weinte und weinte und handelte mir so meinen zweiten Spitznamen ein: »Hexlein«.
Tante Bronka hatte drei Töchter: Reguszka, Margit und Lilli, die jüngste, eine auffallend schöne feurige Brünette mit cremefarbenem Teint. In sie verliebte sich der Sohn eines hohen Nazi-Würdenträgers (Ribbentrop), aber Lillis Eltern widersetzten sich der romantischen Affäre. Sie kamen in Theresienstadt um – alle, mit Ausnahme von Margit und ihrem Söhnchen Peter, die in der Slowakei untergetaucht waren.
Ignacy, Omas einziger Sohn, studierte in Lemberg und Wien, absolvierte das Polytechnikum und wurde Ingenieur. Im Range eines Pionier-Offiziers sprengte er während des Ersten Weltkriegs an der Ostfront Brücken in die Luft. Schwer verwundet geriet er in Gefangenschaft, und in den Wirren der Revolution konnte er sich aus dem Inneren Rußlands bis nach Krakau durchschlagen. Hier gründete er seine Firma »Maszyny und Narzędzia«, heiratete seine große Liebe, die hübsche Tante Dora, und hatte mehrere Kinder mit ihr. Leider starben die ersten gleich nach der Geburt, doch Mietek und Jureczek wuchsen gesund auf.
Tante Hela kannte ich nur von Fotos und aus Omas Erzählungen, die jedesmal mit einem schmerzlichen Seufzer und einem unterdrückten Schluchzen abbrachen. Ihre liebste Tochter war unge-

mein begabt. Alle Mädchen besuchten die Schule zur Hl. Scholastik, doch einzig Helas Zeugnis heimste Jahr für Jahr Preise ein. Helas Stärken waren ihre wohlklingende Stimme, ihre Handarbeiten und Zeichnungen sowie ihr mathematisch exakter Geist. In einer Zeit, in der Frauen kaum die ersten Schritte in die traditionell männliche Berufswelt lenkten, stieg Hela, ein ruhiges, ernstes Fräulein, an die Spitze der Angestellten einer bedeutenden Exportfirma auf. Obendrein war sie schön, »eine Kamee mit gemeißelten Zügen«, wie man damals sagte. Junge Männer schickten Blumen, an hellen Abenden sangen sie ihr von der Wiese hinter dem Garten aus Ständchen, und Tante Hela saß neben der gerührten Oma seelenruhig auf dem Balkon und streichelte Muszka, ihr schwarzes Hündchen. Ein Bernard aus Wien liebte sie wahnsinnig.

»Gut sah er aus, aber dieser Hela mit ihrer Intelligenz und ihren Fähigkeiten konnte er doch nicht das Wasser reichen.« Mit verächtlichem Groll zuckte Oma die Achseln.

Tatsächlich hatte er aber nichts außer ihr im Sinn. Er überschüttete sie mit Blumen, kniete vor ihr nieder und gewann am Ende ihr Herz. Hela heiratete nach Wien, wo sie Bernard, »der Schuh-König«, mit Juwelen überhäufte und mit Luxus umgab. Die Kinder kamen wie bestellt, zuerst der Sohn Fritz, dann die Tochter Doddy. Sie wurden von Kindermädchen aufgezogen, während Hela bald die eine, bald die andere Schwester zu Besuch hatte, am häufigsten aber Oma.

»In Krakau bestieg man den Expreß, und einige Stunden später ging man im Abendkleid und mit dem Opernglas in die Oper oder ins Burgtheater. Hela liebte die Oper und das Schauspiel, aber sie ließ sich auch zum Besuch der Operette überreden«, berichtete die Oma.

An dieser Stelle folgten Arien aus der »Lustigen Witwe«, und Oma und Mama trällerten »Wilja, o Wilja, du Waldmägdelein«. Manchmal verirrten sie sich in die Oper und sangen uns dann »Madame Butterfly« vor oder »Rachel, ach, wann wird der Herr in seiner unbegreiflichen Güte...«, und aus dem anderen Zimmer ertönte Papa und vollendete die tragische Arie aus der »Jüdin«: »Dein Glück war mir eine heilige Pflicht, und nun füüühre ich dich selber zum Scheiterhaufen...«

Wer hätte gedacht, daß bald darauf wieder reale Scheiterhaufen für jüdische Töchter und Söhne entzündet würden.

Aber das Unglück ereilte Helas glückliche Familie schon vorher. Telegraphisch in eine Wiener Privatklinik bestellt, fand Oma ihre

geliebte Tochter in den letzten Zügen. »Mama, Mama!« rief die arme Hela nach ihr, ohne zu bemerken, daß die Mutter schon da war und ihre langen dunkelblonden Haare kämmte, die, zu dikken Zöpfen geflochten, auf beiden Seiten aus dem Bett hingen.
Als sie starb, wollte Bernard sich das Leben nehmen. »Kein Mensch kann sie mir ersetzen, kein Mensch wird ihre Stelle einnehmen«, schwor er an ihrem Grab. Und tatsächlich hat er nicht wieder geheiratet. Das Haus führte eine Haushälterin, die Kinder wurden von Gouvernanten betreut. Fritz beendete unmittelbar vor dem »Anschluß« sein Medizinstudium und wollte sich über die Tschechoslowakei nach Belgien absetzen, wo sich Bernard und Doddy bereits aufhielten. Während er auf sein Visum wartete, hielt sich der junge Arzt bei Tante Lola im Sudetenland auf. Um den illegalen Österreicher zu retten, brachte ihn Tante Lola umgehend nach Prag, und als sie heimkehrte, fand sie ihre Kinder nicht mehr vor. Zabotynski hatte sie nach Palästina geschafft und ihnen dadurch das Leben gerettet.
Von den Schwestern meiner Mutter war mir Tante Lola die liebste, sie kannte ich am besten. Beide waren auch wegen ihres geringen Altersunterschiedes am vertrautesten miteinander. Beide wußten, was es heißt, die Kleider aufzutragen, aus denen ältere Geschwister herausgewachsen waren, wobei meine Mutter als die jüngste am schlechtesten dran war. Die älteren Schwestern waren längst »vergeben«, als sie in ihrer Schüleruniform noch durch die Wallanlagen in die Schule zur Hl. Scholastik marschierte. Als die Zeit kam, Lola »in die Welt einzuführen«, (also zum ersten Ball zu geleiten), zerfloß meine Mutter in Tränen, weil es unschicklich war, jüngere Töchter vorzuzeigen, bevor die älteren nicht wenigstens verlobt waren. Das in Tränen aufgelöste junge Ding harrte am Fenster aus, bis gegen Morgen der Fiaker vorfuhr und Onkel Ignaz im Frack (als männliche Eskorte), Mutter und Schwester aus der Droschke half. Lola schleuderte ihre drückenden Tanzschuhe erleichtert von sich; ebenso erleichtert befreite sich Oma vom Korsett. Von Familienfotos kannte ich die Balltoiletten, Gazen und Tülle, Voiles und Spitzen, Bänder und Blumen, diese an den Ausschnitt gehefteten Buketts und die über den Ellbogen reichenden Handschuhe. In einer runden Schachtel bewahrte Oma die zart nach Chypre duftenden Spitzenschals, Fächer und die mit Flitter bestickten Täschchen mit den verblichenen Tanzkarten ihrer Töchter auf.
»Sie hatten alle Erfolg, keine blieb ein ›Mauerblümchen‹. Deine Mama holten sie sogar vom Balkon, noch ehe sie debütiert hatte!

Diese Halbwüchsige hatte mich bedrängt, den Kostümball wenigstens von der Galerie aus betrachten zu dürfen!«
Mama hatte also den Ballsaal und Lola von oben herab bewundert. Es wimmelte von Prinzen, Rittern, Pagen, Hexenmeistern und Napoleons, die um Bajaderen, Zigeunerinnen, Feen, Sylphiden und Damen in Krinolinen herumschwirrten. Oma, in schwarzer Spitze, mußte im Kreis der Matronen sitzen, die eifrig darüber wachten, wer mit wem und mit welchem Abstand tanzte, und ob sich nicht einer mit seiner Tänzerin – ohne Anstandsdame! – in einen Nebensaal verdrückte. Der letzte Walzer ging gerade zu Ende, und ehe er in den flotten Rhythmus der Mazurka wechselte, die das Tanzvergnügen beendete, entdeckte Oma voller Empörung meine Mutter in den Armen eines jungen Mannes in einer Künstlerpelerine. Dieser hatte Mama erspäht, als sie sich auf der Galerie vorbeugte, war hinaufgeeilt und hatte sie um den Walzer gebeten. Es half nichts, daß sie sich herausreden wollte, sie sei nur als Zuschauerin da, im Alltagskleid (das sie obendrein von Hela auftrug). Der junge Mann ließ sich nicht überzeugen: »Ich bin auch nicht im Kostüm! Gestatten, Kunstmaler H. B.«, stellte er sich vor und entführte sie zum Tanz.
»Du wirst nicht mehr mit uns gehen!« entrüstete sich Oma. »Warte ab, bis du an der Reihe bist!«
Lola war nicht lange ein »heiratsfähiges Mädchen«. Ein feuriger Ungar – der zweite in unserer Familie – verliebte sich in sie. In seinem Atelier in Turoczszent Marton verewigte er alle Schwestern an einem Tischchen, das von einem Kelim bedeckt war. Lola neigt anmutig das Köpfchen, leicht auf die rechte Hand gestützt, an der ein Verlobungsring und ein Trauring prangen; Bronka, füllig, reif und rundlich, blättert mit ihrer fleischigen Hand in einem Album mit Landschaften; meine Mama daneben, eine schmächtige Gestalt mit einem kleinen Gesicht auf dem schlanken Hals, nimmt halb soviel Raum ein wie Bronka, schließlich Hela, anmutig mit dem Ellbogen auf den Tisch gestützt. Alle Schwestern haben schöne, ausdrucksvolle Augen und üppige Haare. Alle tragen Kettchen mit einem Medaillon. Die Familienähnlichkeit ist in ihren Gesichtszügen zu erkennen, doch ihr Ausdruck ist bei jeder anders: Lola anmutig verträumt, Bronka gebieterisch, aber auf lustige Art; meine Mama mit einem verstohlenen Schalk in den hellen Augen; und Hela ruhig und gelassen.

Einige Jahre vor dem Zweiten Weltkrieg wachte Oma eines Nachts

plötzlich auf und weckte zitternd unsere Eltern: Bei Lola sei was passiert. Von meinem Bett aus konnte ich sehen, wie Oma händeringend in ihrem Zimmer auf und ab ging. Am Morgen kam ein Telegramm: Lolas Mann war einer Herzattacke erlegen. Papa und Oma fuhren zur Beerdigung.
Nicht nur unsere Oma ahnte Unglück voraus: Wallys Vater hatte ihr einige Tage vor ihrem Geburtstag sein Geschenk überreicht, eine kleine goldene Uhr, hatte sie geküßt und war ins Schlafzimmer zurückgekehrt, da es bereits Abend war. In derselben Nacht war er gestorben.
Latzi wurde Familienoberhaupt, Beschützer von Mutter und Geschwistern, der den Lebensunterhalt verdiente. Als Hitler das Sudetenland besetzt und Tante Lola Fritz nach Prag gefahren hatte, sorgte Zabotynski fast in letzter Sekunde dafür, daß junge Leute aus den gefährdeten Gebieten nach Palästina gebracht wurden. Es mußte sofort gehandelt werden, und Latzi traf die schwere Entscheidung, seine jüngeren Geschwister zu retten. Er schickte sie fort, blieb aber selbst zurück, um sich um seine Mutter zu kümmern, die sich von ihrem jüngsten Sohn und ihrer einzigen Tochter noch nicht einmal hatte verabschieden können.
Wally und Gyury kamen in einen Kibbuz. Wir schickten ihnen Päckchen, denn aus Krakau war das einfacher als aus der inzwischen besetzten Tschechoslowakei. Latzi heiratete, aber er ließ seine Mutter nicht allein. Während des Krieges schickte Tante Lola uns aus Theresienstadt Päckchen ins Ghetto. In Theresienstadt sind sie alle umgekommen, ihr edelmütiger, ergebener Sohn Latzi und seine Frau.
Als Bronka, Hela und Lola verheiratet und versorgt waren, verwandelte sich Mama in eine langbeinige, schmale Bohnenstange. In der Zeit, als Frauen mit vollen Hüften und üppigem Busen gefragt waren, mußte sie sich die Bluse mit Taschentüchern ausstopfen; dafür war sie in den zwanziger Jahren, als platt wie ein Bügelbrett schick war, wieder mit der Mode überkreuz, denn sie stillte ihre Kinder. Aber einstweilen besuchte Regina, zu Hause Rena genannt, noch die Schule. Wenn sie morgens mit ihrer Schultasche durch die Wallanlagen ging, fand sie auf einer Bank ein Briefchen, versteckt in einem Veilchenstrauß. Am Ende der Allee tat ein Jüngling so, als lese er, äugte aber über das Buch hinweg, um aufzupassen, daß seine Geständnisse in die richtigen Hände gelangten. Die unschuldige Romanze endete, als der Student auf eine ausländische Universität kam. Mama wurde vor Sehnsucht

krank. Oma fuhr mit ihr nach Marienbad, und nach der Rückkehr entschied sie, daß das Mädchen nicht irgendwelche »historische Studien« in Kursen für junge Damen, sondern einen praktischen Beruf brauchte.
Ein mit der Familie bekannter Zahnarzt nahm Mama bereitwillig als Praktikantin auf. Mit gebrochenem Herzen stand sie angeekelt vor zerbrochenen Prothesen und künstlichen Zähnen, golden und silbern glänzten die Brücken, rote Kiefer bleckten eine ebenmäßige Bezahnung, und angsterregend war das Knirschen der Bohrmaschine und das Stöhnen der Patienten. Mit Migräne kam sie nach Hause und erklärte weinend, sie nehme sich das Leben, um nichts in der Welt gehe sie nochmal dorthin zurück, lieber wolle sie Angestellte sein wie Hela, denn im Büro habe man wenigstens Kontakt zu Menschen.
Also schickten sie sie in einen Kurs, wo sie Buchführung, Stenographie und Maschinenschreiben lernte. Rasch wurde Mama zur routinierten Bürokraft und erhielt eine Stelle in einer bedeutenden Firma am Hauptmarkt. Sie genoß eine gewisse finanzielle Unabhängigkeit, obwohl sie, wie damals üblich, das Gehalt an Oma ablieferte, die ihr ein Wochengeld »für kleine Ausgaben« zuteilte. Die waren nicht immer ganz klein – stolz hat mir Mama erzählt, wie sie sich einmal eine Spitzenbluse, ein dunkelblaues Samtkostüm und ein »Rembrandt-Barett« mit einer weißen Feder bestellt hat. »Na, die Rena ist aber schick«, hatten sie die Matronen gerühmt, die mit Oma in der Konditorei Maurizio saßen, wenn die jungen Leute promenierten, während eine Militärkapelle auf dem Hauptmarkt aufspielte.
Die Spaziergänge verlagerten sich in den Stadtteil Błonia, als in den Hallen an der Oleandry-Straße eine Ausstellung eröffnet wurde. Während sie die Allee entlangspazierten, blieb einer der Kavaliere, der die jungen Damen begleitete, vor einem Herrn mit kastanienbraunen Haaren und elegantem schwarzen Anzug stehen.
»Die Wienerinnen weinen sich schon die Augen aus, wenn der Herr Baron in Krakau ist. Achtung, meine Damen, hier ist unser witziger, gefährlicher Schäker, Edmund Emanuel Nelken!«
»Baron?« fragte meine Mama.
»Ach wo! Der schreibt sich Nöllken.« Ein leichtes Lächeln vertiefte seine koketten Grübchen am Kinn und auf den Wangen. Aber der blaßgesichtige, helläugige junge Mann wurde sogleich wieder ernst, verbeugte sich und wandte sich wieder dem älteren Paar in Schwarz zu.

»Und das soll der lustige Nelken sein?« wunderte sich meine Mama. Ihr Begleiter erklärte: »Er ist in Trauer. Er hat den Großvater verloren, der ihn aufgezogen hat.«
Impulsiv lief Mama zu der Bank: »Es tut mir sehr leid, mein herzliches Beileid.«
Die ältere Dame musterte Mama vom Rembrandt-Barett bis zu den geknöpften Schuhen, lächelte huldvoll und beschloß feinfühlig, mit ihrem Mann die Ausstellungspavillons zu besuchen. »Und du, Mundek, genieße den Spaziergang an der frischen Luft.«
So lernten sich meine Eltern kennen, und die ältere Dame war Tante Mala, die mir das alles erzählte.

Mein Vater stammte von den in Lemberg und Brody ansässigen galizischen Nelkens ab. Als er noch klein war, kam sein Vater bei einem Eisenbahnunglück ums Leben, Er wurde in Chrzanów beigesetzt. Die Mutter starb jung, nicht lange nach dem Verlust ihres Mannes. Ich wurde nach ihr benannt. Die verwaisten Kinder Edmund und Leopold wuchsen bei ihrem Großvater in Krakau auf. Sein schwarz gerahmtes Foto hing im Schlafzimmer über dem Nachttischchen meines Vaters. Sein Großvater war ein gelehrter, kluger Mann, seinen Rat suchten Juden und Nichtjuden. Ich weiß weder, ob Tante Mala oder ihr Mann mit ihm verwandt waren, noch, ob dieser mein Urgroßvater mütterlicherseits oder väterlicherseits war, aber ich erinnere mich, daß Papa seiner mit ungeheurer Liebe und Achtung gedachte. Opa ermöglichte ihm eine Bankausbildung auf der Höheren Handelsschule in Wien, und dort arbeitete mein Vater in einer Bank am Praterstern und verführte junge Wienerinnen. Aber nach Großvaters Tod ließ er sich von den Legionen anwerben. An der Front war er gegen die Kugeln gefeit, erst nachdem die Legionen ins österreichische Heer integriert worden waren, wurde er am Isonzo an der italienischen Front von einem Schrapnell am Bein verwundet.
Als er im Lazarett lag, fuhr Mama nach Wien, um ihn zu besuchen. Vom Heer entlassen – der Krieg ging ohnehin seinem Ende entgegen -, kehrte Papa nach Krakau zurück. Kurz vor der Hochzeit wäre die Verlobung fast durch einen Zwischenfall auf dem Presseball geplatzt. Mama lächelte jedesmal maliziös, wenn wir das Foto betrachteten, auf dem sie Hand in Hand zu sehen sind, zärtlich Kopf an Kopf, Papa im Frack mit einer Nelke im Knopfloch, Mama ein Band im Haar und im modischen, knielangen Kleid aus glänzendem Taft – beide unverkennbar verliebt. Beim Figuren-

walzer wechselten die Tanzpartner, und Papa blieb an einer bekannten Schauspielerin, einer Salonlöwin, hängen. Mama mochte nicht mehr tanzen und kehrte mit ihrem Partner zum Tisch zurück, während Papa, der Herzensbrecher, mit der Löwin das Tanzbein schwang. Es folgte ein Blumenwettbewerb, die Paare gingen auseinander, die Löwin stieg graziös die Stufen zum Podest hinauf, und Papa hinterher. Mama wurde fuchsteufelswild. Die Löwin lehnte sich an eine Säule, Papa eilte mit einem Armvoll Rosen herzu, um graziös vor ihr niederzuknien, aber er stolperte und sauste sämtliche Stufen hinunter, wobei er die Rosen verstreute. In die Stille vor der Verkündung der Rosenkönigin platzte das laute Lachen meiner Mama hinein. Sie konnte sich nicht einmal da beherrschen, als man ihren Verlobten mit verstauchtem Fuß zum Fiaker schleppte.

»Du bist herzlos!« empörte sich Vater.

»Gleich und gleich gesellt sich gern!« gab Mama schlagfertig zurück.

Ihre gekränkte Ehre war bald wiederhergestellt, der verstauchte Fuß desgleichen, und so standen beide auf dem Brautteppich. Die Wohnung des jungen Paares und das Zimmer der Großmutter nahmen das erste Stockwerk des Gebäudes ein, das Opa Fabian Barber für sie errichtet hatte. In diesem Haus wurden Felek und ich geboren.

»Haus«, das ist für mich unser Haus an der Długosz-Straße 7. Das kurze freundliche Gäßchen lag zwischen der Kalwaryjska-Straße, wo die blauen Trambahnen klingelten, und der kleinen gemauerten Kapelle am Serkowski-Platz, wo an Maiabenden alte Weiblein aus der Umgebung, Dienstmädchen und Kinder inbrünstige Gebete sprachen und die Lauretanische Litanei sowie »Preiset die maiengrünen Auen« sangen. Nicht weit in den Wallanlagen entfernt, blühten die Kastanien und der Holunder um das Denkmal auf dem kleinen Rondell. Dort spielten Kinder, und auch ich habe dort mit einem gelben Schäufelchen Sand in ein gelbes Eimerchen mit Blümchen geschaufelt. Dort führte ich meine Puppe Kizia im Wagen aus, und alle bewunderten sie, wie groß sie war und daß sie die Augen schließen konnte. Oma hatte sie aus Karlsbad mitgebracht. Mein Kindermädchen saß mit anderen Kindermädchen auf der Bank, und sie erzählten sich schreckliche Geschichten: wie einer einem aus Rache Säure in die Augen schüttete; wie einer sich mit Jodtinktur vergiftete; und daß dies das Rondell der Selbstmörder sei, denn hier habe sich einmal ein junges Paar aus Liebe mit Revolverschüssen das Leben genommen. Seitdem wollte ich

nicht mehr in den Wallanlagen spielen. Das Kindermädchen ging mit mir in den Park unseres Stadtteils Podgórze oder auf die Krzemionki, und damit es mir nicht langweilig wurde, nahm es auch meine Freundinnen aus der Długosz-Straße mit. Von der Anhöhe aus hatte man einen schönen Blick auf Krakau. Wir liefen über die Felsen, pflückten Blumen oder wanden Kränzchen, während das Kindermädchen Socken stopfte und Volkslieder sang. Wenn Felek und seine Freunde dabei waren, spielten wir Ball oder sammelten leere Schneckenhäuser. Auf dem Heimweg trat das Kindermädchen in die Redemptoristenkirche. Ich war noch ein kleines Kind, als wir einmal zusammen in das dämmrige Innere des Hauptschiffes gingen; die Glocken ertönten, die Orgel dröhnte, das Kindermädchen kniete nieder, und ich wurde von dem überwältigenden Eindruck ohnmächtig. Seitdem hat mir diese Kirche Angst eingeflößt. Jedoch nicht die riesige Marienkirche, auch nicht die schwere romanische Andreaskirche an der Grodzka-Straße, und erst recht nicht die Pfarrkirche am Marktplatz von Podgórze. Die besuchten wird, wenn wir auf einem anderen Weg aus dem Park heimkehrten.
Oft standen dort geschmückte Droschken und Neugierige auf den Stufen der Kirche und erwarteten einen Hochzeitszug, gespannt, ob die Braut wohl weinte. Meistens waren es jedoch das Kindermädchen und ich, die vor Rührung schnieften, wenn der Organist »Veni creator spiritus« anstimmte und sich die Braut im Schleier und im weißen Kleid vor dem Altar erhob. Anschließend begab sich das junge Paar in das Fotoatelier am Markt, welches ganze Generationen von Mitbewohnern auf dem weißen Fell, zur ersten Kommunion, im Hochzeitsgewand und für den Ausweis verewigte.

Wenn wir vom Marktplatz auf der rechten, sonnigen Seite der Kalwaryjska-Straße nach Hause gingen, kamen wir zunächst am Eisenwarengeschäft von Herrn Lewkowicz vorbei. Tolek Lewkowicz ging mit Felek in einer Klasse, und seine Schwester mit mir. Beide hatten einen blassen Teint, dunkle Haare und graublaue Augen. Tolek spielte im Schulorchester das gewaltige Helikon – zur Verzweiflung seiner Eltern und Nachbarn. Nach dem Abitur reiste er nach Palästina und fuhr später als Elektroingenieur auf einem Frachtschiff. – Von seiner Familie überlebte die Mutter, und nach dem Krieg gab ich ihr ein Foto von Runka, das ich aus einem Gruppenbild unserer Grundschulklasse ausgeschnitten hatte.

Dann folgte der große Lebensmittel- und Kolonialwarenladen Jadowski. Marian Jadowski ging gleichfalls mit Felek in dieselbe Klasse aufs Gymnasium. Die Auslage im Lebensmittelladen war uninteressant, aber was dann im nächsten Geschäft kam, war bewundernswert: flauschige Wolle, schimmernde Seide, in der Karnevalszeit ein Mannequin in Goldlamé, Samt, Spitze und Brokat.

Gleich daneben das reich bestückte Schaufenster eines Schuhgeschäfts. Neugierig betrachteten wir die Schuhe mit französischen Absätzen, besonders die silbernen und goldenen mit Flitter benähten Ballschuhe, wie sie Papa für Mama als Geschenk aus Wien mitgebracht hatte. Leider waren sie zu eng, und deshalb zwängte das Dienstmädchen Janka mühsam seine breiten Füße hinein und humpelte den ganzen Nachmittag darin herum, damit Mama abends auf dem Ball darin tanzen konnte.

An der Ecke schließlich die Drogerie. Ich ging gern mit, wenn Mama oder Oma Seife, Zahnpulver oder Nivea-Creme dort kauften. Es duftete angenehm, und ich bekam bunte wohlriechende Schächtelchen und gelegentlich ein winziges Stück Seife als Präsent.

Weiter vom Marktplatz entfernt wurden die Lädchen bescheidener, nicht was die Waren, sondern was die Räumlichkeiten betraf. Die »Grunerka« mit der Perücke verkaufte Südfrüchte. Sie kannte ihre Kundschaft, und wenn sie Mama oder Oma sah, eilte sie aus dem Laden und rief: »Frau Nelken, Frau Barber, heute habe ich Orangen, schön wie die Venus.« Der Laden war vollgestopft mit Steigen duftender Bananen, Zitronen, vollsaftiger Weintrauben, sowie goldener und dunkelroter kalifornischer Äpfel. »So zart und saftig, bitte schön«, bot sie uns davon an, während sie überreife Früchte zum halben Preis in den Korb sortierte. »Wann ißt der Jude schon mal Orangen? Entweder wenn die Orange fault oder wenn der Jude fault.« Flink bewegte sie sich in der Enge, wog ab, packte ein, wischte ihren Söhnen mit Jarmulke und Peies die Rotznasen ab.

Daneben befand sich ein Lädchen mit Kurzwaren. Der junge bärtige Kaufmann im Überrock maß Kretons mit dem Meterstab ab, und seine – wie es schien – ständig schwangere Frau verkaufte Garne, Knöpfe, Ösen und Druckknöpfe.

Über ein paar Stufen gelangte man in einen Papierladen. Dieses Geschäft kannte ich gut, denn hier kaufte ich Schulbedarf, Bleistifte Nr. 2 Hardmuth, Federhalter und Stahlfedern, Lineale und Winkelmesser, hauptsächlich aber karierte und linierte Hefte mit Rand und marmoriertes Papier zum Einschlagen von Büchern und Kladden. Neska, die erwachsene Tochter, bediente die Kundschaft, und im Gespräch mit meiner Mutter hob sie hervor, wie begabt Felek und wie artig der »grüne Frosch« Halinka sei. – Das Schicksal führte uns in Ravensbrück wieder zusammen, nachdem Auschwitz im Januar 1945 geräumt worden war. In eine für hundert Personen vorgesehene Baracke preßte man an die sechshundert Menschen. Mit untergeschlagenen Beinen saßen wir auf dem nackten Boden, fast eine auf der anderen, in stickiger Luft, aber wenigstens nicht weit vom Ausgang, von wo ein eisiger Wind hereinwehte. Ich brannte vom Typhusfieber und vor Durst. Mit letzter Kraft schleppte ich mich zwischen den Armen und Beinen zur Tür hindurch und vor die Baracke, um eine Handvoll schmutzigen Schnee zu essen. Die Frauen waren unterdessen zusammengerückt. Ohnmächtig sank ich zwischen die dichtgedrängten Leiber. Irgendwie kam ich neben Neska und ihre jüngeren Schwestern zu liegen.

Nach dem Papierladen folgte eine Bäckerei. Hier holte das Kindermädchen frisches Roggenbrot mit Kümmel. Dieses Brot tauchte später in meinen Hungerphantasien immer wieder auf:

Weißt du, was Hunger ist?
Hunger,
Der deine Eingeweide verkrampft,
Gedanken aus dem Gehirn vertreibt,
Den Magen mit Messern zerschneidet.
Du kriegst keine Luft,
Das Herz hört auf zu schlagen,
Schließlich verstummen alle Gedanken
Vor dieser wahnsinnigen Begierde:
Essen! Essen! Essen!!!

Langsam schleppen sich die Stunden,
Den trockenen Lippen fehlt der Speichel,
Die kranke Phantasie quält der Alptraum
Eines Laibes Brot.

Fiele es doch plötzlich vom Himmel,
Frisch, warm und duftend,
Mit knuspriger brauner Kruste,
Oben mit Kümmel bestreut ...
Träumt dein wahnsinniges Gehirn.

Ach, es mit den Zähnen zu zerreißen!
Gierig saugen,
Brockenweise schlucken,
Es endlich auf der Zunge spüren
Und im Mund spüren,
Und in der Speiseröhre,
und im Magen:
Diese selige Sattheit.
Essen! Essen!! Essen !!!

Mir ist dunkel vor Augen.

Gott, erbarme dich meiner,
Schick mir ein Stück Brot herab!
Schau, wie wenig ich heute brauche!
Gott, warst Du je hungrig?

Die Kalwaryjska-Straße in Richtung Długosz-Straße weitergehend, wechselten wir gelegentlich auf die andere Seite, um bei Frau Mania N., einer älteren Freundin von Mama, vorbeizuschauen, die im Hinterhof eine Fabrik für Christbaumschmuck besaß. Ihre Erzeugnisse wurden sogar ins Ausland geliefert. Der Tannenbaum bei uns zu Hause war natürlich am schönsten geschmückt.
Auf dem Weg von Frau Mania zu uns befand sich die Leihbücherei des Volksbildungsvereins. Felek holte sich dort, die Bücher von Karl May und einmal sogar die »Rodzina Połanieckich« von Sienkiewicz. »Ist er für die Leidenschaften von Fräulein Maryna nicht noch zu kindlich?« fragten sich die Eltern beim Essen, und Felek wurde puterrot. Er war dreizehn Jahre alt.
An der Ecke lag die Apotheke von Herrn Zeimer. Seine Tochter Irka kam bisweilen zu Feleks Tanzabenden und spielte auf dem Klavier Sindlings »Frühlingsrauschen«. Sie ging auf ein Privatgymnasium. Ich kannte sie kaum, aber sie war mir sympathisch, so ruhig und ernst. – Während des Krieges traf ich sie einmal in irgendeinem Lager. Sie hat überlebt und wohnt in New York.
Hinter der Apotheke überquerten wir wieder die Kalwaryjska-Straße. Da gab es ganz sonderbare Geschäfte. Eines, in dem es nur Säcke mit Mehl und Grütze und Zuckerhüte gab, war mir besonders lieb, weil ich dort zwei große, dicke Katzen mit seidigem Fell streicheln konnte, die eine weiß, die andere grau. Sie paßten auf, daß die Mäuse nicht ins Lager kamen.

Daneben ein winziger Laden mit »Schuhmacherbedarf«, wo Herr Heller Stifte und Leder zum Besohlen kaufte; das Leder duftete angenehm.
Dann die Süßigkeiten: hinten war die Bonbonfabrik, und vorn verlockten die Fruchtbonbons in hohen Gläsern die Kinder allein schon durch ihre Farben. Oma kaufte uns hier Lutschstangen und Ananasbonbons.
Und schließlich das widerliche, finstere, vollgepropfte »Petroleum, Öl und Schmierstoffe«. Einmal war ich dort mit unserer Janka, um Schmirgel zur Reinigung des Küchenblechs und Bohnerwachs zu besorgen. Die Inhaberin saß mit ihrer Perücke und ihrer fettigen Schürze vor dem Laden.
Daneben befand sich ein schmaler, sauberer Laden mit Milchprodukten. Fräulein in weißen Kitteln und mit ondulierten Köpfchen wogen dänische Butter und Quark mit Schnittlauch ab, holländische und Schweizer Käse lagerten in großen Rädern auf dem Regal.
Daran schloß sich die Metzgerei von Herrn Słomak an. Der Metzger war massig, rot im Gesicht, mit einem rasierten Stiernacken und einem mächtigen Bauch. Frau Słomak, klein und still, schnitt dünne Scheiben von dem ausgezeichneten rosigen Schinken, der Krakauer Wurst und der Leberwurst. Ihr Sohn Władek ging in Feleks Klasse, ein stiller, lieber Blondschopf mit warmen, braunen Augen. Als nach bestandenem Abitur für die Jungen ein Empfang gegeben wurde, kam Frau Słomak, im dunklen Kleid und mit dicken roten Korallen zu uns. »Mein Władziu ist fast schon volljährig, wie schnell sind uns die Kinder herangewachsen, Frau Nelken«, sagte sie zu Mama, und Frau Płatek auf der anderen Seite nickte dazu mit ihrem kleinen, strohgelb gebleichten Köpfchen. – Władek fuhr mit Felek und Zbyszek Płatek auf die Offiziersschule nach Lemberg. Bei Kriegsausbruch geriet er in Gefangenschaft. Frau Słomak beweinte ihn zusammen mit meiner Mama. Niemand ahnte, daß sie etwas mit den Juden gemein hatte. Man schaffte sie nach Montelupich ins Gefängnis und dann nach Auschwitz, wo sie umkam. Władek kam nach dem Krieg nach Hause zurück, hörte, was passiert war, spuckte seinem Vater ins Gesicht und kehrte Krakau für immer den Rücken.
Den Frisiersalon führte der verwachsene Herr Siwek. Der Buckel trat nicht so hervor unter dem weißen Kittel, wenn der kleinwüchsige Friseur sich mit Rasiermesser und Schere geschickt über die Köpfe der Kunden hermachte. Ängstliche Kinder versuchte er

zum Lachen zu bringen, indem er sie hinter dem Ohr kitzelte. Wie alle Bräute aus der Umgebung ging auch mein Kindermädchen Józka an ihrem Hochzeitstag zu Siwek und ließ sich die Locken mit der Brennschere festigen, damit sie unter dem Brautschleier besser hielten.

Das einzige Geschäft mit einem großen Schaufenster auf diesem Abschnitt der Kalwaryjska-Straße führte Galanteriewaren für Herren. Diskret in der Ecke, aber gut sichtbar, hing ein Emailleschild mit der Aufschrift OLLA-GUM? Dieses Fragezeichen gab mir Rätsel auf, aber auch als Stefa sagte, es handele sich um Kondome, verstand ich nichts.

Direkt an der Ecke Kalwaryjska- und Długosz-Straße war eine Wirtschaft. Es roch nach Bier und Tabak. »Ich springe nur kurz zu Haber, um Zigaretten zu holen«, sagte der Ofensetzer Mitka aus unserem Haus und verschwand, und seine Frau jagte ihm mit dem Besen nach. »Jetzt versäuft er alles!« beklagte sie ihr Schicksal.

Auf der Długosz-Straße gab es nur ein Geschäft, die Bäckerei Płatek. Zur Backstube unter der Nr. 3 fuhren Lastwagen mit Mehl durch das breite Tor in den Hof. Vorne verkauften die elegante Frau Płatek und eine Verkäuferin vorzügliches Gebäck: knusprige Wasserbrötchen und solche mit Kümmel, »Grahambrötchen«, Kaiserbrötchen und Hörnchen, Salzstangen, Striezel, Mohnbrötchen, aber auch Bauernbrot aus Weizen und Roggen und dunkles Vollkornbrot.

Die Płateks wohnten im ersten Stock über dem Laden. Zbyszek und Felek kannten sich von der ersten Klasse an. Sie spielten zusammen, sammelten Briefmarken, tauschten Bücher und machten mit seiner Zwillingsschwester Hala Eskapaden, die den jüngeren Kindern nicht erlaubt waren. Hala bestand ihr Abitur bei den Ursulinen und verlobte sich mit einem jungen Flieger. Zbyszek und Felek fuhren nach Lemberg.

Im September 1939, nach Kriegsausbruch, kehrte Zbyszek nach Hause zurück und kümmerte sich um die Bäckerei. Halas Flieger befand sich in England – sie heiratete einen anderen. Sie war verzweifelt, als ihr Flieger nach dem Krieg zu ihr zurückkehrte und sie schon Familie hatte.

Zbyszek war immer sehr lieb zu mir, als Halbwüchsiger hat er mich nie belästigt. Und bei Schulfeiern oder häuslichen Tanztees forderte er mich genauso wie die erwachsenen Fräulein zum Tanz auf. Als ich nach dem Krieg in die Długosz-Straße zurückkam, traf ich Zbyszek in der Bäckerei. Er freute sich sehr, und bot mir zehn

Brote an, damit ich mir etwas verdienen könne. Aber Genia wollte nicht, sie schämte sich. Also nahm ich meine Ware und vertrieb sie mühsam. – Noch vor einem Monat wären wir beide vor Hunger fast gestorben, man brachte sich um für eine Schnitte Brot, und jetzt rümpften die Leute die Nase.

Gegenüber den Menschen, die mich nach dem Krieg so herzlich und uneigennützig empfangen haben, empfinde ich tiefe Dankbarkeit. Zbyszek wollte mir finanziell helfen und mich nicht durch ein Geschenk demütigen. In unserer Wohnung saßen fremde Menschen, aber unser Hausmeister, der Maurer Marian Jędrygas, der mit Frau und drei Kindern in einem einzigen Kämmerchen hauste, trat »für das Fräulein« sein eigenes Bett ab und schlief auf dem Fußboden. Ich saß da und weinte, und unsere Mieter schnieften mit mir durch die Nase, weil man Herrn Nelken im Mai 1944 in Auschwitz vergast hatte.
Sie erzählten mir, daß der gebrechliche Herr Karol Chmiel, der mit meinem Vater heimlich Radio gehört hatte, ebenfalls den Märtyrertod gestorben war. Nachts hatte ihn die Gestapo geholt und in Unterhosen in den Knast nach Montelupich gebracht und auf dem Hügel im Lager Płaszów erschossen.
Die alte Oma Sewiałek, die sich noch an die Geburt meiner Mama erinnerte, kam von der Vesper zurück und rief händeringend: »O Jesus, und wo ist der junge Herr? Und wo die jüngere Herrin?« Aber ihre rothaarige Schwiegertochter lenkte rasch ab: »Machen Sie sich keine Sorgen, Fräulein Mamusia wird wiederkommen, und der junge Herr auch.« Und die Alte Frau schürzte ihren Rock, um die lange Narbe am Bein vorzuzeigen und alle daran zu erinnern, wie Mama und Felek sie kuriert hatten, indem sie Salben auftrugen und die Verbände wechselten: »Ein halbes Jahr hat die Wunde geeitert, aber die jüngere Herrin hat sie in zwei Wochen geheilt!« Damals hielt ich es für selbstverständlich, daß ich so aufgenommen wurde – schließlich standen wir alle einander nahe. Die Menschen wohnten hier von Generation zu Generation: Der Ofensetzer Mitka im Hinterhaus auf der Etage, seine schönen Töchter: Staszka war Prostituierte und Bronka Arbeiterin in einer Knopffabrik. Beide hatten uneheliche Kinder, die sie wie ihre Augäpfel umhegten. – Staszka holten sie ebenfalls nach Montelupich, um sie zu ermorden. Im Parterre der Bäcker Sewiałek, der nachts arbeitete und tagsüber die Tauben seines Sohnes Stefan verjagte. Herr Heller, der Schuster, reparierte Schuhe im Hinterhaus; seine Frau

reinigte Därme, die vom Schlachthof geliefert wurden. Die Töchter Etka und Baśka arbeiteten als Näherinnen in einem Krakauer Bekleidungsunternehmen – sie alle hausten in einem einzigen blitzsauberen Kämmerchen.

Ich schaute gern zu, wenn Herr Heller Schuhe besohlte. Zu Hause schmeckte mir nichts, und hier verputzte ich saure Mehlsuppe aus einem Napf, mit einem Holzlöffel (die silbernen waren für den Schabbat), glänzend wie die schön geputzten Leuchter auf der weißen Tischdecke. Frau Heller buk Striezel, Küchlein mit Ingwer und Anis. Etka und Baśka kamen schick gekleidet nach oben, um Bücher auszuleihen und zu beschwatzen, »was man so trägt«. Frau Heller brachte »Arbes«, mit Pfeffer gekochte Kichererbsen.

Oma erzählte, die Hellers hätten einen Sohn gehabt, der an der »englischen Krankheit« litt und nicht gehen konnte. Die Eltern trugen ihn, auch als er schon groß war, auf dem Rücken. Sie umsorgten ihn, er lag in einem reinlichen Bett, und sie arbeiteten sich für ihren einzigen Sohn ab. Dann bekam er noch eine Krankheit und starb. – Dafür wuchsen Etka und Baśka gesund heran.

Außer an Feiertagen war Frau Heller ständig in Bewegung, sie arbeitete emsig und summte dabei vor sich hin. Nie klagte sie, im Gegenteil, noch im Krieg sagte sie zu Mama: »Krakau ist eine gesegnete Stadt. Der Krieg geht vorbei, und alles wird gut.« – Der Krieg ging vorüber, aber von den Hellers überlebte keiner, und in ihre Parterrewohnung zog unser Hausmeister Marian.

Nachbarin der Hellers im Parterre war die dicke Frau Balon, die Frau eines Seilers mit drei Töchtern. Frania, die älteste, lag ausgemergelt am Fenster. Manchmal trugen sie sie auf den Gang an die Sonne. Frau Balon klagte, Frania sei so schwindsüchtig, Maryśka, die jüngste, sei hinter den Jungen her, und nur Hanka, die mittlere, arbeite anständig. – Frania starb, Maryśka wurde von den Deutschen zur Zwangsarbeit verschleppt und lernte dort ihren Mann kennen, einen Belgier. Nach dem Krieg wanderte sie mit ihm in eine afrikanische Kolonie aus.

Im Souterrain des Vorderhauses wohnten die Madejs. In den tief gelegenen Fenstern zur Straße standen rot blühende Pelargonien. Ihre beiden kleinen Zimmer waren noch relativ hell und freundlich, nicht wie die zum Hof gelegenen Kammern mit ihrem muffigen Kohlgeruch auf der anderen Seite des Korridors. Hier wohnte die alte Grünzeughändlerin Łukasz, die auf dem Marktplatz einen Gemüsestand hatte. Oma nahm mich manchmal mit zum Markt. Ich hatte einen kleinen geflochtenen Korb, und die Lukaszowa tat mir ganz junge Karotten und Rettiche hinein. Manchmal hatte sie frühe Sauerkirschen, die sie mir wie Ohrringe über die Ohren hängte. Mit etlichen Röcken übereinander, schiefgetretenen Stulpenstiefeln und einem Kopftuch, das so tief gezogen war, daß die Nase und der zahnlose Mund kaum zu sehen waren, erschien mir Frau Łukasz wie eine gutmütige, alte Hexe.

Allmonatlich kam sie, schwer die Treppe heraufstapfend, mit dem Mietzins zu unserer Oma. Sie saßen am Tisch, Frau Łukasz schlürfte Tee aus dem Glas und erinnerte sich daran, wie die Häuser am Ende des letzten Krieges in den polnischen Nationalfarben geschmückt werden sollten, aber keine Leinwand aufzutreiben war. Frau Łukasz hatte in ihrer Truhe gekramt und »der Frau Wirtin« Feiertagshosen aus rotem Barchent gebracht. Oma hatte einen weißen Unterrock aufgetrennt, und im Handumdrehen hatten sie eine Fahne genäht, die der Novemberregen nicht auswusch. »Der Barchent war solide, meine liebe Frau, die Farbe ging nicht raus, so einen kriegt man heute nicht.« Frau Łukasz klagte, die Knochen täten ihr weh und ihre Lymphknoten seien dermaßen geschwollen, daß sie daran dächte, den Marktstand aufzugeben und zu ihrem Sohn zu ziehen. Das war ein baumlanger Träger, der in einem Lager an der Kalwaryjska-Straße Mehlsäcke schleppte und von dieser Belastung einen krummen Rücken und bis zu den Knien herabhängende Arme hatte.

Frau Łukasz' Kämmerchen grenzte an den Keller, wo Kohlen und Kartoffeln lagerten. Das Fenster ging auf den Hof und ein Gärtchen, aber der überdachte Gang des Parterres ließ wenig Licht herein. Nach Frau Łukasz zog dort Herr Chmiel mit Frau und kleinen Kindern ein. Ich weiß nicht, warum er das Gymnasium nicht beendet hatte und in solcher Armut lebte, ich weiß nur, daß er Sozialist war, ein intelligenter und ungewöhnlich anständiger Mensch. Als sich nach Kriegsausbruch Banden von Spitzbuben über verlassene Wohnungen hermachten, bewachte Chmiel die unsere, als sei es seine eigene. »Chmiel, Chmiel, du Freund!« begrüßte ihn mein Vater gerührt, als er von der Irrfahrt der Evakuierung zurückkehrte. Immer öfter humpelte Herr Chmiel die Treppen herauf zu langen Diskussionen in Omas Zimmer – zwei Strategen, die sich über die Europakarte im großen Atlas beugten. Der eine oder andere »Kontakt« schlüpfte für die Nacht bei uns unter, und wie zufällig stand Chmiel vor der Haustür und rauchte eine Zigarette. Ich erinnere mich noch an die Worte, mit denen er sich von Vater verabschiedete, als wir das Haus verließen und ins Ghetto gingen:

»Nur Dummköpfe glauben, ihnen werde es besser ergehen als den Juden. Als nächstes kommen die Polen dran! Wir sitzen im selben Boot, Herr Nelken, und wir haben einen gemeinsamen Feind.« – Sie umarmten sich – mein hochgewachsener Vater, der als Jude vergast, und der kleine, kränkliche Karol Chmiel, der als Pole ermordet wurde.

Im Souterrain rechts gegenüber der Lukaszowa wohnte die Hausmeisterin Franciszkowa mit ihrem Sohn Kuba. Er war schon erwachsen, kam aber, um seiner Mutter zu helfen, die Treppen und die Eichendielen in den Fluren zu scheuern, Eis abzuschlagen und den Gehsteig von Schnee zu räumen. Zu Pfingsten schmückte Kuba die Haustür mit frischem Laub, im Frühling grub er mit uns das Gärtchen um. Die Franciszkowa setzte Stiefmütterchen, Kapuzinerkresse und Gänseblümchen ins Beet. Die Sonnenblumen säten sich selbst aus und wuchsen sehr hoch wie ein Wald, aber wenn sie reiften, waren wir in Ferien, und so nutzte das Gärtchen, wer wollte. Hier spielten wir unter dem Holunderbusch mit den Kindern der dritten Generation von Hausbewohnern und mit den Freunden Feleks. Die Mädchen wickelten Puppen in die bunten Fetzen, die Etka und Baska uns schenkten. Wir nähten den Puppen Kleidchen, und die Jungen bolzten auf dem Hof. »Macht bloß die Scheiben nicht kaputt und kommt mir nicht in die Kammer!« ermahnte die Franciszkowa die wilden Buben.

Die Franciszkowa half uns beim Großreinemachen und vor allem bei der großen Wäsche. Die frischgewaschene Wäsche legte sie in einen Korb, den sie und Janka auf den Dachboden trugen. Beim Aufhängen waren sie vorsichtig, damit die Leine nicht riß und die feuchte Wäsche nicht in den Staub fiel.

Der Dachboden war geheimnisvoll, aber noch geheimnisvoller war der Keller, wo es still und auch bei Kerzenschein finster war. Erst nach einiger Zeit konnte man die schwarzen Kohlebrocken und die Kartoffelsäcke in der Ecke erkennen. Hier hatte Marian einmal unsere Janka erwischt und ihr ein Kind gemacht: »Na, und da hat er ihn nur reingesteckt und rausgezogen.« Der Keller war feucht und düster, der Dachboden dagegen weiträumig wie eine Kirche. Durch die geöffnete Dachluke hatte man einen weiten Ausblick, zunächst auf steile rote Dächer (und auf ein Schwalbennest), sodann auf den Garten, der aus dieser Höhe winzig erschien, und schließlich auf ein Dächergewimmel, das bis zu den Stadtteilen Dębniki, Ludwinów und Zakrzówek reichte.

Vom Wind halb getrocknet, wurde die Wäsche zusammengerollt

und zum Mangeln in die Kalwaryjska-Straße gebracht. Janka und die Franciszkowa trugen den vollen Korb hin und legten die ausgebreiteten Stücke unter die mächtige Walze, die sich, von der Manglerin in Gang gebracht, rumpelnd drehte. Die Dienstmädchen aus der Nachbarschaft standen dabei und schwatzten.

Das Bügeln vollzog sich nach einem anderen Ritual. Die Franciszkowa bevorzugte ein Bügeleisen »mit Bolzen«, Janka ein leichteres mit Holzkohle. Die eine erhitzte den eisernen »Bolzen« im Ofen, die andere blies in das Eisen und wedelte kräftig damit, um die glimmende Kohle zu entfachen. Anfangs trällerten beide noch fröhlich vor sich hin, doch je mehr Kohlenmonoxid dem Eisen entwich, desto verdrießlicher wurden sie. Nicht lange, und Janka tunkte rohe Kartoffelscheiben in Essigwasser, die sie sich auf die Stirn legte, um ihre Kopfschmerzen zu lindern. So erwuchs aus ihren Leiden ein Berg nach Sauberkeit duftender Wäsche, gebügelt und faltenlos.

Die Franciszkowa war gutmütig, still und zierlich. Wie die meisten älteren Frauen aus der Długosz-Straße trug sie, weite Röcke und darüber ein Tuch. Unter dem Kopftuch schauten ehrliche Augen hervor, blau wie Vergißmeinnicht. Plötzlich wurde sie krank. Oma und Mama begaben sich mit Suppe und Hausmitteln ins Souterrain. Die Franciszkowa lag unter einem gewaltigen Federbett, rote Flecken auf den eingefallenen Wangen, die hellen Augen im Fieber glänzend. Auf der Kommode, unter einem Bild der Muttergottes, brannte eine Lampe. Kuba saß bekümmert am Bett. »Gleich lassen wir Doktor Abend kommen«, sagte Mama, doch Kuba ging mit uns in den Hof und sagte, vor Kummer stärker stotternd als sonst: »Sie b-b-b-braucht den P-P-P-P-Priester, Mutter stirbt.«

Wann immer der Priester zu einem Kranken ging, folgte ihm die ganze Straße und lief das ganze Haus zusammen. Alle knieten nieder und beteten laut um Vergebung der Sünden, einen leichten Tod und ewige Ruhe. Vielleicht war das Sterben im eigenen Bett und im Kreise der Familie leichter als in modernen Krankenhäusern, umstellt von medizinischen Apparaten. Vielleicht kam die Seele, emporgetragen vom gemeinsamen Gebet und der gemeinsamen Wehklage im Schein der Weihkerze, leichter ins Jenseits ...

Nach dem Tod der Franciszkowa zog Marian Jędrygas in die Hausmeisterwohnung, gewissermaßen »durch Protektion« seiner Frau Maryna, die einmal bei uns gedient hatte. Die beiden waren jung und hatten gerade ein Töchterchen bekommen. Marian arbeitete auf dem Bau, die hübsche, hochgewachsene Maryna hütete das

Haus. – Unsere Janka konnte ihr wahrlich nicht das Wasser reichen. Was mochte bloß in Marian gefahren sein, daß er sich im Keller über Janka hergemacht hatte! Sie trug gerade das Tablett mit dem Vesperbrot für die Kinder, als sie mitten im Zimmer ohnmächtig wurde. Mama eilte ihr zu Hilfe, und Janka gestand weinend: »Zum Teufel mit dem Schuft, ich bin schwanger!«
Darauf Mama händeringend: »Um Himmels willen, du hast schon ein uneheliches bei den Eltern auf dem Dorf.«
Maryna eilte herauf, rasend: »Du Schwein! Du schamloses Miststück! Gibt sich einem fremden Mann hin! Dir reiß ich die Haare aus, die Fresse hau ich dir kaputt, du Hure!«
Die Frauen lagen sich in den Haaren, und Marian betrank sich und fluchte lauthals auf dem Hof herum. Das ganze Haus beschloß, daß Janka das Kind um des Friedens willen »bei der Hebamme wegmachen lassen« mußte, aber da mischte sich meine Mama ein: »Wenn schon, dann beim Arzt.« Sie ging persönlich mit Janka zu Dr. B., und der Sturm legte sich.

Bald zogen andere, heftigere Stürme auf. 1936 kam es überall zu Streiks. Wir gingen mit Essen vor die bestreikten Fabriken, es wurden Spenden für die Familien gesammelt. Die Arbeiter zogen in Massen zu einer Demonstration. Es wurde in die Menge gefeuert, acht Menschen wurden getötet, darunter der Bruder unseres Marian. Später wurde in den Krakauer Wallanlagen ein kleiner Gedenkstein mit den Namen der Opfer dieser Unruhen aufgestellt, darunter auch der von Jan Jędrygas.
Auf diese Weise streifte der »Sturmwind der Geschichte« die Długosz-Straße 7. Bis dahin hatte Geschichte bedeutet, an Nationalfeiertagen die weißrote Fahne herauszuhängen.
Im Mai 1935 wurden zwei Fahnen aufgezogen, die staatliche und die Trauerfahne. Marschall Piłsudski war gestorben. Papa konnte im Klub der Kombattanten erreichen, daß wir die Beerdigung des Oberbefehlshabers vom Mansardenfenster aus beobachten durften. Alle Fenster, Dächer, Balkone und Straßen waren mit Menschen übersät. Mühsam drängte ich mich mit Mama durch die Menge, um frühmorgens unseren »Posten« zu beziehen und endlos zu warten, bis der feierliche Trauerzug erschien. Es ertönte die nach König Sigismund benannte riesige Glocke vom Wawel. Langsam rollte die Lafette mit dem Sarg heran. Ihr folgten die Familie in Schwarz und Delegationen fremder Staaten. Ich bemerkte einen ungeheuren Dickwanst in Uniform mit Marschallstab – Hermann

Göring. Vielleicht hat er damals schon geplant, daß statt polnischer Standarten über dem Markt einmal Hakenkreuzfahnen über dem Adolf-Hitler-Platz wehen würden und darüber nachgedacht, welche Kunstwerke er aus den Krakauer Museen stehlen würde.
Unter dem Eindruck der nationalen Trauer schrieb ich ein Gedichtchen, nicht mein erstes, aber das erste, das veröffentlicht wurde. Es war lang und gewiß schrecklich, zum Glück habe ich es gründlich vergessen, außer der ersten Strophe:

Es verrinnen die Maitage in Grün und Gluthitze,
Doch warum heute all die traurigen Gesichter?
Trauergeläute verkündet es im ganzen Land:
Das tapferste polnische Herz
hat aufgehört zu schlagen!

Die Lehrerin schickte das Gedichtchen an die Zeitung »Tempo Dnia«. In der Długosz-Straße riß man sich um das Blatt. Da stand es wahrhaftig gedruckt: »Halinka Nelkenówna, Schülerin der Dąbrówka-Volksschule.« Papa begleitete mich zum Pressehaus an der Wielopole-Straße, wo ich die Gratulation des Herrn Redakteur, einen Schokoladenbonbon der Marke »Danusia« und mein erstes, »schöpferisch« verdientes Geld entgegennahm: 5,50 Zloty. Die Eltern amüsierten sich über meine »Taufe als Reimeschmied«, aber Oma war sehr stolz auf mich und schickte den Zeitungsausschnitt allen Bekannten.
Ich war ihre jüngste, folgsame und wohl liebste Enkelin, denn im Testament teilte sie die »Immobilie mit Garten« zwischen all ihren Kindern auf, belastete sie aber zugleich mit einer Hypothek von 500 amerikanischen Dollar in Gold für Halinka, wenn sie volljährig würde. – Dieses Vermächtnis ist noch erhalten, doch das Haus mit Garten steht bis heute unter staatlicher Verwaltung. Die nationalsozialistische Vernichtungskampagne war in den Gesetzen nicht vorgesehen, denn das polnische Gericht verlangte Zeugenaussagen, Totenscheine der Erben, doch in diesem Fall sind alle spurlos verschwunden. Die Unfähigkeit zu einer Verständigung mit dem Ausland und der aufgeblähte Bürokratismus des gerichtlichen Verfahrens überstiegen unsere Kräfte. Das Haus mit Garten und meine »Aussteuer« in Golddollars – alles verloren!
In jenem Jahr haben wir den ganzen Sommer in Rabka verbracht. Papa hatte viel zu tun und kam nur sonntags herüber, und Oma hatte keine Lust, sich in die Villa zu schleppen, die vom Lärm jun-

ger Leute und Kinder erfüllt war. Lieber wollte sie zu Hause ihre Ruhe haben, und Janka besorgte den Haushalt. Frau Guzikowa, die Mutter von Frau Mania, blieb gleichfalls in Krakau, und so hatte Oma Gesellschaft.

»Vielleicht stricke ich endlich diesen Pullover fertig, an dem immer noch ein Ärmel fehlt«, nahm sich Oma vor.

»Gestehen Sie doch, Mama, daß es hier nur darum geht, den Schwiegersohn zu beaufsichtigen«, scherzte Papa.

Und darauf Oma: »Es kann nicht schaden, wenn man ein Auge auf einen Strohwitwer hat, auch wenn all meine Schwiegersöhne wohlgeraten sind, auch du, Schlingel!«

Ich schrieb Oma, daß ich niemanden zum Spielen hätte, weil alle Mädchen älter waren als ich. Ich schickte ihr ein Bild, auf dem wir wie die Spatzen auf der Brüstung der Veranda sitzen. Ein anderes Bild unter dem Apfelbaum zeigt mich mit Maryla: sie bleckt die Zähne, und ich, ein Trauerkloß mit einem Kamillenkränzchen, stehe da, dürr wie ein Stöckchen.

Ende August erkrankte Mama, was unsere Rückkehr nach Krakau verzögerte. Nachts träumte sie, daß Oma im Zimmer auf dem Boden liege, mit einem schwarzen Tuch bedeckt. Ich bekam Angst und lief zu Felek am anderen Ende des Korridors. Mama warf sich mit hohem Fieber hin und her, und tatsächlich starb Oma genau zu der Zeit. Der Onkel hatte sie mit einer Infektion ins Krankenhaus an der Skawinska-Straße gebracht. Papa besuchte sie abends, und in der Nacht raffte sie eine Herzattacke dahin. Papa rief uns an, aber der Arzt untersagte uns, Mama von dem Unglück zu unterrichten, zumal sie nicht aufstehen konnte. Depeschen an Tante Bronka und Tante Lola blieben irgendwo stecken, also kam keine rechtzeitig zum Begräbnis. Keine der Schwestern hat es dem Onkel verziehen, daß er Oma beerdigt hat, ohne auf sie zu warten.

Meine Mama war von rasender, wahrhaft untröstlicher Trauer erfüllt. »So viele Kinder hatte sie, aber sie starb einsam, keiner von der Familie war bei ihr, um ihr die Augen zu schließen!«

Ihre Verzweiflung hat sich mir tief ins Gedächtnis geschrieben. Nie habe ich, soweit es von mir abhing, meine Mutter verlassen. Ich war bei ihr am 19. März 1963 während des ersten Krankenhausaufenthalts in ihrem Leben, der nur wenige Stunden dauerte und der letzte werden sollte. Wir unterhielten uns und betrachteten den wunderschönen Himmel im Westen. Die Sonne ging unter, und plötzlich erlag Mama einer Herzattacke. Ich küßte ihre saphirblauen Augen, zerrissen von Schmerz und versteinert vor Entsetzen, aber dem Schicksal dankbar, daß es meine Hand und keine fremde war, die ihr die Augen für immer schließen durfte.

Omas Zimmer blieb unverändert. Auch noch nach ihrem Tod war meine Mama weiterhin »die jüngere Frau« in der Długosz-Straße. Jetzt kamen die Mieter mit dem Mietzins und mit ihren Sorgen zu ihr. Sie mochten sich innerhalb der Familie streiten und über die Nachbarn tratschen, aber zwischen den Bewohnern unseres Hauses gab es keinen Streit.

Seit Omas Tod verlor Mama die Lust auf gesellige Zerstreuung; Theater, Café, Kino, das schon, aber keine Tanzveranstaltungen. Es gelang Papa nicht, sie zu einem Tanzvergnügen zu verführen, was ihn wahrscheinlich schmerzte. Mama wurde ernst, doch Papa ging gern aus. Gelegentlich verschwand er mit Tante Fela oder sogar allein. Zerknirscht kam er mit einem Geschenk für Mama zurück, und sie maß ihn von oben herab mit einem stummen Blick. Dieses Schweigen zwischen den Eltern gefiel mir nicht, aber Janka tröstete mich: »Mach dir nichts draus. Die vertragen sich gleich wieder, und es wird, wie es vorher war.«

Wie es vorher war, das hieß: gut.

Waren die Menschen damals anders, oder woher kam es, daß sie sich füreinander verantwortlich fühlten? Von überall zogen Wolken auf, doch die Herzenswärme bei uns zu Hause verlieh ein Gefühl von Sicherheit, und für mich wurde sie zum Vorbild und Maßstab für Ehe und Familie.

Den Lebensrhythmus bestimmten die Jahreszeiten: Im Sommer fuhr man in die Ferien, im Herbst sammelte man Kastanien und buntes Laub, im Winter lief man Schlittschuh, Ski und fuhr Schlitten, im Frühling machte man einen Maiausflug. Die Eltern nahmen uns mit in Konzerte, Papa liebte die Musik und ließ keines aus. Er hatte eine schöne Sammlung mit Platten von Schaljapin, aber wenn er das Grammophon aufzog und der mächtige Baß durch das ganze Haus ertönte, fing Amik, der Spitz von Mitkas, gleich zu heulen an. Unser Bobby, eine weiße Promenadenmischung, ertrug dagegen sogar meine Fingerübungen auf dem Klavier und unsere »Operatis acuta« mit Geduld.

Zu Hause veranstalteten wir spontane Theatervorstellungen. Unsere Spielkameraden aus der Długosz-Straße saßen in einer Reihe im Eßzimmer; in der Tür zum angrenzenden, beleuchteten Zimmer hing ein Bettlaken, und darauf tanzten die Schatten von Felek und Marian wie Pat und Patachon. Józka führte Zauberkunststükke und Kartentricks vor. Wir spielten auch eine Operette, »Der verlorene Sohn«: Musik, Texte und Ausführung von Felek, mit einem Gastauftritt von Janka Z. in einer Doppelrolle. In Zylinderhut und Herrenjackett schwenkte Janka ihre Beine – eine klägliche Marlene Dietrich. Und anschließend in der Rolle des sorgenvollen Vaters (in demselben Kostüm, aber mit Hosen) klagte sie:

Was hab' ich bloß für einen Sohn!
Das Lernen bringt ihm keinen Lohn,
Latein und Deutsch – totale Leere,
Geb' ihn zum Schuster in die Lehre.

Er hat zwar Nachhilfeunterricht,
Doch auch das hilft ihm leider nicht.
Der Lehrer haut ihn windelweich -
Geb' ihn zur Schusterlehre gleich.

Felek erhielt Nachhilfeunterricht in Mathematik, aber windelweich gehauen hat ihn keiner. Latein nahm Mama mit ihm durch, und sie fragte ihn auch in anderen Fächern ab, denn Felek war ein Faulpelz. Im Grunde lernte er nur, was ihn interessierte. Aber dann brauchte er nicht zu pauken, es ging ihm von selbst in den Kopf. Ich hatte es leichter, denn wie jedes Kind mit älteren Geschwistern wußte ich schon eine ganze Menge vom bloßen Hören; lesen lernte ich aus der Fibel zusammen mit Felek, drei Jahre bevor ich in die Schule kam. Die Pointe jenes Liedchens war mir unverständlich, denn das Besohlen von Schuhen war doch hundertmal komplizierter als der Unterricht. Trotzdem klatschte ich aber zu Feleks Operette und war stolz auf ihn.

Während der Schulzeit ging ich nicht nur mit den Eltern ins Słowacki-Theater; bei Nachmittagsvorstellungen war der riesige Saal gerammelt voll von jungen Leuten in Schuluniform. Ein dankbareres Publikum und einen begeisterteren Applaus wird man schwerlich finden. Den »Blauen Vogel« von Maeterlinck, die Komödien von Fredro, die »Weihnachtsgeschichte« von Dickens, »Grube ryby« von Bałucki und die »Warszawianka« von Wyspiański sah ich von guten Plätzen. Aber die »Novembernacht« mußte ich mir von der Galerie aus ansehen, direkt an der Bühne, so daß ich nur Füße in antiken Sandalen mitbekam.

Ins Kino durfte ich nicht allzu oft, denn es gab wenige Kinderfilme, und in »nicht jugendfreie« Filme wagte ich mich nicht. Die Filme mit Shirley Temple gefielen mir nicht so gut wie Disneys »Schneeprinzessin«, aber ich sammelte eifrig Filmprogramme und Fotos. Wenn ich zum Musikunterricht zu Tante Fela ging, erzählten Janka und ich uns den Inhalt von Filmen. Sie begleitete mich, damit ich abends nicht allein gehen mußte. Hinterher reichte Tante Mala Mürbegebäck und Tee »mit einem Tröpfchen Milch«, und Janka schwatzte in der Küche mit dem Dienstmädchen. Wenn ich im »Sokol« »schwedische Gymnastik« oder Ballettunterricht hatte, wartete Janka nicht bis zum Schluß, sondern sah sich in der Stadt die Schaufenster an oder ging »zur Vesper« in die Kirche. Fräulein Stela vom Jüdischen Turnverein brachte den Mädchen »Rhythmische Gymnastik« bei, und einmal haben wir sogar auf dem Maccabi-Sportplatz einen Schautanz aufgeführt. Damals befand ich mich zum ersten Mal in einer rein jüdischen Jugendgruppe.

Zum »Hörnerblasen« am Neujahrstag und am Versöhnungstag gingen wir in den Tempel an der Miodowa-Straße. Gelegentlich fiel das mit meinem Geburtstag zusammen – ich war zur Welt gekommen, als Mama vom Gottesdienst zurückkehrte. Felek zog mich gern damit auf, daß ich gewiß direkt aus der Hölle entflohen sei, denn am Versöhnungstag stehen Himmel und Hölle offen. Neujahr war fröhlich, der Versöhnungstag ernst, besonders das Kolnidre.

Ich verstand das Gebet nicht, aber die Melodie rührte mich zu Tränen. Auf dem Balkon schneuzten sich die eleganten, mit Schmuck behängten Damen gleichfalls die Nase. Meine Mama, mit Brillantohrringen und einem neuen Kostüm, ließ den Fuchs von der Schulter gleiten und erhob sich zur feierlichen Intonation, um die polnische Übersetzung vorzulesen. Sie erklärte mir, daß der Herrgott am Versöhnungstag die Taten der Menschen beurteilt und entscheidet, wer in Glück und Reichtum und wer in Leid und Armut leben soll; wer sterben soll und wovon, ob von Wasser oder von Feuer; die Menschen beten, damit Gott ihnen die Sünden vergibt und sie ins Buch des Lebens und des Wohlergehens einträgt; die Tore des Himmels sind geöffnet, und von den Menschen, die sich an diesem Tag kasteien und vierundzwanzig Stunden lang fasten, steigen die Gebete direkt zum Herrgott auf; wenn die Sonne untergegangen ist, hat der Herrgott sein Urteil gefällt, seine Eintragungen gemacht und die Bücher versiegelt; und wenn die »Hörner« erklingen – also die Widderhörner geblasen werden -, schließen sich die Himmelspforten bis zum nächsten Jahr. Wir schenkten Mama einen mit Gewürznelken gespickten Apfel und Riechsalz. Bekannte wünschten einander ein gesundes Jahr und ein leichtes Fasten. – Wer von ihnen das Kriegsende erlebte, hatte eine Fastenkur ganz anderer Art hinter sich!

Das Laubhüttenfest begingen wir nicht, doch im Nachbarhaus und gegenüber im Hof wurde eine große Laubhütte errichtet. Die Kinder schauten neugierig zu, wie das Dach der Bretterbude mit Zweigen bedeckt wurde, wie Tische und Bänke aufgestellt und Essen für die Männer hineingetragen wurde. Aus den Hütten drang Stimmengewirr nach draußen, es wurde gesungen, doch die Frauen saßen gesondert auf den Gängen und knackten Nüsse. Am folgenden Feiertag, Chanukka, zündete Papa die Menora am Fenster an, jeden Abend ein Kerzlein mehr, und Felek spielte eine Chanukka-Weise. Oma erzählte vom Makkabäeraufstand und zeigte uns die Illustrationen von Gustave Doré in der Bibel. Wir erhielten an Chanukka Geschenke und Süßigkeiten, aber auch zu Nikolaus und zu Weihnachten unter dem Tannenbaum.

Im Frühling brachte Ostern ein nachbarschaftlich-freundliches Austauschen von bemalten Ostereiern, Schinken und Osterkuchen, Torten aus Matzenmehl, Kokosplätzchen und Matzen selbst. Der Seder an dem schön gedeckten Tisch war sehr feierlich, mit Wein aus dem alten Krug aus grünem Glas. Felek fragte, wieso sich diese Nacht von allen anderen Nächten des Jahres unterscheidet. Papa las einen Text auf hebräisch, ich aber schaute in Mamas oder Omas Haggada, wo es Bildchen und eine polnische Übersetzung gab. Felek verstand auch kein Hebräisch, obwohl ihn der Melamed auf die Bar-Mizwa vorbereitete.

Dieser Melamed kam aus dem Nachbarhaus: dünn, mit Bärtchen und Peies, im Kaftan und Filzhut, unter dem er die runde Jarmulke trug. Unser Vesperbrot verschmähte er, weil es nicht koscher war, aber er trank Tee mit Zitrone und Honig. Monoton sprach Felek ihm nach: »Alef bait gimel dalet«, und der Melamed nickte dazu auf seinem Stuhl und ermunterte ihn ebenso monoton mit immer leiser werdender Stimme: »Na ... Felek, na ... na ...« Schließlich schlich sich mein Bruder aus dem Zimmer, den Finger auf den Lippen: »Schon schläft er!«, und er wäre zum Spielen auf den Hof entwischt, wenn ihn Oma nicht in den »Foltersaal« zurückgescheucht hätte.

Etwas muß der arme, übermüdete Melamed Felek doch beigebracht haben, denn er feierte die Bar-Mizwa mit einem rauschenden Emp-

fang zu Hause. In Omas Zimmer stand ein Tisch mit Kuchen und Pflaumenschnaps für den Melamed und seine »Hussiten«. Ich weiß nicht, wer die Platten mitbrachte: »Rebeka«, »Städtele Bełz«, »Jüdische Mame«, allesamt traurig, am meisten aber die vom undankbaren Sohn: »denn heute kennt der reiche Srul seinen Papa nicht mehr ...« Tante Mala konnte es gar nicht hören: »Sruleczku, teures Söhnchen mein, zwar weint dein Vater bitterlich, doch ist er dir nicht gram, er freut sich deines Glücks ...«
»Zu einer solchen Gemeinheit ist niemand fähig, und so heilig ist niemand, um das ohne Worte zu verzeihen. Leg sofort diese Platte ab!«
Und doch hat sich die Geschichte von Srulek viele Jahre später und auf einem anderen Kontinent in der engsten Familie wortwörtlich wiederholt.
Das Ritual des Morgengebets mit dem Aufwickeln der Riemen am Arm war Felek zu zeitraubend, aber mir gefiel es, und ich drängte darauf, es zu lernen. Papa brachte mir daher Gebete für Mädchen bei:

Zu Dir, Gott, hebe ich meine Händchen
Und erbitte Gesundheit für Papa und Mama
(Und Oma und Felek und alle),
Und bitte auch, daß die Engelchen mich
Bei jedem Schritt vor dem Bösen behüten.

Ich fand es empörend, daß ich nicht konfirmiert werden sollte, wo Józka, Cela und Władka doch erste Kommunion hatten und wie Bräute gekleidet waren, wie unsere Tante Mila, als sie zur Trauung in den Tempel ging und ich ihr den Schleier trug. Tante Mila wohnte in der Piekarska-Straße in Krakau, wo sich ihre Seifen- und Kerzenfabrik befand. Nach dem Tod ihres Vaters führten ihre Brüder die Firma weiter. Mila heiratete Zygmunt Wisznicer einen Richter in Tarnobrzeg. Ich war bei ihnen während des großen Hochwassers von 1934 in Ferien, als wir hingingen, um die reißende Strömung der weit über die Ufer getretenen Weichsel zu betrachten.
Tante Rega paßte auf, daß die Seife genau nach Rezept bereitet wurde. Ich konnte mich nicht genug wundern, wie groß dieser Kessel war. Im Kontor war ein Eisenkasten mit dem Seifenrezept, den Tante Rega später mit nach oben in ihre Wohnung nahm. Der Onkel, Ingenieur Bień aus der Nähe von Lemberg, schloß die Rezepte in einen Safe. Wenn wir über den Hof gingen, streichelten

wir den an seinem Häuschen angeketteten Hitler. Die Bulldogge trug ihren Namen zu Recht, denn sie stürzte sich auf alle vorbeigehenden Juden im schwarzen Kaftan. Tante Rega nahm mich mit ins Kinderzimmer des kleinen Ryszard und des neugeborenen Mädchens. – Tante Mila und Tante Rega sind bei der Liquidierung des Ghettos umgekommen. Onkel Bień brachte die Kinder ins Julag – sie wurden vor seinen Augen erschossen. Aus dieser Familie überlebten nur die Männer: Zygmunt Wisznicer in London, Bień in den Lagern. Zygmunt blieb in England, Bień verkaufte die Fabrik und emigrierte nach Schweden.

Ich eilte also als erste von uns allen, gleich nachdem ich in der Nähe von Dresden befreit worden war und sobald ich nur laufen konnte, in die ersehnte Heimat. Doch hätte die Heimkehr anders verlaufen sollen. In den ersten Tagen, in denen ich der Reihe nach bei gastfreundlichen Mietern übernachtete, entdeckte mich Rachel Knobler, genannt »Małe«, polnisch für »das Kleine«. Sie trug eine schwarze Trauerbinde am Arm. Ruśka Knobler, drall wie ein Bauernmädchen, mit einem dicken goldblonden Zopf, war die Tochter eines Musiklehrers aus Słomniki, selbst gleichfalls musikalisch und sensibel. Sie hatte auf dem Fliegerhorst gearbeitet, wo wir uns angefreundet hatten, obwohl man Witze über uns machte, weil wir aussahen »wie eine lange Nudel und eine runde Erbse«. Unsere eigene kleine Welt der Musik und der Dichtung kultivierend, waren wir gemeinsam durch alle Lager gegangen: Płaszów, Birkenau, Auschwitz, Ravensbrück, Malchow und Leipzig. Meine Mama hatte ihr die Familie ersetzt: Ihrjüngstes Schwesterchen war ermordet worden, ihre Mutter und ihre Schwester Dorka ins Lager Skarżysko verschleppt, ihr Vater in Mauthausen umgebracht. Und plötzlich, gegen Ende des Krieges, war »das Kleine« durch ein wahres Wunder in der Leipziger Munitionsfabrik Hasag auf seine Mutter und Dorka gestossen. Zu dritt waren sie nach Krakau zurückgekehrt. Die Mädchen waren unter der Obhut des Jüdischen Komitees in der Przemyska-Straße geblieben, während die Mutter nach Słomniki gefahren war, um die Wohnung in ihrem Haus vorzubereiten. In der ersten Nacht war sie dort erschlagen worden – ob von streunenden Partisanenbanden der polnisch-nationalistischen NSZ oder von Bauern aus der Gegend wurde nie bekannt. Eine Woche nach der Beerdigung war »Małe«, die die polnische Dichtung und die Volkslieder so sehr liebte, aus der Heimat geflohen und hatte sich – welche Ironie! – in München niedergelassen.

Hier wurde Słomniki, das Dorf ihrer Kindheit, ein halbes Jahrhundert später in ihrer Hinterglasmalerei wieder lebendig.

Podgórze, unser Stadtteil, war nicht Słomniki. Hier war alles anders. Dieser Teil von Krakau wurde nach dem Januaraufstand von 1863 ausgebaut. Die Häuschen in den Vororten Ludwinów, Zakrzówek und Dębniki waren von Gärten umgeben, zwischen den ausgedehnten Weiden an der Wilga und Rudawa lagen Kartoffel- und Getreidefelder und Gemüsegärten gestreut, Besitz kleiner Bauern (von denen auch unsere Józka abstammte), die eine oder zwei Kühe und ein paar Hühner und Gänse hielten. In Podgórze qualmten keine großen Fabriken – hier gab es vielmehr »Fertigungsstätten«, die bis zu einigen Dutzend Arbeiter beschäftigten. Großbetriebe wie der Steinbruch und Solvay gehörten zu den Ausnahmen. Die soziale Zusammensetzung von Podgórze war vielfältig: werktätige Intelligenz, Freiberufler, Einzelhändler und Handwerker. Podgórze war demokratisch und fortschrittlich, stolz auf das Gymnasium, auf den Sportverein »Sokół«, auf die herrliche Kirche am Marktplatz, auf eines der Gebäude der Bergakademie in Krzemionki und auf den schönen Park. Podgórze war im Grunde anständig – man hörte schon mal, daß sich Betrunkene prügelten, daß jemand seine Frau mit dem Gürtel versohlte, daß einer den Kochtopf an den Schädel bekommen hatte, daß einer betrogen worden war, aber größere Fälle von Raub und Verbrechen kamen nicht vor.

In der Vorkriegszeit wurden in Krakau Geschäfte im Judenviertel Kazimierz von Studenten mit Knüppeln verwüstet, doch in Podgórze mit seinen vielen jüdischen Geschäften gab es keinerlei Boykott, Verwüstung oder Raub. Die Händler wohnten meistens über oder hinter dem Laden, sie waren Nachbarn, die man seit Jahren, seit Generationen kannte, und so etwas gehörte sich einfach nicht gegenüber »den eigenen Juden«.

Krieg und Terror zerrissen die natürlichen Bindungen zwischen den Menschen. Diejenigen, die der Tod verschont hatte, wurden vom Schicksal über die ganze Welt verstreut. Das galt für Juden wie Polen.

Ich bin nach einem Vierteljahrhundert von einem anderen Kontinent nach Krakau gereist, weil ich meinem Sohn die Długosz-Straße 7 zeigen wollte. Zunächst ging ich allein dorthin, und mein Herz verkrampfte sich, als ich das völlig heruntergekommene Gebäude sah. Hierher konnte ich Leszek nicht führen. Der von Flechten überwucherte Putz war großflächig heruntergefallen, das rote Dach schartig, das geschnitzte Eichentor rissig, die Eingangsschwelle aus weißem Stein gesprungen. Ich brachte es nicht übers Herz, diese verletzte Schwelle meines Elternhauses zu überschreiten.

Bomben, eine Feuersbrunst oder ein Erdbeben – das sind ehrenhafte Todesursachen für ein Bauwerk; selbst Ruinen haben noch etwas Erhabenes. Dies war jedoch der Niedergang eines herrenlosen Hauses. Die ganze Gasse war herrenlos, verwahrlost, verwaist, obwohl sie dicht bevölkert war von neuen Bewohnern, von denen keiner seine Wurzeln oder irgendwelche Traditionen hatte.

Zweiter Teil:
Tagebuch aus dem Krakauer Ghetto

Cambridge, Massachusetts, November 1983 – März 1984

Ich glaube, ich habe seit jeher Tagebuch geführt. Meine geliebte Tante Mala – sie konnte mit der Miene einer vornehmen Dame schockierende Ansichten in einem Ton äußern, der ganz *comme il faut* war – besuchte mich oft, wenn ich als Kind krank war. Gern lauschte ich ihren witzigen Anekdoten vom Prater und den Ufern der blauen Donau, und wenn sie mit bewußter Übertreibung die Hand ans Herz preßte und mit sentimental verdrehten Augen ekstatisch »Wien, Wien, nur du allein!« sang, brachen wir in Gelächter aus. Die Tante las mir oft aus Kinderbüchern vor, die sie mir bisweilen zusammen mit anderen Geschenken überließ.

Ihre Geschenke waren anders als alle anderen: zum Beispiel schön bestickte Taschentücher, winzige Tierchen aus Muranoglas, Puppenhäuschen aus Pappe, die man flach wie ein Buch zusammenlegen konnte; wenn man sie aufklappte, waren da ein Salon mit Damen in Turnüren, ein Kinderzimmer mit einer Gouvernante und eine Küche mit einer Köchin samt Schlüsselbund. Die Tante versäumte nicht, meine Aufmerksamkeit auf das Schlafzimmer mit dem kekken Stubenmädchen zu lenken, auf das der Hausherr im Gehrock und ein junger Herr mit Schnurrbart und Zigarre vom Kabinett aus heimliche Blicke warfen.

Eines Tages brachte mir die Tante ein Tagebuch mit und rezitierte feierlich das Motto, das sie in Schönschrift auf der ersten Seite eingetragen hatte:

> Geheiligt seist du, Jugendalter!
> Du Traum auf Blüten, du mein goldener Traum!
> Du Ideal des Glaubens, der Tugend, der Liebe und der Freiheit!
>
> *Bohdan Zaleski, »Przesilenia«*

Nicht ganz so feierlich fuhr sie fort: »Sei eine Heroine des Alltags, schreib deinen eigenen Roman. Hier ist Platz für deine Träume und Klagen. Eine *Dame* darf nur schriftlich und nur für sich alleine klagen.«

Ich fing sofort auf der ersten, mit Vergißmeinnicht geschmückten Seite an: »Ich liege krank im Bett. Papa hat mit mir Schach gespielt, und ich habe verloren. Felek hat meine Schokoladenbonbons von Frau Mania aufgegessen. Mama hat mir ›Filus, Milus i Kizia‹ vorgelesen, und ich möchte auch eine schwarze Katze haben.«

Es war nicht einfach, im Bett zu schreiben und die Feder in das Tintenfaß auf dem Nachttischchen zu tunken. Die Tinte spritzte

auf den Kissenüberzug aus Spitze und den Schlafanzug, was das Tagebuchschreiben zeitweilig unterbrach.
Weder dieses erste noch eine ganze Reihe weiterer Tagebücher haben sich erhalten. Erhalten blieben nur einige Seiten aus der Vorkriegszeit, ein dickes Heft bis zum März 1942 und vier unvollständige Kladden, die meine polnische Freundin Hanna Łętowska an sich genommen und zusammen mit einigen Büchern und Fotografien vor der Vernichtung bewahrt hatte.
In den deutschen Konzentrationslagern war es nicht möglich, Tagebuch zu führen. Meine »Träume und Klagen« nahmen die knappe Form von Gedichten an, die ich in winziger Schrift in einem winzigen, leicht zu verbergenden Notizbuch festhielt. Es hat Auschwitz, Ravensbrück, Malchow und Leipzig überdauert. Ich habe nichts gerettet, nur dieses unscheinbare Notizbuch, mit dem stolzen Erbe der polnischen romantischen Dichtung als Motto auf der ersten Seite:

Und wenn die Gewalt der menschlichen Bosheit dich quält,
dann erhebe den Geist so hoch,
wohin die Bosheit nicht mehr reicht.

* * *

Harbutowice, Juli 1938
Ich weiß nicht, warum ich zum Tagebuch gegriffen habe, wenn es nichts zu schreiben gibt. Hier ist es hübsch und angenehm, und dauernd gibt es was anderes zu tun.
Die Penne (Gymnasium) läßt sich nicht vergessen, denn die Leiterin [der Ferienkolonie] ist eine der Lehrerinnen, aber egal. Ich liebe solch ein Leben, wie im Pensionat. Ich habe die Heldinnen in den Büchern der Czarska immer beneidet, auch wenn es mich ein bißchen entsetzt hat, daß die Pensionärinnen grausam zu den »Neuen« waren und nicht nur an Tuberkulose erkrankten, sondern sogar starben.
In Harbutowice ist niemand »neu«, alle aus unserer Mickiewicz-Penne oder von der Oleandry (zwei staatliche Mädchengymnasien in Krakau) und viele Mädchen aus unserer Klasse. Niemand stirbt an Schwindsucht, und wenn eine erkrankt, dann von unreifen Äpfeln oder weil sie sowieso kränkelt, wie Zośka N., die herzkrank ist. Wir haben einen Ausflug nach Lanckorona gemacht, gehen in den Wäldern spazieren, schwimmen im Fluß oder rudern mit dem

Boot über den Teich, der voller Frösche ist. Abends im Schlafsaal, wenn das Licht aus ist, erzählen wir uns Bücher und Filme oder tun so, als ob es spukt.
Hermina hat mit mir Filmprogramme getauscht und mir Fotos von Joan Crawford im blauen Kostüm mit einer Tuberose am Revers gegeben. Ich weiß nicht, woher sie hat, daß es eine Tuberose ist, aber es wird schon stimmen, denn Joan Crawford heftet sich nicht irgendwas an. Hermina mag sie nicht, sie sagt, sie sei eine häßliche alte Schachtel und ihr Mund sei zu groß. Ich finde, so wie Joan sollte eine moderne schicke Frau aussehen, eine, die intelligent ist und durchaus nicht wie ein Engelchen aussehen muß. Ich kenne Joan allerdings nur von Fotos, nicht aus Filmen, weil ich noch nicht rein darf.
Wir sind im Boot gerudert, Hermina und ich in der Mitte, Jasia im Bug und Maryśka im Heck. Hermina hat gestern den Schluß von »Dwie Joasie« [Die zwei Johannas] erzählt, und ich war an der Reihe mit »Wrzos« [Heidekraut], also beschrieb ich voller Ergriffenheit, wie die Heldin beim Abschied schmachtend dreinblickt und dann vor Schmerz die Augen schließt und erbleicht, worauf Hermina aufschreit: »Woher weißt du das? Im Schwarzweißfilm sieht man nicht, ob sie blaß wird.«
»Sie muß«, behauptete ich im Brustton der Überzeugung, denn wie kann man nicht erbleichen, wenn man für immer vom Geliebten Abschied nimmt und verzweifelt auf dem Bahnsteig steht, unter einem Schild »Kein Ausgang«. Das allein schon besagt, daß alles aus ist.
Ich hatte keine Lust mehr zum Erzählen. Wir begannen verbissen zu rudern. Beim Wenden beugte ich mich ungeschickt aus dem Boot und fiel ins Wasser. Ich hätte meine Seele aushauchen können, nicht weil ich ertrank, sondern aus Ekel vor den Fröschen. Jasia hielt mir die Ruderstange hin, und als ich ans Ufer kroch, brüllten alle vor Lachen. Ich übrigens auch, als ich mich im Badezimmer im Spiegel sah. Fräulein Iga schickte die »Ertrunkene« zu Bett, also schreibe ich aus Langeweile.

18. Juli 1938

Man kann es schon nicht mehr hören: »Wszędzie w górze to samo niebo« [Hoch oben ist überall derselbe Himmel] und »Niebieskie róze« [Blaue Rosen] und »You are my lucky star« und »Jestem w niebie« [Ich bin im Himmel]. Die älteren Mädchen tanzen zu die-

sen paar jämmerlichen Platten bis zum Überdruß. Wenn es hier ein Klavier gäbe, würde ich ihnen etwas spielen.
Gestern hatte Hermina beim Mittagessen Dienst, also saß Zośka neben mir. Nach dem Essen singen wir wie immer die »Rota« und »Alle unsere täglichen Sorgen«, da stieß mich diese unausstehliche Zośka N. in die Seite und zischte: »Hör auf, du bist Jüdin, du darfst das nicht singen ...«
Ich wollte ihr sagen, daß sich dieses Lied sich nur an den Herrn Jesus richtet und daß der liebe Gott für alle derselbe ist und daß auch ich möchte, daß er von meinen täglichen Sorgen weiß, aber ich sagte nichts zu ihr und sang einfach weiter. Ständig hat sie irgendwelche Herzattacken, und sicher ist sie deshalb so böse. Schließlich sind die anderen Mitschülerinnen durchaus nicht so unausstehlich, weder zu Maryśka noch zu mir.
Aber als ich in der Nacht daran zurückdachte, mußte ich heulen.

Krakau, 17. September 1938

Als Papa mich zum Kollataj-Gymnasium begleitete und sah, wie verängstigt ich war, küßte er mich und sagte lächelnd: »Du brauchst keine Angst zu haben, grüner Frosch.«
»Du brauchst keine Angst zu haben, grüner Frosch«, ließ sich in der Tür die Stimme von Frau Kusiakowa vernehmen, unserer Klassenlehrerin, die uns in polnischer Literatur unterrichtet. Sie gefiel mir auf Anhieb, groß, kräftig, jung, freundlich lächelnd. Hinter ihr stand ein hochgewachsenes Mädchen mit einer spitzen Nase und dünnen Zöpfen.
»Begleite Halinka in die Klasse, ihr werdet nebeneinander sitzen, aber schwätzt mir nicht im Unterricht.«
Auf dem Weg durch den dunklen Korridor sagte Runka leise: »Es wird dich schon keiner fressen, ich beiße auch nicht, obwohl ich Gold im Kiefer habe.«
Sie verzog komisch die linke Wange und ließ einen Zahn an der Seite sehen, und kichernd traten wir beide in die Klasse. Alle schwatzten an diesem ersten Tag nach den Ferien laut durcheinander, und als gleich nach dem Klingeln die Lehrerin eintrat, rannte jeder auf seinen Platz. Die Jungen auf der rechten, die Mädchen auf der linken Seite, in den beiden letzten Reihen nur Jungen. Runka und ich saßen in der dritten Reihe, ich am Gang, aber ich traute mich nicht, nach rechts zu schauen, obwohl ich an Jungen gewöhnt bin, denn durch Felek ist es bei uns zu Hause immer voll

von ihnen. Keiner neckte die »Neue«, keiner interessierte sich besonders für mich, und wenn, dann waren die Burschen galant. Neben Runka murmelte Hanka Letowska irgendeine freundliche Bosheit, von vorne drehten Hela und Dola sich um und winkten zur Begrüßung mit dem Taschentuch, und Zosia, die hinter mir sitzt, zwinkerte mir zu und fragte mich in der Pause, ob ich mich mit Jungen zum Rendezvous treffe und mit wem. Ala, die spindeldürr, blaß und aschblond ist und ein ganz schmales Gesicht hat, stieß sie mit dem Ellbogen an und zwinkerte mir verständnisinnig zu. Die pummelige Irka, Tochter des Direktors des Gymnasiums, wollte mit mir den Platz tauschen, denn in derselben Reihe auf der anderen Seite sitzt ihr Schwarm Adam. Aber daraus wurde nichts, die Lehrerin ließ keine Änderung zu.
Zusammen mit Janka und Bronek, der nicht weit von mir wohnt, ging ich nach Hause. Jurek ging auch mit uns, aber nur bis zu den Anlagen, denn er wohnt in der Straszewski-Straße bei seinem Onkel, dem »großen Drobner« von der PPS (Polnische Sozialistische Partei). Allmählich kenne ich mich unter den Klassenkameraden aus, und die langen Kerle aus der letzten Reihe kann ich schon auseinanderhalten: Da sind Józek Cabaj, Jurek Bisanz – dessen Eltern ein Café in Krakau und den »Stillen Winkel« in Błonie haben, wo man zu Sauermilch und Kartoffeln und Erdbeeren mit Sahne einkehrt – sowie Mietek und Franek. Vorn sitzen die Zwerge: Heniek, der kleine, pustulöse Olek und, etwas größer, der lustige Józek. Vielleicht sind sie gar nicht so klein, wie es durch den Kontrast mit dem langen Leszek scheint.
Diese neue Schule habe ich sehr liebgewonnen. In der »staatlichen« starb ich aus Angst vor den Paukern, besonders vor dem klapperdürren Drachen in Naturkunde und vor der Mathematiklehrerin. Ich mochte nur die Deutschlehrerin und den goldigen Opa Niespodziański in Latein. Am Kołłątaj sind die Pauker so sympathisch, daß keiner Angst hat und alle lernen, ohne es zu merken. Jede Stunde ist ein neues Vergnügen. Sogar das Haus an der Ecke der Piłsudski-Straße und gegenüber dem Czapski-Museum ist hundertmal fröhlicher als das finstere Gebäude des Mickiewicz-Gymnasiums an der Starowiślna-Straße. Zum »Sokół«, wo wir Turnen haben, ist es nicht weit. Nur von zu Hause aus habe ich es weiter, ich muß umsteigen; aber wie hübsch und angenehm ist es, zu Fuß am Wawel vorbei durch die Anlagen zu gehen.

* * *

Cambridge, Massachusetts, Oktober 1983

Der unmittelbare Anlaß meines Umzugs auf ein anderes Gymnasium war ein antisemitischer Vorfall, auch wenn er mich nicht direkt betraf. In unserer Klasse waren 45-48 Schülerinnen, darunter sechs Jüdinnen: Maryśka Kranz, Ewa Aleksandrowicz, Irka Korngold, Zośka Horowicz, Żanka Daniewska und ich. Maryśka, Żanka und ich hatten zur ganzen Klasse mehr oder weniger enge Beziehungen. Ewa und Irka waren meistens zusammen und hielten sich eher abseits, selbst uns gegenüber, und Zośka gehörte überhaupt nur »sich und den Musen«. Von ihr sagten wir, sie sei »ein Hussit«. Sie war höllisch begabt und lernte vorzüglich und dermaßen intensiv, als ginge es um Leben und Tod. Nur Zośkas Eltern waren, glaube ich, Kaufleute. Żanka waren im Gegensatz zu Zośka gute Noten vollkommen gleichgültig; sie war nicht versetzt worden und mußte nochmals dieselbe Klasse besuchen, also unsere. Ewas Mutter war Bildhauerin und malte für uns »Schulhilfen« zugunsten des Gymnasiums. Ich mochte Ewa, ihre warmen braunen Augen, ihre hellen Haare, ihre leise Stimme und ihren verstohlenen Witz. Wäre Irka nicht so herrschsüchtig gewesen, hätte ich mich sicher eng mit ihr angefreundet, so wie mit Maryśka.

Zusammen waren wir nur, wenn wir während des Katechismusunterrichts die Klasse zu einer Freistunde verließen, und während unseres Religionsunterrichts. Er fand nachmittags statt, gemeinsam mit Schülerinnen mosaischen Glaubens von anderen Schulen.

Mit der ganzen Klasse wanderten wir zu dem in Krakau bekannten Geschäft »Koralowa«, wo es die obligatorischen Schuluniformen und Mäntel gab. Am nächsten Tag erschienen wir in diesen neuen Mänteln und Uniformen mit weißem Kragen in der Schule. Das Schreckliche entdeckten wir erst nach dem Unterricht: Die Mäntel von Zośka, Irka und Ewa waren auf dem Rücken mit einer Rasierklinge aufgeschnitten worden und wiesen ein Loch in Form eines Davidssterns auf.

Gleich am nächsten Morgen ging mein Vater, der im Elternausschuß aktiv war, mit mir zur Schulleiterin Dr. Maria Dobrowolska. Als wäre nichts gewesen, erhob sie sich strahlend von ihrem Schreibtisch.

»Seien Sie gegrüßt, Herr Nelken! Du, Kind, geh in die Klasse!«

Ich blieb im Vorzimmer, wo Gesprächsfetzen an mein Ohr drangen: »Sie berauben Ihre Tochter der Privilegien, die das staatliche

Gymnasium für ihre Zukunft bietet. Schließlich ist sie ja nicht geschädigt worden!«
»Weil ihr Mantel nicht zerschnitten wurde? Trotzdem spürt sie die Bedrohung. Was für eine nette Atmosphäre an der Schule. Ich lasse es nicht zu, daß mein Kind unter Verfolgungen aufwächst. Halina bleibt keinen Tag länger hier!«
Schließlich erschienen beide in der Tür, während Donia den begonnenen Satz mit den Worten beendete, daß es wirklich eine sehr mißliche Sache sei ... und morgen sei die Versammlung des Elternkomitees, ob Herr Nelken es vergessen habe?
Papa schüttelte ungläubig den Kopf und blickte Donia plötzlich heiter an: »Braucht man mich so?«
»Sie werden uns hier gewiß fehlen.«
Vater machte eine charmante Verbeugung, küßte ihr die Hand, und gemeinsam gingen wir zum Kuratorium, um die Entlassung aus der staatlichen Anstalt zu beantragen. Sie erfolgte am Ende des Schuljahres.
Zu Feleks Geburtstag im November versammelte sich bei uns der – wie er es nannte – »Sanhedrin der Verwandten und Freunde«. Wir spielten Klavier, etwas zu vier Händen, und danach ging ich ins Eßzimmer, wo darüber diskutiert wurde, ob es klug sei, freiwillig auf die »staatliche« zu verzichten, auf die man so schwer gelangte. Mir sei doch nichts passiert.
Da blitzten Mamas blaue Augen auf: »Aber dies sind ihre Schuljahre, sie sollen als die schönste, sorglose Zeit fürs ganze Leben in Erinnerung bleiben. Was sind das für Ehren, die man mit Angst und Erniedrigung erkaufen muß?! Auf einem privaten Gymnasium kommt so etwas nicht vor!«
»Vielleicht. Aber so ist es nun mal auf der Welt. Man muß im Leben manche bittere Pille schlucken.«
»Aber doch nicht so früh. Noch hat sie Eltern, die dafür sorgen können, daß sie eine unbeschwerte und fröhliche Jugend verbringt.«

Nach dem Krieg gab es nur noch staatliche Schulen. Ich meldete mich am Mickiewicz an, weil das von unserer Wohnung an der Starowiślna-Straße 78 am nächsten war. Die Hölle des Ghettos und die Ungeheuerlichkeiten von Płaszów, Auschwitz und Ravensbrück hinter mir, war ich inzwischen erwachsen geworden, und doch befiel mich im Amtszimmer von Donia eine plötzliche Lähmung, ein Überrest der Angst der Schülerin von einst.
»Nelkenówna!« Sie hatte mich gleich erkannt. Sie sah sich die

Bescheinigungen der illegalen Kurse aus der Kriegszeit an und teilte mich der ersten Klasse des Humanistischen Lyzeums zu. Außer mir war da noch Joanna Michalik, die Montelupich und Ravensbrück durchgemacht hatte. Aber ich war die einzige Jüdin am ganzen Gymnasium. Wegen Platzmangels hätten wir nachmittags Unterricht, in einer Klasse im zweiten Stock, teilte mir Donia mit. Von den alten Lehrern seien noch Frau Luśniakowa, die Germanistin, Herr Węgrzynowicz, der Physiker, und unser »Opa« Niespodziański, der Lateiner, da.
Schließlich erhob sich Donia hinter ihrem Schreibtisch und fragte: »Und wie geht's Herrn Nelken?«
»Er ist tot. In Auschwitz umgekommen.«
»Das tut mir aber leid! Ich kann mich genau an deinen Vater erinnern. So ein stattlicher Mann, fröhlich und im Komitee unersetzlich. Es tut mir sehr leid. Jetzt geh bitte in die Klasse, es hat schon einmal geklingelt.«

* * *

14. Oktober 1938
Ich habe nicht viel Zeit zum Schreiben, denn wir haben doch ziemlich viele Hausaufgaben auf, und dann die Pflichtlektüre und das, was ich »außerplanmäßig« lese. Das Klavierspielen kostet auch Zeit, damit die Lehrerin sich nicht beklagt, ich käme unvorbereitet zum Unterricht. Bei schönem Wetter gehen wir in den Park. Manchmal treffe ich dort Blanka oder Lena oder Zośka, Freundinnen von Felek, die älter sind als ich. Sie kamen zu uns zu Tanzabenden, und jetzt können sie es nicht erwarten, daß die Jungen von dieser Offiziersschule in Lemberg zurück sind. Im September sind sie gefahren, für ein Jahr, eine furchtbar lange Zeit. Im Haus ist es still geworden, nur manchmal erscheint der eine oder andere von Feleks Freunden, Jurek oder Marian, der schon im zweiten Jahr auf der Kunstakademie ist, oder Czilek, der mir Grüße von Andrzej Czerwiński überbrachte.
Vor einem halben Jahr wäre ich glücklich darüber gewesen, aber jetzt ist der Rausch vorüber, ich kann also schreiben, was war. Im Lehrerseminar an der Straszewski-Straße war ein Tanzabend für die Jugend, und sie hatten eine Kapelle von Gymnasiasten bestellt. Felek nahm mich unter einem Vorwand mit: »Statt müßig herumzusitzen, kannst Du für mich umblättern.«
Auf dem Podium neben dem Klavier wartete schon Czilek mit

dem Saxophon, Romek mit der Geige und ein anderer Student an der Trommel.
»Schlagzeug, Liliok, Schlagzeug heißt das, mache mir keine Schande«, murmelte Felek und stellte mich seinen Kollegen vor.
Czilek hatte Andrzej mitgebracht, auch damit er für ihn die Noten umblättert, aber sie waren so eingespielt, daß sie keine Noten brauchten. Als sie den Tango spielten »Weißt du noch, mit dem Schlitten fuhren wir, Schatz...«, war ich weich gestimmt, aber als Andrzej mich an sich zu ziehen versuchte, zog ich mich steif auf einen eleganten und schicklichen Abstand zurück. Es war der letzte Tanz. Zu viert gingen wir durch die Wallanlagen nach Hause. Andrzej wollte sich mit mir verabreden, ich wollte auch, sagte aber nein. Wenn man uns sieht, wird es heißen, ich treibe mich herum. Andrzej steht unmittelbar vor dem Abitur, ihm kann es egal sein, aber wenn sie mich aus der Penne schmeißen? Wir verabschiedeten uns, und als wir ins Haus gingen, meinte Felek, mit einem Rendezvous hätte es zwar noch Zeit bei mir, aber eigentlich sei ich blöd.
Ich himmelte diesen Andrzej von weitem an, denn ich habe ihn nie mehr getroffen, aber offensichtlich denkt er noch an mich. Ich muß jetzt gleich diesen Tango spielen: »Weißt du noch, im Schlitten.« Das ist sogar ein guter Schluß für dieses Heft, ich habe die letzte Seite erreicht.

* * *

Das nächste Tagebüchlein ist nicht erhalten. Es war die Zeit, in der sich der Backfisch physisch entfaltete und in der heiteren Atmosphäre zu Hause und in der Schule eine rasche geistige Entwicklung nahm. Es war der glücklichste Abschnitt meines Lebens. Die liebevolle Fürsorge meiner Familie und die Herzlichkeit meiner Umgebung gaben mir ein später nie mehr erfahrenes Gefühl absoluter Geborgenheit und Stabilität.
Ich kannte meinen Platz in der Welt, ich wußte, was von mir verlangt wurde, und so war die herkömmliche schulische und häusliche Ordnung für mich keine strenge Disziplin, gegen die man sich hätte auflehnen müssen. Wenn mir in dieser Zeit einmal traurig zumute war, dann auf eine feierliche Art, hervorgerufen durch Musik oder Poesie, oder weil Felek in Lemberg war und ich mich nicht mit ihm necken konnte. Jeder Tag war von einer intensiven Daseinsfreude erfüllt, besonders im Frühling.

Im Mai traf ich Mama mit Frau Mania und Frau Łodyńska in den Wallanlagen. Sie kamen von einer Ausschußsitzung, Mama im beigen Kostüm aus Rohseide, Frau Mania in etwas Dunkelblauem, »wie es sich für eine Dame eines gewissen Alters gehört«. Zusammen gingen wir zu Maurizio und kauften Gebäck fürs Dessert. Zu Hause duftete es nach Narzissen, biegsamen Lärchenzweiglein und Bohnerwachs. Ich erinnere mich an das Mittagessen mit Frau Mania, den Geschmack der Frühlingssuppe aus jungem Gemüse – Karotten, Kohlrabi und Erbsen –, die Brathähnchen mit Gurkensalat und Kartoffeln mit Dill. Ja, und an das Gebäck von Maurizio: rosa Napoleonschnitten, Windbeutel mit Sahne, Nußtorte und Rumkugeln. Es muß ein Wochenende gewesen sein, denn wir verabredeten uns für den nächsten Tag zu einem Maiausflug nach Lasek Wolski. Aber am Morgen fuhr ich mit den Eltern auf den Kościuszko-Hügel.

Die Villen am Bronisława-Hang ertranken in blühenden Kastanien und Fliederbüschen, ihren betäubenden Duft trug der Wind zur Spitze des Hügels hinauf. Der weite Blick vom Kloster der Prämonstratenserinnen, der Weichselbogen unter dem Wawel, das Häusergewimmel und die Kirchtürme huschten wie in einem Kaleidoskop vorbei, als ich die Eltern bei den Händen nahm und wir im Kreis herumwirbelten. Mit Vater rannte ich durchs Gras nach Błonia hinunter, während Mama mit ihren hohen Absätzen den Weg nahm, direkt nach Cichy Kącik. Dort aßen wir Kartoffeln mit Sauermilch.
Einen Monat später fand das Sportfest der Krakauer Oberschulen statt. Die Jungen beteiligten sich an Leichtathletik und »schwedischer Gymnastik«, die Mädchen an Volkstänzen. Das »Kołłątaj« trat in Łowiczer Trachten auf, die beim Theater entliehen waren. Im Takt einer Polonaise schoben sich die Gruppen an den Zuschauern vorüber und tanzten die eingeübten Figuren fleißig ab. Ich bildete ein Paar mit Myszka, wir hielten uns an den Händen und legten einen flotten Oberek hin, als Myszka plötzlich kreischte: »Um Himmels willen, mein Gummiband ist gerissen, ich verliere den Schlüpfer!«
Geistesgegenwärtig und ohne aus dem Rhythmus zu kommen, arbeitete sie sich aus dem rosa Wäschestück heraus, während sie weiter im Takt mit den Füßen aufstampfte, schwenkte es durch die Luft und verbarg es unter ihrer Pelerine. Hela hinter uns konnte fast nicht mehr vor Lachen.
Am nächsten Tag marschierten wir in unseren Trachten zum

Schulfotografen, der uns gruppenweise verewigte. Auf mein Bild schrieben Myszka, Irka und Janka: »Zum Andenken an den Tanz mit dem S...« Die Schicklichkeit verlangte, dieses Wort mit Auslassungspunkten nur anzudeuten.

Die ganze Klasse posierte für ein Bild mit dem bärtigen Direktor und dem Lehrkörper. Vorn knieten und saßen die Jungen in der Uniform der militärischen Vorausbildung, hinten standen die langen Kerle, die ihre Köpfe zwischen die der Mädchen in der mittleren Reihe steckten. Was war das für eine phantastische Gruppe junger Menschen. Unterschiedlich in sozialer Herkunft, Erziehung und Religion, waren wir doch frei von Animositäten und freundschaftlich miteinander verbunden.

Viele meiner Kameraden hatten später ein schweres Schicksal. Der fleißige und ehrliche Bronek Cynkar, der 1940 von den Deutschen verhaftet wurde, kam in Auschwitz um, als es dort noch keinen einzigen Juden gab. Lech Jakubowski aus Pommern wurde zum deutschen Heer einberufen, desgleichen Jurek Bisanz, der aus Österreich stammte. Seinen Cousin traf ich 1959 in Wien am Institut für Kunstgeschichte der Universität. »Jurek ist den Soldatentod gestorben«, seufzte er. Es bereitete Herrn Bisanz großen Kummer, daß seine Kinder kaum mehr Polnisch konnten, wo er doch eine polnische Gouvernante für die Konversation eingestellt hatte. Sonderbare Welt. Ich hatte in Krakau ein »Fräulein« für Deutsch, und er sorgte sich in Wien um das Polnische für seine Kinder. Der hier wie dort unvergessene Kaiser Franz Joseph hätte sich gefreut zu erfahren, wie weit der kulturelle Einfluß seiner kaiserlich-königlichen Monarchie reichte.

Vielleicht lag es an Krakau und seiner besonderen Atmosphäre, daß sich jeder rasch dort assimilierte. Franek Oehl war der Sohn eines schlesischen Organisten und selbst musikalisch begabt. Er war strohblond, hatte ein künstlerisch verfeinertes Wesen und ein sanftes Äußeres. Er sprach mit leiser Stimme und verhielt sich ganz still – niemand hätte geahnt, was für eine Charakterstärke in ihm steckte. Die hübsche Zosia flirtete mit ihm und, seiner restlosen Ergebenheit sicher, auch mit anderen. Franek war es jedoch, der Zosia den ganzen Krieg über versteckte. Und Zosia? Gleich nach dem Krieg emigrierte sie. Franek spielte abends in einem bekannten Krakauer Lokal auf, wo ich ihn beim Tanzabend traf. Es war schön, seine ruhige Stimme zu hören. Kein Wort über Zosia; er gehörte nicht zu denen, die jemanden mit Gewalt an sich binden oder mit Dankbarkeit rechnen, auch wenn es ihnen das Herz bricht.

Jurek kehrte in der Uniform eines Leutnants der I. Armee heim, nachdem er von Lenino bis Berlin an den Kämpfen teilgenommen hatte. Er wohnte weiterhin bei seinem alten Onkel Bolesław Drobner von der PPS. Wir sahen uns oft und waren eng befreundet, bis Jurek zum Studium nach Moskau ging.
Józek war nach Samarkand verschleppt worden, hatte mit seiner ganzen Familie überlebt und studierte Jura. Der lustige Józek saß mehr in Cafés als in Vorlesungen, und bei einem kleinen Schwarzen lachten wir über seine Witze.
Mietek hatte das Lager als jüdischer Polizist überlebt und war emigriert.
Der kleine schmächtige Olek war spurlos verschollen.
Das Schicksal meinte es nicht gut mit den »nichtarischen« Mädchen aus unserer Klasse. Cesia, als Halbwaise vom Vater aufgezogen, kam ums Leben.
Umgekommen sind auch Hela, Runka und Dola, sogar mit »arischen Papieren«.
Lena Sternfeld, die älteste in unserer Klasse, war noch im März 1945 mit mir im selben Lager in Malchow gewesen, ein Mädchen von eigenartiger Schönheit, wie eine Chinesin. Unmittelbar vor Kriegsende starb sie an Hunger und Erschöpfung auf dem Schoß ihrer Mutter, die ihr einziges Kind um viele Jahre überlebte.
Das Foto unserer Klasse markiert das Ende meiner »Flegeljahre«. Es war ein Zeitabschnitt von idyllischer Unschuld, geordnet und sorglos. Unglück, Tragik und das Böse kamen bloß in der Literatur und auf der Bühne des Theaters vor, um uns in der Realität bald darauf mit aller Wucht zu zermalmen.
Aber zuvor hatten wir noch Ferien.

* * *

Czatkowice, 20. Juli 1939
Wie kann ein Sommer vergehen ohne Czatkowice dieses Paradies bei Krakau? Ich liebe dieses Dörflein seit meiner Kindheit. Kurorte sind da ganz anders. Trinkhallen, Parks, Promenaden, Orchester, überfüllte Schwimmbäder und Strände, und dauernd muß man hübsch angezogen sein und aufpassen, daß man sich das Kleid nicht befleckt.
Weil Felek nicht da ist, sind diesen Sommer meine Freundinnen dabei: Hela und Diana, Rila, die kleine Ninka. Onkel Ignac und Tante Dora wohnen mit Mietek und Jureczek in der großen Hüt-

te am Mühlbach, Richtung Czerna, und wir in der Villa: Mama, Frau Mania, Frau Hela und Tante Doras Schwester in den Zimmern zur Linken, und zur Rechten wir, die »Zicken«. Walerka schläft auf dem Boden über der Küche. Sonntags kommt ein Haufen Gäste angefahren. Unser Felek und seine Kollegen von der Offiziersschule schreiben, daß sie neidisch sind. Sie müssen in Lemberg sitzen, während die Sippschaft hier im Fluß badet und in der Scheune im Heu schläft.

Ein wahres Paradies! Der Garten voller Malven, Mohnblumen und Phlox, und frühmorgens schauen die blauen Winden zum Fenster herein. Wir rennen über die Wiese, um uns am Flüßchen zu waschen und die Zähne zu putzen. Das Wasser ist ja kristallklar, es kommt direkt von der Quelle den Mühlbach herunter. Frühstück auf der Veranda, und jeder macht, was er will. Nur Walerka ist in der Küche zugange. Die Damen in Liegestühlen und wir zum Strand durch die Wiese, wo die Töchter der Bäuerin das Vieh beaufsichtigen. Die kleine Rózia hütet die Gänse und Julka die Kühe, eine rote und zwei schwarzbunte, wie die gräflichen am Potocki-Palast in Krzeszowice. Auf der Weide vergesse ich manchmal die Zeit; wir schnitzen uns Bötchen aus Rinde, oder Julka erzählt von Geistern und Teufeln, die aus dem morschen Weidenbaum kommen, oder wir singen Lieder zu zwei Stimmen.

Nachmittags gehen wir alle unter dem Wasserfall baden, auch ein gewisser Heniek aus Sosnowitz. Er wohnt in der Villa an der Chaussee. Seine Schwestern haben irgendeine Krankheit und liegen bloß den ganzen Tag mit der Mutter auf der Veranda. In der Woche ist Heniek der einzige Kavalier unter so vielen Weibsbildern, und er macht sich wichtig, weil die Jungs, die wir kennen, nur sonntags angeradelt kommen.

Nach dem Mittagessen kommt das große Faulenzen mit einem Buch oder, wie jetzt, mit dem Tagebuch. Manchmal gehe ich in den hinteren Hof, um mit Julka die Hühner zu füttern oder der Bäuerin zuzuschauen, die auf der Erdbank sitzt und Butter macht. Der Hofhund an seiner Kette schmiegt sich an mich, denn ich bringe ihm manchmal Häppchen aus der Küche und kraule ihn hinter den zottigen Ohren. Der Hof ist peinlich sauber, auch wenn Bauer Stefek Kleinholz hackt und mit uns scherzt. Rózia fegt die Splitter und Späne zusammen, und wir stapeln die nach Harz duftenden Scheite am Schuppen auf. Abends nach dem Essen spielt alles Bridge, nur wir nicht, die »Zicken«, denn wir setzen uns auf die Erdbank und singen Lieder.

22. Juli 1939

Mit Heniek gingen wir durch die Felder nach Krzeszowice. Diana puhlte Körner aus einer Ähre und verschluckte sich an dem Spelz. Ich ging voraus, weil ich keine Geduld hatte, so langsam dahinzutrödeln, und pflückte Mohn- und Kornblumen, als Rila plötzlich rief: »Warte, hochstämmige Hala, Diana erstickt.«
Diana erstickte keineswegs, sondern hatte nur einen »Schwächeanfall« und lag da, an Heniek gelehnt, der ihr mit dem Taschentuch Luft zufächelte. Er weiß offenbar, was man machen muß, wenn einem schwindelig wird, denn seine Schwestern sind leidend. Hela dagegen schnauzte ihre jüngere Schwester an, sie solle sich nicht so haben. Wenn es sich ihr im Kopf drehe, dann liege das am Duft der blühenden Kartoffeln oder des blühenden Klees. Oder sie habe sich übergessen. Steh sofort auf, gehen wir! Diana ist die jüngste von uns Backfischen und möchte Heniek gefallen.
Gestern gingen wir in Richtung Czerna im Wald spazieren, und es gab so viele Heidelbeeren, daß unsere Münder und Hände blauschwarz waren. Die Erwachsenen gingen zum Kaffeetrinken zu dem Pavillon im Wald und wir entgegengesetzt, zur Elias-Quelle, die herzförmig eingefaßt ist. Wer von der Quelle trinkt, von dem wundertätigen Wasser, dem sollen Liebesträume in Erfüllung gehen. Ich weiß nie, was ich mir hier wünschen soll, und mit welchem Jungen, aber das Quellwasser trinke ich auch so, denn es schmeckt besser als Limonade.

8. August 1939

Es sind eine Menge Gäste gekommen. Vorgestern, am Jahrestag des Ausmarschs der Kaderkompanie in den Ersten Weltkrieg, kamen alle zu uns ans Lagerfeuer. Wir stellten das Radio auf die Veranda, um die Sendung aus Krakau zu hören. Die Ansprachen wurden von Beifall unterbrochen: »Stark, einig, bereit«, und schließlich der Gefallenenappell. Eine Schlacht nach der anderen und eine lange Litanei von Namen. Rokitna ... dort wurde Rittmeister Józef Szperber verwundet, der Maler, der künstlerische Stolz der Familie. Onkel Ignac erzählte, wie ihn die Kosaken nach der Sprengung der Brücke beinahe auf dem Brückenkopf erwischt hätten.
»Der Herr Ingenieur wollte unbedingt bei den Pionieren dienen«, stichelte Tante Dora, und gleich stimmten alle das lustige Lied von den Pionieren an. Krieg ist schrecklich, aber mit ihm kam für Po-

len die Freiheit, welche die Legionen erkämpften. Und mein Papa auch. Als im Radio das Lied von der Ersten Brigade erklang, stimmten wir mit ein.
Die Eltern schauten sich an. Ich wußte, daß sie sich in Oleandry kennengelernt hatten und schon verlobt waren, als Vater an die Front ging.
Da entfuhr es mir: »Ich hätte es nicht ertragen, wenn mein Geliebter weggefahren wäre, in den Kugelhagel hinein, und ohne Nachrichten.«
»Akkurat ohne Nachrichten. Fast hätten diese Nachrichten der Liebschaft ein Ende gemacht!« wandte Tante Mala sich an Mama, und beide lachten, Papa auch.
Mit Unschuldsmiene, wie es ihre elegant-maliziöse Art war, weihte uns die Tante in die Nelkenschen Geheimnisse ein. Papa wohnte als Junggeselle bei Tante Mala, und von dort aus rückte er ein. Als er seinen Tornister packte, gab ihm die Tante vorsorglich Briefpapier und adressierte Umschläge mit. Wie war meine Mama entrüstet, als sie in einem der Briefe statt zärtlicher Worte das folgende las: »Mein Herzchen, schick endlich lange warme Unterhosen, denn hier erfrieren einem die Eier, und mit der Vaterschaft wird es dann nichts mehr. Und füge eine Flasche Magentropfen bei. Der Kohl mit Erbsen verursacht Blähungen, und die ganze Kompanie donnert wie aus der Kartätsche.«
»Wer hätte es damals gewagt, einem jungen Fräulein von Männerunterwäsche und von physiologischen Beschwerden zu sprechen?« Theatralisch hob die Tante ihren Blick zum Himmel.
»Wir glauben es dir, wir glauben es dir, du brauchst es nicht wörtlich zu zitieren«, fiel Papa ihr unter allgemeinem Gelächter ins Wort.
In ihrer hohen Tonart stimmte Frau Mania »Es erblühten die Knospen der weißen Rosen« an. Sie sang, das Radio spielte, und wir sangen am Feuer das Pfadfinderlied »Es lodern die Flammen, es rauschet der Wald«.
»Hier rauscht nichts«, rief Heniek aus, der in diesem Augenblick dazukam und Hela und mich zu einem Spaziergang abholte. Der Sommerabend duftete so schön. Der rot aufgehende Mond beleuchtete mit seinem milden Schimmer die abgemähten Felder. Es stand nur noch der Hafer, er rauschte und wogte wie lebendes Silber längs der weißen Chaussee. Vor uns lag Krzeszowice im Schein der elektrischen Lampen, und hinter uns auf der Anhöhe vor dem Wald leuchtete hier und da ein Fenster einer Bauernhütte.

Bei der Kapelle am Wegesrand machten wir kehrt und gingen schweigend mit gleichmäßigem Schritt zurück. Wie still es hier war. Vor uns fiel eine Sternschnuppe nieder, und bewegt rief ich »Glück!« und »Daß es keinen Krieg gibt!« Mindestens ein Wunsch mußte in Erfüllung gehen ... Plötzlich werde ich traurig. In einer Woche fahren wir ab.

Krakau, 20. August 1939

Julka schenkte uns zum Abschied große Phloxsträuße, sie erfüllen die ganze Wohnung mit ihrem Duft. Phlox und Astern bedeuten, daß die Ferien zu Ende sind. Der letzte Tag in Czatkowice war traurig! Stefan lud das Gepäck aufs Fuhrwerk, und wir gingen durch die verlassenen Zimmer, ob wir nicht etwas vergessen hatten. Mama wurde auf Schritt und Tritt von dem schwarzweiß gescheckten Rigo verfolgt, dem Lieblingsköter der Bäuerin, der nicht angebunden ist wie der große Hofhund. Rigo sprang auf das abgezogene Bett, legte sich flach auf die Seite, eine Pfote über dem Ohr – wie ein Mensch, der sich die Augen zuhält – und brach in ein anhaltendes Gejaule aus.

»O Jesus!« bekreuzigte sich die Bäuerin. »Heilige Jungfrau, vor Feuer, Pest und Krieg ... was heulst du denn so, du gräßliches Biest, da läuft es einem ja eiskalt den Rücken herunter!«

Mir auch. Ich küßte das Hündchen auf sein hübsches, trauriges Schnäuzchen. Stefan begleitete uns zum Zug. Durchs Fenster reichte er mir nochmals bedrückt und ernst die Hand: »Auf Wiedersehen im nächsten Jahr, wenn es keinen Krieg gibt. Aber es wird wohl so kommen. Kommt gesund heim!«

Krzeszowice und der Potocki-Palast huschten vorüber, hinter einer Kurve waren noch einmal die gewellten Anhöhen mit den Quellen zu sehen, und schon waren wir in Krakau.

Unsere Wohnung ist schön gestrichen, Janka hat den Fußboden spiegelblank gebohnert und zetert, daß wir nur ja Pantoffeln anziehen. Ich bin während der Ferien stark in die Höhe geschossen, die Kleider reichen nicht mehr bis zum Knie. Ich habe ein neues Kleid bekommen, dunkelblau mit weißen Tupfen und Spitzenkragen. Ich habe wieder Sommersprossen auf der Nase, aber ich mache mir nichts daraus. Ich freue mich auf die Penne, blättere die Bücher für das neue Schuljahr durch und spiele ein wenig Klavier. Keine Fingerübungen, o nein, sondern mein »sen-

timentales Repertoire«, über das Felek sich so lustig macht – Mozart, Tschaikowski, die Mondscheinsonate –, und natürlich Schlager, die ich nach dem Gehör klimpere. Alles wäre prima, wenn die Eltern nicht so gereizt wären. Sie machen sich Sorgen um Felek. Dabei kommt er doch in Kürze aus Lemberg zurück, die Offiziersschule beendet er am 15. September! Und dann studiert er Medizin, es sei denn, die Universität nimmt wegen des »numerus nullus« keine Juden auf. Dieser Antisemitismus ist gräßlich.
Gestern bin ich (im neuen Kleid) auf den Wawel gegangen, um mich nach den Ferien mit Hela und Rila zu treffen. Wir ließen uns in dem Erker nieder, der zur Straszewski-Straße hinausgeht. Von dort hat man die schönste Aussicht auf Krakau. Als wir vom Wawel heruntergingen, knipste uns ein Straßenfotograf, und heute brachte mir Hela das Bild. Auf die Rückseite hatten sie geschrieben: »Die hochstämmige Halina, flankiert von Zwergen.«
Ich gehe jetzt mit Mama in die Stadt, Papa und Herr Wodecki mit Frau erwarten uns im Pavillon in den Wallanlagen. Was finden die Erwachsenen bloß für ein Vergnügen daran, im Café zu sitzen? Zum Glück haben sie Zeitschriften und ausländische Journale zum Anschauen – und natürlich Kuchen und Eis mit Sahne, hm!

O Gott, was ist hier los, was für ein Verkehr! In Krakau sind unheimlich viele Menschen aus Kattowitz, Sosnowitz und Bielsko aufgetaucht. Plötzlich kaufen die Leute in den Geschäften alles auf. Unsere Janka und Frau Balonowa aus dem Parterre kamen mit Proviant beladen zurück und klagen, daß alles teurer wird. Gelbe Plakate an den Mauern klären über Luftschutz auf. Die Fensterscheiben, die Janka so schön geputzt hat, werden mit Papierstreifen zugeklebt, wir machen Verdunkelung, und Hausmeister Marian bereitet im Keller einen Schutzraum vor.
In den Wallanlagen und Parks werden zickzackförmig verlaufende Luftschutzgräben ausgehoben. Ich habe auch mitgegraben. Die Leute lachten und scherzten, aber mir wurde plötzlich ganz unheimlich: so als würden wir uns ein fröhliches Grab schaufeln. Ich wusch mir die Hände am Hydranten und ging Mama im »Cristal« aufsuchen. Sie saß mit Frau Mania und Tante Dora sehr bekümmert da. Ich langweilte mich furchtbar. Papa schaute auf dem Heimweg vom Büro bei uns herein, erbarmte sich meiner und nahm mich auf einen Spaziergang zum Weiher in den Wallanlagen mit. Der graugrüne Wasserspiegel sah aus wie der Spiegel in Omas Zimmer, die abendliche Beleuchtung der Fontäne erzeugte

bunte Tropfen. Die arme Mama, sie sorgt sich fünf Jahre im voraus. Papa dagegen hat eine heitere Natur, er ist immer gutgelaunt, und jetzt versuchte er ebenfalls zu scherzen, als ich ihm gestand, daß die Angst mich überfallen hatte.
»Was, du? Du bist doch schon so groß, fast so groß wie ich. Und im übrigen bist du doch bei uns und zu Hause!«
Ich schmiegte mich an ihn. Ich weiß, daß mir zu Hause nichts drohen kann, daß das Elternhaus der unantastbare, der sicherste Ort auf der Welt ist. Und dennoch – eine Unruhe bleibt.

In der Stadt sind große weiße Plakate mit einem schrägen roten Streifen erschienen: »Mobilmachung!« Kolonnen von Militärfahrzeugen ziehen durch die Straßen und scheuchen Privatautos in Richtung Warschau und Lemberg. Vor allen Häusern stehen die Leute schwatzend und gestikulierend. Bis ins Zimmer hört man Herrn Marian und Herrn Heller, wie sie den Deutschen drohen. Aus dem Parterrefenster ruft Herr Sewialek, der Bäcker, der nachts in der Bäckerei Platek an der Ecke arbeitet, daß sie aufhören sollen, damit er schlafen kann. Da Mama und ich gerade kamen, fragten sie uns, ob wir Nachricht vom jungen Herrn hätten. Wir wissen nur durch ein Telegramm, daß Felek mit dem Regiment aus Lemberg abgerückt ist, aber wohin?
»Das weiß der Soldat nie, das ist militärisches Geheimnis, aber wir wissen Bescheid: Es geht nach Berlin!« rief Marian kämpferisch aus.
Aber Herr Sewialek winkte ab: »Wenn sie den Deutschen nicht aufhalten, dann ist es aus mit uns. Dann gehört uns nichts mehr, nicht das Leben, nicht die Habe, nicht der Nagel in der Wand, nicht die Stifte für Hellers Sohlen. Das ist das Gesetz des Krieges.«
»Was quatschst du da, Sohn, das läßt der Herr Jesus nicht zu, hat der Pfarrer in der Kirche gesagt, ich komme gerade von der Vesper. Die jüngere Herrin sollte sich keine Sorgen machen«, meinte die alte Sewialkowa, die sich an die Zeit erinnerte, als meine Mama geboren wurde. Meine Oma ist zwar schon lange tot, aber Mama ist für sie immer noch »die jüngere Herrin«.
Mit Józka, der jüngsten Tochter des Bäckers, lief ich zu den Kasernen, um den Soldaten Zigaretten zu bringen. Den Tornister geschultert und abmarschbereit, sang jede Gruppe etwas anderes.
Ich kann dieses Chaos nicht ertragen, saß abends ganz allein auf dem Balkon. Der Schuljahrsbeginn ist verschoben, und ich dach-

te, schon übermorgen ginge es in die Penne. Solche Ferien mag ich nicht. Vielleicht wird sich alles wieder beruhigen, vielleicht gibt es keinen Krieg? Wie sehnlich ich das wünsche! Aber ich ahne schon, daß es unmöglich ist. Eine Sternschnuppe fiel, und diese im August häufige Erscheinung bewegte mich zutiefst, wie ein Vorbote des Unheils. Ich erinnerte mich an das Nordlicht, das im Februar blutige Streifen an den Himmel gezeichnet hatte. Ich zuckte zusammen und flüchtete mich zu Janka. Sie bereitete das Abendessen vor und sagte, daß sie sich freut, keinen Verlobten zu haben, denn jetzt muß sie niemandem nachweinen. – Wie, sie hat keinen? Und dieser Schornsteinfeger, der zu ihr kam? Und der Bombardier von der zweiten Batterie, an den ich für sie Briefe schrieb? Und überhaupt, weint man denn nur um einen Verlobten?

Den ganzen Tag bin ich mit Hela und Jurek durch die Stadt gelaufen, um in den Apotheken Annogen für Gasabwehrtampons aufzutreiben. Zu Hause herrscht eine furchtbar traurige Stimmung. Felek schickte ein Kärtchen, daß sie aus Lemberg ausrücken. Mein armes Brüderchen, ein rotznäsiger, achtzehnjähriger Soldat! Ich kann mir diesen langen Lulatsch gar nicht vorstellen, in Wickelgamaschen, bucklig wie ein Kamel mit dem Tornister und der zusammengerollten Decke.
Mama ist verzweifelt: »Wo ist mein Kind? Gott, erbarme dich!«
Papa schweigt. Ich wußte nicht, wo ich mich lassen sollte, und ging mit Hela Besorgungen machen. Abends kamen wir mit leeren Händen zurück. Hela wollte unbedingt ins Kino, in den neuen Film mit Deanna Durbin. Sie redete mir ein, ich müßte mich so kämmen wie diese Deanna, mit Mittelscheitel. Ausgerechnet ein Scheitel wird mir helfen! Wenn schon ins Kino, dann lieber in »Geständnis eines Spions«, denn man sollte die Methoden der Spione kennen. Jurek brachte mich nach Hause, und als wir vor der Haustür standen, verabredeten wir, morgen hineinzugehen.
Plötzlich sagte Jurek mit Grabesstimme: »Bis morgen kann viel passieren!«
»Red keinen Quatsch!« fuhr ich ihn an. »Die verdunkelte Straße macht mir schon Angst genug.«
Sogar unser Gäßchen ist fremd und unheimlich, die mit blauem Papier abgedeckten Autoscheinwerfer werfen ein gespenstisches Licht. Ich flüchtete mich nach Hause, drei Stufen auf einmal, nur schnell nach oben. Papa prüfte die Verdunkelung, Mama saß weinend in der Ecke. Ach Gott, was soll das nur werden?!

1. September 1939

Ich wachte mit Herzklopfen auf, wußte nicht, wo ich bin. Die tiefe Schwärze des verdunkelten Zimmers nahm mir den Atem, umhüllte mich wie dichte Watte, drängte mit ihrer entsetzlichen Stille in die Ohren. Als hätte die ganze Welt auf einmal für einen Moment die Luft angehalten. Ich sprang auf, öffnete das Fenster und stellte freudig erleichtert fest, daß es schon tagte. Im schwachen grauen Morgenlicht kamen mir die Möbel alt und häßlich vor. Die schlafende Straße wie ausgestorben, nur der Himmel wölbte sich, hell und rein ohne ein einziges Wölkchen, hoch über der Stadt. Im Schlafanzug am Fenster stehend, sog ich die frische Luft tief ein, als plötzlich ein seltsamer, leiser Ton an mein Ohr drang. Ich lehnte mich hinaus, lauschte, und da brach von allen Fabriken das durchdringende Geheul der Sirenen los, unmittelbar gefolgt von einem heftigen Getrommel: Unser Marian schlug mit einem Feuerhaken gegen einen Schmortopf, um auf den Fliegeralarm aufmerksam zu machen.

»Luftangriff!« brüllte ich und stürzte ins Schlafzimmer der Eltern. Ich bebte vor Aufregung, wollte aber nach außen hin Ruhe wahren. »Sicher ein Probealarm, polnische Flugzeuge«, sagte ich, zum Himmel deutend.

Im selben Moment war das tiefe, dumpfe Brummen von Bombenflugzeugen zu hören, eine mächtige Detonation, das trockene Rattern von Maschinengewehren und ein ohrenbetäubender Donner.

»Jessesmaria, die bombardieren, schnell in den Keller!« schrie Janka hysterisch, und ich wiederholte verzweifelt, weil ich es mir und den anderen einreden wollte: »Das ist nicht möglich, das ist ein Probealarm.« Aus dem Radio kamen völlig unverständliche Signale, einzelne Wörter und Zahlen: Karolek ... Kaffee ... 203 ... Schokolade ...

Nach dem Alarm herrschte ein unbeschreibliches Durcheinander. Durch die Straßen rumpelten schwere Panzer, Soldaten marschierten vorbei und wurden mit Blumen beworfen. Zusammen mit Janka verteilte ich Zigaretten und Bonbons an sie, und schließlich liefen wir an die Ecke, wo ein Haufen Leute vor einem gelben Plakat stand. Die Buchstaben tanzten mir vor den Augen, als ich den Aufruf las: »Polen! In der letzten Nacht ist der Erbfeind in unser Land eingefallen ...«

Jemand rief: »Sie haben den Krieg erklärt! Der Bahnhof wurde bombardiert!«

Ich wollte etwas fragen, als ein erneutes Sirenengeheul die Menge zerstreute. Die Straße leerte sich augenblicklich, nur auf der Fahrbahn wälzten sich schwerfällig die Panzer dahin. Wir rannten zum Haus, mein Herz schlug ungleichmäßig, im Vorzimmer taumelte ich gegen die Wand. Der Spiegel zeigte mir ein fremdes, graues Gesicht mit geistesabwesenden Augen und zitternden Lippen. Krieg – dieses Wort, bisher bloßer Schall, bekam einen bedrohlichen, erschreckenden Inhalt. Krieg ... Krieg ... Krieg ... jetzt war wirklich Krieg.
Ich schreibe das alles im engen Luftschutzraum, wo ich Mama bei der Luftschutzwache vertrete. Heute ist der dritte Kriegstag. England und Frankreich haben Partei für uns ergriffen und den Deutschen den Krieg erklärt. Vielleicht ist er ja wirklich schnell vorbei? Die Deutschen haben ja nur wenige echte Panzer, der Rest ist aus Sperrholz. Wir haben eine starke Armee, und England zusammen mit Frankreich ist schließlich eine Macht, die zählt. Aber warum marschieren die Truppen tagsüber an die Front, während nachts Fuhrwerke mit Flüchtlingen in endloser Reihe in die Gegenrichtung ziehen? Warum fliehen die Menschen? Und wie verängstigt sie sind!
O Gott, wieder ein Luftangriff, und ich bin allein hier und habe Angst und tauge nicht im mindesten zur Heldin.

Das schrieb ich im September – jetzt haben wir Ende November. Nur zwei Monate und doch eine Ewigkeit. Am vierten Kriegstag geriet Krakau aus dem Häuschen. Die Männer wichen befehlsgemäß zurück, und dem Herdentrieb folgend, machten sich alle auf und davon. Es ist mir nicht möglich, ausführlich von der Bombardierung unseres Zuges zu schreiben und von der langen Irrfahrt nach Osten in der Masse der Soldaten und Flüchtenden. Von dem wunderbaren polnischen Herbst, der sich gegen uns kehrte und den Feinden nützte; von den Nächten unter freiem Himmel oder besser, unter Millionen Sternen; von den Tagen voller Sonnenglut und Angst vor den unablässigen Luftangriffen; von der Schlacht bei Żabno, als wir auf freiem Feld plötzlich unter Artilleriebeschuß gerieten und ich zum ersten Mal in meinem Leben den wahrhaft erschreckenden Schein der Brände am nächtlichen Himmel sah. Das Dorf stand in Flammen, Menschen und Vieh auf wilder Flucht, und wir mittendrin. Die Panzer der Deutschen sind keineswegs aus Sperrholz; sie sind genauso aus Stahl wie unsere, nur daß sie ungeheuer viele davon haben.

Wir hatten uns nach einem Luftangriff noch nicht aus den Kohlfeldern erhoben, als eine deutsche Patrouille auf Motorrädern die Chaussee entlangjagte.
»Sie sehen aus wie Kriegsgötter«, sagte Frau Maryla, die zusammen mit uns und anderen auf dem Fuhrwerk saß.
Papa empörte sich, daß sie die Deutschen ausgerechnet »Kriegsgötter« nannte, sie solle verdammt noch mal aufhören, sich so hochtrabend auszudrücken. Er hat sich wirklich so furchtbar ausgedrückt, verdammt noch mal. Wenn Mama dagewesen wäre, hätte sie ihn »mit Blicken durchbohrt«, wie Felek Mamas empörten Blick einmal beschrieben hat. Aber Mama war nicht da. Wir hatten den Fluß San überquert, als sich nach einem Luftangriff herausstellte, daß wir Mama in dem Durcheinander verloren hatten. Verzweifelt suchten wir sie überall. Wir fuhren sogar bis nach Oleszyce zurück, meinten dann aber, daß sie vorausgefahren sei, und erreichten am 20. September, an meinem Geburtstag, das Städtchen Bełz.
Zum ersten Mal begegnete ich einer richtigen jüdischen Ansiedlung, ganz anders als das Viertel Kazimierz in Krakau. Ernste Juden mit langen Bärten umkreisten hoheitsvoll das Haus des Rabbiners. Der wundertätige Rabbiner hatte ihnen anscheinend gesagt, daß ihnen hier keine Gefahr drohe, und die Juden glauben dem Rabbiner. War sowas möglich? Die Welt stand auf dem Kopf, und hier waren die Krambuden und Geschäfte geöffnet, und die Gänse trippelten über den Marktplatz, als ob nichts geschehen wäre. Ich ruhte mich in einem Garten aus und betrachtete ungläubig die Idylle. Plötzlich rief jemand freudig meinen Namen. Ich sprang auf – hinter dem Zaun stand Julek mit einem Fahrrad. Er wollte nach Warschau, aber vielleicht war unsere Hauptstadt auch schon gefallen.
»Also ist alles aus?« sagte ich händeringend.
Felek und ich hatten uns immer über theatralische Gebärden lustig gemacht oder sie nur benutzt, wenn wir Oper spielten, aber hier war es das Leben selbst, das sie mir eingab. Julek schnauzte mich an, ich sollte nicht heulen, und begann mir anhand von Beispielen aus Literatur und Geschichte darzulegen, daß die Lage zwar ernst sei, aber der Krieg erst begonnen habe und uns Konspiration, Aufstand und Kämpfe bevorständen.
Ganz so, als freute er sich auf diese Konspiration!
Julek verhielt sich völlig anders als in Krakau. Er war in meinen Augen der hübscheste von Feleks Freunden. Er hatte volles gold-

blondes Haar und grünliche Augen. Gelegentlich sah ich ihn auf der Eisbahn, und oft war er zum Tanztee bei uns. Aber er hatte mich nie beachtet. Niemand beachtete mich! Niemand behandelte mich so wie Blanka oder Lena oder andere größere Mädchen. Ich war bloß Feleks jüngere Schwester, und ich zählte überhaupt nicht mehr, als sie meine Puppen entdeckten und – wie gemein! – Felek und Tolek sie am Kronleuchter im Eßzimmer aufhängten. Alle meine Puppen! Dabei spielte ich gar nicht mit Puppen, sondern erzählte ihnen nur all die Romane, die ich einmal schreiben würde.

Dieser unerreichbare Julek, in den die Hälfte meiner Klasse verliebt war, dieser Julek saß jetzt neben mir und biß in einen grünen Apfel. Plötzlich fiel ihm wieder ein, daß er den Walzer mit mir am besten tanzen konnte. Na klar! Am besten mit mir, weil man den Walzer auf Abstand tanzt. Aber wenn ein Tango kam, ging er gleich zu Blanka und tanzte eng mit ihr. Dann hatte Papa Mitleid mit mir und zog mich aus der Ecke hinter dem Klavier hervor. Ich schenkte ihm reinen Wein ein, und er lachte so laut, daß uns jemand schalt, daß jetzt Krieg sei und wir nur Dummheiten im Kopf hätten.

Das ganze Städtchen geriet in Aufruhr, als am Nachmittag eine neue Welle von Flüchtlingen aus der Warschauer Gegend eintraf. Wir zogen weiter, und schon beim nächsten Luftangriff verloren wir Julek.

Ich hatte entsetzliche Sehnsucht nach Mama und nach Krakau. Ich war sehr unglücklich, fremd und einsam und jammerte in dem stillen Park voller wunderschöner Kastanien und goldener Ahornbäume.

Papa fuhr für einige Tage nach Lemberg, und im »Café de la Paix«, wo sich die Flüchtlinge trafen, erfuhr er, daß Mama zu Hause war und uns suchte. Wir beschlossen, sofort nach Hause zu fahren. Im Osten war mir alles fremd, besonders die Rote Armee. Vor den sowjetischen Soldaten in ihren langen Mänteln hatte ich Angst, auch wenn sie so schön sangen.

Stundenlang standen wir in Przemyśl vor der Brücke, die die Grenze zwischen dem sowjetischen und dem deutschen Besatzungsgebiet bildete. Die Menschen stießen leise Drohungen gegen die Moskowiter aus und seufzten »Ach, wären wir doch schon auf der anderen Seite«. Einer der russischen Offiziere schaute uns an, als wären wir nicht recht gescheit, daß wir zu den Deutschen gingen. Dabei wollten wir doch nach Hause! Wir hatten gerade die

Brücke überquert, als die Deutschen uns allesamt in die Kasernen sperrten, wo wir auf Stroh schlafen mußten und eine Beute der Flöhe waren. Keiner wußte, was sie mit uns machen würden. Und als sie uns nach einigen Tagen in geschlossenen Güterwagen abtransportierten, wußte keiner, wohin und warum. Bei Krakau ließen sie uns endlich aussteigen, um uns erneut in einer Festung in der Vorstadt einzusperren. Als sie uns Tage später in kleinen Gruppen nach Hause entließen, kam Mama und brachte uns frische Kleider. Zusammen fuhren wir mit der Straßenbahn heim. Ich war selig und konnte mich an Mama und an meiner Heimatstadt nicht sattsehen. Aber die vielen fremden Soldaten, die anmaßend in den Straßen Krakaus herumstiefelten! Wir hatten den Krieg verloren. Das volle Ausmaß der Niederlage wurde mir klar, als ich von den alten Mauern des Wawel die rote Hakenkreuzfahne wehen sah. Weinend schmiegte ich mich an Mama, und die Menschen in der Straßenbahn drehten sich nach uns um.

Unsere Wohnung, von Janka und allen Mietern unseres Hauses getreulich bewacht, ist so anheimelnd und still, aber traurig. Von Felek keine Nachricht. Dabei sind seine Kameraden Zbyszek, Marian und Józek längst wieder zu Hause. Ich schleiche durch die Wohnung, traue mich nicht ans Klavier. Als Mama aus dem Haus war, begann ich Chopin zu spielen, ganz leise, dann die Marseillaise, brach aber sofort ab. So darf man diese Hymne nicht spielen, das ist Blasphemie, sie muß schmettern und dröhnen, nicht winseln wie eine kranke Melodie.
Ich zog meine neue Gymnasiastenuniform an – einfach so, denn ich darf ja nicht zur Schule. Juden dürfen nur auf das hebräische Gymnasium. Papa hat mich angemeldet, aber ich weiß nicht, ob ich es dort schaffe, so viele Fächer sind mir fremd. Die hebräische Sprache und Literatur kenne ich überhaupt nicht, von der Geschichte der Juden weiß ich kaum etwas.

Mit der Schule ist es nichts mehr. Die Deutschen haben sie geschlossen. In Kazimierz war Hausdurchsuchung, sie haben die Juden geschlagen, den Tempel und die Synagoge durchwühlt. Etka und Baska, die Töchter von Herrn Heller, erzählten, sie hätten die Andachtsbücher und die Thora aus dem Tempel in den Dreck geschmissen, seien darauf herumgetrampelt und hätten sie verhöhnt. Alte Juden haben sie am Bart gezerrt und rasiert. Sie ergreifen Juden auf der Straße und zwingen sie zu erniedrigenden Arbeiten –

wie können sie es da zulassen, daß wir lernen? – Im übrigen tut es mir um diese Schule nicht leid, ich kam mir dort fremd vor. Das ist nicht mein Gymnasium.
Ich schrieb Gedichte über die Schule und über alle schulischen Sünden, auch wenn ich mich nicht an allen beteiligt habe. Ich habe in der Schule nicht abgeschrieben, außer ein paar Aufgaben in der verdammten Mathematik, und ich habe zu Hause gelernt. Eigentlich habe ich wirklich gern gelernt! Ich habe nie geschwänzt, und ich hatte in meinem ganzen Leben noch kein Rendezvous. Dabei gab es Mädchen in unserer Klasse, die mit Jungen gingen. Natürlich haben nicht alle einen älteren Bruder wie ich, wodurch es bei uns von diesen Jungen wimmelt. Allerdings haben sie mich an den Zöpfen gezogen, und wenn Felek nicht gewesen wäre, hätten sich Zbyszek oder Marian oder erst recht Tolek mit mir unterhalten, ohne mich zu necken.
Jetzt ist Krieg. Von Felek weiß man nichts, von den wenigen Jungen, die heimgekehrt sind, sieht man auch nichts. Vielleicht schämen sie sich, weil andere gefallen sind. Oder mit der polnischen Armee im Ausland, wie Andrzej. Ach, wie habe ich ihn angehimmelt! Aber was soll das alles, jetzt ist Krieg, und ich weiß nicht, was ich mit mir anfangen soll.

November 1939
Ich gehe zu geheimen Unterrichtsstunden, aber das ist keine Schule. Wir sind acht Schülerinnen, zwei aus meiner Klasse: Runka, meine Banknachbarin, und Dola, die in diesem Frühjahr im Konzertsaal Schuberts »Impromptu« gespielt hat. Unser Felek ist dort im vorigen Jahr in zwei Konzerten aufgetreten, es gab frenetischen Beifall. Die Hälfte des Publikums war natürlich von seinem Gymnasium, Kameraden, die stolz auf seine künstlerischen Leistungen waren. Ich war während des Konzerts fast besinnungslos vor Lampenfieber, doch Felek trat einfach aufs Podium, verbeugte sich, zwinkerte seinen Kameraden zu und setzte sich vollkommen ungezwungen ans Klavier. Selbst als ihm an der schnellsten Stelle des »Perpetuum mobile« ein Finger von der Taste rutschte, machte er im selben Tempo weiter, als wäre nichts gewesen – ich wäre bestimmt vor Scham in Ohnmacht gefallen. Im zweiten Teil des Konzerts hatte ich keine Angst mehr, denn Felek spielte phantastisch und ohne den geringsten Patzer. Mein Bruder ist schon ungeheuer begabt, und ich bin sehr stolz auf ihn.

Dolas ganze Familie musiziert, der Vater und ihre sieben älteren Geschwister. Sie haben eine große Wohnung an der Weichsel, und dort findet meistens der Unterricht statt. Aber was für eine Schule! Weder die Lehrer noch wir können uns ausschließlich aufs Lernen konzentrieren. Alle sind verängstigt, bedrückt und angespannt in der Erwartung, daß jeden Moment etwas Schreckliches passiert.

In Latein lasen wir Äsops Märchen »Lupus et Agnus«. Klug ist dieser Pauker, daß er uns solche zeitgemäßen römischen Gleichnisse aufgibt:

»Haec propter illos scripta est homines fabula,
Qui fictis causis innocentes opprimunt.«

Ich habe »Der Wolf und das Lamm« in Gedichtform übersetzt:

Wolf und Schaf, von Hunger geplagt,
Tranken zusammen an der Quelle.
Der Wolf stand höher, tiefer das Lamm,
Doch der Wolf suchte Händel,
Halbtot vor Hunger:
»Warum trübst du, trinkend, das Wasser?!«
Das Schaf, die Angst im Nacken spürend:
»Mein Lieber, wie kannst du mir das tun!«
Der Wolf läßt nicht ab, das Schaf zu beschuldigen.
Künftig dürfe es nicht mehr lügen,
Riß und verschlang es, das arme Ding.
Die Moral von der Geschicht' gilt jenen ,
In denen manchmal der Wolf erwacht,
So daß sie aus erfundnem Anlaß
Andere verfolgen, die unschuldig sind.

Ich muß jetzt aufhören zu schreiben und Geschirr spülen, was ich nicht ausstehen kann. Aber da hilft nichts, Janka ist auf den Hof zurückgekehrt, die Eltern arbeiten, und ich bin allein im Haushalt. Gleich kommt Stasia. Ihre Mama arbeitet mit meiner, sie hatten ein Pensionat in Rabka. Staszka führt bei ihnen den Haushalt, sie kocht ausgezeichnet. Ich kann nicht kochen. Staszka ist klug und lieb, sehr anmutig, nicht besonders hübsch, denn sie hat ein rotes Muttermal am Hals und auf der Wange. Jetzt bemerke ich es nicht einmal. Staszka gefällt mir – sie ist ernst, witzig, liebt Bücher wie ich, und man kann sich angenehm mit ihr unterhalten.

Endlich, endlich Nachricht von Felek! Er wurde bei Warschau am Arm verwundet und ist in Pommern in Gefangenschaft. Was für ein Glück, daß er lebt, daß er nur leicht verwundet wurde, er wird weiter Klavier spielen können! Wir sind alle außer uns vor Freude, jeder hat einen Brief an ihn geschrieben, und ich bin gleich mit einem Päckchen zur Hauptpost geeilt und habe vor dem Schalter für Kriegsgefangenenpost lange Schlange gestanden. Das Päckchen war von uns allen, von der ganzen Familie.
Gestern habe ich meine geliebte Tante Mala besucht. Ihre Tochter Felicja arbeitet im Büro. Tante Mala war allein zu Hause, und während sie elegant einen Sandkuchen einpackte, seufzte sie theatralisch, den Blick zum Himmel gerichtet: »Lieber Gott! Ich kann mir überhaupt nicht vorstellen, wie ausgehungert und durchgefroren dieser arme Felek ist, allein ohne Mama, ohne Vater, ohne Tante Mala!«
Ich mußte lachen, obwohl alles ziemlich traurig ist, genaugenommen. Dann zog ich weiter zu Tante Dora an der Słowackiego-Allee. Mit ihrer Schürze und ihrem Kopftuch um die schwarzen Haare habe ich sie kaum erkannt. Sie haben auch kein Dienstmädchen mehr, und die Tante, blauäugig und hochgewachsen, machte sich emsig im Haus zu schaffen, wobei Kubuś, ihr zahmer Kanarienvogel, hinter ihr herflatterte. Mietek und Jureczek, die beiden Jungen, lieben es zu »basteln«, und so sind sie mit dem Onkel in seine Firma »Maszyny i Narzędzia« gegangen. Schließlich setzten wir uns in die Küche und warteten, daß der Mohnkuchen für Felek fertig wurde.
Während ich einen Tee trank, wurde die Tante nachdenklich, ihre schönen Augen waren voller Sorge: »Mietek ist elf Jahre alt und darf nicht zur Schule gehen. Jureczek ist sechs, er ist noch klein, aber er versteht, was vor sich geht. Immer wieder fragt er: Was ist ein Jude? Ich will kein Jude sein!«
Sonderbar, wo hat er das wohl aufgeschnappt? In diesem Viertel wohnen schließlich nicht viele Juden, und schon gar keine mit Kaftan, Bart und Peies. Die Tante sorgte sich, daß die Deutschen ihre Wohnung beschlagnahmen könnten, denn es ist doch der modernste, neu errichtete Stadtteil. In der Allee soll sich das Oberkommando der Gestapo befinden. Wir wurden traurig und verstummten, und nur Kubus sang von der Kredenz herab, vor dem offenen Türchen seines Käfigs, silbrige Koloraturen.

8. Dezember 1939.
Die Deutschen haben eine furchtbare Anordnung erlassen. Ab heute müssen alle Juden eine weiße Binde mit einem blauen Davidsstern am rechten Arm tragen. David war der größte jüdische König, und der Stern Zions war einmal ein Symbol des Triumphes – heute soll er ein Zeichen der Verachtung sein.
Eine aus unserer Gruppe sagte, sie schäme sich, niemals würde sie das tragen, sie sehe nicht wie eine Jüdin aus. Ich sehe auch nicht so aus, denn nach der deutschen Vorschrift sollen reinrassige Juden lockige schwarze Haare, Plattfüße und eine Hakennase haben. An mir ist nichts schwarz außer der Charakter, wie Felek findet, aber selbst wenn das stimmt, kann man den Charakter äußerlich nicht sehen. Folglich sehe ich nicht wie eine Jüdin aus, aber es hilft nichts, ich werde diese Binde wohl anlegen: wenn alle, dann alle.
Wir sprachen darüber zu Hause beim Essen, Mama hatte Kartoffelpuffer gemacht. Papa sagte, es gebe keinen Grund, die Nase hoch zu tragen, weil wir das »auserwählte Volk« sind, denn von uns selbst hängt es ja nicht ab, als was man geboren wird. Wenn sich einer für diese Binde schämen muß, dann nicht wir, sondern die Deutschen. Er wird den Davidsstern mit Würde tragen.
Mama sagte mit dem Anflug eines Lächelns: »Seit wann bist du ein so eifriger Jude?«
Aber Papa war es ernst. »Wenn die jüdische Abstammung einem Todesurteil gleichkommt, dann sterbe ich als Jude. Ich möchte kein anderes Schicksal als mein Volk.«
Er stand vom Tisch auf und ging aus dem Zimmer. Mich schauderte. Auch Mama war entsetzt. Schweigend deckten wir den Tisch ab, und ich wollte mich ans Lernen machen. Aber wie soll man sich angesichts der deutschen »Gesetze« auf Newtons Gesetze konzentrieren?

Januar 1940
Mitten im Eßzimmer steht ein eisernes Öfchen, dessen Rohr in den Kachelofen geführt ist. Hier wird gekocht, und um Kohlen zu sparen, sind alle anderen Zimmer zugesperrt. Es soll ja gesund sein, in einem kalten Zimmer zu schlafen, aber ich kann es nicht ausstehen, mich in ein eisiges Bett zu legen. Wir sitzen alle um dieses Öfchen herum, außer wenn Herr Chmiel aus dem Souterrain zu Papa kommt. Dann gehen Mama und ich zu Nachbarn. Dort wird gelegentlich mit Hilfe eines Buches und eines Schlüs-

sels geweissagt; je nachdem, ob das Buch nach links oder nach rechts kippt und auf welche Seite, weiß man, wann der Krieg endet. Ich glaube eigentlich nicht daran, aber besser, man sagt sich voraus, daß es einmal gut wird.

Ich erinnere mich, wie im Mai während des Abiturs die unteren Klassen frei hatten und ich mit Hanka Letowska durch die Wallanlagen zum Slowacki-Theater spazierte. Zu uns gesellte sich eine Zigeunerin, die mir aus der Hand las: »Du heißt Helina. Du wirst die Schule nicht beenden. Wolken über deinem Haupt, aber die Sonne kommt durch. Gib mir ein paar Groschen!«

Seitdem nannte mich Hanka »Helina«. Ich war erschrocken darüber, was die Zigeunerin gesagt hatte, aber Hanka, dieser Inbegriff von Logik, erklärte mir, daß man von Schülerinnen, die zu einer Tageszeit, da sie in der Klasse sitzen sollten, anstatt in den Wallanlagen zu spazieren, ohne weiteres sagen könne, daß aus ihnen nichts wird. Ich bräuchte mir keine Sorgen zu machen, weil ich hervorragend lerne. Jetzt denke ich, daß diese Zigeunerin vielleicht doch etwas aus meiner Hand herausgelesen hat. »Wolken über meinem Haupt...«

Februar 1940

Ein völlig idiotisches Leben. Ich räume auf, schäle Kartoffeln, spüle Geschirr und gehe zum Geheimunterricht. Er findet abwechselnd bei Dola und bei Hanka statt. Literatur mag ich, wie schon immer, und Geschichte mag ich, wie noch nie. Vielleicht, weil ich sehe, daß es im Grunde immer Kriege gegeben hat. Aber jeder Krieg geht einmal zu Ende, und die Menschen leben irgendwie weiter. Und ich mag Latein. »Exegi monumentum« – vielleicht nicht nur die großen Dichter, sondern jeder ganz gewöhnliche Mensch »non omnis morietur«? Bleibt vielleicht doch etwas von uns für immer?

Chemie haben wir nicht, denn woher ein Labor nehmen? Physik nach dem Buch ohne Experimente ist noch langweiliger als sonst, und was die Mathematik angeht, so versuche ich gar nicht erst, von Tangens und Cotangens etwas zu kapieren. Runka dagegen ist eine richtige Rechenmaschine. Ihr ist alles schnuppe, sagt sie. Der Krieg genauso wie die Liebe. Hanka vom hebräischen Gymnasium spricht nämlich dauernd von der Liebe. Auch Dola hat einen Jungen. Runka macht sich über sich selber lustig, daß sie eine lange Nase hat, dünne Mäuseschwänzchen statt Zöpfen und einen Goldzahn, und weil die Männer blöde sind, ist ihr alles schnuppe. Lieber entwickelt sie ihren Intellekt. Ganz wie Stasia. Sie geht nicht zum Geheimunterricht und behauptet, allein könne sie besser lernen, und vielleicht hat sie recht. Meine Eltern zahlen für diesen Unterricht, weil »das Kind« – gemeint bin ich – unter der Anleitung von »Fachkräften« lernen soll.

Mit Stasia kann ich mich ganze Nachmittage über Bücher unterhalten. Ich bin auf Boy-Żeleński gestoßen, der alle bedeutenden Franzosen übersetzt hat, und natürlich habe ich gleich die französische Literatur verschlungen. Wie gut, daß wir »Boys Bibliothek« im Hause haben.

Einmal hat mich Maryśka Kranz besucht. Sie wundert sich, daß ich so bedrückt bin. Sie nimmt es, wie es kommt, hat gelernt, Zigaretten zu rauchen, und sagt, sie tue so, als ob sie lebe. Sie hat auch Kontakt mit »arischen« Freundinnen. Ich begegne ihnen manchmal auf der Straße. Einige gehen hochnäsig an mir vorbei, wie Iza, andere, wie Ola und Anetka, sind überaus herzlich, aber das ist noch schlimmer. Wir sind verlegen, weil sie denken, ich schäme mich der Binde am Arm, und ich denke, sie schämen sich meiner. Vielleicht irren wir ja auch alle, aber wie dem auch sei, die Vertrautheit der Schuljahre ist nicht wiederherzustellen. Dabei ist seitdem noch kein Jahr vergangen. Jetzt ist Krieg. Es friert entsetzlich, und alle sparen Kohle. Wo ist nur alles geblieben? Statt Zucker Sacharin, statt Tee »Herbarum-Essenz«, an Zitronen gar nicht zu denken. Wir haben hundert Einmachgläser mit Himbeer-, Erdbeer- und Kirschkonfitüre, können uns also nicht beklagen. Aber unser Felek, mein armes Brüderchen, wie er dort in der Gefangenschaft frieren muß! Wie kann man denn unbesorgt leben, wenn man das alles bedenkt?

März 1940

Alle müssen arbeiten. Wer keine Bescheinigung hat, den verschleppen die Deutschen zur Zwangsarbeit. Ab morgen werde ich auch arbeiten, in der Drogerie von Herrn Kurz am Wolnica-Platz, einem Bekannten meiner Eltern. Abends werde ich lernen. Für die Unterrichtsstunden bekomme ich frei, und auch zweimal die Woche nachmittags für den Musikunterricht. Mama ermutigt mich, es sei eine angenehme und saubere Arbeit, auf jeden Fall besser als in der Fabrik.

Ich sehe ein, daß es sein muß, und ich möchte den Eltern ja auch

helfen, und mit Geld ist's im Hause knapp. Die Ersparnisse der Familie auf der Polski-Bank sind beim Teufel, die Bank existiert nicht mehr, und selbst wenn, hätte Papa als Jude seinen Posten nicht behalten können. Also haben beide Eltern ärmliche Stellungen und verdienen Pfennige. Jetzt verdienen alle am Handel, aber bei uns hat keiner Sinn fürs Geschäft. Die Bäuerin Marcinowa, die immer die Milch brachte, kommt jetzt auch mit anderen Lebensmitteln, und sie hat zu Mama gesagt, sie könne ihr nebenbei etwas zum Verkauf überlassen. So verdienen beide daran. Einmal haben Mama und ich versucht, bei Bekannten Landwurst und Speck zu verkaufen. Aber da waren alle gerade versorgt oder es war ihnen zu teuer.
Ich werde also arbeiten gehen und bedaure nur, daß ich den ganzen Tag im Geschäft sein werde, wo doch bald der Frühling kommt – ich bin so gern an der frischen Luft! Na ja, die Erwachsenen arbeiten ja auch den ganzen Tag, und irgendwie leben sie doch auch ohne Spaziergänge. Ich habe ein bißchen Angst, aber einmal muß ich den Anfang machen.

April 1940
Seit einigen Tagen gehe ich in die Drogerie, und bis jetzt ist es sehr angenehm. Der Chef ist nett, ich kannte ihn übrigens schon vorher. Außer ihm ist da Józek, ein Verwandter des Chefs, hübsch und jung, aber so ein einfacher Bursche; und der erwachsene Herr Staszek, der als Laufbursche beim Chef angefangen hat.
Am ersten Tag habe ich mich in dem kleinen Labor, einem Verschlag hinter der Drogerie, und im Lager im Hof umgeschaut. Es riecht nach Arzneimitteln und Kölnisch Wasser. In den Gängen stapeln sich Vaselinefäßchen und Flaschen mit Flüssigkeiten, die Tische sind mit Gläsern und Meßzylindern und Reagenzgläsern unterschiedlicher Größe beladen, und die Regale sind mit Kräuterkartons vollgestopft. Ich habe die Aufschriften mit dem pharmazeutischen Wörterbuch verglichen: »Flores chamomillae vulgaris« – die Schachtel roch nach Kamille und erinnerte mich an einen Wiesenhang. »Radix althae« – Eibischwurzel gegen Husten. »Flores tiliae« – Lindenblüten. »Spezies laxantes« – wer hätte gedacht, daß dieser hübsche Name scheußliche französische Kräuter bezeichnet?
In der Ecke türmen sich Apothekerbücher. Ganz oben die Pharmakopöe, an die Rezepte für Salben, Cremes und Emulsionen

angeklebt sind. Der Chef sagte, sie sehe mit diesen Aufklebern wie ein Wechsel mit Protesten aus – alle lachten, nur ich nicht, denn ich weiß nicht, was das bedeutet.
Auf einer speziellen Apothekerwaage wog ich Kräuter in Tütchen ab, und später rührte ich in einem Mörser weiße Zinksalbe an. Der Stößel aus Porzellan, der Tisch, sämtliche Finger, sogar die Nase und die Haare waren mit Vaseline vollgeschmiert. Ich schnaufte vor Anstrengung wie ein Walroß, die Hand tat mir weh, und doch kriegte ich die Zinkklumpen nicht klein. Erst Józek brachte es mir bei, geschickt und rasch rührte er die Salbe an, und wir machten uns an das Kopfschmerzpulver.
In der Stunde lachten mich die Mädchen aus, denn obwohl ich wie alle in der Drogerie einen weißen Kittel trug, hatte das Kleid den Apothekengeruch angenommen. Als wäre ich, bloß weil ich arbeiten muß, etwas Schlechteres geworden.
Irgend jemand hat gesagt, daß »Pflicht« das meistgehaßte Wort ist. Er hatte recht. Entsetzlich. Vor dem Krieg bin ich bei starkem Frost oder Regenwetter nicht zur Schule gegangen, weil ich sofort Halsweh bekam. Jetzt herrscht strenger Frost, aber ich muß viermal am Tag über die Piłsudski-Brücke laufen. Auf der Brücke hält ein riesenhafter Deutscher Wache. Vielleicht ist er auch nicht gar so groß, wie er mit der hohen Schaffellmütze und den doppelten Holzschuhen den Anschein erweckt. Darin stapft er durch den verklumpten Schnee, das Gewehr im Anschlag. Während der letzten Tage hat mir Papa, lieb wie er ist, Essen in die Drogerie gebracht. Wie entsetzlich streng und lang ist dieser Kriegswinter! Ich bin es nicht gewohnt, den ganzen Tag zu stehen, und das Kreuz tut mir weh. Dafür war ich am Sonntag faul wie eine Gräfin, und Mama brachte mir das Frühstück ans Bett. Ich las ein bißchen, dann kam Maryś. Ich kroch unter die Decke und tat, als hätte ich Kopfschmerzen; soll er sich doch mit Papa unterhalten. Marian studierte an der Kunstakademie. Ich schnappte Fetzen der Unterhaltung auf: »Notfalls verwahren Sie die Bilder.« Was redet Papa da für Unsinn? Vielleicht habe ich es mir aber auch nur eingebildet, denn ich schlief ein, und Mama weckte mich zum Mittagessen. Ich bin ständig müde, besonders abends, und habe zu nichts Lust.

April – Mai 1940

Endlich Frühling! Fast halte ich es in dem Labor mit dem künstlichen Licht nicht mehr aus. Ich helfe mir, indem ich die Augen schließe, mich über die Schachtel mit der Kamille beuge oder mir einen in Waldwasser getunkten Wattebausch unter die Nase halte und mir einbilde, ich sei auf dem Land.

Dola und Hanka sind braungebrannt, sie gehen mit ihren Jungen an die Weichsel, und sie tragen keine jüdischen Armbinden auf der Straße. Staszka und Maryska kommen jeden Sonntag, und dann wandern wir zu Józka, meinem ehemaligen Kindermädchen nach Zakrzówek an der Wilga. Józka legte Karten und prophezeite, daß Felek im Sommer zwar heimkehren, aber nicht lange im Hause bleiben würde, denn in ein bis zwei Jahren würde er heiraten. Felek ist immer noch in Gefangenschaft, derweil wir bei Józka Milch trinken und an der Wilga liegen! Einmal ist auch Józek aus der Drogerie mit uns gegangen, obwohl er am Land nichts Besonderes findet, er wohnt auf einem Dorf bei Krakau.

Abends spiele ich leise Klavier, ohne Licht, wegen der Verdunkelung, damit das Fenster aufbleiben kann. Im Frühling duftet es so herrlich aus den nahen Wallanlagen. Nachts sorgen verdächtige Truppenbewegungen für Unruhe. Gestern nacht wurde ich durch ein monotones Geräusch geweckt. Ich sprang auf, und zusammen mit Papa beobachtete ich durch die Gardinen eine lange Kolonne Lastwagen, auf denen Soldaten im Helm und in voller Ausrüstung saßen. Sie fuhren und fuhren ohne Ende, mit verdunkelten Scheinwerfern im bleichen Mondlicht, mit aufgepflanzten Gewehren, wie böse Gespenster.

»Umgruppierung der Truppen«, flüsterte Papa, »sie fahren nach Westen. Eine Offensive beginnt immer im Frühling.«

Ich zitterte vor Angst, so daß Mama uns schalt: »Klägliche Strategie. Erschreck sie doch nicht! Zurück ins Bett!«

In politischen und militärischen Dingen kenne ich mich nicht aus, aber ich spüre, daß wieder etwas Schreckliches bevorsteht.

Mai – Juni 1940

Es ist schon passiert. Belgien und Holland sind gefallen. Die Deutschen haben es wie im letzten Krieg gemacht. Alle reden davon, und ich weiß es noch aus dem Geschichtsunterricht. Papa hat es mir auf einer Karte im dicken Atlas erklärt. Warum haben sie die Maginotlinie bloß nicht durch Belgien verlängert! Ich schaue auf dieses in verschiedenfarbige Länder aufgeteilte Europa: Rußland grün, Polen rosa, Deutschland braun, Frankreich rot, England blau ... Es scheint, als würde die braune Farbe sich wie der Eiter aus einem geplatzten Geschwür ausbreiten und die bunte Nachbarschaft verschlingen. Wenn man allerdings bedenkt, daß sich so viele Staaten den Deutschen fast kampflos ergeben, dann muß es schon eine militärische Macht sein! Und uns hat man eingeredet, die Deutschen hätten Panzer aus Sperrholz! Ist vielleicht Verrat an allem schuld? Ach, das Wichtigste ist jetzt, daß Frankreich sich behauptet!

Hela hat mich besucht. Sie sieht sehr hübsch und sehr erwachsen aus. Sie malt sich die Lippen an und lackiert sich die Nägel. Sie erzählte mir viel von ihren Bekannten, schleppte mich in den Dietl-Park hinaus und zu sich nach Hause, auf eine Party. Ich fand das gar nicht lustig. Beim Tanzen blicken sie drein wie ein Vamp, die Burschen verhalten sich arrogant, ihr Geschwätz ist hohl. Mit Galgenhumor erzählen sie von Hausdurchsuchungen und von Razzien, deren Opfer zur Zwangsarbeit verschleppt werden. Nette Anekdoten! Aber was sollen sie schließlich tun? Ohne Schule und ohne Pflichten, ohne die Möglichkeit einer anständigen Zerstreuung (denn Kinos und Theater sind uns verboten), hängen sie auf dem einzigen uns zugänglichen Fleckchen herum, im Gertruden- und Dietl-Park und an der Weichsel.
Ich fühlte mich fremd unter den engen Freundinnen, und vielleicht habe ich ihnen den Spaß verdorben, indem ich die Kavaliere von mir stieß. Aber warum soll ich mit pickeligen Burschen, die mich nicht interessieren, eng tanzen? Hela sagte, ich sei zu ernst. Dabei lache ich gern und bin fröhlich, aber nur wenn es einen Grund dazu gibt. Ich war also das fünfte Rad am Wagen, »die Ernste«, die Erfolglose, und das war mir peinlich. Hela hat sich verändert, sie ist ganz anders als damals am Anfang des Krieges, als wir stundenlang über die Bücher der Kuncewiczowa, von Cronin, Alberti und Vicki Baum, denn wir lasen alles, was uns in die Hände fiel. Und wir lasen uns gegenseitig Tetmajer, Ujejski, Slowacki und den verehrten Tuwim vor. Wie gut, daß es Staszka gibt, mir ihr zusammen kann man reden und schweigen.
Als mich Hela heute in der Drogerie aufsuchte, um sich mit mir zu einem Spaziergang nach der Arbeit zu verabreden, redete ich mich heraus und ging nach Hause. Es ist ein schöner Frühlingsabend, und ich sitze allein in der Wohnung und bin traurig. Um

mich zu trösten, spielte ich das ganze »romantische Repertoire«, von Beethoven über Tschaikowski und Schubert bis Chopin – abgrundtief traurige Melodien von inniger Sehnsucht, Leid und großer Einsamkeit. Ich schäme mich der Tränen, schließlich bin ich schon erwachsen, aber es geht mir so schlecht, ich bin so verloren! Ich kann mich nicht so schnell ändern wie Hela und die Mehrheit unserer Jugend. Aber vielleicht fühlen sie sich im Grunde genauso unerwachsen wie ich?

17. Juni 1940

Ich füllte Kölnisch Wasser in Flakons, als mich der Ruf des Zeitungsjungen auf der Straße elektrisierte: »Verdun gefallen! Die Deutschen in Paris! Frankreich hat kapituliert!«
Der Flakon »Le Chat Noir« glitt mir aus den Händen, alles lief aus, und ich weiß jetzt schon, daß mich dieser zarte Duft für alle Zeit an etwas Schreckliches erinnern wird. Wir stürzten uns auf die Zeitung, deren entsetzliche, triumphale Schlagzeile rot unterstrichen war. Jetzt war alles aus. Sie haben sich nicht einmal solange behauptet wie das arme, überraschte Polen.
Ich erinnere mich an den Film »Frankreich wacht«, den ich vor langer Zeit gesehen habe. An der Grenze zwischen Frankreich und Deutschland sah man wogende Getreidefelder und spielende Kinder – aber einige Dutzend Meter unter der Erde ragten schwarze Kanonenrohre auf, man sah dunkle Patronengürtel und schwere Fliegerbomben. Wie Geister bewegten sich die Schatten im Untergrund – die Wachmannschaft der Maginotlinie. Die Kinder konnten seelenruhig auf der Wiese spielen, denn ihr Vaterland, Frankreich – wacht!
Am Abend sprachen wir darüber. Papa sagte ernst, daß die Kampfbereitschaft nichts vermöge gegen militärische Übermacht und Verrat. Ehrlich gesagt, schändlichen Verrat.
Wie kann man sein eigenes Vaterland verraten? Gibt es denn keine Treue mehr? Gehören die Zeiten der Helden denn einer fernen Vergangenheit an? Ist denn niemand mehr zu selbstlosem Handeln bereit? Wird denn, wie Krasiński gesagt hat, »niemand mehr kämpfen, weil niemand mehr zu kämpfen versteht«? Aber für Ideale muß man doch kämpfen!
Wenn aber einzig die Deutschen kämpfen und siegen, haben sie dann am Ende vielleicht recht? Niemals, das ist doch nicht möglich, daß die Verbrechen in Österreich und der Tschechoslowakei

nach der Annexion rechtens sind! Sollten die Deutschen tatsächlich recht haben, dann lohnt es sich nicht zu leben. Es muß doch etwas Edles und Schönes auf der Welt geben, oder die Bücher lügen, oder die Eltern und Lehrer haben gelogen, als sie uns von Güte und den Idealen der Menschlichkeit sprachen. Kann man das wegwischen und vergessen?

Wir können uns rühmen
Einer Fülle viehischer Taten.
Eine Bestie,
Eine rohe Bestie
Regiert heute den Menschen.

Die Kultur,
Das zwanzigste Jahrhundert,
Die Weltzivilisation ...

Flausen!
Denn die Erde bebt
Unter den Stiefeln des Henkers,
Bebt unter den Rädern der Geschütze,
Begossen mit Blut, erniedrigt,
Keuchend vom Haß der Völker.

Diese wahnsinnige,
Von Blut trunkene – das Schwert
Der Gewalt schwingt sie in der Totenhand,
Tritt die Rechte des Menschen mit Füßen,
Läßt ihn unter Qualen sterben,
Schwebt wie eine schwarze Wolke,
Über dem zwanzigsten Jahrhundert,
In dem der Mensch vergessen hat,
Daß er – ein Mensch ist.

Juli 1940
Vollkommen hoffnungslos schleppt sich dieser Sommer dahin. Den ganzen Tag bis fünf Uhr nachmittags die Drogerie, anschließend zur Schule oder zum Musikunterricht, abends ein Spaziergang mit Stasia und Maryśka.
Die Drogerie interessiert mich nicht mehr. Keine Philosophie, die-

ses Anrühren von Salben, Herstellen von Emulsionen oder Pulvern. Und das Verkaufen und Beliefern von Kunden ist auch nicht lustig. In die Drogerie kommen viele Herren, die mir vorschlagen, mit ihnen spazieren oder ins Kino zu gehen. Ich denke nicht im Traum daran! Nur einer von ihnen, ein hochgewachsener Blondschopf, Włodek aus Lemberg, ist ausnahmsweise nett, er erinnert mich an Feleks Kameraden. Gelegentlich begleitet er mich zum Musikunterricht, galant schleppt er meine Tasche mit den Noten, und er wartet geduldig, bis wir mit Grieg und den Fingerübungen fertig sind. Leider kann ich mich nicht so vorbereiten, wie es nötig wäre, denn ich habe keine Zeit zum Üben. Meine derzeitige Musiklehrerin wohnt an der Przemyska-Straße, gegenüber dem jüdischen Studentenheim. Jetzt befindet sich dort ein Freudenhaus für deutsche Soldaten. Meine Lehrerin beklagt sich, daß sie von dem nächtlichen Lärm ständig Kopfschmerzen hat, und nimmt mehrmals täglich Pulver. Ich bringe ihr ganze Schachteln voll zum ermäßigten Preis mit, denn ich bekomme in der Drogerie Rabatt.
Włodek ist Ukrainer, ich weiß nicht, was ihn nach hier verschlagen hat. Vielleicht will er auch am Krieg verdienen – ich frage lieber nicht nach. Ich treffe mich ungern mit ihm, denn obwohl er nett ist, ist er doch unser Feind. Ich wundere mich selber, wieso ich die Menschen plötzlich in dieser Weise beurteile. Früher kam es schließlich nur darauf an, ob einer gut oder böse ist, und nicht, welcher Nationalität er ist. Ich habe es deshalb gelernt, weil wir auf einmal vor allem Juden waren; und Juden mußten etwas ganz Schlimmes sein. Die Straßenbahnwaggons sind in der Mitte durch eine Schnur für Juden und Nichtjuden eingeteilt, und an Geschäften und Häusern sind Zettel mit der Aufschrift »rein arisch« aufgetaucht.
Einmal ging Włodek mit uns an die Wilga, und dort hat sich Maryśka in ihn verliebt, und er in sie. Möge Gott ihnen Glück schenken – das stellten Staszka und ich fest, denn wir gehören nur »uns und den Musen«.

* * *

Cambridge, Massachusetts, 1983

In jener Zeit fürchtete ich mich, in meinem kleinen Tagebuch auch nur das geringste von Felek zu schreiben. Dann und wann gingen merkwürdige Gäste bei uns ein und aus, abgezehrte Männer un-

terschiedlichen Alters. Gewöhnlich tauchten sie bei Dämmerung auf, aber immer vor der Polizeistunde. Sie aßen mit uns, dann diskutierten sie mit den Eltern, während ich das Bett in Omas Zimmer bezog. Sie brachten Briefe und kleine Geschenke von Felek, z.B. aus Brot geknetete Figürchen und aus Roßhaar geflochtene Fingerringe. Ich bekam von Felek ein wunderbares Geschenk: das erste Manikürebesteck meines Lebens, in einem schönen, mit Samt ausgekleideten Kästchen. Felek war in dieser Zeit dem Kriegsgefangenenlazarett zugeteilt, das nun voll von verwundeten Belgiern, Franzosen und Holländern war. In dem Durcheinander begannen die schon genesenen Polen nach und nach aus dem Lager zu verschwinden. Unser Haus war ihre erste Anlaufstelle.
Irgendwann im Juli wurden wir von Unruhe auf der Straße und dem Aufschrei der Sewiałek aus dem Parterre aufgeschreckt: »Schaut nur, Leute, was da für ein Soldatchen kommt!«
Wir stürzten ans Fenster und trauten unseren Augen nicht: Da kam ein blutjunger Soldat die Straße herunter, in polnischer Uniform ohne Rangabzeichen, aber in Begleitung eines deutschen Wehrmachtsoldaten, der ein Gewehr über der Schulter trug. Wir rannten auf den Flur, aber da flitzte Felek schon herauf, fünf Stufen auf einmal nehmend, so daß der Deutsche kaum folgen konnte. Hinter den beiden sämtliche Hausmieter, Nachbarn und Kollegen Feleks. Der Küsse und Umarmungen war kein Ende. Mama deckte den Tisch mit den Resten aus unserer mageren Speisekammer, und Felek haute tüchtig rein. Der Deutsche saß am Tisch, das Gewehr zwischen den Knien, und machte ein blödes Gesicht, weil er kein Wort Polnisch verstand. Wie sich herausstellte, war einer der Gefangenen geisteskrank geworden und mußte nach Kobierzyn überführt werden. Felek begleitete ihn als Sanitäter, und der Deutsche fuhr mit, um die beiden zu bewachen. Er hatte sich zu einem kurzen Besuch bei uns zu Hause überreden lassen, aber bewachte Felek scharf und postierte sich mit seinem Gewehr sogar vor die Toilette. Unterdessen schlich sich Mama auf den Balkon, und Felek ließ sie durch das Fensterchen wissen, wohin man ihm seine Zivilkleidung schicken sollte. Bald darauf nahmen wir beklommen Abschied. »Nicht für lange!« winkte Felek uns zu und marschierte mit diesem Deutschen zum Bahnhof.
Feleks Blitzbesuch erschien uns wie ein Wunder, denn das hatte es noch nie gegeben, daß ein Gefangener zu Besuch kam!
Felek kehrte bald darauf heim, zum unbeschreiblichen Glück der ganzen Familie. Wenn er nur im Kriegsgefangenenlager geblie-

ben wäre, das Schicksal hätte ihm viel Leid und Demütigung im Ghetto und in den Konzentrationslagern Płaszów und Dachau erspart.

* * *

Juli – August 1940

Felek ist wieder da! Wir sind außer uns vor Freude. Mama ist wiederaufgelebt, er ist schließlich ihr Augapfel; Papa hat seinen Humor und Witz wiedergefunden. Es kommt Leben ins Haus, den ganzen Tag sind Feleks Kameraden da. Er hat eine Chromonika aus der Gefangenschaft mitgebracht, aber vor allem spielt er wie ein Teufel Klavier. Ich traue mich gar nicht an das Instrument. Felek wird als Assistent von Dr. Nüssenfeld in der Chirurgie des Jüdischen Krankenhauses in der Skawińska-Straße arbeiten. Er soll sogar dort wohnen. Aber noch ist er zu Hause. Welch ein Glück, daß wir alle vier wieder zusammen sind!

Oktober 1940

Maryśka ist mit den Eltern und der Schwester Lilka zu Verwandten nach Wiśnicz gezogen. Sie wollen nicht in der Hauptstadt des Generalgouvernements sein. Die Leute kombinieren dies und das, die einen denken, gerade in Krakau sei es am sichersten, die anderen fahren in die Provinz.

Als ich mich von Maryśka verabschiedete, wurde mir bewußt, daß ein Lebensabschnitt zu Ende geht. Die arme Maryśka, sie hat selige Augenblicke erlebt, und jetzt ist sie wegen der Trennung von Włodek völlig verzweifelt.

Und ich? Das war keine Liebe. Ich dachte, einmal muß man ja mit diesem Küssen anfangen. Aber einen »Drang« verspürte ich nicht. Dieser Lonek ist ein intelligenter, aber arroganter Rotzbengel, und ich schäme mich sogar, daß das mein erstes Erlebnis gewesen sein soll, denn so nennt man wohl den ersten Kuß. Nein, das war keine »Verschmelzung zweier Seelen«. Mein Innenleben blieb ihm völlig verschlossen. Lonek war eine Episode. Es gab darin ein paar helle Momente, eher der Enttäuschung, und jetzt werde ich gewiß voller Bitterkeit und Zynismus sein.

4. Dezember 1940

Feluś, mein Bruder. Du bist nah und manchmal so fremd – arrogant, barsch, immer leicht gereizt. Um so wertvoller sind die seltenen Momente, wenn du familiäre Gefühle zeigst, wenn dein jungenhaftes Gesicht lacht. Du hast ein Lächeln, das einem ans Herz greift. Durch deine Kriegsleiden bist du für mich fast zum Helden geworden. Zu Hause warst du es immer.
Felek, ich weiß nicht, ob du richtig handelst, und ich möchte nicht darüber nachdenken, denn dann müßte ich schlecht von dir denken. Was soll ich tun, wenn ich als junges Mädchen dir als einem jungen Mann, dem das Leben etwas schuldet, recht gebe, während ich als Tochter und Schwester Fehler in deinem Handeln sehe?

* * *

Cambridge, Massachusetts, 1983.

Zum ersten Mal taucht in meinen Aufzeichnungen ein Mißklang auf. Mein geliebter Bruder hatte das Haus mit 17 Jahren verlassen, das waren die Flegeljahre eines unausgegorenen Jungen, aus dem erst noch ein Jüngling werden sollte. Den Einfluß des Elternhauses und der Schule ersetzte die Offiziersschule. Das Häuflein vertrauter Kameraden ging dort in der Masse der Zöglinge auf, von denen Felek offenbar der einzige Jude war. Der Religion hatte keiner von uns besondere Bedeutung beigemessen: An Ostern hatten wir einen Seder und Matzen, aber auch bemalte Ostereier; an Chanukka brannten die Kerzen in der Menora, und an Weihnachten gab es einen Tannenbaum, und wir sangen Weihnachtslieder. Als musikalischer Musterschüler des Gymnasiums pflegte Felek bei den Sonntagsgottesdiensten in der Pfarrkirche von Podgórze die Orgel zu spielen.
Kurz nach seiner Vereidigung waren meine Eltern tief bekümmert aus Lemberg zurückgekehrt. Für den einen Juden (der ohnehin nicht in die Synagoge ging) hatte es bei der Vereidigung keinen Rabbiner gegeben. Angeblich hatte Felek ohne Rabbiner kein Recht, dem Vaterland die Treue zu geloben. Sogleich waren ihm öffentlich die Schulterstücke abgerissen worden; man hatte ihm den Kopf rasiert, und bis zum Ende des einjährigen Militärdienstes war Felek zum einfachen Gefreiten im 19. Infanterieregiment degradiert worden. Man hatte ihm ein furchtbares Unrecht zugefügt.
Meine Eltern ließen mich nur wissen, daß Feleks Briefe an eine andere Adresse zu schicken seien. Beim Gedanken an die Demü-

tigung seines Sohnes hatte Vater zu weinen begonnen und rasch das Zimmer verlassen. Ich glaube, daß dieses unerhörte Verhalten der polnischen Behörden bei meinem Vater das stolze Bewußtsein seiner jüdischen Herkunft geweckt hat.

Mein Bruder hatte anders reagiert – mit Abneigung gegen die Juden, die schuldhaft oder schuldlos, von aller Welt mißhandelt wurden, mit Abscheu gegen jegliche Religion und mit Zynismus und Ironie gegenüber allem, ausgenommen Musik und Medizin. Nach der anfänglichen Freude über seine Heimkehr tötete Felek jede Gefühlsregung durch rüde Scherze ab. Die Eltern schoben das auf seine Mißhandlung beim Militär, auf seine Fronterlebnisse bei Warschau und auf seine einjährige Gefangenschaft. Sie umgaben ihn mit liebevoller Fürsorge, die sie sich buchstäblich vom Munde absparten. Vor allem Mama bewahrte die besten Happen für ihn auf, wenn er vom Krankenhaus für einen Moment zu Hause vorbeischaute.

Mit mir traf er sich öfter, denn die Drogerie war nicht weit. Manchmal lud er mich zum Kuchen ins »Odżywka« ein. Felek war für mich ein unerreichbares Vorbild, bis mir klar wurde, daß er eigentlich seine Pflichten gegenüber den Eltern hätte wahrnehmen müssen, statt ihre Opferbereitschaft undankbar auszunützen. Daß man seine Eltern beziehungsweise seine Kinder liebt, wurde bei uns nicht weiter betont, denn das war selbstverständlich. Aber einmal fragte ich Felek, ob ihm wirklich etwas an uns liegt.

Er brauste auf: »Natürlich.«

»Wieso verhältst du dich dann so merkwürdig?«

Er zuckte die Achseln, wandte sich zum Klavier und begann die Beethoven-Sonate zu spielen, die Vater so sehr liebte.

Das war Feleks Sprache – die Musik. Zwanzig Jahre später, als Mama unerwartet einer Herzattacke erlegen war, kam dieser verirrte und geliebte Sohn angereist und schaute sich im Trauerhaus nach einem Klavier um. »Ich möchte für Mama etwas spielen, aber es ist kein Instrument da.« Und große Tränen rannen ihm über die Wangen.

* * *

Dezember 1940

Überall kalt, wie ich den Winter hasse! In der Drogerie friere ich, im Unterricht auch. Ich werde übrigens nicht mehr lange hingehen. Wir haben kein Geld. Nur zu Hause ist es angenehm und ein bißchen »wie vor dem Krieg«. Mami strickt, tischt das Abendessen auf, brät Kartoffelpuffer, das Rührei aus einem einzigen Ei wird gestreckt, daß es für uns alle reicht. Papa liest Zeitung, und ich hocke mit Stasia auf der Couch, und wir reden über die Romane »Sekret kobiety« [Geheimnis einer Frau] der Krzywicka und »Vom Winde verweht«, das wir noch mit Maryśka gelesen haben. Mir hat Ashley am besten gefallen, obwohl er ein bißchen energischer hätte sein können, doch Maryśka meinte, Ashley sei ein Arschloch und nur Rhett sei ein richtiger Mann. Mag sein, aber mir macht so ein Kerl Angst. Mit den sinnlichen Begierden kenne ich mich doch gar nicht aus! Ich wurde schwermütig und spielte mein aktuelles Lied: »Nikt za mna nie tęskni« [Niemand sehnt sich nach mir]. Weil sich ja niemand nach mir sehnt, nach der, die ich wirklich bin. Ich will nicht, daß einer sein Gefühl durch Umarmungen beweist. Ich will die Gemeinsamkeit im Denken, die stärker verbindet als die sinnlichen Begierden und mir mehr entspricht. Aber das ist gar nicht so einfach. Dazu bedarf es der Intelligenz und der Geistesbildung, der Feinsinnigkeit, aber von unseren jungen Leuten kann man noch nicht einmal gute Erziehung erwarten. Verlange ich ein Ideal? Nachsichtig schüttele ich den Kopf über mich und die schmerzliche Leere in meinem Herzen. Felek würde sicher sagen, das Tragischste sei die Leere in meinem Kopf – und er hätte wohl recht!

29. Dezember 1940

Weihnachten ist vorbei. Karneval. Komisches Wort – wo man doch heute immer und überall tanzt, wenn man nur jemanden zum Tanzen hat. Aber was ist das für ein Vergnügen! Man könnte heulen, besonders wenn Mama von ihrem ersten Ball erzählt, wenn die Eltern vom Karnevalstreiben der Vorkriegszeit berichten.

Bei Felek kommen jeden Sonntag junge Leute zusammen, eine bunt zusammengewürfelte Gesellschaft. Meine Bekanntschaft mit ihnen besteht darin, daß wir uns grüßen und gelegentlich ein paar belanglose Worte wechseln. Sie lärmen, und die Luft ist grau vom Zigarettenrauch. Es soll fröhlich sein, aber ich finde es gar nicht lustig. Es überwiegen die Mädchen – wir haben Krieg! -, und sie sind ebenfalls farblos, weder besonders schön noch besonders klug oder witzig. Vielleicht kenne ich sie auch einfach zu wenig. Meistens hat jede ihren Jungen. Wie mir scheint, finde ich keinen darunter, der mich interessieren würde. Offenbar tauge ich nicht zur

Liebe, jedenfalls nicht zu einer solchen, wie andere sie verstehen. Gestern habe ich mich lange mit Edek unterhalten. Er hatte vor dem Krieg mit dem Studium der Kunstgeschichte begonnen. Er ist sehr, sehr klug und belesen, hat keine Dummheiten im Kopf, und mit ihm bin ich überhaupt nicht schüchtern. Edek ist furchtbar groß, geschmeidig und schlank, schwarz wie die Nacht, aber hat ein strahlendes Lächeln. Heute kam er zu mir in die Drogerie, aber wir konnten uns keine Minute unterhalten, denn dort ist alles anders geworden. Der Chef hat nichts mehr zu sagen, wir haben einen Kommissar, Herrn Strzyżewski und seine Tochter, Fräulein Muszka. Sie sitzen beide in der Drogerie und überwachen uns. Sie ist jung und aufgeblasen und wird nur dann etwas kleinlaut, wenn Herr Wierzejski zu ihr kommt, ein älterer, grauhaariger, sehr eleganter Herr, der auch mich nett behandelt.

2. Januar 1941
Ich kann die Drogerie nicht ausstehen, ich finde diese Arbeit und meine ganze gegenwärtige Lebensweise unerträglich. Ich finde mich selbst widerlich, gefesselt an eine idiotische Arbeit, die mich nicht befriedigt, die nicht gewürdigt wird und sich nicht lohnt. Ein netter Jahresanfang! Das Schlimmste ist, daß ich das alles nicht ertragen kann und nicht weiß, wie ich es ändern könnte. Was, zum Teufel noch mal, soll ich tun?

7. Januar 1941
Du fehlst mir, mein liebes Klavier, du fehlst mir sehr, mein Freund. Ich sehne mich nach deinen glatten Tasten, nach dem Anblick deiner schweren Gestalt in der Zimmerecke. Erinnerst du dich an die langen, angenehmen Abendstunden, an Schuberts »Ave Maria«, an Mozarts »Serenade« und »Rondo alla turca«? Und an die Opernauszüge in dem dicken Album »Sang und Klang«, die ich mühsam »mit einem Finger« heruntergeklimpert habe, und an die Schlager, die ich am Ende fließend und in rascher Folge nach dem Gehör spielte? Es tat so gut, wenn man im Sommer von der Arbeit kam, sich hinzusetzen, zu spielen und ohne Licht über die kühlen schwarz-weißen Tasten zu gleiten, bis es dunkel wurde. Durch die offenen Fenster drang der schwere Duft der blühenden Linden und des von der Sonne aufgeheizten Grases ... auf der Straße war es still, nur mein Walzer ertönte leicht und zart.

Auch in meiner Seele war Frieden, aber ein wehmütiger; ich gestattete mir ein paar Tränen; meistens brachten sie mir Erleichterung.
Eigentlich lebtest du erst auf, als Felek kam. Ich konnte dann nicht mehr spielen; mein Anschlag war gekünstelt, hölzern, schwach und zaghaft oder übertrieben hart. Nur wenn ich allein war, klang jeder Ton tief oder leicht und zart.
Als die Hausdurchsuchungen sich mehrten, beschlossen wir, das Instrument zur Aufbewahrung zu unserem Kindermädchen nach Zakrzówek zu schaffen. Es war ein dunstiger, regnerischer Nachmittag, als ich mit Stasia von der Drogerie heimkehrte und den Rollwagen mit unserem Klavier darauf vor dem Haus erblickte. Schwer und klotzig standest du da. Als der Wagen anfuhr, ächzten deine Saiten, wie vor Kummer. Ich wandte mich ab, mein Herz und meine Kehle schnürten sich schmerzhaft zusammen.
Wir gingen dich besuchen. Menschen, die dir fremd waren, einfache Menschen, zwängten dich in eine niedrige, verräucherte Hütte, zwischen Ofen und Schrank. Du hattest dort eine erstickte, dumpfe und traurige Stimme, deine glatten, kühlen Tasten waren verstaubt. Józkas Mann hämmerte mit seinen groben, abgearbeiteten Händen mühsam einfache Lieder aus dir heraus.
Jetzt stehst du in der Krankenhausbaracke, in Feleks winzigem Zimmer, das vom Geruch des Chloroforms und vom Rauch der Zigaretten erfüllt ist. Du bist mir fremd, fremd wie alles dort, wie jeder Mensch, wie sogar Felek in dieser Umgebung.
Ich sehne mich nach dir, du fehlst mir sehr. Wann wirst du dich wieder in der jetzt leeren Ecke unseres Zimmers breitmachen und großmütig erlauben, daß meine Finger dich zaghaft liebkosen, die sich so sehr danach sehnen, die Klaviatur zu berühren?

8. Januar 1941

Ich bin allein im Haus. Das geschieht selten, weil ich ja den ganzen Tag in der Drogerie bin, und sonntags gehe ich zu Felek oder irgendwo auf Besuch. Heute bin ich erkältet, heiser und verschnupft. Manchmal ist es doch ganz angenehm, allein im Haus zu sein und in einem gemütlichen Zimmer im warmen Bett zu liegen, während es draußen schon dämmert. Ich habe in meinen alten Aufzeichnungen herumgestöbert und mich an vergangene Zeiten erinnert. Mama nahm an meinem Schulleben lebhaften Anteil. Gestern sprachen wir davon, wie ich zur Aufnahmeprüfung des Gymnasiums gegangen bin; natürlich hatte ich einen großen Bammel vor der schriftlichen Prüfung in Mathematik und Polnisch und vor der mündlichen in anderen Fächern. Mama versprach mir – obwohl ich eigentlich über solche Spiele hinausgewachsen sein sollte – für die bestandene Prüfung eine schöne Puppe. Dermaßen beruhigt, schrieb ich eine vorzügliche Arbeit und wurde von der mündlichen Prüfung befreit. Aus unserer Schule und unserer Gruppe wurden nur zwei Mädchen befreit: Hela und ich, akkurat die beiden einzigen Jüdinnen. Danach ging Mama mit mir direkt zu Maurizio und bestellte mir eine riesige Napoleonschnitte mit Erdbeercreme.

Die Schulzeit am staatlichen Mickiewicz-Gymnasium war weder gut noch schlecht. Doch die angenehmsten Erinnerungen habe ich an das Kołłątaj-Gymnasium. Die schulische Disziplin habe ich inzwischen abgelegt, aber ich träume davon, wenigstens einen Monat wieder auf dem Kołłątaj zu lernen. Ach, könnte ich doch wieder um fünf vor acht die Treppe zu unserer Klasse hochflitzen, die Tasche auf den ersten Tisch knallen und Mietek Garde zurufen: »Hier hast du die Hausaufgabe in Polnisch, aber schreib sie nur genau ab! Algebra mußt du bei Hela spicken.« Ach, noch einmal die Unterrichtstunden erleben, die interessanten und sogar die langweiligen, in denen man mit der Nachbarin »Inteligencja« spielte. Und diese lärmenden Pausen, in denen der Lernstoff fieberhaft wiederholt oder erbittert über Filmschauspielerinnen gestritten wurde, Pausen, in die ein unschuldiger Flirt mit einem älteren Schüler gelegentlich etwas Abwechslung brachte. Die netten Stunden in Literatur, die ernsten in Deutsch und die ausgelassenen in Gymnastik ... Und Latein mit dem attraktiven Dyduch und einem unbeschreiblichen Stimmengewirr! Ich liebte Latein, und es tat mir leid um den jungen Lehrer, denn keiner hörte ihm zu; alle schrieben entweder die Aufgaben für die nächste Stunde ab oder spielten. Dennoch habe auch ich bisweilen »Schiffe versenken« oder »Seekrieg« gespielt. Mein Gott, wo sind die Zeiten geblieben? Jetzt haben wir den echten, schrecklichen Krieg, der alles gesprengt hat.

20. Januar 1941

Ich verstehe mich selber nicht: Plötzlich kommen mir Streiche in den Sinn, die ich ohne nachzudenken gleich in die Tat umsetze.

Ich sehnte mich so nach der Schule, daß ich »statt dessen« zu Lolek fuhr, meinem sechsundzwanzigjährigen Freund aus dem Lager, den ich ganze vier Tage kannte und schon seit einem Jahr nicht mehr gesehen habe.

* * *

Cambridge, Massachusetts, Oktober 1983

Lolek hatte mit uns die Grenze in Przemyśl überquert und im Waggon zunächst mit Papa und dann die ganze Zeit mit mir gesprochen, und zwar über Literatur und Dichtung. In dem dunklen, vollgepferchten Güterwagen und in der Festung, in der wir interniert worden waren, hatte dieses Gespräch eine Brücke zwischen meiner alten und dieser schrecklichen, unbekannten, unbegreiflichen neuen Welt geschlagen. Damals, ein Jahr danach, hatte Lolek mir ein Kärtchen geschrieben: »Meine kleine Freundin.«

Es herrschte eine gespannte Atmosphäre angesichts immer neuer Gebote und Verbote der Deutschen und des Bösen, das in der Luft lag. Es war ein entsetzliches Gefühl. Auch meine Eltern waren ratlos und verloren in diesem Krieg, dem nichts in ihrer Lebenserfahrung entsprach. Unbeholfen, wie es Intellektuelle nun mal sind, legten sie ihre Ethik und Logik an der Realität an, die aber von surrealistischer Grausamkeit war.

Keiner wußte, was zu tun war: bleiben oder fliehen; und wenn fliehen, dann wohin? In die Provinz? In eine andere Stadt? Zu »arischen« Freunden? Wo und womit sollte man Brot auftreiben? Was konnte man noch verkaufen, um Heizmaterial zu beschaffen? Die »Deklassierung« hatte ohnehin schon begonnen. So bezeichneten meine Eltern die Untervermietung zweier Zimmer und die Tatsache, daß die Untermieter ständig durch unser Eßzimmer in die Küche liefen. Wir waren ständig durchgefroren, unterernährt und gereizt. An jeder Kleinigkeit entzündete sich Streit. Felek piesackte mich und verhöhnte mein Geschreibsel. Meine Eltern hatten andere Sorgen, als mich in Schutz zu nehmen.

Und so suchte ich Verständnis außerhalb des Hauses. Im Gespräch mit Stasia wurde mir zwar etwas leichter, aber es gab wohl niemanden, der mich so gut verstand wie Lolek. Er hat mir wirklich geholfen. Warum konnten fremde Menschen mich eher verstehen als mein eigener Bruder?

* * *

28. Januar 1941

Ich komme etwas ins Lot. Vielleicht liegt es an meiner Krankheit und an meinem zeitweiligen »Urlaub« von der Drogerie, der mir die unerquickliche Umgebung vom Leib hält und mir erlaubt, nur mit denen zusammenzusein, die mir nah und sympathisch sind. Liegt es vielleicht nur daran, daß ich mich ausruhe? Ich liege im Bett, tue nichts, lese ein wenig und denke endlich nicht an Sorgen. Maryśka fehlt mir; Briefe können doch nicht die Gegenwart von Menschen, die einem nahestehen, ersetzen. Maryśka hat mich immer optimistisch gestimmt, aber jetzt stehe ich unter dem Einfluß von Stasia, die mich mit ihrem Trübsinn und ihrem Ernst ansteckt. Stasia wird immer verschlossener und finsterer, für sie ist die ganze Welt eine einzige große Schweinerei, der sie einzig ihren tiefen Intellekt entgegensetzen kann. Ihr Witz hat sich in ätzende Ironie verwandelt, sie sagt, sie könne sich nicht mehr wie ich zu einer gewissen Heiterkeit des Gemüts durchringen. Die versuche ich aber zu bewahren, denn anders, in ständigem Kummer, kann man doch nicht leben. Ach, Maryśka, ich möchte weder klug noch ernst sein. Schreib mir, Maryśka, gib mir Mut, denn ich möchte mich nicht verlieren!

30. Januar 1941

Die Tochter unserer Nachbarin ist noch in Prag, weil sie nach dem Abitur eine Stelle im Kosmetikinstitut bekommen hat. Die Tschechin erzählte, daß sie mit der ganzen Familie Italien, Genf, Griechenland, zweimal Palästina und Paris besucht hätten. Nach dem Krieg soll die Tochter zum Onkel nach Amerika reisen. Sie hat ja eine herrliche Vergangenheit, und was für Pläne für die Zukunft! Und wir ... wir gingen, solange es möglich war, zur Penne, und jetzt taugen wir mit unserer abgebrochenen Ausbildung zu Dienstmädchen, Friseusen, »Schwarzarbeitern« wie Staszka, vermodern in einem elenden Nest wie Maryśka, bereiten Abführtees und verdienen 29,04 Zloty im Monat wie ich. Und dieser schwindelerregende Betrag entspricht dem Preis von zwei Broten. Warum geht das Schicksal so schäbig mit uns um? Warum haben wir keinerlei Aussicht, daß es in Zukunft anders wird? Was habe ich davon, daß es uns irgendwann einmal gutgehen könnte; daß es schlimmer sein könnte, denn die Welt steht kopf; daß uns einstweilen nur die kulturellen Annehmlichkeiten verwehrt sind wie Wissenschaft, Schulen, Buchhandlungen, Kinos und Theater!

5. Februar 1941

Schon seit einigen Tagen essen wir bloß Kartoffeln, es ist kein Geld da. Die Kohlen gehen auch zu Ende, und dieser verdammte Frost will nicht weichen. In der Drogerie ist es auch kalt, nur nachmittags, wenn Fräulein Muszka kommt, wird geheizt. In einer Anwandlung guter Laune und gewissermaßen in Anerkennung meiner gesellschaftlichen Vorzüge erzählt sie mir von privaten Empfängen mit Champagner und Likören und einem Fressen »nicht von dieser Welt«. Sie haben sich so phantastisch amüsiert, daß sie mit belegten Brötchen und Torten ein Zielwerfen auf die Fenster veranstaltet haben. Sie schilderte dies wie einen herrlichen Spaß, während ich einen kalten Kartoffelpuffer aß. Als sie das sah, schickte sie Józek los, Kuchen zu holen, von dem sie uns allen anbot. Ich wollte nicht, aber schließlich nötigte sie ihn mir auf. Noch mit dem Geschmack der Creme im Mund schlich ich in den hintersten Winkel des eisigen Lagers und weinte darüber, daß ich so charakterlos bin, diesen Kuchen von ihr anzunehmen. Sie machen uns das ganze Leben kaputt, aber auf der anderen Seite kaufen sie Kuchen, und bitte sehr, schon ist alles in Ordnung! Außerdem essen meine Eltern auch bloß Kartoffeln, und ihnen kauft keiner Kuchen, und wir sind alle so arm und entnervt, daß wir über jeden Dreck zu streiten anfangen. Nirgends gibt es Ruhe, zum Teufel mit diesem beschissenen Leben! So ordinär fluche ich tatsächlich, wenn auch nur in diesem Heft. Alles kommt zusammen: der Hunger, der Geldmangel, der Frost, die unergiebige Arbeit, feindliche Menschen ringsum. Felek hat Glück, daß er fern von unseren häuslichen Sorgen sein eigenes Leben lebt, in das ihm niemand hineinredet, und wenn doch, dann macht er sich sowieso nichts daraus. In mir steigt ein solcher Haß auf mein gegenwärtiges Leben und auf mich selbst hoch, daß ich nicht anders kann als im Tagebuch zu fluchen, daß alles – verdammt noch mal – Scheiße ist!

8. Februar 1941

Geld regiert die Welt! Sollte diese brutale Maxime die schlichteste Lebensweisheit sein? Geld vermag alles, und wären es auch nur die nichtigen, blöden 30 Zloty meiner Lohnerhöhung. Die 60 Zloty, die ich ab 1. März als Lohn erhalte, haben mir wie der sprichwörtliche Zauberstab die gute Laune und Lust an der Arbeit wiedergegeben. Leider ist meine Erhöhung eine Folge von Józek Immerglücks Ausscheiden. Seine Entlassung begründete der Kommissar damit, daß Józek aus Krakau ausgesiedelt wurde; dabei hätte er ihn doch verteidigen und darauf hinweisen müssen, daß er ihn braucht. Ich habe jetzt mehr Arbeit, weil der Laborzweig, der weitgehend Józek oblag, auf mich übergeht. Aber das freut mich sogar, denn letzthin, als wir zu fünft in der Drogerie waren, versuchte jeder, sich eigenmächtig zu drücken, und die langweiligste, schwerste Arbeit blieb an mir hängen. Jetzt obliegt mir das Anrühren von Salben und Cremes, was mir sehr gefällt.

15. Februar 1941

Endlich geht diese verflixte Woche der Überraschungen zu Ende! Durch ein Mißverständnis – das nicht an mir lag, denn das Gespräch wurde von der Telefonzentrale unterbrochen und nicht von mir, der »dreisten Laborantin« – fühlt sich der Kommissar von mir beleidigt, und so habe ich zum 1. März die Kündigung erhalten. Diese Ungerechtigkeit tut mir schrecklich weh, denn was ist wirklich passiert? Der Chef macht sich Gedanken, daß »dieser Tattergreis Strzyżewski wieder etwas ausheckt. Zuerst war Józek dran, und am Ende kommt der Chef an die Reihe.« Herr Kurz weiß genau, daß es nicht meine Schuld ist; ich nahm das Telefon ab und rief ihn, den Hörer in der Hand, aus dem Labor; und er kam auch gleich angerannt, aber die Leitung war tot. Der Chef sagt, selbst wenn es so wäre, wie der Kommissar behauptet, würde man doch nicht wegen jedem Scheiß so einen Aufstand machen.

Wieder gab es eine neue Welle von Aussiedlungen aus Krakau, und für die, die bleiben, gab es Kennkarten. Wir alle – die Eltern, Felek und ich – erhielten solche Kennkarten. Es wäre wirklich alles gut, wenn dieser verdammte Kommissar nicht wäre. Die Aufregung macht mich krank, ich habe Herzklopfen, ununterbrochen Kopfweh und kann nicht schlafen. Ich soll zu diesem Schweinehund gehen, ihn um Entschuldigung bitten, damit er nicht mehr böse ist, damit er mir verzeiht. Mit diesem Vorschlag kam heute »Fräulein Muszka« heraus. In mir empört sich alles. Ich gehe nicht hin. Wofür, verdammt noch mal, soll ich ihn um Entschuldigung bitten? Zu Hause heulte ich los, als Mama sich meiner erbarmte: »Das Kind ist so unglücklich.« Denn ich weiß, daß ich hingehen werde, und ich weiß, daß ich mich vergebens erniedrigen werde.

Papa war sehr besorgt, er kam zu mir und sagte mir Gute Nacht. »Du mußt hingehen«, sagte er, »aber erniedrigend ist es nicht für dich.«

20. Februar 1941
Schon lange hatte ich nicht so viele und so schwere Sorgen wie jetzt. Sie hören nicht auf, und es sind immer wieder andere. Ich habe wirklich keine Kraft mehr – nichts, nur Wahnsinn, oder ... Heute habe ich ernsthafter an diese Möglichkeit gedacht als damals, als ich mit Stasia und Maryśka darüber sprach. Ruckzuck, und schon hat man seine Ruhe. Aber ich werde es nie aus tiefer Überzeugung tun. Zu sehr hänge ich sogar an diesem Leben, und dann bin ich auch noch feige. Heute war so ein wundervoller, sonniger Tag ... Es wird wieder Frühling! Wie kann man da sterben?

Zu schnell, zu plötzlich kam bei mir der Wechsel von der Schülerin zum Erwachsenen mit seinen Sorgen und Pflichten. Ich werde nicht fertig damit. Zum hundertsten Mal stelle ich mir die alberne Frage: warum? Warum bin ich physisch und psychisch so müde und erschöpft wie ein Greis, ich, die ich vor kurzem noch ein Kind war? Warum stoße ich mich immer wieder an der Ungerechtigkeit? Warum weiß ich mir überhaupt nicht zu helfen. Warum sitze ich an diesem heiteren, stillen Abend hier mit einem Gefühl der Ohnmacht und zerfließe in Tränen, statt mich Träumereien hinzugeben?

23. Februar 1941
Zu diesem Tagebuch greife ich stets in meinen schwersten Augenblicken. Warum – wieder dieses verfluchte Warum – mache ich hier keine Eintragungen, wenn ich fröhlich bin? Auch heute wieder weine und weine ich, und mir knurrt der Magen und ich bin hungrig, hungrig! HUNGRIG! Jede Eintragung ähnelt der anderen, auf jeder Seite lehne ich mich gegen dieses Leben auf, das sich mir einstweilen von seinen schlimmsten Seiten zeigt und uns die »jugendlichen Illusionen« raubt. Dabei hatte Tante Mala gesagt, dies sei das schönste Lebensalter, und sie hatte Zaleski deklamiert: »Geheiligt seist du, Jugendalter, du Traum auf Blüten, du mein goldener Traum, du Ideal des Glaubens, der Tugend, der Liebe und der Freiheit!«

Ein sauberer »Traum auf Blüten«. Das ist mir eine saubere Freiheit. Hol's der Teufel!

25. Februar 1941

Ich bin vom Schneeräumen zurück. Die jüdische Kennkarte verpflichtet uns, achtmal im Monat die Straße von Schnee zu räumen. Schon am Samstag und Sonntag habe ich es gemacht und war hinterher fix und fertig. Heute mußten sie mir in der Drogerie für diese Zwangsarbeit freigeben. Als ich vor dem Krieg für ein Zeugnis einen Skianzug bekam, ahnte ich nicht, daß ich darin einmal die Straße kehren würde. Aber heute war es etwas leichter. Unsere Gruppe setzte sich aus jungen Leuten zusammen, wir haben uns mit den sympathischen »Rotzbuben« fröhlich gestritten. Die Jungen schlugen die Schollen auf der Fahrbahn los, und wir schaufelten die schmutzigen Schnee- und Eisklumpen fort. Einer der »Herren Straßenkehrer«, er ist allerdings schon älter, nämlich 26, furchtbar ernst und nett, erinnerte mich sehr an Lolek und verhielt sich mir gegenüber so ernsthaft wie er: nicht wie zu einer rotznäsigen Gans, sondern wie gegenüber einem Menschen. Schade, daß er so klein ist ... Bald kamen wir uns alle wie alte Bekannte vor. Der Polizist gab mir für eine Stunde frei, damit ich mich in einem Hauseingang aufwärmen konnte. Am Abend gesellte sich ein betrunkener Deutscher von der Wehrmacht zu uns und wollte mir freigeben, damit ich nach Hause gehen konnte. Ich machte davon keinen Gebrauch, auf solche Gnadenerweise verzichte ich. Als wir durch die dunklen Straßen heimgingen, wollte Janek Müller (der, der mich an Lolek erinnerte) meine Schaufel tragen, aber ich lehnte ab. Mitten im Gespräch seufzte er plötzlich, wie alle Welt: »Ich wünschte, der Krieg wäre zu Ende!«

Er tat mir leid. Klein, ausgekühlt in seinem verschlissenen Mantel, trippelte er, ein armer Jurastudent, neben mir her, und wenn er zu mir sprach, blickte er zu mir auf mit seinem häßlichen Gesicht, in dem allein die Augen schön sind. Wir führten einen »Diskurs« über die Gedichte Słowackis, und dabei störte uns weder die Tatsache, daß wir mitten auf der schmutzigen Fahrbahn gingen, noch störten uns die verächtlichen oder scheuen Blicke der Passanten. Vielleicht taten wir auch nur so, als störte uns das nicht, denn was soll man schließlich machen.

1. März 1941

Es traf mich so plötzlich und unverhofft, daß ich mich noch nicht davon erholt habe. Staszka, das kann doch nicht sein, daß wir uns nicht mehr sehen sollen, jedenfalls nicht so rasch. Jetzt wird wie verrückt aus Krakau ausgesiedelt, auf den Straßen sind die Razzien in vollem Gange. Staszka erhielt den Aussiedlungsbefehl. Ihre Mama fuhr mit ihrer Schwester Linka für eine Nacht nach Borek Fałęcki, und Staszka schlief bei uns. Am Nachmittag trafen sie sich in Krakau, nahmen das Geld für die verkauften Möbel in Empfang und wollten sich mit dem Zug nach Rabka begeben, wo sie ihr Pensionat haben, als plötzlich eine Razzia war; von der Straße weg brachte man sie in das Lager an der Mogilska-Straße, und heute ist anscheinend der Transport nach Lublin abgegangen. Ich bin außerstande zu schreiben. Ich komme vom Schneeräumen an der Weichsel, bin müde und furchtbar traurig. Wo bist du jetzt, Stasia? Ist dir nicht kalt? Bist du nicht hungrig? Woran denkst du? Spielt ein leichtes Lächeln um deine Mundwinkel, wie ich es von dir kenne? Nun bin ich wirklich ganz allein.

5. März 1941

Auf einmal hagelt es nur noch schlechte Nachrichten, und sie beeindrucken mich schon nicht mehr. Stasias Abfahrt, die Auflösung des Krankenhauses (des jüdischen in der Skawińska-Straße), schließlich der heutige Erlaß über die Errichtung eines Ghettos in Podgórze. Ich bin wie betäubt und fühle mich innerlich vollkommen leer. Einstweilen gehe ich fleißig Schneeräumen, das ist obligatorisch, und dafür müssen sie mir in der Drogerie freigeben. Es ist zwar anstrengend, aber dennoch lustig und stellt unter diesen schwierigen Bedingungen eine gewisse – erbärmliche – Zerstreuung dar. Anfangs fand ich es demütigend, mit der Schaufel durch die Straßen zu laufen, heute macht es mir nichts mehr aus. Heute habe ich mit der Sanitätsgruppe, Felek und den »Spitalern« auf den Boulevards an der Weichsel gearbeitet. Ich habe noch nicht gelernt, wie man sich drückt, und so schwenke ich aus purer Langeweile den Besen, als könnte ich mir damit eine goldene Krone verdienen. Im Grunde nehmen nicht einmal die Polizisten, die uns bewachen, diese Arbeit ernst, auch nicht die Leute von der Stadtreinigung, außer man stößt auf einen Wichtigtuer, der einen anschnauzt, denn er weiß, daß es nichts als Schikane ist.
Letztens habe ich gemerkt, wie leicht man den jungen Männern

den Kopf verdrehen kann, wenn man Lust dazu hat. Manchmal ist das gar nicht nötig, denn sie machen sich an einen heran, ohne daß ich sie im geringsten dazu ermutigt hätte. Zum Beispiel ein gewisser Józek Hollender, ein hochgewachsener Chemiker, oder Janek, beide übrigens »ältere Herren«. Janek (der mich an Lolek erinnert) hat keine Kennkarte bekommen und darf nicht auf die Straße, da er sich ja illegal in Krakau aufhält. Er hat mich in einem Brief, der an die Drogerie adressiert war, gebeten, ihn zu besuchen. Ob er den ganzen Krieg in einem einzigen Zimmer verbringt? Als es heute dunkel wurde, scharten wir uns auf den verdreckten Boulevards und sangen leise die schon vergessenen Pfadfinderlieder: »Es lodert die Flamme« und »Auch wenn uns der Sturm umbraust.« In der grauen Weichsel, deren Gestade schwarze Haufen schmelzenden Schnees zierten, spiegelten sich blaßgrün der Mond, orange die Lampen. Es war still, traurig und irgendwie gut. Für einen Augenblick vergaß man die Sorgen. Ich bin traurig ...

8. März 1941

Der letzte Eintrag endete mit »Ich bin traurig«, und diesen möchte ich genauso beginnen. In einigen Tagen sollen wir aus der Wohnung in unserem eigenen Haus verschwinden und ins Ghetto gehen. Ich bin hier geboren, meine Mama auch. Ich schaue mich in den hellen, freundlichen und anheimelnden Räumen um ... und es tut mir so leid! Wenn ich dieses Haus verlasse, werde ich, das weiß ich, unwiederbringlich etwas zurücklassen, von dem ich noch nicht genau weiß, was es ist: einen Teil meines Lebens, die sorglosen Jahre der Kindheit und das »Flegelalter«?

10. März 1941

Bei Janek habe ich einige nette junge Leute kennengelernt (es sind keine »Jungen« mehr, denn die Herren sind an die dreißig), und sie – und dazu dieser schwarzhaarige Chemiker Józek und letzthin Mietek Garde – machen mir das Leben wirklich angenehm. Ich will nicht an die Greuel des Ghettos denken, habe dafür auch gar keine Zeit, nicht daran, daß ich allein bin, denn Stasia ist in Rzeszów, und wer weiß, für wie lange. Jetzt erkenne ich, wie eng wir miteinander befreundet waren. Ein Blick genügte, um uns zu verständigen und – so war es unser Brauch – humorvoll, spöttisch

oder mitleidig zu lächeln. Ich weiß nicht, ob ich mich jemals wieder so mit jemandem anfreunden könnte, aber ich will es auch gar nicht.
Ich habe eine Veränderung an mir bemerkt: Ich habe gelernt, auf kluge Weise aufrichtig zu sein. Nicht mehr so grenzenlos wie bisher vertraue ich jedem, und ich bin nicht so naiv, jedem »die geheimsten Winkel meines Herzens« zu enthüllen.

Ich bin also zu Janek gegangen. Ich zog das dunkelblaue Kleid mit dem weißen Spitzenkragen und den Veilchen an. Ich weiß, daß das Kleid hübsch ist, aber Felek lachte mich aus; ich sähe aus wie eine Mischung aus einer Zofe und Ophelia, die nach »Soir de Paris« duftet. Aber Janek hat sich schrecklich gefreut. Er wohnt wie ein Einsiedler in einer Bibliothek – so viele Bücher hat er! Im Gespräch fiel kein einziges Mal das Wort »Krieg«. Keinerlei Anspielung auf die Realität, und dabei schwebt dieser Krieg und die Ungewißheit unserer Situation wie eine Wolke über uns, schleicht sich unbemerkt in jeden Satz ein. In einer Aufwallung von Vertrauen las Janek mir Auszüge aus seinem Kriegstagebuch vor, und ich gestehe, daß es mich sehr verlegen gemacht hat, denn er schrieb über mich. Ich weiß, daß er mich von Herzen gern hat, daß ich ihm gefalle, aber bei ihm fühle ich mich nicht so geniert wie bei anderen, denn das ist kein dummes Zeug. Ein so warmes, freundliches Gefühl hat mir gefehlt. Schade, daß Janek nach Borek zieht und uns nur Briefe bleiben. Auch das wird mich sicherlich nicht für den Mangel an Raum und Sonne im Ghetto entschädigen, den Mangel an frischer Luft, die mir dort wohl am meisten fehlen wird. Ach, ich mag nicht daran denken!

12. März 1941
Meine Stimmung ist wieder einmal »zum Platzen«. Alle sind unterwegs, Vater hat Nachtdienst in der jüdischen Gemeinde, Mama kümmert sich um die Sachen der Tanten, die in der Piekarska-Straße die Seifenfabrik haben, denn sie werden mit dem Einpakken für den Umzug ins Ghetto nicht fertig, und dafür bringt Mama spätabends Essen mit. Keiner kümmert sich um den Haushalt, ob aufgeräumt ist oder ob Essen auf den Tisch kommt. Ich bin stinksauer, und gleichzeitig möchte ich heulen. Das ganze beschissene Leben hängt mir zum Hals raus!

18. März 1941
Mein Selbstgefühl stellt sich heute als vollkommene Mischung sämtlicher Launen dar.

20. März 1941
Der Eintrag von vorgestern zeigt, wie durcheinander ich am Tag des Umzugs ins Ghetto war. Ich kämpfte mit Wehmut und Tränen, und gleichzeitig rissen Felek und ich voller Galgenhumor Witze angesichts der »Völkerwanderung«. Offene Lastwagen und Möbelwagen, die mit Gerümpel überladen waren, zogen in die eine Richtung, und in der Gegenrichtung waren Polen unterwegs, denn die Bewohner dieses Teils von Podgórze mußten für uns ihre Wohnungen freimachen. Kazimierz würde auf einmal voller »Arier« sein! Felek und ich fanden das Tohuwabohu des Umzugs irrsinnig komisch.
Nachmittags mußte ich in die Drogerie, aber abends auf dem Heimweg bog ich automatisch nach Hause zur Długosz-Straße ab. Als ich mich umdrehte und auf den aus dem Abenddunst hervortretenden Bogen der Piłsudski-Brücke und die Baumgruppen unseres Parks blickte, traten mir Tränen der Wehmut in die Augen. Ich wollte die neue Wohnung nicht sehen, solange nicht unsere Möbel dort wären, so wie ich auch nicht zu unserem alten Haus gehe, das von ihnen entblößt ist. Ohnehin konnten wir nicht alle Möbel mitnehmen, denn im Ghetto haben wir nur ein Zimmer mit Küche, im übrigen sind der Glasschrank und die Mahagonimöbel aus Omas Zimmer längst verkauft, und das Silber und das Porzellan sind bei Józka. Der einzige Trost ist, daß wir durch die Verlegung des Krankenhauses ins Ghetto das Klavier wiederhaben.

25. März 1941
Ich will nicht. Ich will nicht, daß mir der leere Magen knurrt, daß es im Zimmer so kalt ist, daß Vater so entsetzlich dünn ist, so übermüdet, daß die Haut nach den letzten Tagen wie an einem Skelett an ihm herunterhängt. Ich will nicht, daß Mama so abgezehrt ist, daß bei uns ständig Hunger, Kälte, Verbitterung und Mutlosigkeit herrschen. Gott, was kann ich dagegen tun? Es gibt keinen Ausweg. Aus unserer Situation gibt es wirklich keinen Ausweg. Wir haben kein Geld, keine Lebensmittelvorräte, keine Hoffnung,

eine geeignete besoldete Stellung zu bekommen. Was helfen da meine kümmerlichen 60 Zloty, die kaum für meinen Kleinkram reichen – was kann dieses lächerliche Gehalt ausrichten angesichts der Masse kleiner Schulden und angesichts dessen, daß man leben muß?

Mama hält diese Sorgen von Felek fern, aber das ist nach meiner Meinung ganz falsch. Felek ist ein Egoist. Warum soll er nicht wissen, was los ist, warum soll nur ich die Bürde der Mitverantwortung tragen und mich damit abplagen, einen Ausweg aus dieser schrecklichen Situation zu finden, aus der es leider keinen Ausweg gibt? Was tun? Wie hier helfen? Es ist zum Wahnsinnigwerden!

Heute abend hat mir wirklich das Herz geblutet, als ich in die erschöpften, todmüden Gesichter meiner Eltern blickte, die schließlich noch nicht alt sind. In einer plötzlichen Regung wollte ich Vaters armen, ergrauenden Kopf umfassen und an mich drükken, wollte ich mich auf Mamas abgearbeitete, schwarz gewordene, früher so glatte Hände stürzen. Statt dessen warf ich ihnen harte, böse Worte an den Kopf, obwohl mir die Verzweiflung die Luft nahm und ich im Innersten wütend auf mich war. Ich bin gemein. Ich bin ratlos. Zur Vollständigkeit fehlt bloß noch die Entschuldigung, daß ich durch den Krieg so geworden bin.

* * *

Cambridge, Massachusetts, Oktober 1983

Bevor sich das Leben im Ghetto leidlich normalisierte, mußten wir uns mit dem Hunger vertraut machen. Mit dem Kriegsausbruch gingen der Posten meines Vaters und die Ersparnisse der Familie in der Polski-Bank verloren. Auch die Mieteinnahmen aus unserem eigenen Haus entfielen. Notgedrungen wurde mein Vater ein kleiner Angestellter bei der Gemeinde, wo er für das Waisenhaus zuständig war, denn seit Jahren hatte er sich um das Lehrlingsinternat für mittellose jüdische Jugendliche gekümmert. Zur Verlagerung der Akten vom Kahal ins Ghetto wurde das ganze Personal herangezogen. Vater war gerade in den Räumen der Gemeinde, als deutsche Lastwagen vorfuhren und alle aufluden, um sie zur Hinrichtung einiger Polen zu fahren. Ein jüdischer Polizist mußte die Verurteilten aufhängen. – Vater war hinterher zutiefst erschüttert, grau im Gesicht, wir bekamen kein Wort aus ihm heraus. Er warf sich aufs Bett, seine Verzweiflung entsetzte mich. Als ein Bote von der

Gemeinde kam, drehte er sich stumm zur Wand. Erst nach langer Überredung meldete er sich einige Tage später und bat um den mit keinerlei Einfluß, Glanz und Vorteilen verbundenen, bescheidenen Posten eines »Ober-Müllkutschers« – nur um nichts mit der Zusammenstellung von Listen wegen Kontributionen und Aussiedlungen zu tun zu haben. Die Leitung des Sanitätsdienstes und der Müllabfuhr übernahm er in dem Bewußtsein, saubere Hände zu behalten und keinem Menschen zu schaden.

* * *

26. März 1941

Irgendwann muß es doch gut werden! Irgendwann muß doch der Krieg enden, und wird man wieder normal leben können. Und dann ... reiße ich mich hier los und werde mit Staszka in Lemberg, Warschau, Gdingen wohnen. Ich werde lernen und arbeiten, und sie wird den Haushalt führen oder machen, was sie will. Eigentlich weiß ich gar nicht, was sie tun möchte. Es war nichts herauszubekommen, sie hat so ein verschlossenes Wesen ... Vielleicht nehmen wir auch Runka und Maryśka auf, und vielleicht gründen wir einen ganzen Klan von Mädchen »mit ernster Lebensauffassung«. Ach, wenn diese Staszka wüßte, wie ich mich nach ihr sehne! Insgeheim denke ich an sie, egal mit wem ich zusammen bin. Ich werde wieder traurig, obwohl ich nicht will.

Heute haben sie eine Mauer um das Ghetto gezogen. Noch darf man hinaus, aber was wird nach dem 1. April? Zum Trost singe ich das Lied: »Ja wiem, że kiedyś przyjdzie taki czas...« [Ich weiß, es kommt einmal eine Zeit] – angeblich eine bessere Zeit, aber wie sie auch sein wird, ich weiß, daß ich mich nicht von der Familie lösen kann und daß ich lange, lange mit ihnen ein elendes, graues, ärmliches Leben teilen werde ...

28. März 1941

Die Sache mit meinem »ersten Erlebnis« – das erste richtige Rendezvous, ein eigener Junge und der erste Kuß – beginnt sich erst jetzt allmählich zu klären. Ich hatte es schon längst vollkommen vergessen. Heute trafen wir uns zufällig, er war für mich irgendein Bekannter, ich für ihn, wie er behauptet, eine liebe Erinnerung. Er knüpfte an den Herbst an und gestand, daß er meinen Brief an Hela vor dem Einwerfen gelesen habe und sicher gewe-

sen sei, mich in der Hand zu haben. Dabei hatte ich, als ich schrieb, ich hätte jetzt auch einen Jungen, Hela bewußt angeschwindelt, damit sie mich nicht länger als eine rotznäsige Unschuld betrachtete, obwohl ich bei dem Kuß auf die Wange schrecklich verlegen war. Ein halbes Jahr verging, und trotz der Erfahrung, daß mich ein Junge geküßt hatte, wurde ich durchaus nicht klüger. Aber ich habe ihn nicht geliebt. Als er zwischen Lusia und Gusta zu pendeln begann, zog ich mich gekränkt zurück, denn das sind gewöhnliche, leichtsinnige Mädchen, allerdings reich. Nur Spekulanten haben heutzutage Geld. Gusta hat außerdem schrecklich dicke Beine, weshalb sie Schaftstiefel trägt, die ihr aber überhaupt nicht stehen, weil sie klein ist und kurze Beine hat. Ich müßte eigentlich Offiziersstiefel tragen, denn ich bin eine lange Latte, aber wenn nicht einmal Geld da ist, um meine Halbschuhe zu flikken, ist an Schaftstiefel schon gar nicht zu denken!
Lonek brachte mich nach Hause zur Traugutt-Straße.

3. April 1941
Im Parterre unter uns wohnt die Familie des Rechtsanwalts Lustgarten. Ihr Sohn Rysiek ist ein Jahr älter als ich, ihre Tochter Hala ein Jahr jünger. Sie ist »die kleine Hala«, ich bin »die große«. Rysiek spielt phantastisch. Vom frühen Morgen an erklingen Beethoven, Chopins »Revolutions-Etüde« und »Impromptu«. Die kleine Hala klimpert immer wieder denselben Walzer. Im Hinterhaus rechts im zweiten Stock spielt jemand auf der Geige Wieniawskis »Legende«.
Ich habe heute auch lange gespielt. Zuerst Mozart, danach Lieder. Was Lieder betrifft, gibt es zwei Komponisten voller Zauber: Franz Schubert und unseren Moniuszko. Beide komponierten Lieder des Herzens und der Natur. Jeder Ton der Melodie greift sanft und zärtlich nach dem Herzen. Wie nah und teuer mir diese Lieder sind!

6. April 1941
Von allen Freunden stehen mir Mietek Garde und Ksylek Blau gegenwärtig am nächsten. Der »Niederländer«, wie Mietek den Chemiker Józek nennt, ist mir trotz allem fremd geblieben, zu erwachsen; und außerdem stört mich das Bewußtsein, daß ich ihm gefalle, während ich nichts für ihn empfinde, auch wenn er intelli-

gent und anständig ist. Gestern habe ich mich ihm gegenüber ekelhaft verhalten, denn ich bin ihm abgehauen und zu Mietek gegangen, der nach einer kleinen Operation bei Felek im Krankenhaus liegt. Ich bin abgehauen in dem vollen Bewußtsein, daß ich einem Menschen davonlief, dem ein Spaziergang mit mir immer ein wahres Vergnügen bereitet, zu einem Jungen, der mich bloß gern hat. Heute habe ich es ausgebügelt und Józek angerufen; wir haben uns in dem Café im Ghetto verabredet, wo Felek spielt, um sich etwas hinzuzuverdienen. Deshalb bin ich heute etwas früher aus der Drogerie weggegangen. Von dem warmen Frühlingsabend war ich richtig aufgedreht. Die Luft war so mild, als streichle mir jemand ganz zärtlich übers Gesicht. Ich hatte nicht die geringste Lust auf dieses Café, aber man kann sich nicht ewig wie ein Wilder benehmen.

Gleich umringten mich die »Spitaler«, ich setzte mich zu Ksylek und Lonek, dann kam der Niederländer. Sie alberten herum, aßen und amüsierten sich offenbar köstlich. Und ich? Mir gefiel dieses einzige Lokal im Ghetto nicht. Ein paar finstere Zimmer – sieht so eine Spelunke aus? Die Cafés, in die unsere Eltern gingen, sahen schließlich ganz anders aus. Die Kapelle, bestehend aus Felek, einem Geiger und einem Schlagzeuger, spielte ganz angenehm. Musikalische Klänge in dieser häßlichen Umgebung – was für ein Kontrast! Man tat so, als ob man lebt. Heniek sang: »Funia Neuman aus Pinczow« – großer Beifall. Anschließend: »Sie haben uns hier eingesperrt wie eine Katze im Sack, doch die Juden sind frei, die aus Borek Fałęcki.« Heniek trat ab, und es folgte Tanzmusik.

Hala sang den Tango: »Vergiß, denn es war nur ein Scherz, du glaubtest an sein Spiel« – Lonek schaute mich mit einem sieghaften Lächeln an. Ich machte eine wegwerfende Handbewegung und blickte ihn voller Verachtung an, während Hala fortfuhr: »Vergiß, er war es nicht wert ...« Da zog Lonek mein Bild in dem Kleid mit dem Matrosenkragen aus der Brieftasche und zeigte ihr die Widmung auf der Rückseite: »Im hintersten Fach der Brieftasche seufzt das kleine, vergessene Foto – einer von vielen.«

Ich schäumte vor Wut. Ich entriß ihm das Foto. Ein einziger dummer Irrtum, und dann eine Kette von Mißverständnissen und Peinlichkeiten! Es geschah mir ganz recht, denn ich war so dumm gewesen, einem Menschen zu vertrauen, der die schmerzliche Ironie dieser Widmung nicht zu würdigen wußte. Ich sprang auf, zerknüllte das Bild und lief nach Hause, mit glühenden Wangen und zusammengebissenen Zähnen, um nicht laut aufzuheulen.

9. April 1941

Es ist wieder wie im Herbst – woran ich auch denke, immer ist es etwas Unangenehmes. Heute kam wieder diese Gusta zu Mietek, die so hinter unserem Felek her war. Aber ihm steht der Sinn nach der schönen Fela, einer Ungarin, die ohne Judenstern geht. Gusta ist eigentlich auch hübsch, obwohl sie so klein und dumm ist. Wie machen die das bloß, daß sie so unternehmungslustig sind, während mich die Melancholie verzehrt? Unten klimpert jemand Schuberts »Träumerei« auf dem Klavier, bestimmt die kleine Hala. Diese Musik zerrt an meinen Nerven. Ich habe Kopfschmerzen.

12. April 1941

Ich falle von einem Extrem ins andere, aus übertriebener Fröhlichkeit in Schwermut. Es liegt sicher am Wetter, denn dauernd schneit es, und dann scheint auf einmal warm die Sonne. Lonek hat sich wieder eingestellt, hat mich vor dem Abendessen nach Hause begleitet. Und gestern war Ostern – Pessach. Wir haben das Fest zu viert begangen, in Frieden, sanfter Wehmut und einer seit langem nicht mehr erlebten Ruhe. Wer führt uns hier heraus »mit mächtiger Hand«, wie einst aus der ägyptischen Gefangenschaft?

Aber heute sperren sie das Ghetto zu. Ich erhielt keinen Passierschein, mit dem ich in die Stadt darf, und werde nicht arbeiten können. Vielleicht finde ich eine Stelle in einer Drogerie am Ort. Aber hier gibt es nur die Apotheke von Herrn Pankiewicz am Zgoda-Platz, sie besteht seit jeher, und sicher stellen sie niemanden neu ein. Die anderthalb Jahre meiner Schinderei sind wahrscheinlich umsonst gewesen. Einmal abgesehen von der Notwendigkeit, aus materiellen Gründen zu arbeiten, kann ich mir absolut nicht vorstellen, daß ich es aushalten werde, nur innerhalb des Ghettos mit seinen paar Sträßchen zu leben! Hier gibt es kein Hälmchen, keine Sonne, keine Freifläche! Ich ersticke.

14. April 1941

Wozu schreibe ich eigentlich das Datum hin? Es ist unwichtig, da es sowieso nichts Neues gibt. Ich war heute im Café »Polonia«, um Felek zu lauschen. Seit gestern ist das Ghetto geschlossen, ich ohne Passierschein, also ... Ich ging mit dem Niederländer und Hala hin. Es war angenehm und kam mir nicht so häßlich vor wie beim ersten Mal. Ich habe Karikaturen von uns allen und von den komischen Dickwänsten gezeichnet, die in der Ecke des Saales auf Deutsch schwadronierten, Flüchtlinge aus Wien. Der Niederländer kugelte sich vor Lachen und meinte kokett, daß er so ein fröhliches Geschöpf vergöttert – offenbar meinte er mich. Er will nicht begreifen, daß ich ihn lediglich gern mag und sonst nichts. Und daß sich hinter meinem Humor eine tiefe Trauer verbirgt.

20. April 1941

Ich kritzele im Bett bei Kerzenlicht. Um 9 Uhr ging überall das Licht aus, und da in der Stadt Plakate von wegen Verdunkelung hängen, war es klar ... So finster! Ich bin aufgeregt, oder um ehrlich zu sein, ich habe ganz einfach Angst. Ja, ich habe Angst! Was gehen mich die politischen Konflikte anderer Staaten an? Papa sagte, beim derzeitigen Kräfteverhältnis könne der Ausbruch eines neuen Krieges für Polen und die Juden entscheidend sein. Der normale Mensch findet sich in der Politik doch nicht zurecht und wird an der Front oder bei Luftangriffen getötet. Aber ich will nicht sterben. Bin ich so tief gesunken, daß ich ein friedliches (?!) Dahinvegetieren dem energischen Entweder-Oder vorziehe? Herr Chmiel vom Souterrain in unserem eigentlichen Haus vor dem Umzug ins Ghetto sagte, wenn er Papa zu konspirativen Gesprächen aufsuchte: Die Welt warte auf diesen Krieg, damit er auch Polen die Befreiung und die Grenze an der Oder bringe. Von Marian Jedrygas, unserem Hausmeister, der uns hier besuchte, erfuhren wir, daß die Gestapo Herrn Chmiel umgebracht habe. Er war ein Held, und ich bin ein Feigling, habe Angst, fühle mich hilflos und klein!
Seit über zwei Wochen habe ich nicht geschrieben. Staszkas Abfahrt, das Ghetto, der Verlust der Arbeit und damit der Möglichkeit eines Berufs oder einer Ausbildung – das hat mich völlig betäubt. Nun wieder ein neuer Krieg. Es ist dem Menschen offenbar gleichgültig, ob er von der Hand des Feindes oder des Verbündeten stirbt. Zwanzig Jahrhunderte lang haben die Leute sich den Kopf zerbrochen, wie sie die Lüfte erobern können, und wozu? Um sich jetzt derart grausam gegenseitig umzubringen?

22. April 1941

Stasia, schau aus dem Fenster! Grau und traurig, es gießt, es ist hundekalt, im Zimmer sieht man den Atem. Ringsum graue Mauern, ein grauer Himmel, und ich fühle mich traurig und übel. Genau so ein verregneter Frühling wie unser beschissener »Frühling des Lebens«. Der geringste Freudenschimmer wird verschlungen von Sorgen und dem tagtäglichen Vegetieren. Dieses verfluchte Wort! Daß man die erste Jugend auf diese Weise vertut, statt sie zu nutzen, zum Lernen, zum Arbeiten oder meinetwegen zu »erotischen Erlebnissen«! Wo soll ich hier »Ausschweifung« lernen?

Jetzt fluche ich und bin zutiefst empört, aber gleich werde ich artig lächelnd den Tisch zum Mittagessen decken, danach werde ich das Geschirr spülen. Mama ist krank, und so führe ich den Haushalt. Die schmutzigen, rußigen, schmierigen Töpfe ... Brrr ... heute, morgen, übermorgen ... Wie ich mein derzeitiges Leben hasse, und alles, was dazu gehört: diese Wohnung, finster und kalt wie ein Grab, diese überfüllten Straßen, die Enge, die aufgeregten Menschen! Und dazu Mamas Krankheit, der Mangel an Geld, Arbeit und ... innerem Gleichgewicht. Und ich bin so einsam wie du, Stasia, in diesem Rzeszów.

Ich lebe – aber was für ein Leben! Eingezwängt zwischen düsteren Mauern eines Hinterhofs, mit Ausblick auf einen Müllhaufen und einen winzigen, einem geometrischen Ausschnitt zwischen den Dächern ähnelnden ärmlichen Flecken Himmel, irgendwo dort oben.

Irgendwo dort oben ist angeblich der Herrgott, der es zuläßt, daß aus den Augen der Menschen so viele Tränen fließen, daß sogar die traurige Sonne sich hinter Wolken verbirgt und mit ihnen weint!

2. Mai 1941

Mai? Kalt, regnerisch, wie im November. Ich werde mit der »Haushaltsführung« nicht fertig. Jetzt sehe ich, was es für eine Schwerarbeit ist, Kohlen aus dem Keller zu holen, den Ofen anzumachen, zu waschen. Gestern war Großreinemachen, und heute spüre ich meine Beine nicht. Mama hustet die ganze Nacht, sie ist so blaß und angegriffen. Obendrein gab es Streit mit Felek und Vater. Ich brach in Tränen aus und Mama auch. Beim Anblick ihres abgemagerten, erschöpften Gesichts werde ich ganz mutlos.

Ich arbeite jetzt ehrenamtlich beim »Centos« als Hygienikerin und habe ein bestimmtes Gebiet auf die Wohn-, Hygiene- und

Gesundheitsbedingungen der Kinder zu kontrollieren. Mir blutet das Herz, wenn ich in die dunklen und feuchten Löcher im Souterrain komme, die von den Vorbewohnern voller Schmutz und Ungeziefer zurückgelassen wurden, die zu beseitigen den abgehetzten, verhärmten Müttern die Kraft fehlt. Das Ghetto befindet sich in dem Teil von Podgórze, der am stärksten heruntergekommen war. So viel Elend, und was für ein Elend! Wenn ich meine Mutter betrachte, möchte ich vor ihr in die Knie sinken; statt dessen zanke ich mich mit Felek aus nichtigem Anlaß und bin unfreundlich, wenn ich bei der Hausarbeit helfe. Warum fällt es mir gerade bei denen, die ich am meisten liebe, so schwer, im Alltag Zärtlichkeit zu zeigen?

4. Mai 1941
Ich hasse die Welt! Ich habe die Tränen in mir niedergekämpft – mit Wut. Was macht man mir? »Zuschneidegehilfin eines Hutmachers« ... ein törichter, unbedachter Schritt meines Vaters soll aus mir eine Sklavin machen. Nein, nein, niemals! Ich will das nicht und ich werde das nicht tun! Ich war rasend vor Verzweiflung, mein Ausbruch hat die Eltern überrascht. »Du mußt sie vor dieser Zuweisung bewahren«, sagte Mama. Vater nahm meine Kennkarte und ging wortlos fort, und ich erstickte an meinen Tränen und bekam keine Luft.

9. Mai 1941
Ich weiß noch, daß die Jungen sich verspäteten. Mietek, Ksylek, Jurek, Edek, Stefek und der Niederländer waren da, und sogar Lonek kam angelatscht. Von den Mädchen kamen Henka, Hala und Ewa. Lonek fotografierte uns. Wir tranken Alkohol. Viel. Pomeranzenlikör. Ich trank auch ein Gläschen, aber das tat mir gar nicht gut. Ich wurde auch nicht lustig, sondern mir wurde übel. Das Grammophon spielte, ein Pärchen tanzte, die anderen lagen auf der Schlafcouch eng auf- und nebeneinander, und in diesem Gewirr von Leibern küßten sich alle. Ich wußte nichts mit mir anzufangen, setzte mich auf einen Stuhl, mir war schwindelig, ich schloß die Augen, und in diesem Augenblick küßte mich jemand auf den Mund – Mietek. Hala rappelte sich vom Sofa auf, und wir beide gingen auf den Balkon, wo ich stocknüchtern wurde, sofern ich überhaupt betrunken war.

»Soll das eine Belustigung sein?« fragte ich.
Und Hala antwortete: »Ich brenne vor Scham.«
»Und ich vor Ekel.«
Wir gingen ins Zimmer zurück, aber was für ein Anblick! Auf dem Bett flegelte sich Mietek, total besoffen, in den Ecken Pärchen, die zärtlich miteinander waren, und in der Mitte Edek, der ordinäre Lieder grölte, bis ich ihm eine knallte. Ich warf alle hinaus und blieb mit Henka zurück. Ich tauge nicht für solche Vergnügungen.

29. Mai 1941
Gestern wurde der Bogen überspannt. Sie haben mir dermaßen zugesetzt, daß mir jetzt alles egal ist. Ich kann keinen Ausweg finden, ich kann nicht kämpfen ... es täte mir nicht einmal leid um meine nichterlebten Jugendjahre – leid täte mir wohl nur, daß Frühling ist und ich Staszka nie mehr sehen würde. Ich schrieb an sie und an Felek einen Brief und schüttete ruhig alles in das Wasserglas, was in der Hausapotheke war: 6 Tabletten Luminal, 3 Aspirin und eine Kopfschmerztablette. Ich hatte zum Trinken angesetzt, als Felek und Fela plötzlich aufkreuzten. Selbst wenn ich mich nicht hätte töten wollen, wie es meine Absicht war, jetzt mußte ich es, weil ich mich schämte. Ich flüchtete ins Zimmer und fing laut an zu heulen, aber Felek folgte mir: »Du dumme Liliok, was machst du für Streiche?«
Er entriß mir das Glas, umarmte und küßte mich, und ausnahmsweise machte er mal keine boshaften Witze.
»Sag bloß Fela nichts, sie wird mich auslachen«, bat ich ihn schluchzend.
»Nein, bestimmt nicht.«
Er streichelte mir über den Kopf, und als ich mich beruhigt hatte, rief er Fela herein und sagte mit einem schelmischen Augenzwinkern zu mir: »Komm sofort her und spiel mit mir Saint-Saens' ›Danse macabre‹ zu vier Händen, du nicht zustande gekommenes Totengerippe.«
Schließlich gingen die beiden, aber Felek kam gleich zurück und zog mich aus dem Haus zu einem Spaziergang, in eine Konditorei, und bei einer köstlichen Napoleonschnitte bemerkte er lachend, daß »der Mensch sein letztes schwer verdientes Geld für die Schwester veräußert«. Felek ist groß und schlank, ein richtig hübscher Bursche, nach dem sich alle umdrehen. Er schwor, mein

Geheimnis vor den Eltern zu bewahren; im Grunde schäme ich mich, daß ich mich so hysterisch verhalten habe.
Heute brachte Papa einen riesigen Fliederstrauß nach Hause. Ich drücke mein Gesicht in die duftenden Zweige. Es ist gut, auf der Welt zu sein, trotz allem!

14. Juni 1941

Sonntagnachmittag im Ghetto

Ein verfallenes Haus neben dem anderen,
Wie eben Mietskasernen sind.
Auf allem hat sich niedergelassen
Überdruß, Lähmung, Öde.

Aus den offenen Fenstern dringt
Die stickige Luft der Wohnungen,
Der Müllhaufen raucht und stinkt,
Lumpen trocknen auf den Balkonen.

Träge spielen die Kinder,
Die alte Katze schläft unter dem Tisch.
Alles ist wie bestreut
Mit grauer Asche.

Oben der abendliche Himmel,
Von irgendwoher erklingt eine Mundharmonika.
Es duften die Linden, der Jasmin -
Und es fließt Träne auf Träne.

Allmählich verlischt ein sommerlich heiterer Tag.
Auf die verfallenen Häuser des Ghettos
Fiel der Schatten des Alltags.

17. Juni 1941

Ich möchte eine moderne Villa haben,
Weit weg, unter Italiens Himmel -
Und mich so voll essen mit Kuchen
Wie der gewöhnliche Mensch mit Brot!

Ich möchte in fremde Länder reisen,
Die Sorgen, den Kummer abschütteln,
Eine »große Dame« sein!
Leben!
Uneingeschränkt leben!
Aber ...

Leider, aber vergebens
Versuche ich heute mit dem Traum
Von der Villa unter Italiens Himmel
Den alltäglichen Hunger zu töten,
Die Sehnsucht
Nach grauem Kriegsbrot ...
(Fragment)

Könnte ich wirklich eine große Dame sein? Das ging mir durch den Kopf, als ich mir alte Jahrgänge der Zeitschrift »Kino« anschaute. Empfindet man am Ende gar Überdruß, wenn man sich nur amüsiert? Worin besteht der Inhalt des Lebens? Warum ist Janek nicht da und auch nicht Lolek oder Edek Birn, denn ich zweifle, ob ich – auch zusammen mit Stasia – die Antwort darauf fände. Papa mag sich nicht mit solchen Fragen abgeben, er ist so furchtbar überarbeitet und hat selber Kummer. Er lebt erst abends wieder auf, wenn wir alle bei Lustgartens zusammenkommen. Ich las »Der Mensch, das unbekannte Wesen« von Alexis Carrel – manche Kapitel langweilten mich, wahrscheinlich wegen der vielen unverständlichen Begriffe, ich verirrte mich in diesem Dickicht. Na und, ich bin eben nur eine dumme Halbgebildete.

Sonntag, 22. Juni 1941
Wieder ist Krieg (mit Rußland). Alle freuen sich, sogar solche Pessimisten wie unsere Nachbarn. Sie sagten, entweder wird Rußland sie zerbrechen oder sie werden, was Gott verhüte, Rußland besiegen; auf jeden Fall geht der Krieg schneller zu Ende, und das ist unsere einzige Rettung. Aber niemand hat Rußland je besiegt, nicht einmal Napoleon, und so werden sie vielleicht am Ende ihr Fett abbekommen.
Bei uns war es heute wie in einer richtigen Stadt. Im Studentenwohnheim fand ein Konzert zugunsten des Waisenhauses statt. Für die Waisen wurde auch eine Straßensammlung organisiert, an

der ich teilnahm, zusammen mit Henka. In den wenigen Sträßchen des Ghettos herrschte ein ungeheuer lebhafter Verkehr. Den Tag über war ich voller Schwung und Mut, am Nachmittag bei Ewa tollte und juxte ich herum wie ein kleines Kind. Wir haben uns prächtig amüsiert.

Aber abends ... abends! Die verdunkelten Straßen sind dermaßen bedrückend! Weil der Eingang unseres Hauses außerhalb des Ghettos lag, wurde er zugemauert und von der Dąbrówka-Straße aus durch ein Labyrinth von Höfen ein Zugang geschaffen. In unserem Hinterhaus, das von einigen hohen Häusern umgeben ist, schuf die Reihe der erleuchteten Fenster einen netten und behaglichen Anblick. Heute ist es dunkel, aber hier gilt keine Polizeistunde. Alte und junge Bewohner haben sich auf Balkonen und Gängen versammelt und diskutieren lebhaft. Papa natürlich auch. Er hat sogar eine Mandoline hervorgekramt und zupft irgendwelche Volkslieder und »Otschy Tschornyje« [Schwarze Augen]. Als die anderen schon langsam auseinandergingen, blieb er auf unserem Balkon und pfiff Passagen aus Beethovens Neunter. Aber ich habe Angst. Zu frisch ist die Erinnerung an 1939, die Bombardierungen, die brennenden Dörfer und unsere Niederlage.

Sonderbar, in solchen ungemein gefährlichen Momenten habe ich versucht, an Belanglosigkeiten zu denken. Einmal, während eines Luftangriffs auf einem Feld, schaute ich einer Ameise zu, die einen Grashalm hinaufkrabbelte. Nach dem Versuch, unter dem Halm hindurch zu krabbeln, kletterte sie schließlich über ihn hinweg. – Da fallen Bomben, die Welt steht in Flammen, und diese Ameise geht einfach ihren Geschäften nach – und genau das war beruhigend.

Abends betrachtete ich von unserem Balkon aus den klaren Abendhimmel mit dem ersten, silbern funkelnden Sternchen – und dachte, daß gerade ein solcher Himmel für Luftangriffe ideal ist und Vernichtung bringt. Ich sog den süßen Duft der blühenden Akazien ein und wollte der ganzen Welt zurufen, daß die blutigen Konflikte der Geschichte mich nichts angehen, daß ich jung bin, daß ich leben und mich auf andere Weise am Zauber einer warmen Juninacht berauschen möchte. Ist das furchtbar egoistisch? Ist es nicht nur Selbstschutz, Lebenstrieb? Mein Gott, die Geschichte! In der Schule war sie so schön nach Daten geordnet und eingeteilt, und jetzt schaffen wir sie selbst. Ich auch? Lachhaft, bestimmt nicht. Und im übrigen würde ich lieber in einer anderen Epoche leben.

23. Juni 1941

Langsam ziehe ich mich von allen zurück – es hat sich von selbst so gefügt, seit ich halbtägig »Kinderfräulein« der achtjährigen Ritka bin. Eigentlich sollte ich im epidemischen Krankenhaus arbeiten, als Pflegeschülerin, ohne Verpflegung und Gehalt. Es gab, wie sich herausstellte, einstweilen nicht einmal Impfstoff für mich, und so verzichtete ich nach einem Tag. Die Atmosphäre dort gefiel mir sogar, aber wenn sie mich ausbeuten, darf man sich keine Sentimentalitäten erlauben.

Die Patienten litten an Fleckfieber, Bauchtyphus und Wundrose. Viele Kinder, darunter ein Schwachsinniger, vollkommen wie ein Tierchen. Er ist fünf Jahre alt und kann nicht sprechen, nicht sitzen, zum Essen die Hände nicht benutzen, von der Erledigung der natürlichen Bedürfnisse ganz zu schweigen. Er liegt bloß da, wie eine Puppe, und muß gewickelt werden. Ich mußte ihn mit dem Löffelchen füttern, was ich anfangs widerwillig tat, aber als das kleine Ungeheuer artig aß und mir mit so einem hündischen Vertrauen in die Augen schaute, erwachte in mir ein eigenartig zärtliches Gefühl. Ich streichelte ihm das runde Gesichtchen, das unglückliche Kind war hübsch.

Zwar stand mir der weiße Kittel und das Häubchen, »aus fraulicher Sicht«, und »Schwester Halinka!« klingt furchtbar wichtig, doch mußte ich in den »Schoß der Heimat« zurückkehren, also zu Ritka.

Ich mag Kinder sehr, aber als ich das erste Mal hinging, hatte ich einen mächtigen Bammel. So ein energisches Mädchen, daß ich nur durch Schläue meine Autorität bewahren konnte: Ich erriet, welches Spiel ihr Spaß machen würde, und schlug es ihr vor – andernfalls hätte sie bestimmt nicht auf mich gehört. Zum Glück ist Ritka ein vernünftiges Kind und hat keine dummen Marotten, und inzwischen hat sie mich liebgewonnen, so daß es keiner Tricks meinerseits bedarf, damit sie artig Büchlein mit mir liest und »erzieherische« Spiele spielt.

Rita gehört nicht zu den Kindern, die blaß, zerlumpt und verwahrlost in den von Abfall übersäten Höfen herumtoben. Aber auch die anderen Kindern, auch die von begüterten Eltern, sind arm dran. Es gibt keine Schulen und keine geheimen Unterrichtsgruppen, die sie ersetzen würden. Es gibt weder Spielsachen noch Kinderbücher. Ritas Vater ist »auf der anderen Seite« in Lemberg, die Mutter, eine große Wasserstoffblonde, hat einen Passierschein und ist dauernd in der Stadt [Krakau]. Ritka hat, obwohl sie bei

wohlhabenden Großeltern aufwächst, auch keine hübschen Bücher. Ich nahm also mein ausgedientes Exemplar der Märchen von Tuwim und Brzechwa, schrieb auf der Maschine einige kleine Gedichte ab, zeichnete lustige Illustrationen ab und kolorierte sie, und das bekamen sie und die anderen Kinder aus der Traugutt-Straße 13, unsere Nachbarn an einem langen Korridor.
Meine neue Rolle nimmt mich völlig in Anspruch, ich ziehe mich ganz von der alten Gesellschaft zurück. Ich verstehe nur den Niederländer und Lonek nicht. Beide behaupten »Aber ehrlich! für's ganze Leben!«, aber ihr Verhalten zeigt, daß sie mir nicht ganz so ergeben sind. Das ist mir übrigens ganz egal. Ich bin einsam und flüchte vor den Menschen. Jetzt kritzele ich auch in der Küche bei Kerzenlicht, während die jungen Leute sich auf dem Hof amüsieren. Auf dem Hof und in den Hauseingängen. Wie früher unsere Dienstmädchen mit den Soldaten.

28. Juni 1941
Zufällig traf ich Ferdzio, den von Henka. Es ist ihr Nachbar, er gefällt ihr sehr, und sie ist eifersüchtig um ihn. Ferdzio ist groß, breitschultrig, überragt alle in der Straße, und bei meinem Anblick brüllte er mit Baßstimme: »Servus, Stefciu Rudecka! Hast du dort wenigstens einen Majoratsherrn? Ich bewundere die schöne Gouvernante – komm, wir essen Eis!«
»Ich bewundere deine Literaturkenntnis. An Majoratsherren mangelt es, aber dafür haben wir Flegel im Überfluß. Zum Eisessen komme ich mit, bevor ich als völlig vereinsamte Frau ins Kloster gehe.«
Wir setzten uns in der Ecke an ein Tischchen, und Ferdzio begann mit einem Gespräch, in dem er seine unterschätzten Vorzüge als der einzige unterstrich, der zum Trösten einsamer Frauen da ist, speziell für mich. Amüsant, sogar sympathisch, aber warum soll ich Henka in die Quere kommen? Soll sie ihn ruhig haben.
Ferdzio brachte mich bis an die Haustür, denn es ging auf neun Uhr zu. »Na wie, treffen wir uns morgen?« fragte er.
»Wozu?«
»Um Gottes willen, bist du merkwürdig. Was guckst du denn so unschuldig? Also um wieviel Uhr?«
»Gar nicht. Ich will mich gar nicht so oft mit dir treffen.«
»Schau, erst singst du: Keiner sehnt sich nach mir, und dann gibst du einem phantastischen Mann einen Korb. Was ist das für eine

Taktik, sich allmählich zurückzuziehen? Tja, zwingen werde ich dich nicht. Gute Nacht!« Er küßte mir die Hand (sic!).
Er war sauer. Aber wie hätte ich mich gegenüber einer Freundin anders verhalten sollen?

1. Juli 1941

Ich habe unter den Büchern unserer »Handbibliothek« Gedichte von Asnyk und Syrokomla aufgestöbert. Die Art, wie Gedichte in der Schule durchgenommen werden, ist eine Sache. Ganz anders schmecken sie, wenn man sie selber liest. Jeder wählt sich aus der Literatur aus, was ihm am meisten liegt, und da wähle ich von Syrokomla das Folgende:

Wem trauerst du nach? Vergangenen Wellen?
Den Wolken des letzten Jahres am Himmel?
Wirf die alten Träume fort – spar dir die Tränen,
Denn du brauchst sie für morgen!

Aber wie soll man hier »mit den Lebenden vorwärtsgehen, nach einem neuen Leben greifen«? Ich weiß, daß es hier im Ghetto einige gibt, die ein neues Leben vorbereiten, nur kommt man nicht an sie heran. Wenn ich an sie denke, schäme ich mich, daß ich nur um meine eigenen nichtigen Dinge kreise und alberne Gedichte an einen Unbekannten schreibe.

So schrecklich gern wollte ich dich sehen,
Wollte ich, daß du heute zu mir gekommen wärest.
Ich war heute so erschöpft,
Ungeheuer traurig.

Ich wollte, du hättest dich neben mich gesetzt,
Mich sanft an dich gedrückt
Und mir zart übers Haar gestreichelt ...
Du hast mir gefehlt!

Warum bist du nicht gekommen?
So sehr wollte ich Schweigen
mit einem nahestehenden Menschen,
So sehr wollte ich, daß du mir heute
Mut gäbest durch deine Umarmung.

Militärkolonnen ziehen durch die offenen Tore des Ghettos nach Osten. Laut singen die Soldaten dumme antisemitische Lieder, und kleine Kinder singen ihnen nach:

Die Juden hin und her,
Sie ziehn nach Rotes Meer,
Die Wellen schlagen zu,
Die Welt hat endlich Ruh!

Sie dringen auf der ganzen Linie vor, niemand hält sie (die Deutschen) auf. Uns haben sie überrascht, und doch haben wir uns länger gehalten als alle anderen. Auch Finnland hilft ihnen, und dabei hatten die Deutschen im ersten Kriegsjahr mit den Russen geheime Abmachungen gegen sie getroffen. Die Politik ist eine einzige große Schweinerei. Inzwischen haben sie Europa, alle haben Angst vor ihnen. Sie marschieren einfach durch Bulgarien, Rumänien, Ungarn, Jugoslawien, Griechenland, alle paar Tage melden sie einen neuen Sieg. Und hier sind Przemyśl, Lemberg, Wilna und Kiew kaum erobert, schon gehen wütende Judenpogrome los.

2. Juli 1941

Ich kann und will nicht daran denken. Ich flüchte in die Vergangenheit, allerdings nicht meine – ich suche in vergangenen Epochen nach einem Zeitabschnitt, in dem es keine Kriege gab. Es hat wohl nur an der Wende vom 19. zum 20. Jahrhundert eine einzige Generation gegeben, die nicht direkt mit dem Krieg Bekanntschaft gemacht hat. Ich blättere die vergilbten Jahrgänge des »Illustrierten Wochenblatts« durch, die noch von meiner Oma stammen:

Du hattest die Händchen brav gefaltet,
Das Mündchen fest verschlossen,
Eine Taille wie eine Wespe
Und Hüften wie ein Faß.

Du hattest ein steifes Korsett,
Unterhosen mit Rüschen
Und leinene Unterröcke,
Deren Spitzen rauschten.

In die Haare, zum Knoten gesteckt,
Flochtest du Blumen ...
Meine Oma! Du hattest es
Besser auf der Welt!

Du kanntest keine Trambahn,
Keine Autos, Radios und Kinos,
Du – tugendhafte Ehefrau,
Jungfräuliches Mädchen.

Nur manchmal hattest du
Verborgene Träume ...
Und du hattest, obwohl es beengt war,
Doch ein leichteres Leben!
(Fragment)

Der Niederländer veranstaltete bei sich eine »Teegesellschaft«, aber genaugenommen war es ein Saufgelage. Er hat ein geräumiges Zimmer in der Rękawka-Straße, an der Ecke. Auf dem Grammophon lief ständig dieselbe Platte »Habanera«. Ich habe keinen Tropfen getrunken, wieso soll ich mich dazu zwingen, wenn ich es nicht vertrage. Ich werde nicht mehr zu solchen Veranstaltungen gehen. Eigentlich tut es mir sogar leid, daß sie sich alle etwas vormachen. Diese jungen Leute sind doch gut, und jetzt verlottern sie so. Ich setzte mich in eine Ecke und verfaßte ein Gedicht:

Und so leben wir heute einfach
Ohne Radio, Trambahn und Kino.

Etwa deshalb, um auf einen Zug
Ein Glas Schnaps oder Wein zu leeren?

Ohne Schule und ohne Pflichten,
Ohne Lebenslust und Ziel.

Den Kopf hoch tragen so wenige,
Und so viele lassen die Hände sinken!

Tagtäglich erwartet uns Junge ein
Ungewöhnlicher Tod, und doch derselbe.

Wundert euch nicht über uns. Wir trinken,
Um, wie man sagt, »den Kummer zu ersäufen«,

Um dieses gemeine Leben ohne Zukunft
Im vollen Weinglas zu ertränken.

Denn irgendwo draußen in der Welt
Gibt es Schulen, Radios, Trambahnen und Kinos ...

Ich spielte »Reich mir zum Abschied noch einmal die Hände« auf dem Klavier und schrieb ein weiteres Gedicht.

4. Juli 1941
Wenn ich mit den Kindern allein bin, erkenne ich mich selbst nicht wieder. Ich, die richtige Hala, verschwinde irgendwo, und werde zu »Fräulein Halina«, zur Erzieherin und Lehrerin. Ich habe dann das Gefühl, in eine andere Haut zu schlüpfen, die innen leer ist. Weil ich jetzt auch für nachmittags die »Hauslehrerstelle« bei dem sechsjährigen Marek (ein reizender, sehr vernünftiger Knabe) übernommen habe, bin ich den ganzen Tag wie eine Marionette. Nette Zukunftsaussichten!

9. Juli 1941
Ich bin erschöpft, physisch und geistig. Wovon, weiß ich nicht. Schlafen, soviel wie möglich schlafen. Nicht denken – schlafen.

Sonntag, 13. Juli 1941
Schon wieder! Es rauscht in meinen Ohren, mir ist schwindelig, und seelisch bin ich fix und fertig. Gestern hatten wir uns für heute bei mir verabredet, aber heute war, wie an den meisten Sonntagen, Straßensammlung, diesmal für das Epidemiekrankenhaus. Henka K. und Hala L. waren am Sammeln. Während Ewa und ich nach ihnen suchten, trafen wir Ferdzio. Ewa »machte sich dünne«, und da wir die beiden weder auf der Józefińska- noch auf der Lwowska-Straße finden konnten, gingen wir ein Eis essen. Als wir vom Spaziergang zurückkamen, trafen wir uns alle und verabredeten uns auf sechs Uhr abends.
Ewa und der Niederländer kamen vorzeitig, auf die übrigen war-

teten wir bis halb sieben, und wir wollten schon gehen, als sie mit Wodka ankamen. Ich sagte ihnen gehörig die Meinung, weil ich Nachzügler nicht ausstehen kann. Da alle Wodka soffen, trank ich aus Wut auch ein Glas. Wirklich ein netter Zeitvertreib, wenn die Leute nur Quatsch machen und herumschreien. Einzig der Niederländer wahrte Haltung.
Auf einmal platzte Papa herein, und von dem Gelage überrascht, ging er mit Schreckensmiene auf den Balkon und rief mich zu sich. »Was geht hier vor sich?« wetterte er, und ich brach in Tränen aus. Benek und Pinek, die total besoffen waren, machten, daß sie abhauten, und nach ihnen gingen die anderen nach unten. Auf einmal stürzte sich Ferdzio mit den Fäusten auf Benek und Pinek, sie seien dreckige Judenbengel, weil sie flüchten und ein armes Mädchen (also mich) dem elterlichen Zorn preisgeben. Ewa und Hala machten sich gleich davon, an der Haustür gab es ein Geraufe, die anderen zogen ab, Ferdzio, zerrauft und wütend, ihnen nach, um ihnen noch einmal anständig eins auf die Fresse zu geben. Ich konnte ihn kaum besänftigen und leidlich wieder in Ordnung bringen, denn er war auch ziemlich voll. Zu allem Überfluß kam seine Mutter herbeigeeilt und sah ihn in diesem Zustand mit uns. Was wird sie von uns denken? Was werden die Nachbarn von der Schlägerei an der Haustür denken? Allein auf den Niederländer ist Verlaß. Józek ging mit mir hinauf, um die Sache zu erklären und sich zu entschuldigen. Mama war inzwischen nach Hause gekommen und meinte, Papa habe aus einer Mücke einen Elefanten gemacht; für die Eltern war die Sache also erledigt. Aber nicht für mich. Ich persönlich bin an solcherlei »Zeitvertreib« nicht interessiert. Wozu also?

18. Juli 1941
Eine halbe Stunde lang sitze ich mit der Feder in der Hand, so viele Gedanken gehen mir durch den Kopf – und die Seite bleibt leer.

23. Juli 1941
Am Montag, 21. Juli, war es ein Jahr her, daß Felek heimgekehrt ist. Und ausgerechnet an diesem Jahrestag zerbrach etwas zwischen uns. Wir hätten uns wie früher streiten oder necken können, aber daß Felek mir das angetan hat! Er hätte mich schließlich

umbringen können. Seit er nicht mehr mit Fela geht, ist Felek in die Hände gewöhnlicher Mädchen geraten, die einer, der »etwas Besseres« ist, vorher keines Blickes gewürdigt hätte. Die Mädchen haben Geld, denn nur die Intelligenz ist verarmt – und so macht er ihnen gemeinsam mit Lonek den Hof. Zu viert paradierten sie geschniegelt über die Rękawka-Straße, während ich als Dienstmädchen auf die Kinder aufpaßte und mit einem Buch im verdreckten Krzemionki-Park saß. Sie brachten es gerade noch fertig, mir zuzunicken.

Ich nahm Marek zum Vesper mit zu uns, und dann kamen sie auch angestiefelt. Sie hatten ein Röhrchen Chloräthyl bei sich, und sie wollten jemanden gewaltsam einschläfern.

»Hala, am besten nehmen wir Hala!« sagte Genia und machte Felek schöne Augen.

Marek spielte auf dem Balkon, ich wollte ohne ein Wort zu dem Kind hinaus, als sie mich packten, auf die Couch zogen und an Armen und Beinen festhielten. Felek hielt mir eine Maske vor die Nase. Ich spürte, wie ich erschlaffte, wie mein Körper gefühllos wurde, wie ich erstickte, wie zwischen den Herzschlägen gleichsam Jahrhunderte vergingen. Das Zimmer drehte sich um mich wie durch einen Nebel, ich hörte nur schwach, wie Ceśka und Genia quiekend kicherten. Mit dem letzten Rest von Bewußtsein und letzter Kraft riß ich die Maske herunter, und mit dem Gefühl einer schrecklichen Kränkung heulte ich los wie eine Verrückte. Ich schleppte mich in die Küche, fiel wie tot aufs Sofa und konnte zwei Stunden lang nicht aufstehen. Ich lag halb bewußtlos da, aber mein Brüderchen, Lonek und diese beiden Dirnen machten sich nicht einmal die Mühe, nach mir zu schauen. »Es wird ihr nichts passiert sein, sie tut nur so!« befand Genia, als sie gingen.

Mit Übelkeit und dem Äther-Geschmack im Mund schleppte ich mich zum Wasserhahn. Daneben hängt ein Spiegel – ich sah schrecklich aus: bleich, zitternd, die Augen vom Weinen geschwollen, die Nase gerötet. Als Mama nach Hause kam, schämte ich mich, ihr zu sagen, was geschehen war, und bat sie nur, Marek wegzubringen, weil ich krank sei.

Felek und ich ignorieren uns. Im übrigen ignoriere ich alle vier.

25. Juli 1941

Den ganzen Tag bin ich mit den Kindern beschäftigt. Abends gehe ich mit Mama oder mit Bekannten spazieren, flirte ein wenig mit

Ferdzio oder, nach der Polizeistunde, in unserem Hof mit seinem Freund Dziunek. Ich gebe viel Geld für Briefe aus. Ich mache mir Sorgen, weil Staszka trotz einiger alarmierender Karten schon sehr lange nicht zurückgeschrieben hat. Gestern habe ich mir alle ihre Briefe als »Bettlektüre« mitgenommen. Niemand ist für mich das, was Staszka war. Nur bei ihr hätte ich das Gleichgewicht wiedergewinnen können. Ich las die Briefe, und als ich die Kerze gelöscht hatte, wurde mir unheimlich zumute, in der undurchdringlichen Schwärze des Zimmers erstickte mich eine verzweifelte Trauer. Von unten drangen, von Rysiek gespielt, die Klänge von Beethovens »Appassionata« herauf. Mit einem Krampf im Herzen wiederholte ich mir Staszkas Worte: »Das Schicksal darf uns nicht trennen.« Mama fragte von ihrem Bett aus, weshalb ich seufzte, und ich konnte die Tränen nicht zurückhalten: »Wenn wenigstens eine von ihnen mir zum Trost bleibt! Hier habe ich ja keine Freundin!«

Ich drückte mich in das feucht gewordene Kissen und ich, die ich nicht glaube und auch nicht beten kann, begann aus tiefstem Herzen fast tonlos zu heulen: »Gib, Gott, daß wir wieder zusammenkommen, Staszka und ich ...«

Vielleicht bin ich gar nicht so ungläubig, wie ich denke – woher denn sonst auf einmal dieses Gebet?

30. Juli 1941

Endlich ein Brief von Stasia! Ich habe Gott weiß was befürchtet, und dabei ist nur ein Brief von ihr abhandengekommen. Ich freute mich um so mehr, als ich den Kontakt mit unserem Verein abgebrochen habe, in dem ich sowieso eher eine Zuschauerrolle spielte. Es waren zufällige, nicht von mir gewählte Freundinnen, aber da sich das »gesellschaftliche Leben« seit jeher irgendwie bei den Nelkens konzentriert, habe ich mich mit ihnen bekannt gemacht, und gleich begannen sie mit ihren Spielchen und Intrigen. Für solche Streiche tauge ich nicht, weil ich, wie Mama sagt, geradeheraus bin. Sie sind alle älter als ich, und in diesem Alter sind zwei bis drei Jahre schon viel, also lasse ich sie besser.

Ich kann nicht sagen, daß die Einsamkeit mich plagt. Ich habe mehr Zeit zum Lesen, besonders während eines unverhofften Urlaubs – Rita ist für eine Woche nach Wieliczka gefahren. Die freien Vormittage habe ich mit Spaziergängen im Krzemionki-Park verbracht, auf denen ich zu mir gekommen bin. Mein Selbstgefühl hat sich so gebessert, daß ich Hela, die in ihrem schwermütigen Brief schrieb, wir seien »ranzige Jungfern«, die das Leben nicht nutzten, eine überaus optimistische Antwort gab. Es schadet nichts, wenn wir auf »das Leben« warten. Würden wir mit 15 oder 16 Jahren »harmlose Liebesspiele treiben« – das meint Hela offenbar mit dem »Beginn des Lebens« -, dann hätte das Leben für uns keine Geheimnisse mehr, wenn wir beispielsweise 26 sind. Die blöden Partys haben bei mir einen üblen Nachgeschmack hinterlassen. Mich in der Sofaecke oder unter der Treppe mit einem Menschen, der mir geistig wie physisch fremd ist, abzuknutschen! Brrr! Ist es nicht besser, später einmal in den Armen des geliebten Mannes festzustellen, daß ... sich das Warten gelohnt hat? Oder bin ich vielleicht eine gefühlskalte Frau und ungeeignet für die Liebe?

2. August 1941

Ich gehe mit den Kindern in den Krzemionki-Park. Dem Ghetto ist ein kahler, steiler Hügel zugeteilt, und dort steht eine Mauer »im Stil von rabbinischen Grabdenkmälern«, wie Felek sagt. Sie ist noch nicht fertig, und man kann auf die »arische Seite« sehen. Ich sitze gern auf dem Mäuerchen und betrachte das weite Gelände auf der einen und das damit kontrastierende Häusergewimmel, die hohen Kirchtürme und das schimmernde Band der Weichsel auf der anderen Seite. Nicht weit entfernt in der Festung sind die Deutschen kaserniert. Sie spielen Fußball, sonnen sich und schauen in Richtung Ghetto. In der Nähe lag ein Soldat auf dem dürren Rasen. Die untergehende Sonne warf einen milden Schimmer auf seinen muskulösen, gebräunten Körper. Irgendwann stand er auf und näherte sich der Mauer. Instinktiv wollte ich herunterspringen, aber dann kam es mir irgendwie feige vor, und so blieb ich reglos sitzen, auch als er sich mit den Armen hochzog und auf die Mauerkrone setzte, die Beine auf der »arischen« Seite. Er lächelte, hellhaarig und helläugig, eine regelrechte Verkörperung von Jugend, Lebenskraft und Gesundheit. Zwischen uns fiel kein einziges Wort, aber wir ließen uns nicht aus den Augen.

»Schau!« dachte ich. »Ich bin jung wie du, ich ersticke hier! Nimm mich an der Hand, und laufen wir querfeldein zum Krakus-Hügel und zurück!«

Er saß direkt neben mir, ein völlig unbekannter Junge und doch nah, denn er war jung und ohne Uniform. Bestimmt dachte er jetzt nicht an Krieg, Rasse, Religion und all die Mauern, welche die Menschen zwischen einander errichteten. Schließlich sprang er federnd hinab und ging davon, sich immer wieder umschauend. Nicht eine Sekunde dachte ich, daß es anders sein könne, und doch empfand ich ein gewisses Bedauern, als seine Silhouette sich in den grünen Gefilden verlor, auf welche die untergehende Sonne einen milden goldenen Schimmer legte. Zu Hause spielte ich den Tango: »Du gehst an mir vorüber und siehst mich nicht« und verfaßte dazu einen eigenen Text:

Du sitzt auf der Mauer, blickst traurig in die Ferne,
Und in den hellen Augen
hast du eine Sehnsucht, eine Trauer,
Denn du sitzt hier gefangen
Zwischen den Felsen von Krzemionki.

Am rechten Arm dieses verfluchte Zeichen.
Du seufzst – ich weiß wohl, was dir fehlt,
Denn du fragst leise und verzweifelt,
Warum ist es so?

Daß es Schulen, Trambahnen, Radios und Autos,
Kinos, Wiesen, Felder und Haine gibt,
Aber du sitzt hier, wie ein gefangener Vogel,
Und dir fehlt so sehr die FREIHEIT,
Das Leben, das an dir vorbeifließt.
Und alles wegen dieses Zeichens!

(Fragment)

6. August 1941

Ich erhielt einen Passierschein für die Stadt, denn Papa ist krank, und ich mußte Medizin besorgen, die es in der Ghetto-Apotheke von Herrn Pankiewicz nicht gibt. Zum ersten Mal seit fünf Monaten verließ ich die Ummauerung, und es zog mich in die Gegend, in der wir vorher gewohnt hatten. Jetzt wird mir klar, daß die Deutschen den häßlichsten Teil von Podgórze zum Ghetto bestimmt haben. Hier ist es eng und überfüllt, die Häuser alt und verkommen – dort gibt es weitläufige Plätze und Parks. Ich ging von der Piłsudski-Brücke aus über die Boulevards und sah die vom Sommerregen blankgewaschenen Straßen und das frische Grün. Und während ich über die mir so vertrauten

Straßen schritt, konnte ich nur mit Mühe die Tränen unterdrükken.
Ich ging in die Długosz-Straße, zu unserem Haus, schaute bei unseren ehemaligen Nachbarn und schließlich in unserer Wohnung vorbei. So viele Erinnerungen, und was hatte sich nicht alles geändert! Ich konnte nicht sprechen, es schnürte mir die Kehle zu. So lebhaft ist mir der Sommer des letzten Jahres noch in Erinnerung. Ich war glücklich, soweit das im Krieg überhaupt möglich ist. Ich hatte die ganze Familie beisammen, Arbeit und einen Kreis treuer Kameradinnen und Kameraden, ja sogar die Illusion von »Liebe«. Das Haus, der Garten, die Wandbemalung in unserer Wohnung, einige zurückgelassene Dinge, die Straße – alles war so wie früher, nur ich wie ein Hund hinter Gittern. Auch damals war ich ein bißchen verloren, aber das lag an dem Schock, plötzlich aus dem geregelten schulischen Leben gerissen zu sein. Und Lonek ... er verdarb auch das, was in diesen anormalen Zeiten hätte normal sein können. Und heute? Genauso vergeblich verzehre ich mich, und ich werde immer bedrückter. Ich weiß, daß Tränen nichts ändern, aber ich weiß auch, daß ich mich mit diesem Leben niemals abfinden werde.

16. August 1941

Ich habe nicht geschrieben, weil ich daheim ein Krankenhaus hatte. Papa war kaum wieder gesund, als Mama erkrankte. Es bestand sogar Typhusverdacht, denn sie hatte furchtbar hohes Fieber. Felek wachte nachts bei ihr, und ich hatte »Tagdienst«; außer Mama zu pflegen, hieß das aufräumen, den Haushalt führen, nach Mamas Anweisungen Brei kochen und für uns Kartoffelsuppe und Nudeln mit Rübenmarmelade. So war ich am Abend fix und fertig. Plötzlich mußte sich Felek in der Nacht übergeben, wurde ohnmächtig und bekam hohes Fieber. Ich rannte von einem Bett zum anderen, zum Doktor, um ihm Bericht zu erstatten, zur Krankenkasse, um Medizin zu holen, und so ging das vier Tage und Nächte. Am Ende bekam ich selber noch Durchfall. Die Lustgartens unten sind auch krank.
Ritka ist auf Besuch in ein anderes Ghetto gefahren, so habe ich einen längeren Urlaub, leider unbezahlt. Wie immer, wenn es außer lesen nichts Positives zu tun gibt, bin ich besorgt, daß ich meine Zeit vergeude, statt mich »zu einem Menschen« zu bilden.
Meine Zukunftshoffnungen scheitern allerdings an der eintöni-

gen alltäglichen Plackerei, wenn ich höre: Es ist kein Geld da ... Es ist kein Brot da ... Wieder auf Pump ... Ich bin zu kraftlos zum Aufstehen, der Kopf tut mir weh ...
Mama ist geschwächt, sie muß gut ernährt werden, aber es ist nichts da. Ich bin ganz entmutigt. In letzter Zeit essen wir zu Mittag bei der »Küche für die Intelligenz«, deren Speiseplan bestimmt schlechter ist als beim Asyl der Albertiner-Brüder vor dem Krieg, und dort aßen nur die Obdachlosen. Hier gibt es dauernd Steckrüben und Kartoffeln mit Senfsoße. Ich muß abwarten und glauben, daß einmal die Zeit kommen wird zum Lernen und Arbeiten, für die Freude und sogar für die Liebe. Für die Liebe ...

Seit ich auf Passierschein in der Stadt war, stehe ich ununterbrochen unter dem Eindruck jener Tage vor einem Jahr. Ich erinnere mich an Worte, die bedeutungslos sind, aber damals ungeheuer bedeutsam waren. Ich erinnere mich an den Duft des regenfeuchten Grüns, den Duft der heiteren Morgenstunden im Frühherbst, an den Lufthauch von der Weichsel, an unsere Lieder ... ich möchte diese albernen Momente der »Idylle« während des ausgehenden Sommers festhalten, denn sie sind für mich trotz allem wertvoll. Nun denn:

»Staszka, Felek ist gekommen!« brüllte ich durch die ganze Drogerie Stasia zu, die hereinschaute, um Guten Tag zu sagen. Ich war so glücklich! Mein geliebtes Brüderchen war aus der Gefangenschaft zurück, ich hatte ihn zwei Jahre nicht gesehen. Auf einmal war unser Haus erfüllt von dem fröhlichen Stimmengewirr der Freunde, die Felek besuchten, bei uns versammelten sich die jungen Leute, wir spielten Klavier und tanzten.
Eines Abends kam Felek mit einem Freund. Felek spielte abwechselnd Klavier und Piccoloflöte, und Leonard Lux, der Sohn des Krankenhausverwalters, der bei der Passierscheinstelle der Gemeinde arbeitete, mühte sich, die schwierige Kunst des Mundharmonikaspiels zu meistern, konnte mit Felek aber nicht mithalten und erzeugte ein komisches Gepiepse. Er war von meiner Größe, schlank, mit einem dreieckigen Gesicht mit dunklem Teint und hatte kastanienbraune wellige Haare und dunkle Augen, die mir damals »verträumt« erschienen. Außerdem hatte er schöne Hände und schmale lange Finger.
Mama rief mich zum Abendessen, und ich hatte die Tür noch nicht hinter mir zugemacht, als Lonek Felek zuflüsterte: »Wieso hast

du alter Knacker mir nicht gesagt, daß du so eine Schwester hast?«
Am nächsten Abend kam Lonek zu Besuch. »Habe ich nicht ‚ne hübsche Uhr?« brüstete er sich mit seiner neuen »Lusina«.
»Hübsch. Aber die Hand ist noch hübscher«, entfuhr es mir aufrichtig.
Lonek wurde verlegen, aber kurz darauf versuchte er ein Gespräch anzuknüpfen – unter dem Tisch. Bis dahin hatte ich nur in den Groschenromanen, von solchem trivialen Flirt mit den Knien gelesen. Ich verließ auf der Stelle das Zimmer. Lonek stand auch auf, denn die Polizeistunde nahte. Ich begleitete ihn zur Tür, und auf dem dunklen Flur legte er seinen Arm leicht um mich. Ich entzog mich, besonders da er versuchte, mir zum Abschied die Hand zu küssen. Ich bin keine ältere Dame, mir küßt niemand die Hand.
Am Abend scherzte Felek, was ich doch für einen Verehrer hätte, der alles über mich wissen möchte und ihm keine Ruhe läßt.
»Wenn du mir deine Taschenlampe gibst und zehn Stück Kuchen spendierst, werde ich dich günstig beurteilen. Andernfalls hast du schlechte Aussichten!«
Ich versuchte, sein Gewissen aufzurütteln, daß man doch nicht das eigene Nest beschmutzt.
Bald traf ich mich täglich mit Lonek. An all den Tagen fiel ein warmer Sommerregen. Am ersten Abend mit schönem Wetter fragte Lonek Papa, ob ich mit ihm spazierengehen und ihn besuchen dürfe, natürlich in Begleitung von Felek. Zu diesem Besuch zog ich eine weiße Bluse an und rieb mir die Hände mit Mamas Lavendel ein. Lonek wartete am Eingang des Krankenhauses und führte uns im Takt des Marsches aus »Lohengrin« triumphal über die Korridore zu seiner Wohnung und in den Salon. Er legte Ravels »Bolero« und den »Flammentanz« auf, und Felek grinste nachsichtig und stöhnte, er halte eine solche gefühlvolle Stimmung nicht aus. Lonek begleitete uns durch den Regen nach Hause, und unter dem Schutz des Regenschirms streifte er meine Haare mit den Lippen. Es duftete nach feuchtem Grün und Lavendel.
Lonek war echt verliebt. Bei strömendem Regen stand er geduldig vor der Drogerie, bis mich der Chef aus dem Labor rief, wo ich gerade die Ingredienzien für Kopfschmerztabletten mischte – der Chef nannte sie »Halinki«. Lonek behauptete, er sehe, wohin er auch blicke, überall nur meinen Namen; sogar in unserem Schaufenster liege eine »Crème Halina«.
Seine Amouren fanden bei Staszka keine Billigung, aber ich wollte ausprobieren, wie man sich irren kann. Allerdings ließ ich seine

Gelüste ins Leere laufen, weil ich nicht den Mut zu einem Kuß aufbrachte. Aber an einem Samstag hatte er Erfolg, als er unangekündigt kam und ich allein im Hause war. Ich dachte mir, was soll's, einmal muß man den Anfang machen. Halina Nelken, mach die Augen zu, das ist der erste Kuß deines Lebens.

Was? Das war schon alles? – staunte ich einen Moment später. Und wo bleibt dieser Schauer, dieses Feuer?

Von diesem Tag an waren wir fast unzertrennlich. Lonek wartete morgens an der Brücke und begleitete mich zur Drogerie; mittags ging er mit mir zu uns zum Essen oder zur Küche beim Kahal; um vier Uhr nachmittags holte er mich für einen Augenblick aus der Drogerie auf ein Stück Kuchen, und um sechs gingen wir in den Garten des Krankenhauses, zu Felek oder zu uns. Weil Lonek es aber nicht schaffte, auch nur ein Fünkchen Sinnlichkeit aus mir herauszuschlagen, ließ er mich einmal ostentativ auf der Straße stehen und ging eingehakt mit einer anderen davon.

Doch am nächsten Tag hielt er vor der Drogerie »Wache« und – ach, dann kam unser dramatischer Spaziergang an der Weichsel und die Bank in den Wallanlagen und sein Gejammer, ich sei nicht gut für ihn, und die Erklärungen, worin diese Güte bestehen soll. Ich sprang auf, aber er lief mir nach und wir legten die Angelegenheit bei. Er hatte auch nichts mehr dagegen, daß wir unsere Zeit mit Maryśka, Stacha und Marian, mit einem großen »Ball« an meinem Geburtstag verbrachten. Marian ehrte den Geburtstag mit einer roten Rose, Lonek mit einem Puderdöschen mit Taschenkamm, wofür ich keinen Bedarf hatte, denn ich benutze keine Kosmetika. Von meinem Geburtstag an war wirklich alles verkorkst.

Im Krankenhaus gab es einen Kurs für Krankenschwestern, an dem unsere »Spitaler« unbedingt teilnehmen wollten, weil es dort so viele junge und hübsche Teilnehmerinnen gab. Lonek bat mich, zu einem speziellen Vortrag zu kommen, aber ich saß so lange an meinem Tagebuch, daß ich keine Lust mehr hatte, abends auszugehen. Lonek war beleidigt und verschwand für eine Woche. Schließlich beschloß er, das Mißverständnis aufzuklären.

Ich redete ihm die Ohren voll von verantwortungslosen Rotzbengeln und steigerte mich so hinein, daß er mich unterbrach: »Eine solche Gesprächsführung kann nur auf eines hinauslaufen. Eher soll sich die Erde unter mir auftun, als daß es dazu kommt.«

Ich wußte, daß sich die Erde keineswegs unter ihm auftun würde, aber ich gab klein bei. Versöhnt setzten wir uns auf unsere Bank in den Wallanlagen. Bei Lonek endete alles mit Küssen, aber mir lag nichts daran. Er war mir gleichgültig geworden. Ich kam mit ihm nicht klar, aber das war kein Grund, mich geringzuschätzen. Er hatte mich gebeten, bei Felek auf ihn zu warten, zu dem ich ging, um Grieg zu üben; gleich nach dem Kurs würde er mich nach Hause begleiten; jetzt rückte die Polizeistunde näher, und von Lonek war nichts zu sehen. Felek war im Dienst, also ging ich schließlich alleine los, und auf wen stoße ich? Lonek zusammen mit einer mir – und allen – bekannten blutjungen Gans mit großem Busen und heißem Temperament; er lüftet gleichgültig den Hut und geht mit ihr eingehakt davon! Wäre meine Nachfolgerin wenigstens ein vernünftiges Mädchen gewesen! Mein Heimweg war ein Martyrium gekränkter Ehre und verletzten Stolzes. Ich konnte nichts essen und ging gleich schlafen, unter den prüfenden Blicken meiner taktvoll schweigenden Eltern. Wieder schnürte es mir die Kehle zu, daß sie so gütig sind und so viele Sorgen haben, und ich mache ihnen noch Kummer wegen des blöden Lonek. Vorbei. Zum Glück bekam ich Schnupfen, und weder die Reste meines »Le Chat Noir« noch die Düfte der Morgen- und Abendstunden und des feuchten Laubes konnten mich mehr an irgendetwas erinnern.

Zusammen mit dem Schnupfen kam Bronek. Er war es, der auf der Geige Wieniawskis »Legende« gespielt hatte. Ein wohlerzogener Gymnasiast, freundlich und ungezwungen im Umgang, ist er für einen sechzehnjährigen Jungen sehr ernst und unverdorben. Ein ganz reizender kleiner Mann – und so gutherzig! Während ich krank war, fand gerade ein Konzert beim »Ordnungsdienst« statt, zu dem alle hingingen – das ganze Haus entvölkerte sich. Aber Bronek und Artek schleppten ein Grammophon, Bonbons und Kuchen an. Bronek verabreichte mir mit ernster Miene Aspirin und Tee und sorgte durch sein Gespräch auf entwaffnende Weise für meine Unterhaltung. Mein kleinster Anbeter, nämlich einen halben Kopf kleiner als ich. Artek ist dagegen an die zwei Meter lang. Sie wohnen in unserem Hinterhaus und haben mich die ganze Zeit vom Fenster aus beobachtet. Wir lernten uns schließlich bei den Lustgartens kennen, wo sich nach neun die »kulturelle Elite« der Traugutt-Straße 13 trifft. Zuerst wird über Politik diskutiert, dann spielt Rysiek, später er zusammen mit Bronek und schließlich ich. Und nach dem klassischen Repertoire kommt leichte und leichteste Musik. Wir singen, tanzen, spielen und diskutieren über Bücher. Während einer dieser Diskussionen wunderte ich mich, wie reif dieser Bronek ist. Ich wurde an diesen Abenden richtig lustig, Scherzgedichte und Bonmots flogen mir nur so zu. Ein bißchen oberflächlich ist das schon, aber der Mensch lebt nicht von Philosophie allein ...

22. September 1941

Ich bin jetzt siebzehn! Wenn ich diesen Geburtstag mit den vorhergegangenen vergleiche, werde ich irgendwie schwermütig. Damals gab es noch kein Ghetto. Dieses »Verfaulen« – Leben kann man das nicht nennen – zwingt mich, die Tage und Wochen irgendwie hinter mich zu bringen, und so verstreichen die Monate inhaltslos und schließlich die Jahre. 15, 16 und jetzt 17 – die schönsten Jahre vergeudet.

Der einzige Moment wilder, unbezähmbarer Freude, wie ich sie lange nicht empfunden habe, war, als ich – ich schäme mich, es zu gestehen – am Vortag das Blech mit den kläglichen kriegsmäßigen Kuchen, mit denen Mama meinen Geburtstag ehren wollte, zum Bäcker trug. Nachdem meine Eltern mir am Morgen ihre Glückwünsche ausgesprochen hatten, war ich zu Rita gegangen. Nach vielen bewölkten Tagen ist ein wunderschöner, heiterer Morgen aufgezogen, frisch und sonnig, so daß mir leicht und freudig zumute wurde.

Bei Rita öffnete mir – der jüdische »Ordnungsdienst« (OD), und Rita sprang im Schlafanzug in den Flur und kreischte: »Fräulein Hala! Mami hat Handel getrieben, und jetzt suchen sie sie, aber sie ist mit Tante Genia abgehauen, deshalb haben sie gestern den Opa eingesperrt, und ich sitze mit Oma unter Bewachung, und der Herr OD-Mann läßt alle rein und keinen raus, und jetzt müssen Sie hier bleiben!« Das sprudelte sie in einem Atemzug hervor, und dann sprang sie ans Fenster und rief den Kindern auf der Straße zu:

»Mein Opa ist im Gefängnis und deiner nicht, haha!«

Erstaunt blickte ich die Oma an, die stumm nickte, zum Zeichen, daß es sich wirklich so verhielt. Nur suchte man Halas Mutter, wie sich herausstellte, nicht wegen illegalen Handels, sondern wegen Politik, und zwar auf Seiten der Deutschen. Geschieht den Spitzeln ganz recht. Leid tun mir nur Rita und ihre Großeltern, besonders die Oma, denn sie ist eine nette und kluge alte Dame. Jedenfalls dachte ich in dem Augenblick, daß sie mich, da ich mit

der Sache ja nichts zu tun hatte, bestimmt gehen lassen würden, und so rief ich Rita vom Fenster zurück und half ihr beim Anziehen. Als uns das Spielen mit Buntstiften und das Lesen schließlich langweilig wurden, stellten wir uns ans Fenster in die Sonne. Bekannte, die draußen vorbeikamen, blieben verwundert stehen, denn das Gerücht von dem »Kessel« hatte im ganzen Ghetto die Runde gemacht. Einstweilen wünschten sie mir mit Galgenhumor, daß ich rasch herauskäme. Zufällig festgenommen wurde außer mir ein älterer Herr, der am Fenster ungeheuer tobte, man solle ihn auf der Stelle freilassen. Das »Organ der Ordnungsmacht« verlor schließlich die Geduld und schloß das Fenster, so daß wir wirklich wie im Gefängnis saßen. Papa gab mir von der Straße aus aufgeregt Zeichen, denen ich entnahm, daß er bei der Gemeinde und beim OD intervenieren werde.
Es vergingen Stunden, und ich dachte verbittert, was ich doch für einen famosen Geburtstag hatte! Am Abend hatte ich schon alle Hoffnung aufgegeben und saß vollkommen niedergeschmettert in der Ecke, kaum auf die kleine Rita achtend, die in ihrer Ahnungslosigkeit von der nicht alltäglichen Situation entzückt war. Gegen neun Uhr abends ließ uns der Kommandant des OD schließlich gnädigerweise frei. Ich kehrte als Heldin des Tages heim – alle Fenster gingen auf, alle drei Häuser, die durch Höfe miteinander verbunden sind, begrüßten mich wie eine, die wie durch ein Wunder heimgekehrt war.

Zu Hause auf dem Tischchen lagen Geschenke: ein Strauß purpurroter Nelken und eine schöne Brosche von Bronek, blaßrosa Astern und Schokolade von Artek, eine künstliche Nelke zum Anstecken und ein Flakon mit Maiglöcken-Wasser von Dziunia (Broneks Schwester) ein Schächtelchen Pralinen und ein Taschentuch von der kleinen Hala, ja, und ein großer Topfkuchen von den Mietern unseres Hauses, was mich besonders rührte. Ach ja, von Felek bekam ich noch eine Anstecknadel für den Mantel, phosphoreszierende Hündchen, die wegen der Verdunkelung auf den Straßen in Mode waren und praktisch dazu, damit die Leute in der Dunkelheit nicht aneinander rannten. Die Gäste vergnügten sich bis spät in die Nacht, aber mir war irgendwie nicht fröhlich zumute. Ich hatte den Eindruck, gleichfalls Gast zu sein und nicht die »wichtigste« Person in der Runde.

Seit meinem Geburtstag waren meine Sorglosigkeit und meine gute

Laune dahin. Ich weiß nicht, weshalb ich so gereizt bin, daß mir der nichtigste Anlaß Tränen in die Augen treibt. Ritka fuhr weg. Ich nutze das schöne Wetter und gehe in den mittlerweile völlig ummauerten Krzemionki-Park. Ich lese die äußerst netten Glückwunschbriefe von Stacha, Maryśka und Janek und betrachte die Welt. Oben ein blasser, azurblauer Herbsthimmel, unter mir die Stadt, in der Ferne die dunkle Eisenbahntrasse und am Horizont die Wälder. Die stählernen Schienen schimmern silbrig in der Sonne, ab und zu fährt ein Zug dahin. Wenn ich das Rattern oder den fernen Pfiff eines Zuges höre, ist es mit meiner Selbstbeherrschung vorbei. Ich schaue den vorbeifahrenden Wagen nach, die den weiten Raum durcheilen – hinaus in die Welt! In die freie Welt, wo das rasch dahinfliegende Leben ist, das einen weiten Bogen um dieses verfluchte, eingemauerte Gefängnis macht! Könnte man doch den Denkhorizont proportional auf den Raum verengen, in dem man lebt! Oder doch nicht, das wäre der endgültige Untergang! Ich schaue nach dem Flugzeug, das in Rakowice landet, nach den schnellfahrenden Autos, nach den Zügen hinter einem Rauchschleier und nach den dünn klingelnden blauen Straßenbahnen, und ich rufe unter Tränen: »Ich bin siebzehn! Ich bin jung und will leben und nicht bloß schauen und hilflos schluchzen, verloren, eingesperrt in diesen Käfig, wo man zugrundegeht...«

4. Oktober 1941

Ich habe mich verzweifelt gegen die Fabrikarbeit gewehrt. Ich kann nicht in der Fabrik arbeiten, denn der Krieg kann noch zwei Jahre dauern – o Gott, wie schrecklich! -, und dann werde ich auch zwei Jahre älter und vollkommen auf Null sein. Ich kann nicht erst nach dem Krieg anfangen, denn dafür habe ich weder Geld noch Kraft, vom Alter ganz zu schweigen. Auch werde ich von den Eltern nicht verlangen können, daß sie mir ein Studium finanzieren. Ich werde arbeiten und Geld verdienen müssen, und zwar für sie. Deshalb darf ich jetzt meine Zeit nicht vergeuden, ich muß lernen und mich auf die Zukunft vorbereiten. Eine solche Vorbereitung war die Drogerie, auch wenn mich der Pillendreherberuf nicht sonderlich begeistert, aber das hat ja sowieso ein trauriges Ende genommen. Deshalb wollte ich nicht in die Drahtfabrik wie die kleine Hala, deshalb wehrte ich mich gegen die Arbeit als »Zuschneidegehilfin eines Hutmachers«, die mir schon angetragen wurde. Nicht etwa, weil ich mich körperlicher Arbeit schäme,

sondern weil ich wirklich weiß, daß man auf diesem Gebiet an mir keine Freude haben wird, denn ich bin von schwacher Gesundheit, und immer wieder fehlt mir etwas. Überhaupt eigne ich mich eher zum »Gehirnakrobaten«, wie Janek das nennt. Er hat so merkwürdige Redensarten: »Gehirnakrobat«, »intellektueller Wiederkäuer«. Doch es wird ja immer schlimmer, »die Not bleckt die Zähne«, also werde ich mich langsam mit dem Gedanken vertraut machen müssen, das anzunehmen, was man mir bietet. Im Ghetto gibt es eine Bürstenmacher-Genossenschaft, die liefert den Leuten auch das Material ins Haus, und es heißt, daß man mit dieser Heimarbeit ganz gut verdienen kann. Papa hat sich darum bemüht, und es zeigte sich, daß ich sogar eine Zuweisung zu dieser Fabrik erhalten kann.
Papa kam freudig angerannt: »Gib mir deine Kennkarte, ich erledige das in der Direktion, und morgen holst du dir auf dem Arbeitsamt die Zuweisung!«
Da herrschte natürlich große Freude, denn jeder muß arbeiten, und lieber arbeitet er hier irgendwo, denn sonst kommt er zur Zwangsarbeit nach Deutschland. Am anderen Morgen ging es mir sehr schlecht, wie überhaupt in letzter Zeit, ich habe so einen merkwürdigen Schwindel. Mir war furchtbar »schwermütig«, als ich die Schwelle der Fabrik überschritt, die sich in der Diele eines Hauses am Marktplatz befindet. In diesem Haus wohnte vor dem Krieg Blanka, das Objekt von Juleks Seufzern. Die Teegesellschaften bei Blanka waren prima, weil ihre Wohnung ein ganzes Stockwerk einnahm, und sogar in der Anwaltskanzlei ihres Vaters haben wir gespielt. Heute ist Blanka in Tarnów, Julek irgendwo in Sibirien, und die schöne Wohnung des Anwalts unerträglich vollgestopft mit Mietern.
Das Büro der Fabrik befand sich in einer kleinen Bude. Schon beim Eintreten umwehte mich der Staub der Borsten, so daß ich nicht frei atmen konnte, und der Lärm der schreienden Arbeiterinnen betäubte mich fast. Der Direktor, ein kleines, mageres, dürres und grauhaariges Männlein, unterschrieb die Zuweisung, und als er nach dem Firmenstempel suchte, wollte ich ihm in den Arm fallen: »Das hat noch Zeit, noch ist es zu verhindern, ich will hier nicht sein, ich will nicht!« ging es mir durch den Kopf. Als der rote Stempel aufs Papier gedrückt wurde, fühlte ich mich niedergeschmettert. »Jetzt ist es zu spät. Nichts mehr zu machen«, dachte ich. Wie im Traum hörte ich ihn sagen, daß ich mich am Mittwoch zur Arbeit melden solle und daß die Arbeit von 8-13.30

und von 15-20 Uhr dauert, also zehn Stunden. Mit einem Rauschen in den Ohren und Chaos im Kopf ging ich hinaus, durch das Labyrinth der Höfe auf die Straße und nach Hause. Mit gesenktem Kopf schaute ich durch die Tränen auf das Pflaster vor meinen Füßen; ich konnte keinen klaren Gedanken fassen. Zehn Stunden ... Von Lernen, Lesen und Spazierengehen keine Rede mehr! »In den Staub der Borsten, das will ich nicht!« tobte es in mir. »Was ist das, was tue ich hier? Wo ist mein freier Platz in der Schule oder wenigstens in der Drogerie?« Ich verzehrte mich sinnlos und um so verzweifelter, als ja alles schon besiegelt war, es war zu spät, es war nichts mehr zu machen!

8. Oktober 1941

Als ich zu Hause in den vier Tagen, die mich vom Arbeitsbeginn »bei den Bürsten« trennten, unaufhörlich weinte, trösteten sie mich, daß man mit diesen Bürsten »ein glänzendes Geschäft macht«, daß ich nicht so viele Stunden arbeiten müsse, daß sich alles regeln werde. Sie sagten, ich sei eine überempfindliche Hysterikerin und eine Verrückte.

Vollkommen gleichgültig und apathisch ging ich heute zur Arbeit. Die Bürstenfabrik zog in neue Räumlichkeiten um, also sollte ich am Nachmittag wiederkommen. Ich war entsetzt über meine Umgebung. Junge Mädchen, die Kleidung verwahrlost, was sich mit der Not im Ghetto erklären ließ. Sie redeten sehr laut und alle auf einmal, sie erschienen mir furchtbar unternehmungslustig und vor allem entsetzlich fremd. Deshalb freute ich mich sehr, als ich Janka entdeckte.

Janka ging in dieselbe Klassenstufe wie ich, war aber auf einem anderen Gymnasium. Während des Krieges arbeitete sie im Krankenhaus, und vor kurzem hatte ihre Familie eine Tragödie durchgemacht: Die Deutschen hatten ihren Vater in Montelupich ermordet. Sie und ihre Mutter wissen offenbar auch nicht, wovon sie leben sollen, sie gehen auch »zu den Bürsten«. Janka ist sehr hübsch, nett und sympathisch. Erstaunt betrachteten wir unsere Umgebung, wobei wir uns heimlich über unsere Leidensgefährtinnen belustigten. Das neue Lokal erwies sich als ein dunkler Saal mit schmutzigem Fußboden, und da es nicht einmal Stühle gab, mußte man sich einen von zu Hause mitbringen. Der »Arbeitsplatz« besteht aus einer Platte mit einer Klemmschraube, in die der Draht zum Binden der Borsten eingeklemmt wird. Die Arbeit

ist schmutzig, langweilig und mühsam, ohne jegliche Organisation, unter schrecklichen hygienischen Bedingungen. Eine Maschine bohrt dröhnend Löcher in die Brettchen, die Arbeiterinnen haben kein bestimmtes Kontingent zu bearbeiten, sondern ab und zu tritt ein Kerl mit einem Armvoll Brettchen in die Mitte des Saales und wirft sie blindlings unter die Arbeiterinnen, die ihn umringen. Diejenigen, die wendiger und rücksichtsloser sind, fingen bis zu zehn Brettchen auf, Janka und ich gerade mal eines. Dann kommt der Kampf um die Borsten, die ein anderer Kerl ballenweise aus einem Sack holt. Wir bekamen die Abfälle, die am Fußboden zusammengekehrt wurden, doppelt verunreinigt.
Ach, und das unaufhörliche Gekreische von vierzig Frauen! Der Verdienst ist auch nicht gerade berauschend. Pro Bürste gibt es 50 Groschen, und die besten Arbeiterinnen schaffen 30 Bürsten am Tag. Es ist nicht immer Material da, und durch die Akkordarbeit ist der Verdienst unterschiedlich ... Unsere Gesichter wurden immer länger, aber irgendwie versuchten wir, Haltung zu bewahren. Mit einem Haufen ekelhafter, verschmutzter Haare auf dem Schoß begannen wir, einen neuen Beruf zu erlernen, und fluchten aus Leibeskräften. Unsere engste Nachbarschaft beobachtete uns neugierig, mit einer gewissen Herablassung. Sie erkannten, daß wir nicht aus ihrem Milieu waren, und die Zugehörigkeit zur Intelligenz spielt im Ghetto keine Rolle. Zudem mußten wir notgedrungen laut sprechen, um uns bei diesem Lärm überhaupt zu verstehen, und wir fluchten dermaßen, daß ich Zweifel habe, ob eine von ihnen sich getraut hätte, so zu schimpfen. Der Draht schnitt mir in die Finger, die klebrig und schmutzig waren von den scheußlichen Borsten, die ich widerwillig und ungeschickt an dem Brettchen befestigte. Die Löcher waren nicht sauber ausgebohrt, so daß wir sie immer wieder ausweiten mußten.
»Janka, du hast die Nadel, gib sie mir! Wieder ein verstopftes Loch!« rief ich alle Augenblicke.
»Laß mich mit deinen Löchern in Ruhe! Ich habe Nadeln, aber im Arsch, ich kann nicht länger stillsitzen. Wieder hat sich der Draht verbogen, hilf mir, ihn zu strecken.«
»Eher strecke ich die Beine aus als diesen Draht! Verdammte Arbeit, Scheiße!«
»Zum Teufel, wann ist diese Bürste fertig? Vorher bin ich selber fertig!« stöhnte Janka.
Nach einer Stunde hatte ich endlich eine Bürste »ausgeschwitzt«, die dem Kopf einer scheußlichen Hexe ähnelte. Die Person, die

damit einmal kehrt, wird es bitter bereuen. Ein erneuter, natürlich vergeblicher Kampf um Arbeitsmaterial machte mich restlos fertig. Aufs äußerste gereizt ging ich nach Hause. Kaum hatte ich die Tür des Saales hinter mir geschlossen und war in den dunklen Korridor getreten, als ich in Tränen ausbrach. Das alles kam mir wie ein Alptraum vor. Meine Wangen brannten, heiße Tränen rannen aus meinen Augen, ich glaubte, das Herz würde mir zerspringen.

»Ich kann nicht, ich halte das nicht aus!« stöhnte ich laut.

Während ich niedergeschmettert durch die dunklen Straßen ging, ballte ich krampfhaft die schmutzstarrenden Hände zusammen und biß mir auf die Lippen, bis sie bluteten. Noch nie hatte ich so verzweifelt und bitter über mich selber geweint.

16. Oktober 1941

Es ist ein recht geräumiges, längliches Zimmer mit zwei Fenstern, in einer gräßlichen Terrakottafarbe gestrichen. Die Wandmalerei blättert ab, weist dicke Löcher auf, die voller Wanzen waren und von Mama mit Gips zugeschmiert wurden. Unsere neue Wohnung! Die in der Traugutt-Straße, die aus einem großen Zimmer und einer Küche mit Balkon bestand, haben wir gegen dieses Stübchen eingetauscht. Wie man sagt, klein aber mein, und sehr sonnig. Leute aus der Umgebung von Krakau, die zuvor keine »Kennkarte« erhalten und sich in Borek, Zielonki und Prokocim niedergelassen hatten, treibt man jetzt in unser Ghetto. Sie alle hatten relativ viel Freiheit, während wir hier im Ghetto eingesperrt waren, den Sommer haben sie wie in der Sommerfrische verbracht, umgeben von Wiesen und Feldern. Jetzt, wo sie dazugekommen sind, zählen wir schon über 16.000, und die Deutschen wollen das Ghetto nicht um eine einzige Straße erweitern. Die Wohnungsabteilung auf der Gemeinde hat sich etwas Phantastisches ausgedacht: Sie haben die Zahl der Fenster registriert, und auf jedes Fenster entfallen vier Personen! Wir hätten uns demnach die andere Wohnung mit neun fremden Menschen teilen müssen! Deshalb haben wir die Wohnung gewechselt. Zur Nacht nehmen wir den Onkel, mit seinem zehnjährigen Jurek auf. Tante Dora wohnt mit dem älteren Mietek bei ihren Schwestern, nicht weit von uns – wobei alles hier »nicht weit« ist.

Mama und ich haben uns schrecklich abgemüht, bis der Krempel nach dem Umzug leidlich aufgestellt war. Viele Möbel und Sachen haben wir weggeworfen, und trotzdem sieht es nachts aus wie im Krankenhaus – ein Bett neben dem anderen. Am hübschesten ist mein Eckchen. Die Couch steht schräg in der Ecke – sonst hätte der Schrank mittendrin stehen müssen –, dahinter das silberne Tischchen mit dem Zierspargel, darüber das hübsche Eckregal aus schwarzem Japanlack, auf dem ich Kleinigkeiten aus der Servante untergebracht habe, die zum Antiquitätenhändler Stieglitz gewandert ist. Leid tut es mir um die Nachbarn in der Traugutt-Straße und meine rotznäsigen Verehrer Artek und Bronek. Mit den Abenden bei den Lustgartens war es allerdings schon lange vorbei, denn auch sie waren umgezogen; statt dessen versammelten sich alle bei uns, und irgendwie versuchten wir, uns das Leben angenehm zu machen. Ich nahm freilich kaum am Gespräch teil, weil ich von der Bürstenbinderei vollkommen kaputt bin.

25. Oktober 1941

Rysiek hat ein Lied komponiert, zu dem ich den Text verfaßte – gar nicht so einfach, weil es im Polnischen so wenige männliche Reime gibt, und die sind abgedroschen und banal. Ich schrieb den Text im elektrotechnischen Geschäft »Lux« von Herrn Dembitzer, wo ich seit einigen Tagen als Kassiererin-Buchhalterin-Expedientin Dienst tue. Wie oft werde ich wohl noch während des Krieges den Beruf wechseln? Bei den Bürsten war es so entsetzlich, daß ich mich entschloß, für das lächerliche Monatsgehalt von 60 Zloty zu »Lux« zu gehen – ein symbolisches Gehalt!

Ich arbeite von 9-13 und von 15-19, auch sonntags. Der Laden ist dunkel, finster und sehr kalt. Jede Stunde ein Kunde. Warum muß man jeden Unsinn, jede Lamelle für 10 Groschen in drei Bücher eintragen, wozu diese kleinliche Buchführung? Der Chef ist rappelig und nervös, dauernd gereizt, und wenn er ins Geschäft kommt, fällt uns alles aus der Hand. Dabei ist er schrecklich anspruchsvoll und überspannt, wie der aus Dickens' »Weihnachtsgeschichte«. Überall hat er Schilder aufgehängt: »Private Gespräche und Besuche nur zu Hause«, »Bediene den Kunden und auf Wiedersehen«, »Kredit ist gestorben« und dergleichen Idiotisches. Auch wenn keine Kunden da sind, darf das Personal auf keinen Fall Bücher lesen, und da es nichts zu tun gibt, treiben wir uns im Laden herum. Wenn die Kasse geschlossen ist, darf keiner vorher gehen; wir müssen nach einem bestimmten Ritual im Gänsemarsch dem Chef folgen, der zunächst salbungsvoll die Jalousien schließt, und erst sein genickter Gutenachtgruß ist für uns das Zeichen zum »Abmarsch«.

Außer mir arbeitet dort Fräulein Lusia, die sechs bis sieben Jahre älter ist als ich; der vierzehnjährige Janek als Laufbursche, übrigens Sohn eines Rechtsanwalts; und der junge Monteur Hecht, ein hübscher Jüngling aus dem Dorf Czyżyny. Lusia ist eine sympathische Brünette mit dunklem Teint und vollen Lippen, die sie stark schminkt, Janek ist intelligent und höllisch arrogant, Hecht farblos. Mit klammen Fingern trage ich die Posten ins Buch ein, gebe Kassenbons aus und singe oder zeichne aus Langeweile, denn zum Glück kommt der Chef nur zum Schließen oder gelegentlich nachmittags. Ich rede mir ein, daß ich hier Buchführung lerne und meine Physikkenntnisse vom Gymnasium nutzen kann.

Die Abende verbringe ich mit meiner »Leibgarde« – Mietek und Edek, die täglich meinetwegen kommen. Dreimal in der Woche gebe ich Bronek Nachhilfe in Geschichte und Latein. Es macht mir Spaß, daß ich das alles noch weiß und daß Bronek ein dankbarer Schüler ist, aber es bringt mich in Verlegenheit, weil sein Lerneifer nicht nur auf Wissensdurst beruht. Außerdem bin ich häßlich geworden. Im Frühling und Sommer sah ich ganz anders aus. Jetzt habe ich ein ausdrucksloses, apathisches, mattes Gesicht. Weil unsere Ernährung der Parole »eine Million Gerichte aus Kartoffeln« folgt, bin ich dick geworden; bei meiner Länge ist das zwar einigermaßen zu ertragen, aber ich fühle mich dadurch schwerfällig und linkisch. Vielleicht liegt es auch daran, daß ich ständig durchgefroren bin, trotz der vielen Pullover und Jacken, in die Mama mich steckt, obwohl es nicht viel hilft. Die Pullover sind abgewetzt, und mir ist weiterhin kalt. Erst am späten Abend lebe ich auf.

Jetzt schlafen Mietek und der Onkel bei uns. Wir versuchen abends den schweren Tag zu vergessen. Überhaupt verbietet uns eine stillschweigende Abmachung, von den Widerwärtigkeiten und Demütigungen zu sprechen, an denen es uns nicht mangelt. Die Schlafensvorbereitungen dauern zwei Stunden, wie in einem Geduldspiel müssen die Möbel verrückt werden, damit man die Betten ausziehen und beziehen kann. Das liefert Anlässe zu Scherzen, oft genügt die geringste Kleinigkeit, daß Mietek und ich uns vor Lachen kugeln. Auf dem Tisch türmt sich eine Pyramide störender Stühle bis zur Decke, und um von einer Zimmerecke in die andere zu kommen, muß man durch ein Meer von Kissen und

Möbeln segeln. Dann heißt es Schlangestehen zum Waschen. Wir sind alle groß, und der Paravent ist niedrig, aber taktvoll sehen wir darüber hinweg; nur Mietek wagt manchmal einen indiskreten Blick, wo es nicht nötig ist.
Ich liebe es, allein in der Wohnung zu sein. Ich liebe die Stille und das behagliche Alleinsein. Draußen nieselt der Herbstregen, und im Zimmer ist es warm und still, bis die Jungen kommen oder auch eines der Mädchen, denn sie finden es angenehm bei mir.
Eigentlich gut, daß ich bei »Lux« eine so regelmäßige Beschäftigung bekommen habe. Vielleicht bin ich zu anspruchsvoll, denn es kocht noch immer in mir. Als ich gestern durch Wind und Regen heimging, mit hochgeschlagenem Kragen und die Hände in den Taschen, dachte ich: Ich kriege nasse Füße, so abgerissen und löchrig sind meine Schuhe, ich habe keine Handschuhe und keine Strümpfe, denn das einzige Paar ist gestopft und nochmals gestopft, zum Abendessen gibt es wieder Kartoffeln ... Was soll man machen, so muß es sein. Auf einmal wurde mir bewußt, daß es im Grunde gar nicht sein muß, daß das, was mir inzwischen normal erscheint, nicht sein darf. Und daß man sich damit nicht abfinden darf. Ich knöpfte den abgewetzten Kragen fester zu, steckte die Hände tiefer in die Taschen und seufzte im Gedanken an Staszka: »Das ist unser Leben – zerrissene Schuhe, kein Brot und ... diese kleine beschränkte Welt!«
Durchnäßt, durchgefroren und traurig eilte ich nach Hause, wo ich mich am Feuer des kleinen Sparöfchens und im Glanz der herzlichen Blicke von Eltern und Freunden aufwärmte.

29. Oktober 1941

Was seit Anfang des Krieges mit uns geschieht, hat mich zunächst betäubt und befremdet. Vielleicht mehr befremdet als entsetzt. Das Ghetto erschien mir anfangs als etwas Vorübergehendes, wie die Sommerfrische – eine nette Sommerfrische! Inzwischen habe ich mich damit abgefunden, wenn auch nur scheinbar, aber ich habe mich abgefunden. All diese anormalen Scheußlichkeiten, Gebote und Verbote, Razzien und Fälle plötzlichen Verschwindens von Menschen erscheinen mir – es ist schrecklich – beinahe als etwas Selbstverständliches. Ich wage nicht daran zu denken, daß es einmal anders war, und mein Leben vor dem Krieg kommt mir so unwirklich vor wie echter Tee, ein Brötchen mit Butter oder das Keulchen einer gebratenen Gans. Schon diese Vergleiche zeigen,

daß ich vergessen habe, wann ich wirklich satt war. Aber ich sehne mich nicht nur nach Fressen.
Ganz nah nämlich, hinter der Mauer, hinter dem Tor, ist eine andere Welt. Diese Welt ist gleichfalls durch den Krieg zerbrochen, und doch ist sie auf ihre Weise frei. Dort gehen die Kinder zur Schule, die Erwachsenen arbeiten, gehen durch hell erleuchtete Straßen oder in den Wallanlagen spazieren, sehen sich Schaufenster an und lauschen dem Turmbläser der Marienkirche. Diese Menschen durchqueren mit der Straßenbahn das Ghetto und werfen uns verächtlich-neugierige Blicke zu – sie sind »frei«!
Diese Menschen fahren mit dem Zug in die Welt hinaus, und wenn sie auf dem Bahndamm gleich neben unserem Gang vorbeifahren, wissen sie nicht, daß hier jemand ist, der in dem engen Mauerkäfig erstickt und nicht verstehen kann, warum es ihm verboten ist, durch seine innig geliebte Heimatstadt zu gehen.
Nach der jüngsten Verordnung wird das illegale Sichentfernen aus diesem Gefängnis mit dem Tode bestraft.
Es ist unfaßbar, daß ich, obwohl ich hier in Krakau bin, nicht die Weichsel und nicht den Wawel sehe, daß ich bis zum Ende des Krieges wie eine Idiotin nur in diesen paar Gäßchen herumlaufen soll!
Die Errungenschaften der Zivilisation und der Kultur dürfen wir nur deshalb nicht genießen, weil wir Juden sind. Aber ich bin auch ein Mensch! Ich habe Arme, Beine, ein bißchen Verstand und ein zu Gefühlen fähiges menschliches Herz. Ich will leben, um Gottes willen, leben, lernen, arbeiten und lieben! Da schreit etwas in mir, wenn ich in hoffnungsloser Trauer und Niedergeschlagenheit frierend an das Schaufenster von »Lux« gelehnt stehe und voller Abscheu sehe, wie die satten, stattlich gekleideten Typen der neuen »Aristokratie« in die Konditorei vis-à-vis gehen – Schlaumeier und Schwindler, Spitzel und reichgewordene Flegel, Primitivlinge, die die unbeholfene Intelligenz aus dem Sattel gehoben haben, und jetzt sind sie es, die im Ghetto den Ton angeben. Ich schaue auf die ermatteten, heruntergekommenen und schon aus dem Gleis geworfenen jungen Leute, auf die abgezehrten Gestalten der Erwachsenen – und mit einem entsetzlichen Gefühl der Verlassenheit, daß die ganze Welt uns vergessen hat, seufze ich verzweifelt: Sie, die Deutschen, waren es doch, die das aus diesen Menschen gemacht haben, sie sind es doch, die uns in die Erniedrigung stoßen! Da geht ein abgezehrter, struppiger, ölverschmierter »Schwarzarbeiter« – vor kurzem noch war er Stu-

dent. Das Wissen von der Dreisatzrechnung, von quadratischen Gleichungen oder vom Tridentinischen Konzil – hat er es erworben, um sich jetzt in der Fabrik als einfacher Hilfsarbeiter, nicht einmal als Facharbeiter, abzuschinden? Mein eigener Cousin, der vierzehnjährige Mietek kommt von der Zwangsarbeit in den deutschen Kasernen. So schmächtig wie er ist, hat er den ganzen Tag Kohlen geschleppt und noch eins auf die Nase bekommen; geschlagen und gedemütigt, dreckig, zerlumpt und erschöpft, schleppte er sich durch die Straßen der Stadt, auf denen er einmal mit dem Tornister zur Schule rannte.
Ich schaue auf die Limanowski-Straße, die durch ein hohes Tor vom Marktplatz von Podgórze abgesperrt ist, und in mir wächst ein solcher Groll und solch eine hoffnungslose, schreckliche Verzweiflung. Wie lange noch?

1. November 1941
Ich bin erkältet und liege im Bett. Drei Freundinnen haben mich besucht: Janka Wieluńska, Marysia und Zośka, alle vom Gymnasium in den Oleandry. Zośka arbeitet mit der kleinen Hala in der Drahtfabrik. Wovon können Frauen untereinander schon reden? Natürlich von der Liebe. Ich wüßte zu gern, ob sie wirklich so erfahren sind oder ob sie wie ich bloß so tun, als hätte die Welt für sie keine Geheimnisse mehr. Zośka behauptet, im Leben zählten drei Dinge: 1. Liebe, 2. Gesundheit, 3. Geld. Ich kenne die Welt inzwischen so gut, daß ich die Reihenfolge ändern würde: erst Gesundheit, dann Geld und danach die Liebe. Am besten hätte man alles zugleich, aber das wäre zu gut. Es stimmt, daß ein Leben ohne Liebe leer ist, aber wenn man gesund ist, kann man es mit Geld vorzüglich ausfüllen.
Wenn ich Geld hätte, wäre ich dauernd auf Reisen. Es ist unmöglich, daß ein Mensch, dessen dringendste Bedürfnisse befriedigt sind, der nicht um sein Dasein ringen muß, unglücklich ist. Und was die Liebe angeht, die »einzige und wahre« Liebe, so ist jede wahr, sonst ist sie einfach keine Liebe. Möglich, daß es nur eine gibt, die elementar und von Dauer ist, aber wenn nicht, wird man sich darüber wohl hinwegtrösten können.
Ich würde so gern in die Welt hinausreisen, die Wunder der Natur und des menschlichen Verstandes bestaunen, aber ich fürchte, daß mir dazu die Zeit nicht reicht. Erst muß der Krieg enden, erst muß ich »etwas geworden sein«, um reisen zu können -, und ich kann

noch nichts! Nichts! Wenn ich nur nicht mein Leben hinter der Scheibe einer zweitrangigen Firma wie »Lux« oder an der Maschine als Stenotypistin verbringe! Doch ich werde das Gefühl nicht los, daß etwas passieren und mein Leben eine andere Wendung nehmen wird.
So liege ich mit Heiserkeit und Grippe allein zu Hause, mache mir Mut und »schwebe in den Wolken«. Das schadet nichts, und es ist angenehm.

9. November 1941
Dziunia und Bronek Eichenholz haben im Hause eine kleine Wohltätigkeitslotterie zugunsten der Zentralen Waisenfürsorge »Centos« und des Waisenhauses veranstaltet, verbunden mit einem Tanzabend und einem »künstlerischen Programm«, das durch ein komisches Gedicht aus meiner Feder eröffnet wurde. Ich weiß nicht, wer es vorgetragen hat, denn ich kam zu spät. Mein Chef wollte mich keine Minute früher gehen lassen, so als dränge sich die Kundschaft im Laden. Dabei kommen selten einmal mehr als zehn Kunden den ganzen Tag. Wer am häufigsten in den Laden kommt, sind meine Bekannten.
Heute war wieder Grześ da, der witzige, schlagfertige, rothaarige und sommersprossige Freund von Bronek. Er präsentierte mir einen Bericht von der Lotterie, in Schönschrift, mit einer Widmung »für die Geliebte«. Die beiden betrachten sich als meine Anbeter. Von diesen lustigen Rotzbengeln mag ich Bronek am liebsten, weil er ernst und samtäugig ist und man sich auf ihn verlassen kann, und natürlich Grześ mit seiner blendenden Intelligenz und seinem Humor. Hundertmal hat unser »Alter« ihn aus dem Laden geworfen, und hundertmal kommt er wieder und fragt mit umwerfender Höflichkeit nach Lamellen und Spiralen, als wäre nichts gewesen, wobei er mir verständnisinnig zuzwinkert. Hartnäckig ist er, aber wer nimmt schon einen Jungen ernst, der ein Jahr jünger ist!

14. November 1941
Am Montagabend fingen Mietek und ich wie gewohnt an, die Betten zu machen, und rissen dabei Witze über die bevorstehende Überprüfung der Kennkarten, dann legten wir uns seelenruhig in unsere Kojen. In der Nacht wurde ich plötzlich wach. In dem ver-

dunkelten Raum herrschte absolute Finsternis, vor der ich mich seit jeher fürchte. Einige Minuten lag ich mit einer seltsamen Anspannung da, eine Vorahnung der Gefahr schnürte mir das Herz zusammen. Dann hörte ich ein Hämmern an der Haustür und schwere Tritte auf der Treppe. Ich erstarrte. Ich wußte, das konnte nur die angekündigte Überprüfung sein, und dennoch ...

»Papa, was wird das sein?« flüsterte ich zum Bett der Eltern hinüber. Keine Antwort. Alle warteten mit angespannten Nerven, wann sie zu uns kommen würden. Schließlich klopften sie an die Tür. Mietek schläft am nächsten zur Tür, und als er sich zum Schalter durcharbeitete, um das Licht anzumachen, stieß er gegen die Pyramide der Stühle auf dem Tisch, die polternd herunterfiel.

Der OD-Mann sah sich unsere Kennkarten an und ging. Wir atmeten auf.

»Zum Henker mit diesen Stühlen«, fluchte Mietek, »ich bekam das Zittern, aus Angst, der OD-Mann könnte mir, wenn er schon da war, die Arbeitslosenkarte abnehmen und mich morgen zur Zwangsarbeit holen. Ich wollte sie vorsorglich verstecken, und das Ergebnis ist: ein Möbellager im Bett!«

Wir brachen in Gelächter aus, die Spannung der letzten Minuten entlud sich, und wir schliefen in einer fröhlicheren Stimmung ein.

Am Dienstag fand bei uns ein großes Einlegen von Kohl statt, denn Mama hatte beschlossen, Vorräte für den Winter anzulegen. Mama übernahm das Kommando, Mietek und ich drehten verbissen den Kohl durch, und Papa stampfte ihn mit gewichtiger Miene in den Steintopf, als plötzlich ein OD-Mann anklopfte. Er kam, um Papa zu holen, »auf Befehl des Gemeindevorstehers«, weil er bei dringenden Büroarbeiten helfen sollte. Mein armer Papa stellt dort irgendwelche idiotischen Berechnungen über die Müllabfuhr im Ghetto an. Er bezeichnet sich selbst als »Ober-Müllkutscher« und hat gelegentlich Nachtdienst. Nichts Böses ahnend, legten wir uns ruhig schlafen. Am Morgen stellten wir jedoch erstaunt fest, daß Papa noch nicht da war; normalerweise kam er um fünf Uhr früh vom Nachtdienst. Hatte man ihn vielleicht als Geisel genommen? Da stürzten Leute in den Flur und riefen, in der Nacht sei eine Razzia gewesen, der Transport sei schon abgegangen. Wir waren sicher, daß Papa in dem Transport ist. Mama geriet in eine höllische Aufregung, ich konnte weder Schal noch Mantel finden, schließlich rannten wir mit dem Onkel auf die Gemeinde. Auf den verlassenen Straßen standen hier und da Grüppchen laut schluchzender Menschen.

»In der Nacht haben sie ihn aus dem Bett geholt, er hatte nichts als ein Hemd an, er durfte nichts mitnehmen, sie haben ihn zum Sammelpunkt getrieben, am Morgen wurden sie von Militär umstellt, auf Autos gestoßen, und seitdem sind sie spurlos verschwunden!« rief eine ältere Dame, der sie den Sohn genommen hatten, voller Verzweiflung. »Ich wollte ihm Mantel und Schal bringen, o mein Gott«, und mit dem Schal wischte sie sich die Tränen vom Gesicht.

Die OD-Männer hatten die Leute gemäß der Liste geholt, aber nach welchem Kriterium, war nicht klar, denn auf den Transport gingen Menschen mit und ohne Kennkarte, Eltern ohne ihre Kinder und Kinder ohne ihre Eltern, alle Familien wurden auseinandergerissen.

Besinnungslos vor Entsetzen und Angst um Papa rannten Mama und ich zur Gemeinde und drängten uns durch die Menge verzweifelter Menschen, die dort intervenieren wollten. In einem der Zimmer erblickte ich Papa und eilte zu ihm, Tränen des Glücks in den Augen. Er sah nach dieser alptraumhaften Nacht furchtbar aus, hatte Fieber, schwieg bedrückt, es war nichts von ihm zu erfahren. Zu Hause ließ er sich schwer aufs Bett sinken und stützte den Kopf in die Hände.

Mein Herz krampfte sich vor Mitleid zusammen, als er uns hilflos ansah: »Bei wem wollen diese Leute intervenieren? Die Liste war längst erstellt und von der Gestapo bestätigt, der OD hat die Leute am Sammelpunkt zusammengetrieben ... Ach Gott, heute sie, morgen wir ...«

»Diese Leute wurden doch zur Arbeit in den Osten gebracht«, flüsterte ich zitternd, denn ich konnte nicht verstehen, daß die fröhliche Bela oder die dicke Schneiderin aus dem nächsten Haus auf einmal verschwunden sein sollten. Papa winkte verärgert ab, aber gleich darauf lächelte er bleich und strich mir seufzend über den Kopf.

Am Donnerstagabend kamen die Nachbarn zusammen und munkelten, daß eine weitere Razzia bevorstehe. Papa lag seit zwei Tagen mit Fieber im Bett und knurrte sie an, sie sollten keinen Quatsch reden. Ich machte mich daran, das Plakat für das Wohltätigkeitskonzert im Studentenwohnheim zu zeichnen. Es war zehn Uhr durch, als wieder ein OD-Mann kam, um Papa zu holen.

»Er ist doch krank!« opponierte Mama.

»Dies ist ein unwiderruflicher Befehl, es muß etwas auf der Ma-

schine geschrieben werden. Machen Sie mir bitte keine Schwierigkeiten.«
Während Papa sich fertigmachte, betrachtete ich voller Abneigung den OD-Mann. Nach drei Nächten ohne Schlaf war sein Gesicht grau vor Müdigkeit. Er tat mir überhaupt nicht leid, niemand hatte ihn gezwungen, der Henker seiner Brüder zu werden. Aber was wollen sie von meinem Vater, der mit ihnen nichts zu tun hat, abgesehen davon, daß er sich mit Büroarbeit auskennt?
Alle Nachbarn versammelten sich bei uns, bleich vor Angst.
»Schon wieder... Auf wen haben sie es heute abgesehen? Vielleicht sollten wir bei euch schlafen und ihr bei uns, dann finden sie keinen unter der angegebenen Adresse«, lautete ein naiver Ratschlag.
Ich nahm mich mit meiner ganzen Willenskraft zusammen und tuschte eifrig, so als sei es jetzt das Wichtigste von der Welt, die Noten sorgfältig auf die Linien zu bringen. Alle lauschten, bis Mitternacht blieben wir auf. Da begann jemand an der Haustür zu rütteln. Alle verkrampften sich innerlich vor Angst. Schwere Schritte entfernten sich in Richtung des zweiten Stockwerks.
»Sie sind an uns vorbeigegangen«, flüsterte Mietek.
Erleichtert atmeten wir auf. Kurz darauf hörten wir Weinen und Schreien – die junge Frau, die man von ihren zwei kleinen Kindern und ihrem Mann getrennt hatte, kämpfte mit dem OD-Mann auf der Treppe. Ich raffte das Plakat zusammen und erhob mich zitternd vom Tisch. Warum sie? Erst vor kurzem war die Familie aus Slomniki ins Ghetto gekommen. Warum von der ganzen Familie nur sie?
Die ganze Nacht hindurch war es unruhig in der Straße, hörten wir das Hämmern gegen die Haustüren und lautes Weinen und Schreien. Mietek zog sich die Decke über die Ohren, um zu »schlafen, solange es möglich ist«. Gegen Morgen sank auch ich in einen schweren, fiebrigen Schlaf, und als ich um acht aufwachte, war der Transport der Ausgesiedelten schon unterwegs.
Ich kann nicht fassen, was da geschieht. Wie entsetzlich, Menschen aus ihrer Familie und ihrer Arbeit herauszureißen, nachts, in einem Augenblick eine Existenz zu vernichten, Kinder zu Waisen, zu Bettlern zu machen! Was haben diese unglücklichen Menschen gedacht, die in der Herbstnacht in etwas Unbekanntes getrieben wurden, das bestimmt schrecklich ist? Wie wird der Herr aus dem zweiten Stock mit den beiden kleinen Kindern zurechtkommen? Ich frage schon nicht mehr, wann unser Leiden enden wird, sondern, wie lange das noch auszuhalten ist?

21. November 1941

Der Onkel brachte am Abend die deutsche Zeitung »Das Reich« vom 16. November 1941 mit. Er und Papa lasen die neuesten Nachrichten, insbesondere den Artikel »Die Juden sind schuld«. Sie diskutierten über diesen Artikel, der uns die Schuld an allem in der Welt gibt, als Nachbarn kamen, die es zunehmend bedrückt, daß soviel Unglück über uns hereingebrochen ist. Es gibt keine Hoffnung, außer vielleicht »mit Papieren« oder in einem Mäuseloch. Man kann nur noch den Strick nehmen. In düsterem Schweigen gingen wir auseinander. In meinem Eckchen schrieb ich mir bei Kerzenlicht etwas zusammen, um mich zu trösten:

Keine Kunst, zu jammern und zu klagen,
Wie schrecklich es in der Welt zugeht;
Keine Kunst, zu weinen und zu verzweifeln,
Daß die Deutschen uns ins Ghetto gesperrt haben,

Keine Kunst, Haß im Herzen zu nähren,
Über zerrissene Schuhe die Hände zu ringen,
Von den Märtyrern auszureißen
Und mit »Papieren« zu schwindeln, zu lügen!

Eine Kunst ist es aber, trotz allem,
Ein lächelndes Gesicht zu zeigen,
Obwohl die Demütigungen uns schmerzen
Und die Bedingungen uns verletzen,

Obwohl der Magen laut knurrt
Und wir in einer Bude hausen.
Eine Kunst, lächelnd das Haupt zu erheben
Über Hunger, Elend, Trauer und Ödnis!

Über Müllhaufen! Über Mauern!
Zur Sonne!
In die Welt eines besseren Daseins!
Das Böse überwinden durch Glauben an die Zukunft!
Ebendas ist die große Kunst des Lebens.

* * *

Cambridge, Massachusetts, Oktober 1983

Erstmals taucht in meinen Aufzeichnungen – gleichsam der Realität zum Trotz – eine neue Haltung gegenüber der Welt auf, eine Haltung, die zu meiner dauernden Lebenseinstellung wurde. Da war nicht mehr das schwächliche Sehnen – »Ach, irgendwann muß alles gut werden« -, sondern unverkennbar der erwachende psychische Widerstand. Als wäre mir plötzlich klar geworden, daß das ständige Jammern und Trauern nur zu fruchtloser Apathie und Verbitterung führt; daß die innere Einstellung nicht von der Umgebung und den Lebensbedingungen abhängt, sondern von einem selbst; daß es an uns liegt, die Verbitterung zu überwinden. Kurz: daß man sich nicht der Verzweiflung hingeben darf. Wenn nur ein Wunder uns retten kann, dann muß man mit aller Kraft an dieses Wunder glauben und lächelnd das Haupt über die menschliche Schlechtigkeit und das Verbrechen erheben.

* * *

23. November 1941

Zwei Wochen lang habe ich nicht geschrieben. Es ist unfaßbar, daß das Leben im Ghetto nach so einer tragischen Erschütterung wie dieser Aussiedlung in relativ kurzer Zeit wieder »zur Normalität« zurückkehrt. Eben stand die Welt noch kopf, und am nächsten Tag geht man zur Arbeit, ißt sein Frühstück und putzt sich die Zähne, als wäre nichts gewesen: Das Leben geht weiter. Die wöchentlichen Konzerte im Studentenwohnheim sind wieder aufgenommen worden. Letztes Mal beim Kammerkonzert spielte Rysiek, heute sollte auch Bronek spielen. Er lud mich feierlich ein, brachte mir eine Eintrittskarte und schaute mich so rührend mit seinen guten Augen an. Ich mußte ihm versprechen zu kommen, zumal ich unverhofft etwas zum Anziehen habe.

In Anbetracht dessen, daß ich unmöglich zerlumpt bin, führte meine Familie eine Sammlung durch. Mama ließ ihren dunkelgrauen Mantel zu einem hübschen Kostüm für mich umarbeiten, Tante Dora spendete ihren Muff aus Sealskin für einen Pelzkragen, Felek opferte großmütig seinen aschgrauen Borsalino, den er nach dem Abitur bekommen hatte, damit ich ihn zu meiner ersten vornehmen Kopfbedeckung des Lebens umarbeiten ließe. Ich freute mich also sehr auf den Sonntag. Doch der Chef machte mir einen Strich durch die Rechnung! Dieser verdammte alte Kerl wollte mir keine Stunde früher freigeben.

»Ausgeschlossen! Sie hatten am Samstag frei, da hätten Sie gehen können!« beschied mich der widerliche Typ barsch, und ich wurde fuchsteufelswild, denn am Samstag war ja gar keine Veranstaltung. Herr Eichenholz ging im Glanze seiner doppelten Prominenz bei ihm intervenieren, denn er ist zugleich der Vater des auftretenden Geigers, und erreichte, daß mich der »Alte« gehen ließ – eine Viertelstunde vor Beginn des Konzerts.
Ich mußte mich also schon mittags zu Hause umziehen. In der weißen Seidenbluse, dem Kostüm, dem Hut und Mamas Pumps mit hohen Absätzen sah ich ganz annehmbar aus. Den »Jägerhut« schmückte eine flauschige Feder, der Pelz schimmerte schwarz, meine Haare waren – wie immer nach dem Waschen – weich und goldig, der Teint und die Augen hell. In diesem »königlichen Glanz« ging ich in das eisige »Lux«, das ich am Abend durchgefroren mit blauem Gesicht und roter Nase verließ, und auf den kältestarren Füßen schaffte ich es mit knapper Not ins Konzert. Rysiek begleitete, während Bronek wunderschön »Legende« und »Chanson« von Wieniawski spielte. Anschließend spielte ein Ingenieur oder Arzt mit Felek am Flügel Mendelssohns Violinkonzert in e-Moll, das mein Vater so liebte. Grüner, der einzige OD-Mann, der allgemein beliebt ist, sang mit seinem Bruder in einem melodischen Bariton die jiddischen Lieder »Avrejmel« und »Rajzele«, die ich nicht verstand, weil ich die Sprache nicht kenne. Ihre Schwester sang ebenfalls, wunderschön in ein schwarzes Abendkleid gekleidet, das mit Gaze, Goldlamé und einem Sträußchen Alpenveilchen geschmückt war. Entzückend tanzte die kleine sechsjährige Halinka, und ich, also die große Halinka, fühlte mich ungewöhnlich wohl. Vielleicht komme ich deshalb mit dem Schreiben nicht voran wie sonst, wo doch zumindest scheinbar alles in Ordnung ist. Vielleicht liegt es auch daran, daß ich auf den Knien im Bett schreibe und ständig aus einer anderen Ecke gebrummelt wird, ich solle das Licht ausmachen. Also Gute Nacht.

27. November 1941

Gestern ist Felek 21 geworden! Mama buk Käsetorte aus Kartoffeln, es gab Ersatzkaffee und Bonbons. Seine Volljährigkeit wurde fast genauso begossen wie sein erster Geburtstag! Es kam sein Mädchen (diese »Sprotte« Genia) und deren Freundin Cesia. Die kichert zumindest, während Genia nur Ja oder Nein oder überhaupt nichts sagt und bloß nickt. Unmöglich, mit ihr zu reden.

Sollte sie so schüchtern sein? Offenbar verständigt sie sich mit Felek aber irgendwie, und ihre Einsilbigkeit ist ihre Methode, Streit mit ihm zu vermeiden.

»Entweder dumm oder ein stilles Wasser oder beides, und Felek ist hereingefallen«, sagte Tante Dora.

Unter den Gästen waren außerdem Feleks Kollegin aus dem Krankenhaus, Irka, sowie Ksylek, Mietek und Edek.

Die Gesellschaft versammelte sich um fünf, nur ich unglückliche Sklavin kam um sieben angezottelt, denn mein süßer Chef hätte es ja vielleicht nicht überlebt, wenn sein Personal dieses ausgekühlte, von niemandem besuchte Geschäft auch nur eine Minute vor Ladenschluß verlassen hätte.

Felek paradierte stolz wie ein Pfau mit der neuen Krawatte von Genia. Wir setzten uns zu Tisch und erzählten uns Schnurren. Es war sehr nett. Papa scherzte und neckte uns auf geistreiche Art wie in den guten, alten Zeiten. Sogar Genia glotzte ihn mit der Bewunderung an, mit der sie Felek anschaut. Unerwartet kam Felek auf seine Kriegserlebnisse zu sprechen. Er schilderte sie mit einem gewissen Humor, wobei er seine eigene Person aussparte (natürlich, bescheiden wie er ist!). Er sagte außerdem, daß er in der Stadt häufig Kameraden vom Gymnasium trifft.

Mir schnürte sich dabei das Herz zusammen, denn ich dachte an unser Haus und all die Menschen, die durch unsere »Salons« gewandert waren. Wir bewunderten Marian P., denn er war sehr arm und von einfacher Herkunft, und doch war er so gesittet und nett und der beste Schüler der Klasse. Wir lachten über den schielenden Milek Reindl, genannt »Vater der Klasse«, denn er war der älteste von allen; aber keiner sah so imponierend aus wie Milek mit der Schärpe, wenn er mit dem Zepter dirigierend an der Spitze des Schulorchesters marschierte, in dem Felek die Klarinette blies, während Tolek Lewkowicz in dem gewaltigen Helikon steckte. Jurek zogen wir damit auf, daß er so steif sei wie ein knöcherner Alter – Tolek war kurz vor dem Krieg nach Palästina gegangen, und Jurek steckt jetzt irgendwo in Rußland ... ach, jeder von ihnen hatte seine menschlichen Schwächen, und jetzt sind sie, verglichen mit uns, Bürger erster Klasse. Gewiß hat der Krieg auch ihr Leben belastet, aber nicht so schrecklich wie unseres. Zumindest können sie in der Stadt herumlaufen, während ich nicht herauskomme, um ein wenig frische Luft zu schnappen! Kann ich mich denn überhaupt nicht mehr freuen und sorglos lachen? Ich fühle mich alt, schwer, traurig, bedrückt und verbittert, aber innerlich koche ich von tausend Begierden. Die einzelnen Träume haben sich zu einer einzigen großen Sehnsucht vereint. Diese Sehnsucht nagt an mir, entfacht meine Auflehnung und unterdrückt das Bewußtsein, wie hoffnungslos und vergeblich das alles ist.

1. Dezember 1941

Mit der klugen Frau Mania hatte ich ein herzliches Gespräch über all das, was mich bedrängt. Sie hat mich wohl nicht verstanden, denn sie kam zu dem Schluß, daß es mir eigentlich nur an Gesellschaft fehle, und so lud sie mich für den Abend zu ihrem Neffen Dr. Engelstein ein. Er kannte mich noch von vor dem Krieg aus Czatkowice, wo er mit dem eigenen Auto anreiste. Einmal hat er uns »Mädel« sogar alle direkt vom Badestrand im Badeanzug und Bademantel zu einer Spazierfahrt nach Krakau mitgenommen. Gestern war ich also bei ihm auf einem wirklich eleganten Empfang.

Ich mußte wie gewohnt einen Krieg mit dem Chef führen, der mir wieder arg zusetzte und sich darauf versteifte, ausgerechnet heute, am Sonntag, den Laden länger offenzuhalten, und uns mit Kündigung drohte, falls wir es uns herausnehmen würden, um sieben zu gehen. Ich habe nichts gesagt, bin aber Punkt sieben nach Hause gegangen.

Ich zog das dunkelblaue Kleid mit Puffärmeln aus leichtem Wollstoff an; es ist nach französischem Schnitt genäht, mit hoher Taille und einem weichen, glockenförmigen Fall von der Hüfte, mit einem weißen Krägelchen, das mit einer Rüsche aus bauschiger Spitze besetzt ist. Statt tugendhafter Veilchen heftete ich mir das stilisierte Alpenveilchen von Dziunia an, Mama besprengte mich mit einem Restchen französischen Parfüms, und ich zog mit Frau Mania los. Mundek wohnt in dem einzigen modernen Haus im Ghetto an der Wita-Stwosza-Straße. Als er uns öffnete, erkannte er mich kaum wieder, denn ich war damals ja noch ein Kind, und jetzt bin ich einen Kopf größer als er, was er feststellte, als er mir in der Diele aus dem Mantel half. Durch die Tür waren die Töne eines Grammophons zu hören, und auf einmal fühlte ich mich wie eine Dame von Welt. Doch als Frau Mania sich verabschiedete und Mundek mich in die Gesellschaft einführte, befiel mich die Angst, und ich wurde steif vor Verlegenheit. Es waren dort nur junge Ärzte mit ihren Frauen und Bekannten, der jüngste (Lewkowicz) ist vielleicht dreißig, die anderen sind doppelt oder

dreimal so alt wie ich. Ansonsten eine überaus elegante Gesellschaft.
Die Wohnung ist schön und modern, sehr geräumig, besonders dadurch, daß man das Ambulatorium jetzt in einen Salon mit blausilbernen Wänden verwandelt hat. Aus dem abgedunkelten Arztlämpchen drang gedämpftes Licht, und alles verschwamm in einem silbrig-grauen Nebel von Zigarettenrauch. Das Grammophon hatte einen ungewöhnlich angenehmen Klang, wie ein Radio, die Platten waren prima.
Mundek ist Facharzt für Geschlechtskrankheiten. Weil er einen hohen Gestapo-Beamten von dieser häßlichen Krankheit geheilt hat, darf er eine so große Wohnung haben, in der er weiterhin hochrangige Patienten empfängt. Aber jetzt war hier ein Saal zum Tanzen. Das Büffet erinnerte auf geradezu unanständige Weise an die Vorkriegszeit: Weizenbrötchen mit Sardinen, Schinken und Schafskäse, zwei Torten, ein Käsekuchen, Gebäck, Obst, Wodka, Kognac und Liköre. Ich verachtete mich selbst dafür, daß mich dieses Büffet zunächst am meisten interessierte.
Im Grunde fühlte ich mich hier ein wenig wie früher im Kreis von Feleks Bekannten, für die ich, die jüngste und dümmste, keine Unterhaltungspartnerin war. Hier waren alle Damen stattliche Frauen in Abendtoilette, und sie gerieten nicht wie ich aus der Fassung, wenn man ihnen nach dem Tanz die Hand küßte und sie zum Büffet führte. Ich tanzte mit Mundek und seinem Mitmieter, der sehr gut aussieht, aber leider verheiratet ist. Seine Frau, eine Katholikin, wohnt in Krakau.
Es waren alle Bedingungen für eine angenehme Stimmung gegeben, und doch kam ich zu dem Schluß, daß wir alle, Alte und Junge, auf gewisse Weise traurig waren. Das bestätigte der Augenarzt Dr. Schell, der später kam, die Reste austrank und erklärte, er betrinke sich, weil alles so traurig ist. Von Zeit zu Zeit forderte mich jemand zum Tanz auf, und leider beklagte jeder, daß ich so groß bin. Alberne Redensart: »Sie verdecken mir die ganze Welt.« Schell tanzte nicht; er saß, ein Knie mit den Händen umfassend, auf dem Sofa, beobachtete ich weiß nicht was und unterhielt sich mit mir. Das heißt, wir tauschten miteinander »tiefe« philosophische Bemerkungen aus, das Leben und die Menschen betreffend, so allgemein, daß sie im Grunde nichts beinhalteten. Er hat vorstehende Augen, schütteres Haar, ein mächtiges Haupt, ein sehr gewinnendes Lächeln, einen ganz entzückenden Vornamen, Michał, wie der aus dem Roman »Die Fremde« von Maria Kuncewiczowa.

Mundek ist ganz anders: stämmig, dick, breites, gutmütiges Gesicht, kahler Kopf, ehrliche Augen hinter einer Brille mit amerikanischer Fassung, so ein netter »Papa-Bankier« wie aus dem Film. Auch dieser Empfang war so irreal und vornehm wie im Film, nur daß für mich kein Märchenprinz da war. Deshalb war es für mich betrüblich, von der Wita-Stwosza-Straße in die Janowa-Wola-Straße nach Hause zurückzukehren.
Ich rollte mich auf meiner Couch zusammen und sog den zarten Duft von Mamas Parfüm ein. Frau Mania ist klug, aber sie hat es nicht getroffen. Das war es nicht, was ich brauche. Ich brauche nicht einmal Liebe. Aber wenn es sonst nichts gibt ... Sollte ich mich vielleicht auf diesen Michał einstellen? Interessant ist er ja, und es ist wohl besser, eine Sehnsucht auf ihn als ins Leere zu richten. Ach, ich mag nicht. Die Liebe muß von selbst kommen und ausbrechen wie ein Feuer.

9. Dezember 1941
In letzter Zeit habe ich Glück bei angejahrten, auf vornehme Weise ein wenig kahlen, reichen Herren mit Bauchansatz. Seit langem haben wir für Montage bei Ingenieur Weißberg eine Rechnung zu kassieren – »wir«, das ist die Firma »Lux«. Nie trifft man ihn zu Hause an, weil er den ganzen Tag in der Stadt bei einer deutschen Firma arbeitet. Am Sonntag verlangte der Chef, damit Schluß zu machen, und schickte mich am frühen Morgen hin, um die Rechnung einzutreiben. Ich machte mich also auf, erfüllt von feindseligen Gedanken, denn sonntags geruht der »Alte«, im Laden zu amtieren, und so wird wenigstens einmal in der Woche der Ofen angemacht. – Es ist angenehmer, im Warmen zu sitzen, selbst wenn der verrückte Chef zugegen ist, als im kalten, mit Schnee vermischten Regen durch den Matsch zu latschen.
Das ganze Ghetto besteht aus alten Bruchbuden, häßlichen Mietshäusern, und das einzige moderne Haus ist das von Mundek Engelstein; ein Stockwerk höher wohnt Herr Ingenieur Alexander Weißberg, 40 Jahre, wie ich aus dem Mieterverzeichnis im Hauseingang entnehmen konnte, wo ich nach der Wohnungsnummer suchte.
Der Herr Ingenieur war ausnahmsweise zu Hause, denn er hatte sich erkältet und lag zu Bett. Daneben machte sich ein Junge daran, den Ofen anzuzünden. Das Geld erhielt ich gleich, aber ich konnte nicht rausgeben. Ich ging und nahm »im Geiste« das Bild

des rundlichen Herrn Ingenieur mit; er hat schöne Zähne, eine hübsche Visage mit ebenmäßigen Zügen, und vermutlich ist er sehr kräftig und hochgewachsen, denn er nahm die ganze Länge der Couch ein. Auf jeden Fall ist er, nach der Wohnung, der Daunendecke und dem blaugrünen Schlafanzug zu urteilen, ein eleganter Herr.

Ich ging gleich wieder hin, um ihm das Wechselgeld zu bringen, und er meinte, diese Kleinigkeit lohne die Mühe nicht und ich solle es für mich behalten.

»Ich nehme kein Trinkgeld«, erwiderte ich, »für Botendienste bin ich nämlich nicht zuständig.«

»Aha, wofür denn?«

Es entspann sich ein komisches Gespräch, denn er ist Wiener und spricht kaum polnisch, und so vermengten wir die beiden Sprachen in einer Salonkonversation. Wir drei gaben ein Bild ab! Er bis zur Nase zugedeckt, der Bengel sitzt auf dem Tisch und baumelt mit den Beinen, und ich, von Schnee triefend, stehe da wie eine Bohnenstange, denn da ich im Dienst bin, kann ich mich ja nicht gut hinsetzen. Auf einmal wies der Ingenieur den Jungen an, im Schreibtisch nach Schokolade zu suchen, »speziell für hübsche Fräulein«. Ich empörte mich, was das denn für eine Art sei, eine junge Person zu behandeln, und ging trotz seiner heftigen Proteste auf der Stelle.

Zwei Stunden später taucht unversehens der Herr Ingenieur im Laden auf, »um eine Lampe zu kaufen«, die es natürlich nicht gab. Während der »Alte« im Lager danach suchte, wandte sich der Ingenieur an mich: »Die Schokolade hat sich gefunden!«

Als ich daraufhin lachend »zu spät« sagte, rief er »Nicht möglich!«, holte ein Päckchen aus der Tasche, legte es, ehe ich opponieren konnte, vor mich auf den Tresen und ging mit einem vertraulichen »Servus!«.

Gestern kamen ganz unerwartet Hanna Łętowska und ihr Chef, Herr Ziembaczewski, ein netter und fröhlicher Mensch, bei mir vorbei. Sie holten mich aus dem Laden und nahmen mich mit in die Konditorei gegenüber, zu Kuchen, Kaffee und Schokolade! Auf der Kommandantur des Ordnungsdienstes verschafften sie mir für Samstag einen Passierschein für die Stadt.

Hanka imponiert mir. Sie verhält sich so, als gebe es keinen Krieg, kein Ghetto, keine üblen Gesetze. Als wären wir noch zwei Schülerinnen aus einer Bank im Gymnasium. Dabei hatte ich, bevor

wir uns näher kennenlernten, ihre ironischen Seitenhiebe gefürchtet, denn sie machte aus ihrem Antisemitismus keinen Hehl, doch richteten sich ihre Sticheleien nicht gegen Runka oder mich, sondern waren nur so dahingesagt. Hanka freundete sich mit niemandem in der Klasse an, außer mit uns beiden. Ihre Mama arbeitete im Pressehaus, und daher kannte Hanka Jalu Kurek, einen echten Schriftsteller! Es gab in ihrer Familie einige Tragödien, ich weiß nicht, wo ihr Vater war, warum ihre ältere Schwester sich vergiftete. Hanka erzählte mir, niemand kenne den Grund, vielleicht habe nicht einmal ihre Schwester selbst ihn gekannt; kurz vor dem Abitur habe sie im Nachbarzimmer Gift genommen, während alle dachten, daß sie lernt.
Hanka arbeitet beim Magistrat und hilft, wo sie kann. Ihr unerwarteter Besuch in unserem »zoologischen Garten« hat mich sehr aufgerichtet. Die Ghettomauer kann die Menschen also doch nicht völlig auseinanderreißen!

10. Dezember 1941
Seit zwei Tagen tobt ein neuer Krieg: Amerika und England gegen Japan, Rumänien, Ungarn und Bulgarien. Der Krieg verschlingt die ganze Welt. Gibt es einen friedlichen Fleck auf der Welt?

16. Dezember 1941
Ich fühle mich bedrückt und traurig, und wieder regt sich Auflehnung in mir. Vielleicht wäre es besser, wenn ich diesen zweitägigen Passierschein für die Stadt gar nicht hätte.
Ich wollte zu Hanka. Ich freute mich so sehr und strahlte diese Freude so sehr aus, daß jeder es merkte und mich anlächelte, vom Polizisten am Tor bis zu Bekannten und Unbekannten auf der Straße. Als ich rasch über die Brücke ging, gegen den Wind, der meine Haare auflöste und mir ins Gesicht blies, spürte ich mein Blut schneller in den Adern fließen, spürte ich endlich meine Jugend! Ich ging »meinen Weg«, durch Stradom am Wawel vorbei und über die Dębnicki-Brücke zur Barska-Straße. Zurück ging ich über die Zwierzyniecka- und Grodzka-Straße, und am Abend war ich auf angenehme und wohltuende Weise erschöpft und voller Eindrücke.
Die Stimmung und die Kollegen bei Hanka im Büro sind nett. Bei

ihr zu Hause das gemütliche Zimmer und das alte, verstimmte und dennoch wohlklingende Klavier, auf dem ich vor dem Krieg so oft gespielt hatte, wenn der Unterricht aus war. Hanka bat um diese »Vorkriegsmelodien«, und im Takt der Musik führten wir ein herzliches Gespräch. Danach ein langer Spaziergang – Hania hakte sich mutig bei mir unter, und extra an dem Arm, an dem man keine Binde trägt. Wir gingen durch die verdunkelte, düstere Stadt, aber es war doch mein geliebtes Krakau! Fast ein Jahr von der Stadt abgeschnitten, hatte ich naiv geglaubt, jenseits des Tores herrsche »normales Leben«, aber die Freiheit außerhalb der Ghettomauern ist wohl doch sehr fragwürdig.
Am nächsten Tag war ich wieder bei Hania, nur konnten wir nicht ganz ungezwungen plaudern, weil Kolleginnen bei ihr waren, und am Abend Herr Ziembaczewski, der sich, blau wie ein Veilchen, über seine wahnsinnige Liebe zu Hanka ausließ. Dieser reife, seriöse Mann von 48 Jahren hat sich wie ein Schuljunge in sie verliebt. Er wagt ihr nicht zu widersprechen, ist schüchtern und hilflos und wandte sich sogar an mich um Hilfe.
Als ich gestern Hanka gegenüber erwähnte, wie sympathisch er ist, antwortete sie knapp, wie es ihre Art ist: »Ja, allerdings. Außerdem ist er verheiratet. Ich bin katholisch.«
»Er doch auch?«
»Davon kann keine Rede sein!«
Heute hat mich Herr Ziembaczewski im Ghetto besucht und zu Kaffee und Kuchen in die Konditorei mitgenommen. Er ist wirklich ein aufrichtiger und freundlicher Mensch. Es scheint leider, daß ihn Hanka nicht liebt. Ein so starkes und reines, so gewaltiges, elementares Gefühl imponiert mir ungeheuer, und Ziembaczewski tut mir leid. Es bringt mich jedoch ein bißchen in Verlegenheit, daß er sich mit seinen Herzensangelegenheiten an mich wendet, wo ich doch in diesen Dingen nicht sonderlich erfahren bin.
Nach diesen Abstechern in die Stadt finde ich das Ghetto noch unerträglicher. Eigentlich bin ich aber aus einem anderen Grund traurig. Heute las ich ein (1938 erschienenes) Buch von Hanka, »Jutro będzie słońce« [Morgen scheint die Sonne] von Maria Kann, in dem das Leben von Gymnasiastinnen in Warschau geschildert wird. Es erinnerte mich an unsere Penne, an die Skikurse, die Schulveranstaltungen an Nikolaus. Was aber das wichtigste ist, die Heldin, die die anderen an Körperlänge überragt, schreibt Gedichte, heißt Hala und ist mein Ebenbild. Wirklich, ich könnte,

wenn ich über mich selbst schriebe, den Nagel nicht besser auf den Kopf treffen. Sie ist genauso sensibel, eigensinnig, dabei aufrichtig und direkt, genauso »unpraktisch«, impulsiv, lebensfremd, begabt und gleichzeitig faul, und sie studiert Literatur, genau wie ich es wollte. Ich würde sogar Kunstgeschichte vorziehen, wenn nicht alle dieses Studium für den Gipfel des Leichtsinns hielten. Ich las das Buch im Geschäft unter dem Tresen, und als ich am Abend im Regen und Nebel durch den Matsch stapfte, weinte ich, weinte und weinte ...

20. Dezember 1941

Alle Juden im Alter von 14-15 Jahren müssen sich einer anthropologischen Untersuchung stellen. Man erzählt sich Schreckliches; die Männer werden kastriert, und die Frauen erhalten Spritzen, damit sie keine Kinder kriegen. Ich hielt das nicht für möglich und habe mir keine Sorgen gemacht, als ich vor einigen Tagen die Vorladung erhielt. Man geht in Gruppen in die Stadt zum ehemaligen Geographischen Institut an der Grodzka-Straße. Unsere Gruppe ging zweimal umsonst und wurde erst beim dritten Mal vorgelassen. In unserer Gruppe waren fast alle Mädchen kleinwüchsig und eher brünett, und ein Gassenjunge rief mir zu: »Du, jüdische Tante, was drängst du dich zu diesen Juden!«
Der Arzt vom deutschen Gesundheitsamt, Jost Halbaum, sieht aus wie ein Schlachter, so dick und rot. Er besah sich uns, dann rief er uns einzeln herein, mich ließ er bis zum Schluß übrig, denn ich sehe am wenigsten nach einer Jüdin aus, und ich wußte im voraus, daß es so sein würde. Als ich im Hemdchen hinter dem Paravent hervortrat, wog er mich und maß meine Körpergröße, anschließend nahm er meine Gesichtsmaße, schaute mich lange wortlos an und begann in einem großen Buch zu schreiben. Aus dem Augenwinkel las ich: »Größe 1,72, Gewicht 54 kg, Schädel länglich (und irgendwelche Zahlen), Haut weiß, Augen blau, Haare hellblond, Nase gerade.« Dann zog er mir das Hemd aus, und ich stand nackt da. Ich dachte, was soll's, schließlich ist er Arzt. Aber das war eine merkwürdige Untersuchung, widerlich und unheimlich durch sein Schweigen. Er fuhr mir mit so etwas Ähnlichem wie einer runden Zahnbürste über die Brustwarzen, befahl mir, mich aufs Kanapee zu legen, und betastete mich in ordinärster Weise, wo es sich gehörte und wo nicht, wobei er mir Schmerzen zufügte.

Plötzlich vernahm ich seine Stimme, die aus diesem massigen Körper so dumpf wie aus einem Faß klang: »Eine Jungfrau! Keine Arier in der Familie?«
Woher sollte ich wissen, ob nicht schon mal jemand mit einem Arier gesündigt hatte? In meiner Verwandtschaft, allerdings nicht in der engsten, gibt es viele katholisch-protestantische Mischehen. Völlig unvorstellbar war, daß meine Oma oder meine Mama – mögen sie auch noch so fortschrittlich sein – irgendwelche außerehelichen Liebschaften hatten.
Ich verneinte, und er fuhr mit der »Untersuchung« fort. Ich biß die Zähne aufeinander, beim Anblick seiner ekelhaften dicken Finger war mir zum Kotzen! Als er irgendwelche Instrumente hervorholte, klopfte ein OD-Mann an und erinnerte unterwürfig daran, daß die Polizeistunde näherückte. Er brummte irgendwas, und ich verschwand hinter dem Paravent und kleidete mich weinend an, so schnell ich konnte. Noch jetzt schaudert mich vor Ekel, wenn ich an seine widerwärtige aufgedunsene Fresse und das lüsterne Betatschen seiner zitternden Hände denke. Brrr!
Zwei Tage später erhielt ich nochmals eine Vorladung zur Untersuchung. Ich jammerte, daß ich um keinen Preis hingehen würde, daß ich diesen »wissenschaftlichen Schlachter« nie wieder sehen wollte. Papa ging zum OD und flehte den Kommandanten an, auf der Vorladung zu vermerken, daß ich ausgesiedelt worden sei. Niemand kenne genau die Namen derjenigen, die bei der gestrigen Razzia (»Aktion«) in den Straßen des Ghettos fortgeschleppt wurden, und der Doktor könne den Sachverhalt nicht nachprüfen.

23. Dezember 1941
Unerwartet habe ich Józek »den Niederländer« getroffen. Er kam ins Geschäft, und da Lusia fort war, um etwas zu erledigen, konnten wir uns freimütig und ernsthaft unterhalten. Der »Niederländer« verbreitete sich über die neueste hebräische Literatur und generell über Palästina. Ich weiß nichts davon, außer daß es einen Dichter namens Bialik gibt. Ich war nie in zionistischen Organisationen und kann nicht nachempfinden, was das erträumte Palästina für die »Haluzim« bedeutete. Jedes hebräische Lied, jedes Fest ist in Józeks Augen ein Glied der Kette, die verbindet und vereint, Kraft zum Ausharren verleiht.
Ich habe nie daran gedacht. Mein Vaterland ist Polen. Unsere Fa-

milie ist seit Jahrhunderten assimiliert, niemand schürte »das heilige Feuer der Liebe zum Land der Vorväter«, auch wenn wir traditionell die Feste begingen, die übrigens immer traurig waren. Die Juden verlieren sich endlos in Erinnerungen an das Unglück ihres Volkes. Mir scheint, daß es das gemeinsame Leid ist, was die Juden am stärksten eint. Warum verfolgen uns die anderen unaufhörlich? Warum verstoßen und verhöhnen sie uns?
Józek fragte, ob ich nicht dächte, daß man für die Würde der Juden kämpfen muß, für unser Recht auf Leben oder zumindest auf einen menschlichen Tod ohne Erniedrigung. Natürlich, aber wie? Die Zivilbevölkerung sei stets geschützt gewesen, wenn sie, wie man sagte, die Anordnungen befolgte. Die kollektive Verantwortung wirke lähmend. Was kann man jetzt auf eigene Faust tun? Józek bemerkte, daß durchaus nicht »jeder für sich« sei.
Plötzlich begriff ich. »Józek, wenn du zu ihnen gehörst, dann nimm mich auch mit!«
Doch in diesem Moment verstummte er, vielleicht, weil Lusia gerade kam. Heute kam ich an dem Haus vorbei, in dem er wohnt, und trat ein. Er war nicht da. Schade.

25. Dezember 1941

Weihnachten ... Wie anders, wie unfeierlich. Am Heiligabend herrschte bei heulendem Sturm und Schneeregen im Ghetto überhaupt keine Stimmung für Weihnachtslieder. Erst heute nachmittag war es nach einem heftigen Schneesturm endlich weiß! Auch mir ist jetzt leicht und fröhlich zumute.
Herr Ingenieur Weißberg schaut jeden Sonntag bei uns vorbei. Wenn gerade der Chef da ist, gibt er vor, es gehe ihm um eine Reparatur der Stromleitung. Letztens erwähnte er, daß er nach Lublin, Międzyrzecze und Lemberg fahren wird. Verwandte von mir sind aus Krakau nach Międzyrzecze ausgesiedelt worden, die liebe Tante, die immer »Wien, Wien nur du allein« singt, und ihre Tochter Fela, unsere erste Klavierlehrerin. Natürlich macht er gern den »postillon d'amour« für mich, mit Vergnügen. Ich wunderte mich, daß er als »Armbinden-Jude« ungehindert durchs Land fahren kann, worauf er lachend sagte, daß die Armbinde in der Tasche reist und er im Abteil »für Deutsche«. Gern wird er meine Tanten aufsuchen und ihnen eine Sendung überbringen, wenn er sie nur rechtzeitig erhält, am besten vor acht, ehe er zur Arbeit in die Stadt geht. Also habe ich heute in aller Herrgottsfrühe bei ihm

geklingelt und ein Päckchen gebracht, das einen Brief und einen Honigkuchen aus Möhren enthielt.

Unsere flüchtigen Begegnungen bei ihm, die erste, als ich mit der Rechnung kam, und jetzt die zweite, haben etwas Groteskes und nichts Romantisches an sich. Natürlich war der Herr Ingenieur im Bademantel und barfuß, halb benommen kam er direkt aus dem Bett. Verwirrt strich er sich die Haare glatt und versuchte vergebens, mich auf ein Schwätzchen festzuhalten.

»Sie sind immer in Eile, nie hast du Zeit, Mädchen. Erwische ich dich denn immer nur als Kunde im Laden? Komm heute abend in die Konditorei Wohlfeiler.«

»Na gut, ich komme«, sagte ich, schon an der Tür. Ich war noch nie abends allein im Café. Ich gestehe, daß ich ein bißchen Bammel hatte, wie ich ihn dort finden würde, aber das war zum Glück eine überflüssige Befürchtung, denn er holte mich am Geschäft ab. Wir spazierten durch die verschneiten Straßen. Er ist wirklich groß, und ich muß zu ihm aufschauen. Als sich unter dem dunklen Sternenhimmel der steile Krzemionki-Berg vor uns erhob, konnte man sich einbilden, mindestens in Zakopane zu sein. Immer wieder lachend in Schneewehen einbrechend, erreichten wir den Gipfel.

Unter der Mauer hakte er sich bei mir ein und fragte: »Wie heißt du eigentlich mit Vornamen?«

»Halina.«

»Halinka. Auf russisch Galitschka. Ich heiße Alexander. Schau, wie schön es hier ist!«

Die Aussicht war herrlich. Ein stiller, silbrig-weißer Abend, ringsum lockerer Schnee, zu unseren Füßen das verdunkelte und dennoch schöne Krakau mit der Silhouette der schlanken Kirchtürme.

»Warst du schon einmal um diese Tageszeit hier? Nein? Dann hast du mir zumindest einen angenehmen Augenblick zu verdanken. Wir haben diesen Gipfel im Schweiße unseres Angesichts erobert, um dem Himmel näher zu sein. Siehst du? Dort ist der Orion.«

Er deutete hinauf. Ich betrachtete die Sterne in ihrem kalten Glanz, und mir fiel ein, daß sie in der Tatra faustgroß sind. Unwillkürlich stimmte ich das Lied an:

> Wie tut es gut, in tiefer Nacht
> Das helle Band der Wege langzuwandern,
> Im Licht der Sterne, die am Himmel strahlen,
> Und abzuwarten, was das Schicksal bringt ...

»Was singst du wieder, Mädchen?« fragte er in seinem singenden Wienerisch, das zwar nicht so unangenehm klingt wie das harte Deutsch, mich aber dennoch zusammenzucken ließ und aus den Erinnerungen an Sommertage vor dem Krieg herausriß, hier, vor der Ghettomauer. Ich versuchte, ihm den Liedtext zu übersetzen. Er seufzte: »Nun ja, bis jetzt hat das Schicksal dir nichts sonderlich Gutes gebracht. Aber diese Mauern sind nicht von Bestand. Sie werden einstürzen, und dann fängt erst das Leben an. Was möchtest du nach dem Krieg machen?« fragte er, so als sollte der Krieg schon morgen enden.

Warum weiß ich nicht, aber ich sagte ihm ehrlich, daß ich studieren und dichten möchte, wie eine Schriftstellerin.

Er schaute mich aufmerksam an und lachte auf: »Das ist mal was Neues! Bislang wollte jedes Fräulein in deinem Alter Schauspielerin und Filmstar werden. Und du – auf die Höhen der Erkenntnis!«

»Man muß sich der Situation anpassen, wenn wir schon auf dem Gipfel stehen!«

»Auf die Gipfel kommt man nicht so leicht.«

»Aber hier haben wir es doch geschafft. Doch wie kommen wir wieder herunter?« Ich schaute ängstlich auf den steilen Hang unter uns.

»Wie? Ganz einfach – so!« Feierlich setzte er sich in den tiefen Schnee, ich auch, und lachend sausten wir hinunter.

»Wir sind ja richtige Schneemänner!« scherzte er und klopfte uns den Schnee von den Mänteln.

Auf dem Weg zum »Polonia« führten wir ein vergnügliches Gespräch. Nach dem Konzert sprachen wir über Literatur, speziell über »Das Bildnis des Dorian Gray«. Beim Kaffee beobachtete er mich mit einem amüsierten Lächeln, was mich sehr verwirrte. Ich spürte, wie ich rot wurde, und da ich glaubte, daß er über mich lachte, brach ich meine Ausführungen zum Thema Oscar Wilde ab.

Auf einmal sagte er: »Jetzt weiß ich's! Du erinnerst mich an das frische und reine Mädchen, das Dorian Gray unter dem blühenden Apfelbaum traf und dem als einzigem er nichts zuleide getan hat!«

Ich errötete noch mehr und schüttelte zweifelnd den Kopf, obwohl es mir doch ganz angenehm war (schließlich bin ich trotz allem doch nur eine Frau). Er begleitete mich nach Hause und küßte mir zum Abschied die Hand. Ein angenehmer Mann, ein Gentleman ... So sicher und behütet fühlte ich mich, als ich mit ihm durch die verschneiten Straßen eingehakt ging.

26. Dezember 1941
Ich sehne mich nach ihm ...

29. Dezember 1941
Am Samstag vom frühen Morgen an außergewöhnliche Unruhe. Die Deutschen fahren mit Autos durchs Ghetto und rufen durchs Megaphon aus, daß sämtliche Pelze, warme Stiefel, Überschuhe, Handschuhe und Mützen, selbst Kindersachen, unverzüglich abzuliefern sind, und zwar bis vier Uhr am Nachmittag. Juden ist der Besitz eines Stückchens Pelz nicht gestattet – bei Todesstrafe. Sofort begannen alle, Kragen und schmückende Teile von den Mänteln zu trennen und den Pelz zur Sammelstelle zu tragen.
Natürlich erhielt man keine Bestätigung, sondern nur – einen Merkzettel mit einer Nummer, für die Durchsuchung. Schade um mein schönes Kostüm! Das Stück Robbenpelz ist nicht viel wert, aber so hübsch, und so versteckte ich es leichtsinnigerweise im Kohlenverschlag.
Papa trug seinen Pelz, unsere Muffs und Krägelchen hin, und ich paradierte im Kostüm mit abgetrenntem Pelz, so daß das Steifleinen zu sehen war. Obwohl es eigentlich eine Tragödie ist, mitten im Winter die einzigen warmen Sachen abzugeben, herrschte auf der Straße eine Stimmung von makabrer Fröhlichkeit. Grześ Krakauer sang mir ein ad hoc verfaßtes Lied zu der Melodie von »Hulaj bracie fajno« [ein populäres Tanzlied] vor:

Ich hatte einen schönen Pelz
Kammgarn, darunter Iltis,
Komisch, daß ich morgen schon
Blanko gehen muß!
Heute gingen scharenweise
Juden Pelze abzuliefern,
Auch ich gab die meinen ab -
Und damit meine Flöhe.

Brachten hin der Juden Töchter
Nutria und Persianer, alle gaben
Silberfüchse, schöne Nerze,
Nur daß der Soldat nicht friert!
Doch es wird die Stunde kommen,
Da ich diesem Hurensohn
Sein Fell abziehe, und dann
Werde ich zwei Pelze haben!

Die angekündigten Durchsuchungen ließen auf sich warten. Am nächsten Morgen eine Überraschung: Über Megaphon wurde bekanntgegeben, daß niemand das Haus verlassen dürfe, alle hätten die Durchsuchung in der Wohnung abzuwarten, und wenn auch nur ein Fetzchen Pelz gefunden werde, drohe die Todesstrafe. Strafbar sei auch, das Steifleinen am Mantel stehenzulassen, weil es an den Pelzkragen erinnere.

Wer gestern seine Sachen nicht abgeliefert hatte, warf nun teure Pelzmäntel und Pelzstolen in die Müllkästen. Ich verbrannte also meinen dürftigen Sealskin und den Muff – zumindest wurden die Kartoffeln darauf gar. Dieses Heft versteckte ich zwischen den Noten, und während ich auf die Durchsuchung wartete, schaute ich durch die halb zugefrorenen Scheiben auf unsere Sackgasse, die links an der Ghettomauer endete und rechts auf die Dąbrówka-Straße hinausging. Die Straßen waren ausgestorben, menschenleer, nur der Schnee rieselte still und dicht und bedeckte, da er nicht fortgekehrt wurde, die Welt mit einem dicken Schafpelz. Dieser Schnee ist zu locker für einen Schneemann, aber ausgezeichnet zum Skifahren, man gleitet so leicht darüber ... und zum Schlittenfahren. Ach, wohin schweifen meine Erinnerungen ab, und hier sind die Nerven aller aufs äußerste angespannt.

Nicht alle waren von der Durchsuchung betroffen, zu unserem Haus kamen sie gar nicht. Dafür beschlagnahmten sie dort, wo sie waren, um nach warmen Mänteln zu suchen, gleich noch Grammophone, Schreibmaschinen, Mehl, Zucker und andere Produkte.

Durchsuchung? Plünderung!

Zur Abschreckung erschossen sie fünf Leute. Wegen eines blöden Pelzes sein Leben zu lassen! Und wie sich die Einschätzung der Menschen geändert hat: Allgemein wird der Verlauf der Durchsuchung als sehr mild beurteilt. Und die fünf Ermordeten?

Am Nachmittag ging ich spazieren. Leichter Frost, Schnee, Sonne

– und ein abgeschabtes Mäntelchen, durch das der Wind geht, mit einem abgerissenen Kragen. Wie ein Bettler! Aber was soll's – alle gehen so »gerupft«. Ich ging zum Café, um Felek zu entschuldigen, der heute nicht spielen kann, weil er erkältet ist. Er behauptet, einen solchen Schnupfen zu haben, daß ihm das Gehirn aus der Nase rinnt.
Ich marschierte durch die verschneiten Straßen, das Gesicht von der Kälte gerötet und trotzdem froh. Ich war gar nicht erstaunt, als ich den Ingenieur erblickte, denn ich hatte die ganze Zeit an ihn gedacht. Das Ghetto ist so klein, daß es schwerfällt, nicht mehrmals am Tag aufeinander zu stoßen. Der Herr Ingenieur trug seinen schönen Biberfellmantel nach außen gekehrt und sprach mich lächelnd an. Er war in Begleitung einer Dame, und wir gingen zu dritt ein Stück und unterhielten uns. Sie wollten in die Konditorei, und der Herr Ingenieur lud mich herzlich ein. Aber ich entschuldigte mich – böse auf mich selbst, daß ich mich nicht bezwingen konnte, diese »erwachsene« Konkurrenz zu ertragen und mich plötzlich wie das fünfte Rad am Wagen zu empfinden. Ich hatte kein Geld, wollte nicht, daß er für mich zahlt, und so verabschiedete ich mich linkisch von den beiden. Traurig kehrte ich heim.

Ich weiß nicht, warum ich in Gegenwart des Ingenieurs meine Unbefangenheit verliere. Heute morgen kam er gleich nach der Eröffnung ins Geschäft, um in die Stadt zu telefonieren. Er wandte sich an mich, so als habe er mir etwas Wichtiges mitzuteilen, aber ich verpatzte das, indem ich von Belanglosigkeiten anfing. Er blickte mich an und ging mit einem gewissen Mißbehagen, ich empfand dasselbe.

In diesen »heißen Tagen« riefen Hania und Herr Ziembaczewski auf der Kommandantur des OD für mich an, quasi offiziell vom Magistrat aus, »die Jüdin Halina Nelken« betreffend, und verlangten, mich zu benachrichtigen. Dieser Herr Stanisław ist mein Schutzengel. Wie nett von ihnen, daß sie an mich denken! Daß sie sich um mich Sorgen machen! Der »Engel« versprach mir eine Bescheinigung, daß ich Straßenkehrerin des Magistrats bin, die ich bei einer Razzia vorweisen kann, um nicht zum Schneeräumen geschleppt zu werden. Gerade heute sind den ganzen Tag Razzien.
Der arme Papa geht in einer armseligen, zerschlissenen Joppe und

zittert vor Kälte. Mama hatte sich Reste von einem Persianermantel besorgt, der zu lang war, um sich daraus einen Kragen für den Mantel zu machen; und jetzt ist der Pelz weg. Für mein Kostüm hatte die ganze Familie zusammengelegt.

Der Herr Ingenieur hat sich schon einen neuen Mantel bestellt, er wird bestimmt nicht frieren. Ich muß so oft an ihn denken, und dann erscheint er mir als Symbol der Ruhe und Geborgenheit.

30. Dezember 1941
Seit Tagesanbruch rieselt ununterbrochen ein trockener, flockiger Schnee und deckt sanft die Häuser und Straßen zu. Sogar das abscheuliche Ghetto erscheint im winterlichen Gewand blitzsauber und hübsch. Vor dem Krieg bedeutete solch ein Schnee das reine Vergnügen, Ski- und Schlittenfahren. Aber heute? Seit dem frühen Morgen schnappen sie sich Männer und Frauen zum Schneeräumen. Wie erniedrigend, wenn OD-Männer oder Soldaten wie Schinder auf Menschen (Menschen!) Jagd machen, die wie aufgescheuchte Tiere flüchten. Ich flüchte nicht, und ich schäme mich für die anderen. Im übrigen habe ich den Feind lieber vor mir als im Rücken.
Doch vielleicht ist es richtig, daß sie flüchten, denn sie wollen ihre Kräfte nicht für eine idiotische Arbeit vergeuden, die nichts als Schikane ist. Ich muß Glück gehabt haben, daß sie mich nicht geschnappt haben.
Die Stimmung im Ghetto ist elektrisiert. Wieder wurden zwei Personen erschossen, weil sie Pelze versteckt hatten. Gestern wurden bei uns im Hauseingang drei fortgeworfene Pelzmäntel und Pelerinen aus Persianerfell gefunden. Alle Mieter waren ungeheuer erregt und beschlossen, diese Dinge zu verbrennen.
Morgen ist Sylvester. Sonst halte ich vor Jahresende immer Bilanz, aber jetzt weiß ich wirklich nicht, was ich unter »Haben« eintragen soll. Was? Vielleicht die monotonen Tage und die inhaltslos verstrichenen Monate, erfüllt nur von zaghaften Bedürfnissen. Ich bin niedergeschlagen und sehne mich ein wenig nach – dem Ingenieur. Ich wollte ihn fragen, wann er fährt, wie er Sylvester verbringt; ich wollte ihm ein paar nette Worte sagen – statt dessen redete ich dummes Zeug, bis der »Alte« schließlich kam und der Ingenieur ging. Wann wird endlich auch in mir ein sol-

cher Frieden sein wie auf den Feldern von Krzemionki, die von Schnee bedeckt und so wunderbar silbrig-weiß waren an jenem Abend?

31. Dezember 1941

Sylvester ... Das alte Jahr endet, ein neues beginnt. Was wird es mir bringen? Neue Traurigkeiten und Enttäuschungen? Neue Bitterkeit?

Morgen früh um sieben haben sich alle im Alter von 14-20 Jahren auf dem Arbeitsamt an der Józefinska-Straße einzufinden. In diesem Gebäude war meine Volksschule. Was würden wohl die Frau Direktorin und unsere Lehrerin dazu sagen, daß in den Klassenräumen Karteien mit den zur Zwangsarbeit eingeteilten Juden sind? Alle sollen sich melden. Wozu? Man weiß es nicht. Es sind verschiedene Versionen im Umlauf, die Situation ist angespannt, allgemeine Aufregung. Dabei ist doch heute Sylvester ...

Ich zog mich am Abend um und ging zu Mundek Engelstein. Die Gäste wie immer, Grammophon, belegte Brote, Kuchen und Wodka. Der Ingenieur war natürlich auch da! Wir tanzten viel, ich trank viel und lachte fröhlich, so fröhlich, daß ich die ständige Unruhe und die unablässige Trauer überspielte. Am wunderbarsten war der Walzer – im Takt der Wiener Melodie schwebte ich fast in den Armen des Ingenieurs, den glatten Boden kaum berührend. Um Mitternacht brachten wir mit erhobenen Gläsern einen Toast auf das Neue Jahr aus. Als das Licht ausging, legte der Ingenieur schützend seinen Arm um mich. Gegen Morgen zog ich mich auf das Kanapee in der Ecke zurück, lehnte mich an ihn und schloß die Augen. Schlafen! So wohl fühlte ich mich jetzt! Da drehte er mein Gesicht sanft dem seinen zu und küßte mich behutsam, weich, zärtlich. Ich schlug die Augen auf und begegnete seinem Blick, der voller Wärme und Zärtlichkeit war. Ich atmete tief, fühlte mich bei ihm so sicher! Ich schloß die schweren Lider, schmiegte mich mit der Wange an seine Schulter – und schlummerte ein.

Alles nicht wahr! Ich bin nirgendwo gewesen, habe nicht getrunken, nicht getanzt, mich nicht an den Ingenieur geschmiegt! Es ist nur Phantasie, auch wenn zu ihrer Verwirklichung nicht viel fehlte! Daß es nicht so gekommen ist, liegt an meinem »Stolz«, genauer, an meiner Dummheit. Er hatte mich schließlich gebeten, zu einer »kleinen geselligen Sylvesterversammlung« zu ihm zu kommen. Was bin ich für eine furchtbare Gans! Ich fand es un-

denkbar, die ganze Nacht bei ihm zu bleiben, denn es gab ja die Polizeistunde, und so sagte ich ab. Jetzt tut es mir unendlich leid. Denn statt zu ihm ging ich zu Dziunias Geburtstag, leitete ihren »Kinderball«, und jetzt ist es zehn Uhr abends, ich schreibe dies im Bett, während meine Familie, die am Einschlafen ist, klagt, warum ich das Licht nicht lösche, denn morgen heißt es ja früh aufstehen, und wer weiß wozu, ob zur Aussiedlung oder zur Arbeit. Nichts außer dieser Zwangsarbeit und der Aussiedlung!
Sylvester!... Irgendwo sind die Menschen jetzt vergnügt, irgendwo sterben Menschen an den Fronten, irgendwo weint jetzt leise ein hungriges Kind, irgendwo zittert jetzt ein ausgezehrter armer Teufel vor Kälte. Es naht das neue Jahr unter den Klängen von Jazzmusik, dem Dröhnen der Kanonen und der Fliegerbomben, dem Stöhnen der gepeinigten Menschen. Wird es die Tränen trocknen und die Wunden schließen, wird es das Blutvergießen aufhalten, das kommende Neue Jahr 1942? Wird es ... auch mir einen ungetrübten Augenblick des Glückes bringen? Neues Jahr, erbarme dich unser, erbarme dich jedes unschuldig verfolgten Menschen. Gut, daß inzwischen alle eingeschlafen sind und ich meine Trauer und meine Tränen jetzt nicht mehr verbergen muß, daß ich wenigstens jetzt unverhüllt, wenn auch kindlich ins Kissen weinen darf.

1. Januar 1942

Um sechs Uhr früh weckte mich Papa aus einem angenehmen Traum. Ich mußte sofort aufstehen, damit ich um sieben beim Arbeitsamt war. Auf der Straße war es dunkel. Es schneite. Die Menschen drückten sich an den Hauswänden entlang wie Schatten. Das Eingangstor des Ghettos, von einer lila-blauen Laterne beschienen, mit einem Polizisten im Schaffellmantel und behelmten Soldaten, wirkte wie eine Theaterdekoration aus einem mittelalterlichen Stück. Vor dem Arbeitsamt Massen, tausende Menschen. Gruppen rückten zur Arbeit ab, der Rest stand in Eis und Schnee und fror.
Bis wir an die Reihe kamen, war es elf. So lange standen wir sinnlos draußen, bei klirrender Kälte! Ich war so furchtbar steif geworden, daß sich die älteren Frauen meiner erbarmten und mich nach Hause schickten. Ich verkroch mich unter Bettdecke und Wolldecken und taute allmählich ein bißchen auf.
Gegen Abend ließ der Frost nach, es schneite wieder. Ich machte

einen Spaziergang und dachte an ... ach, lassen wir das! Ich traf ihn ohnehin nicht. Ich schaute bei der kleinen Hala und bei Zosia Korngold in der Drahtfabrik herein. Wir gerieten ins Plaudern und lachten sogar. Irgendwie mögen mich alle, ich bin nur von Menschen umgeben, die freundlich zu mir sind – aber eigentlich fühlt man sich vollkommen, vollkommen allein.

3. Januar 1942

Ich hatte Sehnsucht nach ihm. Ich kann nicht genau sagen, ob nach ihm an sich oder nach dem Gespräch mit ihm oder nach ... ich weiß es nicht. Es tat mir leid, daß der Kontakt abgerissen war. Obendrein hängt das »Lux« an einem dünnen Faden, und ob Herr Ziembaczewski etwas für meine Anstellung tun kann, ist ungewiß. So viele Sorgen brechen über einen herein. Aber gestern, als ich auf das Öffnen des Geschäfts wartete, traf ich den Ingenieur. Während wir uns unterhielten, faßte ich Mut und flüsterte, ohne ihn anzusehen: »Ich muß mich mit Ihnen treffen.«

»Wann und wo?« fragte er bloß.

Ich blickte auf und sah ihn aufrichtig lächeln. Warum mußte er es mir überlassen, den Ort des Treffens zu bestimmen? Ich war ganz verwirrt.

»Ich weiß, daß es bei Ihnen zu Hause beengt ist. Die Kälte ist nicht gerade ideal zum Spazierengehen, und außerdem ist das Ghetto ziemlich klein. Wie wäre es also morgen vormittag bei mir?«

Das leuchtete mir sofort ein. Augenblicklich hob sich meine Stimmung. Wie doch ein einziges Lächeln, ein paar freundliche Worte und ein warmer Blick das Selbstgefühl beeinflussen!

Weil ich am Neujahrstag vor dem Arbeitsamt in der Kälte stand, bin ich heiser und huste stark. Am Nachmittag scheuchte mich Mama ins Bett, gab mir reichlich Aspirin, und ich schlief sogleich ein, damit die Zeit bis zum Morgen schneller verstrich.

In der Frühe stand ich voller Freude auf, zog mich rasch an und ging. Als ich mich seinem Haus näherte, verlangsamte sich mein Schritt. Ich kam mir, ehrlich gesagt, etwas dumm vor. Wenn er sich nun etwas anderes dabei dachte, daß ich zu ihm kam? Schließlich geht ein junges Mädchen nicht zu einem Junggesellen in die Wohnung, um sich über Literatur zu unterhalten. Mit bebendem Herzen klopfte ich an – Stille. Dann machte die Putzfrau auf und sagte, der Herr Ingenieur sei vor einem Augenblick gegangen.

Ich war ratlos! Aber dann wurde ich wütend, riß eine Seite aus dem Notizbuch und vermerkte darauf ironisch: »Der geehrte Herr hat vergessen ...«

Ich ging mit gemischten Gefühlen – sollte ich lachen oder weinen? Ich wußte nur eines: Selbst die größte Belanglosigkeit wird bei mir zu einer komplizierten Angelegenheit. Ich schämte mich bloß vor Mama, die wußte, wohin ich gegangen war, und vor mir selbst, daß ein Kavalier mich stehengelassen hatte. Außerdem wußte ich nicht, was anfangen mit dem Morgen, der so schön begonnen hatte, an einem arbeitsfreien Tag. Also ging ich nach Krzemionki. Es war wärmer geworden, die Füße versanken im Schnee wie in Watte. Ich blickte hinunter auf die Felsen und die schneebedeckten Ghettomauern – wie ein mit Zucker bepuderter Kuchen! – und kehrte nur ungern nach Hause zurück.

Mama sagte, der Ingenieur sei dagewesen und habe mich gesucht. Er habe sich entschuldigt, weil er für einen Moment bei Nachbarn gewesen sei; die Bedienstete habe ihn rufen sollen, falls ich in der Zwischenzeit käme. Da es sich so unglücklich gefügt habe, werde er mich am Nachmittag abholen. Wieder war ich ratlos. Hanka wollte mich aus der Stadt besuchen – was also tun?

Gleich nach dem Mittagessen kam er. Bei uns war natürlich alles voll von Tanten und Bekannten, also machten wir uns auf zu seiner Wohnung.

Das Zimmer war sauber, hell und gemütlich. Es roch nach Bohnerwachs, der niedrige Kachelofen strömte eine anheimelnde Wärme aus.

Er bot mir Schokolade an, und während er munter schwatzte, strich er mir übers Haar. Schließlich versuchte er mich zu küssen. Obwohl ich davon geträumt hatte, entzog ich mich nun verwirrt seiner Umarmung, lehnte mich an den Ofen und blickte zu Boden. Ich hatte ihm soviel zu sagen, aber auf einmal blieb mir die Zunge im Halse stecken. Schließlich flüsterte ich: »Wenn Sie glauben, daß ich zu dem Zweck gekommen bin, täuschen Sie sich ...«

Er blickte mich an, erstaunt, verwundert, so als hätte ich etwas Unerwartetes gesagt, dann lächelte er kopfschüttelnd, setzte sich neben mich und sagte, meine Hände ergreifend: »Keine Angst, kleines Fräulein! Ich werde dir nichts tun. Es wäre unverzeihlich, dir Unrecht zu tun, so jung und sympathisch wie du bist, unschuldig wie eine frische Blume. Du trägst blaue Vergißmeinnicht im Ohr, du erzählst deiner Mama, daß du ein Rendezvous mit einem jungen Mann hast, aber du verstehst es auch, auf interessante Weise über Literatur, über dich, über Musik und Kunst zu sprechen – das findet man selten bei einem so jungen Geschöpf. Besonders heute, besonders hier, wo alles, was nicht unmittelbar lebensnotwendig ist, abgetan wird. Aber mir gefällst du so, wie du bist. Sag doch, worüber wolltest du dich mit mir unterhalten?«

»Über alles!« entfuhr es mir. Mühsam, ohne ihn anzuschauen, begann ich: »Sie sind ein starker Mensch, ich nicht. Ich mag Menschen, die mir an Willenskraft und Charakterstärke überlegen sind. Ich habe den Eindruck, daß Sie für vieles Verständnis haben. Sie leben ja nicht nur, um zu essen und Geschäfte zu machen. Ich höre gern, was Sie über dies und jenes sagen, es ist so überzeugend und geistreich. Ich möchte so vieles von Ihnen erfahren, lernen, stundenlang mit Ihnen reden – und ich kann es nicht!«

»Aber warum denn?«

»Ich weiß nicht ...«

Er stand auf. Er zog mich an sich und fuhr mir mit den Lippen zart über die Wange.

»Kindchen ... süßes kleines Kindchen ...«

Ich wandte den Kopf ab – ich wußte nicht, wie ich mich verhalten sollte.

Er setzte sich und fragte mit einem warmen Ausdruck in seinem Blick: »Warst du schon einmal verliebt?«

»Ich glaube nicht. – Liebe war das nicht«, fügte ich hinzu.

»Wie lebst du hier eigentlich? Was machst du, was denkst du, wenn du in diesem Laden sitzt?«

Ich seufzte, und um ein Haar hätte ich ihm gestanden, daß ich nur an ihn denke. Die Unterhaltung nahm eine andere Wendung. Ich war wütend über mein eigenes Verhalten, aber ich konnte nichts daran ändern. Außerdem mußte ich daran denken, daß Hania vielleicht zu Hause auf mich wartete. Und was würde Mama wohl sagen, wenn sie wüßte, daß er mich küssen wollte; bestimmt würde ich nicht mehr herkommen dürfen. Unvermittelt erklärte ich ihm, ich müsse sofort gehen, zu Hause warteten Gäste aus der Stadt auf mich.

Er ließ sich nicht aus der Fassung bringen, sondern blätterte gelassen in den Büchern auf seinem Schreibtisch, von denen er mir eines mit den Worten reichte:

»Wie du willst. Aber wenn ich schon dein Mentor sein soll, dann nimm zur Kenntnis, daß du nicht so leicht davonkommst. Du sagtest, daß du Gedichte liebst, aber ich bin sicher, daß du aus der

deutschen Literatur nur ›Sah ein Knab' ein Röslein stehn‹ und den ›Erlkönig‹ kennst.«
»Das stimmt nicht! Ich kenne außerdem ›Edel sei der Mensch‹ und ›Werthers Leiden‹. Und das ›Nibelungenlied‹! Und den ›Handschuh‹ von Schiller und ›Wilhelm Tell‹.«
Er breitete in gespielter Bewunderung die Arme aus, und ich, plötzlich von meinen Hemmungen befreit, plapperte drauflos. »Ich kenne das ›Buch der Lieder‹ von Heine, und ich vergöttere ihn! Außerdem kenne ich noch den langweiligen Uhland, ich habe sogar eine seiner Balladen, ›Des Sängers Fluch‹, ins Polnische übersetzt.«
»Uhland ist durchaus nicht langweilig. Heine, diesen verkannten Poeten, muß man einfach vergöttern. Aber bestimmt kennst du Rilke nicht, und das ist erst ein Dichter! Hier, lies, mach dir die Mühe, und nächstes Mal sagst du mir, was du von ihm hältst. Aber jetzt hör zu!«
Er begann, mit seiner tiefen Stimme zu rezitieren, die sich für mich auf seltsame Weise mit leise rieselnden Schneeflocken verbindet:

Herbsttag
Herr: es ist Zeit. Der Sommer war sehr groß,
Leg deinen Schatten auf die Sonnenuhren,
und auf den Fluren laß die Winde los.

Befiehl den letzten Früchten voll zu sein;
gib ihnen noch zwei südlichere Tage,
dränge sie zur Vollendung hin und jage
die letzte Süße in den schweren Wein.

Wer jetzt kein Haus hat, baut sich keines mehr.
Wer jetzt allein ist, wird es lange bleiben,
wird wachen, lesen, lange Briefe schreiben
und wird in den Alleen hin und her
unruhig wandern, wenn die Blätter treiben.

Ich lauschte gebannt, plötzlich in eine andere Welt versetzt, in der die Empfindungen und Kümmernisse der Menschen nicht nur vom Krieg herrührten. Ich wollte gar nicht mehr weg, aber ich konnte auch nicht bleiben.
Als er mir den Mantel reichte, umarmte er mich leicht, dann immer stärker, und hob mich hoch: »Siehst du? So groß bist du und

zugleich so klein!« Und dabei gab er mir einen kräftigen Kuß auf den Mund.

Ich riß mich los, stammelte etwas, wobei mir klar wurde, wie unmöglich ich war – und wir traten hinaus. Auf den Straßen schmolz der Schnee. Schweigend gingen wir dahin.

Vor dem Abschied fragte er: »Bist du mir böse?«

Ich erwiderte nichts. Da hob er mit leichter Geste mein Gesicht zu sich, und ich begann mit abgerissener, bebender Stimme: »Und wenn das, was für Sie bloß eine Episode ist, für mich ein sehr wichtiges Erlebnis ist, wichtiger als für Sie? Sie halten mich gewiß für eine dumme, sentimentale und naive Gans, aber ich möchte nicht in der Masse untergehen, nicht eine von vielen sein!«

Er wurde ernst und erwiderte, meine Hand an seine Lippen hebend: »Nein, Halinka. Du bist nicht dumm. Naiv? Natürlich, aber das ist in deinem Alter doch etwas Reizendes. Du bist so sehr nett und niedlich. Und was die ›eine von vielen‹ angeht, darüber sprechen wir morgen. Vielleicht wirst du schon bald vieles erfahren. – Du wirst ja schon wieder rot!? Schon lange hat nichts mehr einen so starken Eindruck auf mich gemacht wie dein hübsches Erröten, als ich einmal unverhofft in deinem Laden erschien. Du bist aufrichtig und unverdorben. Auf Wiedersehen, mein Frühlingsblümchen ...«

»Auf Wiedersehen!«

Wenn er wüßte, wie verwirrt dieses »Frühlingsblümchen« jetzt ist!

19. Januar 1942

Er hat mich zurückgelassen voller Träume und Sehnsüchte – und böse auf mich selbst, denn ich hatte ihm doch soviel zu sagen. Aber alles, was ich tun und sagen wollte, war ungeschickt und mißraten. Als er ins Geschäft kam, war ich gerade nicht da, und eine ganze Woche lang hat er nichts von sich hören lassen. Ich sehnte mich nach ihm und wartete auf ihn. Da aus seiner beabsichtigten Reise offenbar einstweilen nichts wurde, hielt ich es schließlich für angebracht, das Päckchen für die Tante zurückzuholen, damit die Torte nicht verdarb, und so schickte ich unseren Boten mit einem Zettelchen zu ihm. Resultat: Der Herr Ingenieur erscheint umgehend höchstselbst, doch wie immer schafft das düstere Geschäft nicht die geeignete Atmosphäre für ein interessantes oder gar persönliches Gespräch. Anderntags ging ich die Kenn-

karte verlängern und stand den Vormittag in irgendeinem Amt herum, während er zweimal im Geschäft nach mir fragte. Am Nachmittag kam er wieder. Ich freute mich, und seine Augen strahlten, als er sich von der Tür aus an mich wandte und fragte, ob er gestern Ohrenschützer getragen habe, denn er habe sie verloren und wisse nicht wo, und irgendwie müsse man doch die Ohren vor dem Frost schützen.
»Am besten in der Tasche«, riet ich. Selbst Lusia mußte lachen, und mich verließ der Mut, und wieder sagte ich nicht, was ich sagen wollte. Wieder eine lange Woche der versteckten Erwartung, und natürlich taucht Alexander wieder im Geschäft auf, als ich gerade einen Moment nicht da bin.

In den Straßen liegt Schnee, und der Frost erreicht 25 Grad. Noch nie habe ich die Grausamkeit des Winters so empfunden. Oma pflegte uns wehmütige Gedichte zu rezitieren, in denen der arme Mann den Schnee vom Weg kehrte. Jetzt sind wir alle pausenlos am Schneeräumen, und es wird immer mehr! Wohnblockweise rücken wir zur achtstündigen Arbeit aus. Ich zog mir Skihosen an, eine braune Jacke von Mama, dicke Stiefel und einen blauen Schal, rieb mir das Gesicht mit Vaseline gegen den Frost ein, und nachdem ich eine Schaufel in Empfang genommen hatte, ging ich den Optima-Platz vom Schnee säubern. Aus schierer Langeweile fuchtelte ich mit der Schaufel, um mich aufzuwärmen. Die Gruppen, die außerhalb des Ghettos in der Stadt arbeiten, frieren allein schon wegen des langen Weges, während wir hier zwischendurch nach Hause laufen können. Wir trafen uns dann bei den Magazinen, um die Schaufeln wieder abzuliefern.
Ich war gerade mit diesem »Gerät« unterwegs, als mir Ferdek Wahl begegnete. Als er mich in voller Montur einer Scheeräumerin erblickte, ließ er verwundert seine Tasche fallen und hob mich wie eine Feder hoch: »Gesegnete Arbeit! Wir gehen auf der Stelle Kuchen essen, mit dieser Schaufel!«
Beim Verlassen der Konditorei erklärte er, daß ich ihm heute ungeheuer gefiele und er mich küssen müsse, was er auch tat. Ferdziu ist ein Mordskerl, groß, stark, hochgewachsen und grünäugig. Ich mußte über seine Gelüste lachen und erwiderte den Kuß auf seine rasierte Wange und wunderte mich, daß ich mich beim Ingenieur so anders, unnatürlich, verhalte. Die leere, von der blassen Wintersonne beschienene Gasse hallte in der klaren, frostigen Luft von unserem sorglosen Lachen wider.

Wie von einem Ausflug kehrte ich heim. Ich denke daran zurück, wie ich vor einem Jahr an solchen sonnenhellen Tagen mit Staszka spazierenging. An Alexander denke ich auch. Wie merkwürdig! Ich liebe ihn nicht, ich bin nicht eifersüchtig auf ihn, mein Selbstwertgefühl würde keinen Schaden nehmen, wenn ich ihn mit einer anderen sehen würde, Wer weiß, wie viele Weiber er in der Stadt hat? Und doch steckt »dieses Etwas« in mir wie ein Stachel. Was ist es bloß?

20. Januar 1942

Ich fühle mich wohl zu Hause. Ich bin wieder familiär gestimmt. Ich mag unser Zuhause, unser sauberes, helles, angenehmes Zimmerchen, wo Mama immer da ist, bereit, sich alles anzuhören, wo ich fast alles habe, vom liebevollen Lächeln bis zu den kleinlichen Nörgeleien, die aber, wie ich weiß, daher rühren, daß sie sich Sorgen um mich macht. Mama weiß, daß ich den ganzen Tag bis spät abends in der Arbeit bin, und wenn ich mich auch nicht überanstrenge, sondern eher vor Langeweile sterbe, muß ich doch in dem eisigen Laden aushalten, wo ich mich mit nichts beschäftigen darf. Deshalb sorgt Mama selbst dafür, daß ich saubere Taschentücher und frische Blusen habe, und sie stopft meine Strümpfe. Mama ist zierlich, behende, ungemein rührig und energisch, ich liebe sie sehr, auch wenn ich ihre boshaften Sticheleien und ihre despotischen Befehle oft nicht ertrage. Nun, vielleicht weiß sie es ja besser ... Ich schaue jetzt mit Liebe zu ihr herüber, während sie im Bett liegt und mit Papas Hornbrille, die sie seit kurzem gemeinsam benutzen, ein Buch liest. Die Brille ist ihr zu groß und verdeckt fast ihr kleines Gesicht. Besonders liebe ich Mamas schöne, schmale Hände, die jetzt so abgearbeitet sind. Mit ihnen macht sie den Ofen an, kocht das Essen, räumt auf, stopft, bindet Bürsten und führt in ihrer schönen Handschrift die Handelsbücher im Studentenwohnheim. Die teuren, geliebten Hände meiner Mama.

Er war heute im Geschäft. Schaute mich voll Zärtlichkeit und Sympathie an. Die schönen Gedichte Rilkes habe ich ihm schon zurückgegeben. Eines habe ich zu übersetzen versucht, unter Wahrung des Rhythmus und der Stimmung; es ist sehr schwer.

Die Einsamkeit

Die Einsamkeit ist wie ein Regen.
Sie steigt vom Meer den Abenden entgegen;
von Ebenen, die fern sind und entlegen,
geht sie zum Himmel, der sie immer hat.
Und erst vom Himmel fällt sie auf die Stadt.

Regnet hernieder in den Zwitterstunden,
wenn sich nach Morgen wenden alle Gassen,
und wenn die Leiber, welche nichts gefunden,
enttäuscht und traurig von einander lassen;
und wenn die Menschen, die einander hassen,
in einem Bett zusammen schlafen müssen:

dann geht die Einsamkeit mit den Flüssen...

Ich bin traurig, daß er wegfährt. Wenn er doch einfach nach Rzeszów führe und mich mitnähme zu Staszka ... es wäre zuviel des Glücks. Ach, ich bin töricht.

22. Januar 1942

Lusia ist krank, und ich bin allein im Geschäft. Ich erledige für sie und mich die Kundschaft, die Telefonate, die Kartei und die Kasse. Alles läßt sich wunderbar miteinander vereinbaren, was bei Lusia selten der Fall war. Allerdings kommen auch immer weniger Kunden. Die Leute sind genötigt, Lampen und elektrische Öfen auf geniale Weise selber zu reparieren.

Józek der »Niederländer«, hat sich verlobt! Das trug mir sein verheirateter Freund zu, der mich für diese Verlobung verantwortlich macht: »Sie wußten doch, wie sehr er Sie liebt; warum haben Sie ihn abgewiesen?«

Es stimmt, das wußte ich. Aber nicht jede Liebe wird erwidert. Im Sommer sind wir abends öfter durch Krzemionki spaziert und haben uns vorbehaltlos über alles ausgesprochen, aber dieser Freund weiß nichts davon und nennt Józeks Verlobung einen Verzweiflungssprung in den Abgrund. Ich gratulierte Józek telefonisch, und am Sonntag tauchte er im Laden auf. Zum Glück war der »Alte« nicht da.

»Halinka! Ich hab dich schon so lange nicht mehr gesehen!« rief er freudestrahlend aus.

Es war vielleicht unangebracht, aber ich mußte ihn doch fragen: »Józek, sag mal, bist du glücklich?«
Er wurde nachdenklich. »Glücklich? Eher ›bedächtig‹. Aber davon abgesehen liebe ich doch nur dich!« Dabei wackelte er komisch mit seinen mächtigen, zusammengewachsenen Brauen.
Ich mußte lachen. »Zu spät! Jetzt bist du für die Welt verloren, und wenn ich das deiner Verlobten erzähle, dann kannst du was erleben!«
Er bestach mich mit Bonbons. »Mir kann keiner etwas vorwerfen. Ein so bezauberndes und vernünftiges Mädchen wie du.«
»Mit vernünftigen Frauen unterhält man sich gern, aber ...«, sagte ich augenzwinkernd und biß mir auf die Zunge. Ich fragte ihn nach den »ideologischen Dingen«, von denen wir zuletzt gesprochen hatten. Józek wurde ernst und erklärte, er werde in Kürze wegfahren.
»Hat deine Auserwählte etwas damit zu tun?«
»Überhaupt nichts. Ich möchte sie nicht gefährden.«
»Du gefährdest sie doch auch so. Im Ernstfall wird doch die ganze Familie, das ganze Haus, die ganze Straße gehen. Wer ist hier denn überhaupt sicher? Ja, und was ist mit mir?«
»Hände weg. Das ist nichts für Kinder.«
»So einfach kannst du mich nicht abfertigen. Ich möchte doch helfen, etwas tun. Hast du kein Vertrauen zu mir?«
Alle sind ungeheuer konspirativ. In so eine Gruppe kommt man nicht hinein, außer sie nehmen einen von sich aus auf. Recht haben sie. Im Ghetto wimmelt es von Spitzeln, überwiegend deportierte deutsche Juden, wie dieser reiche Förster. Was sind das nur für Kreaturen, warum machen sie das? Für Kies und um ihre Haut zu retten, auf unsere Kosten. Sie haben Geld, und doch stehen sie völlig allein. Alle hier gehen ihnen aus dem Weg, und die Deutschen verachten Leute dieses Schlages sicherlich auch.
»Also was, vertraust du mir nicht?«
»Natürlich vertraue ich dir. Aber für diese Aktion bist du aus vielen Gründen völlig ungeeignet. Wir sprechen uns noch, wenn ich zurück bin.«
»Vergiß nicht, daß auch ich mich nützlich machen kann, irgendeine Aufgabe erfüllen möchte.«
»Du hast sie schon!« sagte er lachend im Hinausgehen, »und was für eine! Du wirst überleben und uns alle unsterblich machen!«

Als ich abends die Kasse machte, kam der Ingenieur. Weil der

»Alte« da war, kaufte er eine Glühbirne – er muß schon ein ganzes Lager zu Hause haben; er rief an und sagte, er erwarte mich in der Konditorei Wohlfeiler.

Er saß am ersten Tisch und aß zu Abend. Als er sah, daß ich vor Kälte bibberte, brachte er mir Kaffee und Kuchen. Wir führten in dem Stimmengewirr, das die verräucherte Konditorei erfüllte, ein belangloses Gespräch. Plötzlich trat ein behelmter Soldat ein und überprüfte die Kennkarten. In dem kleinen Saal breitete sich die Sorge aus, es könne sich um eine Razzia handeln. Als der Soldat gegangen war, brach das erregte Stimmengewirr um so heftiger aus. Wir blieben noch eine Weile, obwohl mir der dichte Zigarettenqualm zuwider war. Wie gut, daß Alexander nicht raucht. Einige Bekannte meiner Eltern schauten mich verwundert an, als ich mit ihm auf die Straße trat. Er ergriff meine Hand und schob sie in die Tasche seines Mantels, um meine steifen Finger zu wärmen.

»Na, wie geht es dir, Halina? Bist du noch traurig und allein und anders als alle jungen Mädchen? Warum suchst du dir nicht einen jungen Mann?«

»Denken Sie, ein junger Mann sei ein Mittel gegen alles?« erwiderte ich, wobei ich ihm innerlich recht gab, daß es schon möglich sei, daß gegenüber dem »Geliebten« alles andere in den Hintergrund tritt.

Bei ihm im Zimmer war es warm und gemütlich. Er machte die kleine Stehlampe an und setzte sich in den Sessel, während ich mich am Ofen wärmte, noch immer vor Kälte zitternd.

»Wie still es hier ist – man hört dich mit den Zähnen klappern«, sagte er lächelnd.

Tatsächlich drang kein Laut in diese moderne, dem menschlichen Blick entzogene Dachwohnung. Wenn man im Korridor des zweiten Stocks steht, denkt man, die Treppe führe zum Dachboden, und dann findet man hier eine so hübsche Junggesellenwohnung.

»Ihre Einsiedelei hier ist eine einzige Insel der Ruhe.«

»Ich bin alles andere als ein Einsiedler. Um diese Tageszeit bin ich fast nie allein. Ich habe gern Menschen um mich. Du bist auch nicht gerade eine Einsiedlerin. Aber wie dem auch sei. Wartest du auf die große und wahre Liebe, Halinka? Auf das große Erlebnis?«

»Nein. Ich warte nur auf einen Menschen, den ich lieben könnte«, sagte ich schlicht, wobei ich mir darüber klar war, wie banal das klang, obwohl es aufrichtig gemeint war.

»Und den gibt es hier im Ghetto nicht? Glaubst du, daß die Menschen außerhalb anders sind?«
»Oh ja. Die Bedingungen prägen doch die Menschen, haben Einfluß auf Charakter und Verhalten.«
»Die Bedingungen hier sind von zu kurzer Dauer, um jemandes Charakter beeinflußt zu haben«, warf er ein. »Wenn sie jetzt schon eine Veränderung bewirken konnten, dann hatte der Betreffende überhaupt keinen Charakter. Hier gibt es doch viele intelligente junge Menschen. Was stößt dich an ihnen ab?«
Im Grunde können sie nichts dafür, daß mich selbst Kleinigkeiten anwidern: Arroganz, ordinäres Geschwätz, besonders, wenn es nicht einmal witzig ist. Grobschlächtige Reflexe – auch ich weiß nicht immer, wie man sich verhalten soll, aber ich verhehle nicht, daß Vulgarität mich entmutigt. Schmutzige Fingernägel, Verwahrlosung, Unreinlichkeit, das berührt mich unangenehm. Ein Herr muß elegant sein und hübsch »nach Sauberkeit duften«. Wenn diese Burschen in dreckigen Stiefeln und zerrissenen Hemden gehen, dann dauert es nicht lange, und sie benehmen sich auch wie Straßenbengel.
»Was mich beispielsweise stört, ist ihr Verhalten, besonders wenn sie in größeren Gruppen auftreten. Sie sind rücksichtslos, ungezogen, taktlos!«
»Aha! Und wie muß dein Märchenprinz sein?«
»Es muß kein Märchenprinz sein«, sagte ich lachend. »Aber er muß liebenswürdig, intelligent, fröhlich und feinfühlig sein.« Unausgesprochen fügte ich hinzu: und so, daß ich ihn liebe.
Er schaute mich lange an: »Ich dachte, du würdest sagen: Mein Ideal ist Alexander Weißberg!«
Tatsächlich besitzt er all die von mir erwähnten Vorzüge und dazu noch viele weitere. Eigentlich hätte ich das sagen sollen – ach, wenn ich doch nur ein wenig kokett sein könnte! Ich wurde verlegen, was ihn offensichtlich amüsierte, aber er lenkte das Gespräch gleich auf ein anderes Thema: Was ich denn eigentlich unter Intelligenz verstünde? Und ob das nicht ein allzu mißbrauchter Ausdruck sei? Und wie mir Rilke gefallen habe? Welche seiner Gedichte ich mir abgeschrieben habe? Warum gerade die nachdenklichsten und traurigsten?
Unser sehr interessantes Gespräch kann ich hier unmöglich wiedergeben, denn ich liege im Bett und kritzele bei Kerzenlicht. Ich muß mich auf die persönlichen Dinge beschränken.
Alexander wurde in einem bestimmten Moment nachdenklich und

sagte: »Ich sitze hier nicht gern allein herum. Jetzt fühle ich mich wohl. Es wäre doch gut, wenn ich beispielsweise am Schreibtisch meine Physik studieren würde, und wenn ich mich umdrehen würde, würde ich dich dort in der Ecke lächeln sehen ... Ach, lassen wir die Träumereien und essen wir Schokolade. Nein? Aber wer keine Süßigkeiten mag, der hat einen schlechten Charakter!«

»Wenn Sie wollen, können Sie von mir aus gern arbeiten!« Ich fühlte mich hier wirklich zum ersten Mal wohl und ungezwungen.

»Dummköpfchen, das waren Zukunftspläne. Jetzt bist du eine junge Dame zu Besuch bei mir, und das gehört sich nicht.«

»Aber gehört es sich denn, daß ich hier bin?« sagte ich lächelnd.

»Wieso? Was sind das nun wieder für Ideen?«

Ich weiß selbst nicht warum, aber es ist mir unangenehm, wenn ich zu ihm gehe und mich meine Bekannten sehen und tratschen. Die Menschen haben böse Zungen, und es sagt sich leicht, daß mir das gar nichts ausmacht, aber es macht mir etwas aus.

»Baby, mein süßes Baby.« Er kam auf mich zu und umarmte mich sanft.

Ich wußte nicht recht, wie ich mich verhalten sollte, entwand mich seiner Umarmung und sagte scherzend: »Von wegen ›Baby‹, ich bin doch so groß!«

»Deine Fassade mag täuschen, aber nicht für lange. Weißt du noch, wie du hier zum ersten Mal mit deiner Rechnung erschienen bist? Ein großes Mädchen, energisch, eine richtige ›Amtsperson‹. Aber innerlich? Ein ungeschütztes, wehrloses Geschöpf. Schon das erste persönliche Wort verrät, was für ein Träumer und Trotzkopf in dir steckt. Von diesen hohen Idealen läßt du dich nicht abbringen, du hältst wider alle Vernunft an ihnen fest.«

Unglaublich, was er da sagte. Nie hatte ich so etwas gedacht, und ich war unsicher, wie ich diese seine Kritik verdauen sollte.

»Weshalb diese kummervolle Miene? Hör zu, wir sind alle zum ›Edel sei der Mensch‹ erzogen worden, zur Achtung und Empfindung menschlicher Würde, zur idealen Liebe und zu Idealen. Die Grundprinzipien der Ethik sind unverletzlich, aber romantische Regungen und Anwandlungen? Eine sehr schöne Nebensache, aber doch nur eine Nebensache im Leben. Du aber möchtest das Leben der Literatur und all den erhabenen Ideen unterwerfen, die man dir beigebracht hat, statt umgekehrt die Literatur dem Leben anzupassen.«

»Woher haben Sie diese Gewißheit?« Ich war niedergeschmettert.

»Ganz einfach. Weil die Menschen sich lieben müssen ›im wunderschönen Monat Mai, als alle Knospen sprangen‹, kannst du dir romantische Gefühle ohne diesen Hintergrund nicht vorstellen. Ein Ort ohne Flieder und Mond ist der Liebe nicht würdig, ist gewissermaßen eine Beleidigung der Liebe. Blasphemie. Aber man kann doch auch außerhalb der Kirche beten, nicht wahr? Zum Glück stimmst du zu. Wenn dir aber das Wesentliche, das wahre Erlebnis ohne romantische Dekorationen begegnen würde, wärst du enttäuscht, als würde dir ich weiß nicht was entgehen!«

»Das stimmt nicht«, flüsterte ich. Obwohl ich selbst nicht weiß, was ich will, und auf ›Amouren‹ keine Lust habe, bin ich ihm doch für jedes Zeichen des Interesses und der Aufmerksamkeit dankbar.

»Ach, das wirst du schon noch lernen. Lassen wir im übrigen die Liebe aus dem Spiel. Im Leben ist es generell nicht möglich, sich streng an Prinzipien zu halten, das Leben zwingt zu Kompromissen, auch dich, hier im Ghetto. Nehmen wir nur das, was du im Geschäft machst. Eine geisttötende Beschäftigung, aber hier geht es nicht anders. Und doch bin ich sicher, daß jeder deiner Kompromisse nur bis zu einem gewissen Grad geht und nicht um ein Haar darüber hinaus, gleichgültig, wieviel Leid dich das kosten wird. Und es wird dich einiges kosten!«

»Warum? Und woher weißt du das?«

»Bei der letzten Razzia, als man Leute zum Schneeräumen einfing, habe ich dich aus der Ferne gesehen. Mein Passierschein bewahrt mich vor dieser Arbeit, aber aus verschiedenen Gründen vermeide ich lieber die Konfrontation. Als sie anfing, war ich gerade auf dem Weg zur Arbeit, auf der Straße, und ich versteckte mich im nächsten Hauseingang. Im Grunde deines Herzens hältst du es für ›unwürdig‹, für eine Art Feigheit, wenn man flüchtet oder sich versteckt. Ich habe von diesem Hauseingang aus gesehen, wie du hocherhobenen Hauptes ruhig weitergegangen bist, den Blick nach vorn gerichtet. Einmal hat es geklappt, aber beim nächsten Mal werden sie dich erwischen, und bestimmt wirst du dann mit der Schaufel genauso hocherhobenen Hauptes und den Blick nach vorn marschieren, und du wirst ›schuften wie ein Pferd‹!«

Mich imitierend, marschierte er im Zimmer herum.

»Schuften wie ein Pferd, für sie?«

»Für dich, mein gediegenes Mädchen, für dich selbst, denn du kannst nicht anders! Immanuel Kant würde dein Pflichtgefühl be-

wundern. Ihn zumindest hast du noch nicht gelesen. – Komm, mein Kleines, es ist spät.«
Was für ein Abend. Ich schreibe bei Kerzenlicht auf Papierfetzen, weil mein Tagebuch unter dem Klavier versteckt ist und ich nicht rankomme, denn davor steht das Bett von Mietek und Onkel, und beide schlafen schon. Unser Gespräch war sehr viel länger, aber meine Bemerkungen sind unwichtig. Beim Aufschreiben kann ich leichter verdauen, was Alexander eigentlich meinte. Mein Gott, bin ich wirklich so? Und bereite ich mir selbst ein schweres Los für die Zukunft? Wie kann ich meine eigene Natur ändern, sofern das überhaupt möglich ist?

Bei unserem nächsten Treffen fürchtete ich mich, einen meiner Lieblingsschriftsteller zu erwähnen, aber er kam selbst auf Rilke und später auf die alten deutschen Balladen zurück. Eine von ihnen rezitierte er mit seiner ruhigen, tiefen Stimme, die ganz vom Rhythmus des Heldenepos getragen war.
»Ich höre es so gern, wenn Sie vortragen. Wie ist es möglich, daß Sie so viel auswendig können?«
»Ich weiß es nicht. Anscheinend bin ich genial, genau wie du!« lachte er und streichelte zärtlich meine Wange. Es war eine schöne, väterliche Liebkosung.
Warum ziehst du dich jetzt nicht zurück? Ein Instinkt, ein Gefühl sagt dir, was ›eine wahnsinnige Leidenschaft eines von roher Begierde getriebenen Mannes‹ und was lediglich eine harmlose Liebkosung ist.
Von nun an also nur noch väterliche Zärtlichkeit. Plötzlich geriet ich in Panik, daß das jetzt gewiß das Ende bedeutete. Noch mehr war ich über meine eigenen Worte entsetzt: »Aber Sie haben mich doch weiterhin gern, nicht wahr?«
Lachend entblößte er seine weißen, gesunden Zähne (obwohl er so viel Süßigkeiten ißt). Leicht, zart küßte er mich auf die Wange, griff, sich umwendend, nach Schokoladenplätzchen, und während er mir eine Praline in den Mund schob, fragte er: »Und was wäre, wenn ich dich liebte?«
»Das werde ich mir überlegen, wenn es soweit ist!« scherzte er.
»Und wenn es jetzt wäre ...«
Wie soll man herausfinden, ob Alexander scherzt oder ob er es ernst meint, wenn schon sein Blick eine Mischung aus Zärtlichkeit und Ironie ist? Im übrigen kennt er die Antwort ohnehin.

»Das wäre schön ..., und ich würde mich sehr freuen!« erwiderte ich aufrichtig und blickte ihm dabei in die Augen. Er beugte sich herunter und küßte mich. Um ehrlich zu sein, ist mir das Gespräch trotz allem lieber.
»Und du sagtest, ich sei eine Episode, ein flüchtiger Moment ...«
»Ja, eine nette Episode alle vierzehn Tage!« gab ich darauf zurück.
»Ein bißchen bist du aber auch daran schuld. Ich kann dir nicht ewig nachlaufen und elektrische Geräte kaufen.«
»Und weil eine Dame niemandem nachläuft, ist es wohl ein reiner Zufall, daß wir nicht gleichgültig aneinander vorbeigelaufen sind ...«
»Zufälle kommen unter Menschen vor«, sagte er, und wieder küßte er mich und preßte mich heftig an sich.
Himmel, warum weiß ich denn nie, wie ich mich verhalten soll? Warum werde ich steif wie ein Stock? Zum Glück brachte ihn meine Verwirrung nicht zum Lachen und irritierte ihn nicht, sondern rührte ihn bloß, und so half er mir seufzend in den Mantel.
Während er mich nach Hause begleitete, sagte er: »Nie hast du Zeit. Tagsüber im ›Lux‹, abends hilfst du zu Hause Bürsten machen. Schade, daß du nicht in die Stadt kannst, dort hätten wir Ruhe. Würdest du gehen?«
»Aus dem Ghetto heraus? Ganz allein?«
»Mit mir zusammen. Aber lassen wir das. Das Ghetto ist so klein, überall Menschenmassen. Oder Polizeistunde. Du mußt am Samstag Nachmittag zu mir kommen, meine große Unschuldige. Ich möchte dich nicht kompromittieren, falls ich dich wirklich dem Gerede aussetze, das obendrein unbegründet ist. Ich müßte mich schämen, wenn die Leute wüßten, wie harmlos wir die Zeit verbringen.
Beide mußten wir lachen.
»Da siehst du's, einige Gäßchen, und schon sind wir da. Selbst an einem so schönen Abend kann man nirgendwo richtig spazierengehen.«
Der Mond stand bleich am Himmel und warf Reflexe auf den Schnee, der unter unseren Schritten knirschte. Ich war verwirrt, erregt und ... glücklich.

22. Januar 1942

Gehen oder nicht gehen? Ich überlegte. Ich wußte, daß ich hingehen würde. Daß ich gehen muß. Am Samstag um fünf klopfte ich an seine Tür. Er machte mir auf, ein gespieltes Entsetzen im Gesicht und die Hände voller Ruß.

»Heute will mir nichts gelingen! Im Büro haben sie mich zu spät fortgelassen, der Ofen ist noch nicht an, ich bin unrasiert, es ist nichts vorbereitet ...«

Rasch zog ich den Mantel aus, half ihm, das Feuer zu entfachen, und als er ging, um sich die Hände zu waschen, räumte ich das Zimmer auf. Bald saßen wir in den Sesseln am Ofen. Alexander ergriff meine Hände und lächelte, denn er spürte, daß ich etwas sagen wollte.

»Na, schieß los! Heute bist du an der Reihe, nach meinem Moralisieren das letzte Mal.«

»Demoralisieren«, korrigierte ich ihn, und wir lachten beide. »Wie soll man es denn sonst nennen, wenn ich dazu überredet werde, Prinzipien aufzugeben?«

»Übertreibung. Wirklich. Durch eine Lockerung der Strenge hat sich noch keiner der moralischen Gesetze entledigt. Um was geht's?«

»Um die ›Kompromittierung‹. Wer wen? Sie sagten, Sie wollten mich nicht kompromittieren. Warum?«

»Kindchen, ich könnte schließlich dein Vater sein! Das Ghetto ist zu klein und provinziell, als daß unsere Bekanntschaft nicht merkwürdig erscheinen müßte. Nirgendwo kann man spazierengehen, im Café kann man nicht freimütig sprechen ...«

»Also muß ich mich dann kompromittieren, indem ich in Ihre Junggesellenwohnung komme. Warum besuchen Sie mich nie?«

»Ach, wenn es nur das ist, dann komme ich nächsten Samstag zu dir. Aber jetzt erzähl du von dir. Ich bin müde, ich möchte nicht reden, sondern lieber dir zuhören.«

Halb auf der Couch liegend, breitete er eine Decke über sich. »Komm zu mir!«

Ich blieb reglos am Ofen sitzen.

»Sei doch nicht so bockbeinig, ich werde dir schon nichts tun!«

Steif setzte ich mich neben ihn. Er hüllte mich in die Decke und streichelte mir die Haare, die wie immer nach dem Waschen weich und füllig waren.

»Hübsche Haare hast du, wie Seide ... überhaupt bist du hübsch.«

Natürlich wurde ich verlegen.

Er gab mir einen leichten Kuß auf die Wange und schloß die Augen. »Du kannst immer noch nicht küssen ... ich bin so müde ...«, flüsterte er.

»Vielleicht machen Sie ein Nickerchen, und ich lese derweil oder schreibe einen Brief.«
Ich stand auf, und er krabbelte unter der Decke hervor.
»Süßes Mädel ...« Er reichte mir einen Block cremefarbenen Briefpapiers vom Schreibtisch, hob mich plötzlich lachend in die Höhe und trug mich zur Couch hinüber.
Ich sprang auf und machte ein finsteres Gesicht. Er hörte auf zu lachen, umarmte mich, zog mich an sich und küßte mich auf die Wange, und weil ich mein Gesicht von ihm abgewendet hielt, flüsterte er: »Warum bist du so hübsch, so jung und so dumm?! Solche Frauen muß man vergewaltigen! – Keine Angst, nicht ich und nicht dich.«
»Weil Ihnen nichts an mir liegt, weil ich Ihnen gleichgültig bin!«
»Du bist mir durchaus nicht gleichgültig. Sonst hätte ich dich schon am ersten Tag, als wir uns kennenlernten, genommen. Aber die Bekanntschaft eines so merkwürdigen kleinen Fräuleins bedeutete mir mehr als eine flüchtige Affäre. Wer hätte gedacht, daß du eine so uneinnehmbare Festung bist! Wenn jetzt kein Krieg wäre, könnte ich dich Schritt für Schritt in die Liebe einführen. Aber die Umstände hängen nicht von mir ab, ich habe kein Recht, ich bin nicht frei.«
»Aha!«
»Kein ›Aha‹! Frauen sind Nebensache. Es ist halt Krieg. Einmal wirst du die Wahrheit erfahren und verstehen. Und jetzt komm unter die Decke oder geh vom Sofa herunter!«
Ich entzog mich seiner Umarmung. Ich machte es mir im Sessel bequem, legte die Beine auf den anderen, zündete die kleine Schreibtischlampe an und begann einen Brief an Staszka. Alexander las den »Krakauer« und schlief sogleich ein. Er atmete ruhig und gleichmäßig, dann begann er leicht zu schnarchen, was mich ausgesprochen störte. Nie hatte ich einen Mann schnarchen hören. Plötzlich hätte ich am liebsten meinen Mantel genommen und mich verdrückt. Ich empfand die Komik der Situation und ihren eigentümlichen Reiz, aber gleichzeitig war mir nach Weinen zumute. Wie kann man unter solchen Umständen »femme fatale« sein? Ich kann es einfach nicht. Eisesstarr, zitterte ich vor Kälte neben dem prasselnden Ofen.
Unterdessen erwachte Alexander, ergriff meine Hand, führte sie an seine Lippen und legte sie sich auf die Wange: »Gute Nacht, Halinka«, und schlief wieder ein.
Kurz darauf erhob er sich ausgeruht und setzte sich mir gegen-

über: »Du hast dich hier schon genügend gelangweilt. Um deine tugendhaften Grundsätze nicht länger zu gefährden und dich in die große Welt einzuführen, gehen wir jetzt ins Café.«
Aha, so hatte er also meine Äußerungen verstanden! Vielleicht wollte er tatsächlich unter Menschen sein, oder vielleicht dachte er, ich wolle, statt mich heimlich bei ihm zu treffen, »öffentliche Anerkennung«. Ich weiß selber nicht, was ich eigentlich will und warum mich ein unangenehmes Gefühl beschlich.
»Ich habe keine Zeit mehr, ich muß wieder nach Hause.«
»Ewig dieses Haus. Du würdest es nicht verlassen, und hinge selbst dein Leben davon ab, stimmt's?«
»Ich allein? In Freiheit sein, wohl wissend, daß die Eltern hier in diesem Elend zurückbleiben? Von der Familie trennt man sich nicht so leicht. Sie haben Glück, daß Sie alleinstehend sind.«
»Aber vielleicht mag ich dieses Glück nicht mehr. Kommst du mit mir, Halinka, in die große Welt?«
»Meinen Sie es ernst?«
»Ganz ernst.«
Mit einem ironischen Lächeln fuhr er fort: »Keine Angst. Einstweilen nur ins Café. Und hör endlich auf mit diesem Sie. Ich heiße Alex. Und jetzt dreh dich um und schau weg, ich muß mich umziehen.«
Er kleidete sich um und rezitierte dabei laut einen Bibelvers in langen Stanzen. Während er sich die Krawatte band und den allzu weiten Kragen verfluchte, scherzte er: »Denke bloß nicht, ich sei gläubig. Und jetzt schau dir einen Ungläubigen mit einer neuen Krawatte an, der bereit ist, dich bei lebendigem Leibe zu verschlingen!«
Er nahm mein Gesicht zart in seine Hände und fragte flüsternd: »Du bist ein sonderbares Mädchen, es ist unglaublich, daß es noch eine so naive Unschuld gibt. Hast du wirklich noch keinen geliebt, dich nach keinem gesehnt? Hat dein Mund noch keinen geküßt, nie nach Liebe gefleht? Hast du noch nie in langen dunklen Nächten sehnsüchtig deine Arme ausgestreckt?«
So sprach er tatsächlich, wie im Film.
Ich schwieg. Ich weiß ja selbst nicht, warum ich so bin. Schließlich rief ich verzweifelt aus: »Ich bitte Sie, ich bin eine ›femina frigida‹!«
Er brach in ein solches Gelächter aus, daß ihm Tränen in die Augen traten.
»Wie kann man sich denn sonst erklären, daß ich die ganze Zeit

sehnsüchtig an dich denke, aber wenn ich mit dir zusammen bin – du siehst es ja selbst!«

»Ich sehe, daß dein Geist deinem Körper in der Entwicklung voraus ist. Die Sinne schlafen noch, und die unreife Weiblichkeit wehrt sich gegen vorzeitige Versuchungen. Du bist wie in einem unüberwindlichen Käfig eingefroren.«

»Ich habe ja gesagt, daß ich eine gefühlskalte Frau bin.«

»Du hast eine gläserne Wand um dich errichtet, die dich schützt, dich aber auch von anderen trennt. Sie wird sich unter dem Einfluß einer geduldigen Liebe auflösen. Aber welcher anständige Mann kann unter unseren derzeitigen Bedingungen eine solche Verantwortung auf sich nehmen? Da wird irgendein Rohling daherkommen, dein gläsernes Häuschen zertrümmern und dich in einen endlosen Konflikt mit dir selbst stürzen. Und dann werden noch mehr gläserne Wände emporwachsen.«

»Mein Gott, was für ein Schicksal!« Ich konnte meinen Ohren nicht trauen, glaubte ihm aber jedes Wort.

»Wie schade, daß deine wichtigsten Jahre in die Kriegszeit gefallen sind, in diesen Krieg. Wärest du jetzt zehn, zwölf oder wenigstens zwanzig Jahre, wären die Dinge zwischen Damen und Herren für dich in Zukunft weniger kompliziert.«

»Gibt es denn überhaupt eine Zukunft? Ich denke, für uns alle hier ...«

»Aber sicher. Einer überlebt immer, und du ganz bestimmt, und du wirst noch viele, viele Jahre leben.«

»Glücklich und mit einem Märchenprinzen?«

»Ach, du wirst dich immer wieder von falschen Menschen in Verlegenheit bringen lassen. Es gibt nicht allzu viele Alexe, und selbst ein Märchenprinz kann dich ausnutzen. Schlechte Menschen spüren sofort, daß du eine leichte Beute bist, unfähig, mit denselben Mitteln zurückzuschlagen. Sie werden sich auf deine Kosten im Leben einrichten und dich hinabstoßen. Aber egal, in welchen Dreck sie dich auch stoßen, du wirst immer mit reinem Gewissen daraus hervorgehen. Dein Optimismus und deine Ehrlichkeit werden dir die richtige Richtung weisen.«

Das war nun kein Scherz mehr. Alexander redete und redete, kaum daß ich einwerfen konnte: »Warum sollte mich denn jemand verfolgen, von den Deutschen abgesehen? Gibt es denn keine anständigen Menschen?«

»Die gibt es natürlich, und sie werden dich immer schätzen und lieben.«

»Das ist ja eine schöne Zukunftsprognose! Aber was ist jetzt mit dieser Liebe?«

»Da ich den ehernen Widerstand deiner heiligen Unschuld kenne, müßte ich dich zuerst umbringen, um dich dann zu verführen!«

»Läßt sich die Reihenfolge nicht umkehren? Und fürchten Sie keinen Skandal, wenn man meine vergewaltigten Überreste hier findet?«

»Nein! Sie werden mich höchstens einsperren!« Seine Augen strahlten vor Fröhlichkeit. »Sind wir nicht ohnehin schon eingesperrt und zum Tode verurteilt? Nutzen wir das doch schleunigst aus!«

Halb ernst, halb scherzhaft schaute er mir in die Augen, so daß ich, vollends verwirrt, mein Gesicht an seiner Schulter verbarg.

»Kleines Mädchen, in Gedanken gehörst du schon mir, auch wenn du nicht die geringste Ahnung hast, was das eigentlich bedeutet, weder im guten noch im bösen Sinne. Du bist wirklich an Leib und Seele eine ›virgo intacta‹, unverdorben.«

»Aha, wieder die Unschuld aus Dorian Gray!«

»Ja, damit du es weißt. Und du wirst es bleiben, selbst wenn du zehn Kinder bekommen solltest. Du hast etwas von ›Noli me tangere‹ an dir.«

»Als Christus diese Worte sprach, war er nicht mehr unter den Lebenden«, warf ich mit finsterem Blick ein.

»Mach dir keine Sorgen, du wirst leben. Ich weiß nicht, wie, aber du wirst überleben!« Dabei erhob er sich mit theatralischer Geste, breitete die Arme aus und deklamierte im ›basso profondo‹: »Ich sehe dich von Glanz umgeben und die Hand des Herrn über deinem Haupte!«

Stumm neben ihm einhergehend, dachte ich auf der Straße weiter über unser Gespräch nach.

»Du mußt lächeln, Mädchen. Junge Leute müssen leben und nicht über Leben und Tod philosophieren.«

»Mit Marysia und Stasia haben wir nichts anderes getan, als wir darüber diskutierten, ob ein Selbstmörder ein Feigling oder ein Held ist.«

»Auf jeden Fall ist er ein Dummkopf!« befand Alexander knapp und mit einem Lachen. »Selbst ein schweres Leben ist trotz allem interessant, und die Welt ist so schön! Eine Leiche ist eine Leiche und basta. Aber solange man lebt, hat man Hoffnung und glaubt an die unbekannte Zukunft, und die spannende Frage, was morgen sein wird, ist der Motor unseres Lebens!«

»Das hat Marysia auch gesagt!«
»Wenigstens eine vernünftige Freundin. Komm mit ins Café!«
Aber ich mußte unbedingt nach Hause.
»Wenn du dich so sträubst, gehe ich Bekannte besuchen, aber vorher werden wir auf jeden Fall ins Café gehen.«
Ich bin zwar in letzter Zeit ganz wild auf Süßes, aber von plötzlicher Traurigkeit befallen, brachte ich keinen Bissen hinunter. Mit beklommenem Herzen reichte ich ihm die Hand zum Abschied.
»Galiczka, Halinka, morgen wird alles besser sein.«
Er streichelte mir über die Wange. Er versprach, im Geschäft vorbeizuschauen, und wir trennten uns an der Ecke meiner Gasse. Auf dem Weg zum Haus kämpfte ich mit den Tränen.
Bei uns war ein ganzer Klan von Tanten und Bekannten versammelt. Der alte Spiegel mit Goldrahmen, der das Zimmer vergrößert, warf das Bild derer zurück, die mir am nächsten waren und um den Tisch herum saßen. Meine Wangen glühten von der Kälte und den Küssen, und auf meinem Gesicht war gleichsam ein Lächeln gefroren. Wie immer, wenn mir etwas Unangenehmes zustößt, überspielte ich es mit Munterkeit und Scherzen.
»Hala hat glänzende Laune«, bemerkte Frau Bella. »Ei, du lustiger Wildfang! Ein goldiges Mädchen, es gibt doch nichts Schöneres als die Jugendzeit!«
Gottseidank bemerkte sie die Tränen in meinen Augen nicht.
Er hat ... er hat anscheinend eine Frau. Irgendwo weit weg, vielleicht in Rußland.
Und heute ist schon Freitag, und er war nur einmal im Geschäft, und wir haben uns nicht verabredet. Alexanders Bemerkungen habe ich mir notiert, bruchstückhaft im Tagebuch, aber sehr genau auf den Blättern im Geschäft. Gegenüber den Eltern deutete ich unser Gespräch an.
Sie warfen sich einen verständnisinnigen Blick zu: »Freud.«
»Wer?«
»Freud! Dein Wiener Ingenieur kennt sich in der Psychologie aus. Schade, daß wir unsere Bücher nicht hier im Ghetto haben, sonst könntest du auch Freud lesen. Ist es das, womit ihr euch bei euren Treffen beschäftigt?«
»Und was glaubst du, daß wir tun?« gab ich schroff zurück.
»Ich glaube, daß du bei diesem Damenfreund besser aufgehoben bist als bei einem gedankenlosen jungen Burschen«, sagte meine Mama.»

7. Februar 1942

Ein Tag gleicht dem anderen. Ein Tag vergeht wie ein Augenblick, obwohl die Stunden sich hinziehen. Neuerdings habe ich Zeit für nichts: Um acht stehe ich auf und mache mich rasch fertig fürs Geschäft. Wir können nicht alle gleichzeitig anfangen, weil der Platz fehlt, um sich zu rühren; deshalb haben wir es so geregelt, daß ein Bett nach dem anderen drankommt. Zuerst stehen Onkel und Mietek auf und verlassen das Haus um sechs. Dann kommen Papa und Mama an die Reihe, und schließlich krieche ich aus meiner Ecke hervor und gehe in die andere, um mich hinter dem Paravent zu waschen. Die Fenster sind geöffnet, die Betten werden gelüftet. Papa zerkleinert größere Stücke Kohle und trägt Eimer mit schmutzigem Wasser hinaus, während ich vom Wasserhahn im Flur sauberes Wasser in kleineren Gefäßen hole. Einer von uns eilt hinunter und stellt sich an für Brot oder gar Margarine. Gelegentlich bekommt man wässerige Milch bei Nachbarn, die mit »arischen« Schmugglern Handel treiben und durch ein Loch in der Ghettomauer Lebensmittel erhalten, für Geld, Schmuck oder Kleidung. Später eile ich ins Geschäft, immer dieselbe Straße entlang, ohne mich umzusehen und ohne irgend etwas zu sehen, gedankenlos wie ein Automat. Von neun ab schleppt sich die Zeit im Büro dahin, während ich, frierend von einer Ecke in die andere laufe und auf die Mittagszeit warte, wenn der Chef aufkreuzt, ein richtiger Idiot. Er flucht und tobt über die ganze Welt, das Personal seines Ladens eingeschlossen. Um eins wird endlich zugemacht. Auf demselben Weg eile ich wieder nach Hause, verdrücke schnell das Mittagessen (Kartoffeln, Steckrüben, gelegentlich Mohrrüben, und so »da capo al fine« – oder vielmehr »ad infinitum« – und mache dann und wann eine Bürste, obwohl uns diese Heimarbeit mehr vom harten Draht zerstochene Finger als Geld bringt. Und erneut ins Geschäft.

Der Nachmittag vergeht etwas schneller. Ich sitze an dem bis zur Rotglut entfachten Öfchen und döse vor mich hin. Manchmal singe ich. Leise summe ich bekannte Lieder, Tango- und Slow-Fox-Melodien, von den einzigen Lippen und den teuersten Augen, von der Sonne, von der Bläue des Himmels, vom Mai, von Flieder und Rosen, von fernen Ländern und schwülen Nächten, vom bunten Glück. Ich singe von all dem, was für mich wohl für immer im Bereich der Träume und Sehnsüchte bleiben wird.

Ich singe für mich, weil ich so grau, häßlich und schwerfällig bin, so unbeachtet und einsam; denn das Leben fließt an mir vorbei,

▸
Großmutter Rozalia Barber

▾
Halina Nelkens Eltern mit ihrem Bruder Felek

◀ *Halina Nelken, stehend in der Mitte (Mai 1939)*

▼ *Staszka, eine Freundin, Halina Nelkens Vater und Halina (Krakau 1940)*

▲ *Die Ghetto-Mauern von Krzemionki*

▶ *Halina Nelken (in der Mitte) mit zwei Freundinnen (Krakau, 29. August 1939)*

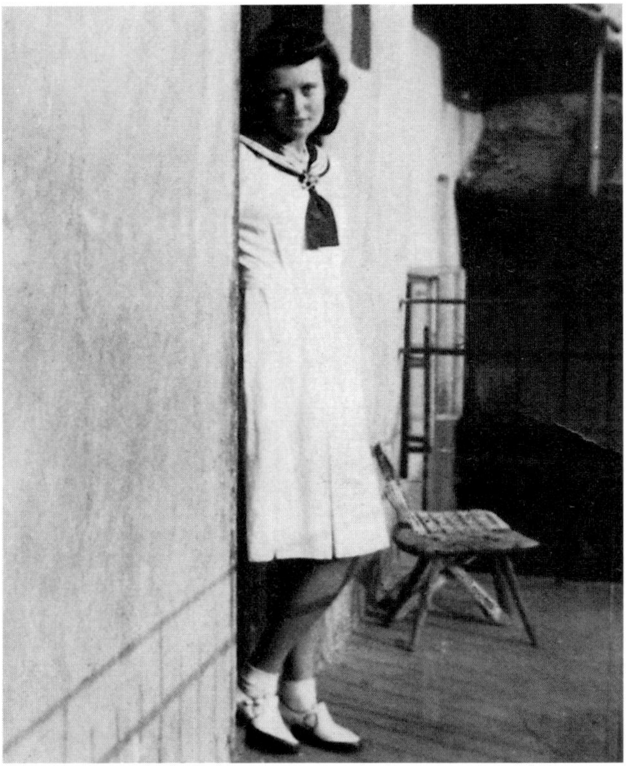

◀
Halina Nelken
(1940)

◀
Alexander
Weißberg
(1952)

als wäre ich für immer von ihm getrennt durch die Glastüren der Firma »Lux«, hinter denen ich die Menschen lediglich sehen, mich aber nicht unter sie mischen kann.
Sonderbar, Alexander sprach einmal von dieser gläsernen Wand um mich, wobei er freilich meinte, ich sei wie eine hölzerne Babuschka, mit immer kleiner werdenden Babuschkas darin, nur daß es bei mir gläserne Käfige sind und ich im kleinsten selber stecke – »erschrocken, aber ehrlich« -, während ich nach außen hin abweisend bin. – Das stimmt gar nicht! Nicht mehr! Dieser graue und eintönige Alltag bedrückt mich dermaßen, daß ich fürchte, aus dem heftigen Wunsch nach Veränderung eine Torheit zu begehen. Noch lehne ich mich trotz allem auf. Nun aber immer leiser und schwächer. Was ist los mit mir? Werde ich nach dem Krieg noch etwas taugen, oder werde ich völlig heruntergekommen sein? Wird mich eine Veränderung welcher Art auch immer aus dieser Erstarrung herausreißen können?
Wenn das Geschäft abends geschlossen ist, geht es nach Hause. Immer kommt jemand meine Eltern besuchen, oder Mietek Garde, Bronek und Kinder, die ich kenne, besuchen mich. Ich mache, ob Gäste da sind oder nicht, bis zehn Uhr Bürsten, danach Waschen und Bettruhe. Wenn ich um elf im Bett bin, kann ich nicht mehr lange lesen, weil immer einer früher einschläft und ihn das Licht stört. Mit der Dunkelheit kommt dann rasch die gute, stille Nacht.
Die Abende wurden mir von Felek vergällt, der jetzt ständig Übellaunigkeit und Streitsucht ins Haus trägt. Er ist ganz anders geworden, seit er mit dieser »Sprotte« Genia geht. So dumm sie auch ist, weiß sie doch mit Felek umzugehen und ihn zur Hochzeit zu schleppen. Ihre Eltern waren einmal hier, um »Dinge zu besprechen«. Unsere Eltern waren nicht gerade begeistert. Sie warnten, daß Felek noch nicht reif sei für einen Schritt fürs ganze Leben, daß er erst nach dem Krieg mit dem Medizin- und Musikstudium beginnen werde, daß die zwischen ihnen bestehenden Unterschiede des Milieus, der Erziehung und der Interessen mit der Zeit noch größer würden. Sogar im Ghetto fahren ja die jungen Leute fort, zu lernen und zu lesen, aber Genia fällt es überhaupt nicht ein. Felek hatte begonnen, ihr Klavierspielen beizubringen, aber vergebens. Ihre Eltern sind einfache, anständige Leute, sie hatten in Kazimierz eine Tapezierwerkstatt. Man kann bei ihnen eine Matratze bestellen oder den Unterschied zwischen Roßhaar und Werg erfahren, und damit hat sich's. Obendrein ist es noch eine sehr

jüdische Familie. Ich weiß nicht, was Felek an dieser Genia findet. Menschen, die sich lieben, haben doch ein fröhliches Lachen für die ganze Welt, aber sie ist immer verdrießlich und mäkelig, übellaunig wie eine Krähe. Und Felek, der so herzlich und fröhlich war, kommt wütend nach Hause.

Letzthin hat er fluchen gelernt und probiert es an mir aus. Nach einem scharfen Wortwechsel, der mich dermaßen ärgerte, daß alles in mir kochte, versetzte ich ihm einen Seitenhieb: »Das ist also der Stil, in dem du mit deiner schweigenden ›Sprotte‹ sprichst?«

Felek überschüttete mich mit einem Schwall unflätiger Schimpfwörter und versuchte mich zu ohrfeigen. Völlig außer mir, stürzte ich mich auf ihn und hämmerte ihm meine Fäuste in die Zähne.

»Aufhören!« brüllte Papa und zerrte uns auseinander.

Schwer keuchend, starrten wir einander in stummem Entsetzen an. Was für eine Schande!

»Meine Kinder ... wegen irgendeines dummen Mädchens legen sie Hand aneinander ... meine eigenen Kinder ... wie besoffene Lümmel aus der Gosse ... daß ich das erleben muß!«

Damit sank Vater laut schluchzend aufs Bett. Nie habe ich meine Eltern in einem solchen Zustand gesehen, außer vielleicht nach Omas Tod. Die Verzweiflung meines Vaters brach mir das Herz.

Mama kam mit einem Glas Wasser herbei: »Hör auf, die Sache zu dramatisieren, beruhige dich!«

Papa hörte nicht auf sie und sagte mit bebender Stimme: »Ihr gebt euch augenblicklich die Hand und bittet einander um Verzeihung! Das darf niemals wieder vorkommen. Ihr seid von einem Fleisch und Blut! Felek, das ist deine jüngere und einzige Schwester, enger mit dir verwandt als deine künftige eigene Familie! Man kann viele Frauen und sogar Ehefrauen haben, aber du hast nur eine Schwester. Vergiß nicht, daß du ein Mann bist und immer für sie sorgen mußt, wenn ich einmal nicht mehr sein werde. Und du auch, du darfst deinen Bruder nicht anfallen wie eine wilde Katze. Na, jetzt bittet einander um Verzeihung, aber gleich!«

Wir reichten uns die Hand. Aber mit unserer gegenseitigen, trotzigen Herzlichkeit war es vorbei, jedenfalls fürs erste. Felek ist immer guten wie schlechten Einflüssen erlegen. Von mir aus kann er zu diesen Ozelots gehen.

Es ist Samstag, ich warte auf Alexander, ich bin allein im Haus, habe Küchlein und Tee vorbereitet, und es ist schon fünf, aber er ist nicht da!

10. Februar 1942

Ich habe bis sechs auf ihn gewartet, schließlich habe ich alle Küchlein aufgegessen und bin ausgegangen, obwohl ich die Bude den ganzen Abend eigentlich nicht hätte verlassen dürfen, weil wir uns hier verabredet hatten. Meine Nervosität wuchs von Minute zu Minute, das Warten verdarb mir die Freude an diesem Treffen. Die Eltern sind zu Tante Dora gegangen, bei Dziunia ist die samstägliche Teegesellschaft, und ich langweile mich hier zu Tode. Penelope konnte warten und warten, aber an mir hätte Odysseus keine Freude. Ich ging zu Dziunia, deren Wohnung sich samstags in ein Asyl für alle möglichen Bekannten von fünf bis achtzig Jahren zu verwandeln pflegt. Ich rauchte eine Zigarette, die mir Herr Benek anbot, aber ohne daran zu ziehen, weil mir davon schwindelig wird. Ich schaute den kleinen Bengels zu, und schließlich ging ich mit Dziunia und Artek spazieren.

Draußen war es sehr angenehm. Wir stapften durch den frischen Schnee und lachten unbekümmert – der Ingenieur war mir jetzt egal. Wie dumm, daß bei mir immer solche Kontraste herrschen: entweder zu junge Knirpse oder ein Herr, der für mich in jeder Hinsicht zu ernst ist.

Frohgestimmt kehrte ich heim, und auf Mamas fragenden Blick wußte ich nichts zu antworten – konnte ich denn sagen, daß ich die Bewirtung für den Gast selbst aufgegessen hatte?

Da bemerkte ich ein Zettelchen unter der Tür: »Ich kam zu spät. Wollte Ihnen das sagen und Sie früher aufsuchen, aber das Geschäft war schon geschlossen. Grüße von Alex.«

Mir blieb die Sprache weg. Dieser Mensch hat eine eigentümliche Fähigkeit, mich in Verwirrung zu stürzen. Was tun? Nach und nach freute es mich jedoch, daß mein unpünktlicher Kavalier vor verschlossenen Türen gestanden hatte und keine Menschenseele im Haus war.

Am nächsten Morgen schickte ich ihm ein Zettelchen, mit dem ich ihn zum Nachmittag einlud. Er erschien sogleich im Geschäft, aber wegen des Chefs konnte ich nicht frei reden. Ich flüsterte ihm zu, der Chef werde gleich gehen, er solle derweil telefonieren.

»Komme später!« Er winkte mir zu und ging.

Sogleich fuhr mich der Chef an: »Was wollte er? Telefonieren?«

Ich fürchtete mich vor ihm und bejahte.

»Und das haben Sie ihm nicht gestattet? Einem Weißberg? Wo haben Sie nur Ihren Verstand?«

Er rannte auf die Straße hinaus und brüllte: »Herr Ingenieur!!!« Alex kehrte zurück, ahnungslos, um was es ging, aber er nahm den Hörer ab und wählte eine Nummer. Der »Alte« ging hinaus, und wir brachen in lautes Gelächter aus.
»Jetzt darf ich wohl auch gehen, oder? Ich bin um sieben bei dir«, sagte er beim Hinausgehen.
Am Nachmittag bekam ich natürlich »schreckliche Zahnschmerzen« und war schon um sechs zu Hause. Da ich gestern aus Ärger alle Küchlein aufgegessen hatte, hatte Mama heute für mich belegte Brötchen mit Margarine und Kohlrabi und schwarzen Ersatzkaffee vorbereitet. Ich zog das blaue Wollkleid mit dem weißen Spitzenkragen an und bürstete mir die Haare. Mag sein, daß der große alte Spiegel schmeichelt, aber ein letzter Blick gab mir die Gewißheit, daß ich hübsch aussah; vielleicht geht das aber auch jedem jungen Mädchen so, das auf einen, hm, sagen wir, liebenden Mann wartet.
»Guten Abend! Du bist allein? So himmelblau, so unschuldig und hübsch.« Er küßte mich auf die Wange. »Wo warst du gestern verschwunden?«
»Immer muß irgendwas passieren, das unser Treffen verdirbt. Für eine Dame geziemt es sich nicht, endlos zu warten. Der Gentleman kommt pünktlich.«
»Der König, nur der König! Aber in Krakau im Jahre 1942 gibt es keinen König. Meine Verspätungen zeugen nicht von mangelnder Wertschätzung.«
Er streichelte zärtlich meine Hand und umarmte mich, doch als ich mich der Umarmung entzog, seufzte er komisch, ließ sich auf dem Sofa nieder, knipste die Lampe an, und während er mir mit den Fingern durch die Haare fuhr, sagte er: »Warum entziehst du dich immer? Dafür gibt es nur drei mögliche Gründe. Moralische Bedenken: Du hältst es für ›sündhaft‹.«
»Ach wo! Auch ich bin nicht religiös erzogen worden.«
»Also sittliche Bedenken: ›So beträgt sich ein Fräulein aus gutem Hause nicht.‹ Oder vielleicht auch, weil du noch zu jung bist.«
Ich stützte den Kopf in die Hände und nickte.
»Vielleicht ist auch ein falscher Stolz im Spiel – oder womöglich Angst vor dem Mann?«
»Möglich«, flüsterte ich ohne Überzeugung. In der Tat empfand ich kein Bedürfnis nach männlicher Zärtlichkeit. Warum begreift er nicht, daß ich mich über seine bloße Anwesenheit freue, ohne körperlichen Kontakt!

Ich erhob mich vom Sofa und zog das Kleid zurecht, wobei es mich ein wenig verlegen machte, wie er mich von oben bis unten musterte.
»Hübsch bist du, so gut gebaut«, flüsterte er bewundernd, »aber du bist noch ein Baby, ein ganz kleines Baby, Galiczka, und ich bin schon vierzig.«
Er sah sich um und bemerkte: »Angenehm, euer kleines Stübchen, und es gibt sogar einen hübschen Asparagus im Blumentopf! Und was für Bücher?«
Er griff zu dem Regal, auf dem einige Werke aus der von Boy herausgegebenen Bibliothek standen.
»Polnische Gedichte? Ach nein, eine Übersetzung von François Villon.« Und schon rezitierte er das »Große Testament« auf französisch.

> Greift aus zur Rechten und zur Linken,
> Schont keinen Mann, vernehmt mein Rufen!
> Denn alte Fraun im Kurse sinken,
> Wie Geld, deß' Wert man hat verrufen.

»Ach, diese Art Literatur verfehlt bei dir ihre Wirkung. Vielleicht ist ja auch schon mein Kurswert gesunken! Was hast du hier noch?« Plötzlich lachte er auf. »Laclos! Aber unsere Liebschaften sind ja ungefährlich, stimmt's?« sagte er mit einem verständnisheischenden Zwinkern. Er blätterte in der deutschen Ausgabe von Zweigs »Amok« und wurde ernst.
Es herrschte trotz unserer besten Absichten eine gezwungene Atmosphäre, und die Stimmung besserte sich erst, als wir uns an den Tisch setzten.
Plötzlich erschien Vater, blutend und verschmutzt – er war auf dem Weg zur Tante gestürzt.
Jetzt geriet das Gespräch vollends ins Stocken, es entstand eine peinliche Stille. Wir gingen hinaus und besuchten die Konditorei. Alexander sprach davon, daß er wahrscheinlich bald verreisen werde. Ich nahm meinen ganzen Mut zusammen und gestand ihm, daß ich mich nach ihm sehne, wenn ich ihn längere Zeit nicht sehe.
»Na bitte, warum verliebst du dich dann nicht in mich? Heute bleibt einem doch nichts außer der Liebe.«
»Warum? Weil es keinen Sinn hat, wie alles, was ich tue, es wäre zwecklos.«
»Deine langen Beine würden dich schon zu jedem Ziel bringen,

wenn du sie nur zu gebrauchen wüßtest«, warf er mit einem Augenzwinkern ein, aber ich schüttelte den Kopf. Er lachte, belustigt über meine gespielte Empörung: »Also bitte, wer hat denn hier unkeusche Gedanken, während ich bloß vom harmlosen Marschieren spreche!«

Darauf mußte man erstmal kommen! Ich wollte das Gespräch ernsthaft fortsetzen: »Ist es so abwegig, daß ich mich nicht unnötigen Sorgen, Kümmernissen und Enttäuschungen aussetzen möchte? Und eine solche Liebe könnte mir nichts anderes bescheren.«

»Warum? Wenn man liebt, sehnt man sich, man wartet, träumt und weiß, daß man lebt. Aber du ...«

»Aber ich«, sagte ich, die Sache plötzlich ins Scherzhafte wendend, »aber ich würde sogleich hören, ich sei ein kleines Baby, wenn ich Ihnen sagen würde, daß ich Sie liebe!«

Er wurde schlagartig ernst. »Du bist wirklich noch zu jung, um ermessen zu können, daß die Erwartung, das Streben nach dem Glück manchmal wichtiger ist als der Moment der Erfüllung.«

»Aber der reißende Schmerz der Sehnsucht, wenn man allzu lange wartet?« unterbrach ich ihn.

»Eine allzu lange Sehnsucht, Kindchen, ist nicht nötig«, sagte er schmunzelnd. »Bis dann also. Solltest du dich wieder nach mir sehnen, dann melde dich. Auf Wiedersehen!«

Kaum hatte ich mich von ihm verabschiedet, begann er mir schon zu fehlen. Was ist das? Ich liebe ihn nicht, wirklich nicht, ich kenne ihn nicht, ich weiß nicht, was für ein Mensch er ist, ich fühle mich gut, wenn ich mit ihm zusammen bin, obwohl ich nicht mit ihm reden kann, und ohne ihn fühle ich mich schlecht. Dennoch gebe ich ihm solange kein Zeichen, bis er selbst Sehnsucht bekommt und mich aufsucht. An dem »falschen Stolz« war schon etwas Wahres.

Auf dem Heimweg erfuhr ich, daß mein armer Vater gar nicht gestürzt war. Ein betrunkener Soldat hatte im Ghetto gewütet und ihn so fürchterlich zugerichtet.

14. Februar 1942

Ich habe mir hier einmal die Briefe von Janek Müller durchgesehen. Plötzlich stieß ich auf ihn, als ich aus der Bude kam. Klein, häßlich und verwahrlost, wartete er vor dem Geschäft auf mich. Angesichts meiner Größe wie ein Zwerg wirkend, trippelte er ne-

ben mir einher, blickte mit seinen schönen, dunklen Augen zu mir auf und sagte mit einem traurigen Lächeln: »Es kommt mir so vor, als ginge ich neben dem Turm der Marienkirche!«
Der arme, kleine Janek!
Im Geschäft wird seit einer Woche nicht geheizt, und da es in unserem entsetzlichen Kellerlokal sonst immer eisig ist, kann man sich die arktische Kälte vorstellen. Der Chef brachte uns persönlich ein winziges Elektroöfchen, das nicht einmal die Hände zu erwärmen vermag, und obendrein schimpft er noch über uns gemeine, herzlose Schufte, weil wir das Öfchen den ganzen Tag anhaben. Wenn ich morgens schon an den Beinen friere, wenn ich vor Kälte blau anlaufe, denke ich voller Haß an meinen Chef. Ich bin zwar nicht auf den Mund gefallen, aber bei seinem idiotischen Geschimpfe, bei einer derart maßlosen Unverschämtheit fehlen mir die Worte. Am Freitag bin ich nach einem Streit mit dem Alten einfach ins Bad gegangen, ohne zu fragen.
Für Samstag verabredete ich mich mit Ena G. im Café. Sie ist die Tante meiner kleinen Ritka, über zwanzig, liebenswürdig und klug. Während wir im Bad warteten, bis wir an die Reihe kamen, sangen wir Schlager und jüdische Lieder. Wir beschlossen, ins Café zu gehen, um Henryk Grün, den Autor dieser Lieder, persönlich zu hören.*
Wir beschlossen außerdem, den Ingenieur als unsere männliche Eskorte zu engagieren. Also kritzelte ich eilig ein paar Worte auf ein Zettelchen, das ich nach dem Bad unter die Tür schieben wollte, falls er nicht zu Hause sein sollte. Auf der dunklen Treppe zögerte ich einen Augenblick, da ich ein Geräusch im Zimmer vernahm, aber im selben Moment ging die Tür auf, und Alex stand auf der Schwelle. Ich errötete, und während ich den Zettel zerknüllte, erklärte ich ihm, um was es ging.
Er streichelte mir über die Wange: »Aber natürlich komme ich!« Er küßte mir die Hand, und ich ging fort.
Am nächsten Morgen mußte ich zur Schneiderin, um die Bluse und das Kostüm abzuholen (jenes, das vor der Requisition der Pelze einen Kragen aus Sealskin hatte), und schon war ich ausgehfertig. Doch Ena war bei der Razzia für den Arbeitseinsatz erwischt worden, und so hatte ich niemanden, dermich ins Café begleiten konnte. Allein zu gehen war mir unangenehm. Die El-

* Henryk Grün wurde nach Auschwitz verschleppt und endete durch Selbstmord, indem er sich in den elektrischen Lagerzaun stürzte.

tern hatten vor, zum Konzert im Studentenwohnheim zu gehen, und Papa wollte nicht darauf verzichten. Also ging ich zum Ingenieur, ließ ihm einen Zettel an der Tür, daß ich nicht kommen könne und er mir nicht böse sein solle, und kehrte nach Hause zurück. Vater hatte es sich anders überlegt: »Wir gehen ins Café.« Jetzt, wo ich das Treffen schon abgesagt hatte!

»Ich mag nicht, geh du in dein Konzert!«

Mama konnte nicht begreifen, was mich überkommen hatte, und ich hatte inzwischen alle und alles satt, am meisten mich selbst. Wütend zog ich mich aus, zog mir mein »Aschenputtelgewand« an und setzte mich ans Klavier, das wir gestern zurückbekommen hatten. Ich begann einen fröhlichen Foxtrott zu hämmern, um alle aus dem Haus zu vertreiben, besann mich aber bald, denn nebenan liegt ein herzkranker alter Mann im Sterben. Ich weiß nicht mehr, was ich dann gespielt habe, während mir die Tränen übers Gesicht rannen. Sie hatten mich mit diesem meinem besten Freund alleingelassen. Ich spielte bis spät in die Nacht, die Stille und den Frieden der leeren Wohnung genießend.

Am Abend stellte sich heraus, daß der Herr Ingenieur im Konzert war, mit seiner guten Bekannten, einer jungen und schönen Angestellten von der Gemeinde, die ohne ihren Mann im Ghetto ist und mit dem Ingenieur, wie man hört, ein sehr vertrautes Verhältnis hat. Er warf mit dem Geld um sich und soll sich köstlich amüsiert haben. Warum sollte er auch allein zu Hause sitzen? »Vergiß, denn es war nur ein Scherz ...« Ich bin schließlich noch nicht achtzehn, ich bin nichts, so ein verträumtes kleines Mädchen, mit dem man gern einmal alle vierzehn Tage einen Abend verbringt, weil das vielleicht auch seinen Reiz hat. Die »Frische der Naivität«, ein Zeitvertreib dann und wann. Und ich – ich überlebe das schon.

* * *

Cambridge, Massachusetts, 7. Mai 1981

Danach kam Alexander in meinen Aufzeichnungen nie mehr vor. Ich verbot mir streng, an ihn zu denken. Erst jetzt bin ich bereit, ihn so zu lieben, wie ich es im Krakauer Ghetto nicht gekonnt habe, als dieser Mensch für mich der unerreichbare Gipfel meiner Träume war.

Es imponierte mir, daß mir so ein Ingenieur seine Zeit widmete, aber ich war nicht imstande, die Einschüchterung durch die »erwachsene« Situation zu überwinden. Ich war von der Überzeugung durchdrungen, daß man Herren nicht besucht und sich im Lokal nicht freihalten läßt, so daß ich alles, was für ihn eine Lappalie war, als einen Beweis mangelnder Achtung auffaßte und gegen jeden Schritt um so größeren Widerstand leistete. Das trotzige Aschenputtel in Mamas Schuhen mit den hohen Absätzen, ein ganz unmögliches Geschöpf!

Nächst den Eltern war Alexander meine Autorität, die wichtigste Person meines Lebens in jener Zeit. Ich vergötterte ihn, aber ich erlegte mir strenge Zügel auf, weil ich fürchtete, er könnte sich über meine Verliebtheit lustig machen – eine Kränkung, die man nicht überlebt. Im Gefühl meiner absoluten Nichtigkeit war es für mich unvorstellbar, daß Alexander Tieferes für mich empfand. Dennoch muß dieser reife Mann ein warmes Interesse an mir empfunden haben. Er hätte sonst im Umgang mit einem naiven und unerfahrenen, wenngleich denkenden Mädchen keine so engelhafte Geduld und Zartheit aufbringen können.

Als wie prophetisch haben sich seine Worte erwiesen! Als hätte er die schweren, wenn nicht gar tragischen Wendungen in meinem Leben und die niederträchtigen Menschen vorhergesehen, die nur darauf lauerten, mein Vertrauen zu mißbrauchen und mir unverdiente Leiden zuzufügen.

Wenn ich Alexander später im Ghetto begegnet bin, dann war es auf der Straße, im Vorbeigehen – ein wortloses Nicken, so als hätte ich meine Sprache verloren. Nichts, keinen »Guten Tag« und kein »Auf Wiedersehen«.

Bald darauf verschwand der Ingenieur, und erst nach dem Krieg stellte sich heraus, daß er enge Verbindungen zum Untergrundbewegung hatte. Aus der Gefahr rettete ihn eine vornehme Polin, die ihn versteckte und mit der er später in Paris lebte.

Wenn ich nur damals schon gewußt hätte, wer Alexander Weißberg wirklich war – und nicht erst 1990! Eines Tages rief Stefania M., eine Bekannte von Freunden, an: »Ich habe Ihr ›Tagebuch‹ gelesen. Wenn Sie ein Foto von Alex sehen möchten, dürfen Sie mich gern besuchen.«

Das Foto von 1952 zeigte Alexander genauso, wie ich ihn zehn Jahre zuvor zum letzten Mal gesehen hatte. Das Haar hatte sich zwar ein wenig gelichtet, aber die Augen funkelten noch genauso fröhlich, und ein breites Lächeln entblößte seine gesunden Zähne. Er saß auf einer Parkbank und hielt einen Löwenwelpen an der Leine!

»Alex war der Ehemann meiner Freundin«, sagte Stefania. »Sie lernten sich kennen, nachdem er aus dem Krakauer Ghetto verschwunden war. Beide kämpften im Untergrund, was für Alexander doppelt gefährlich war, als Jude und als Partisane. Außerdem war er ein berühmter Gelehrter und Exkommunist. Schauen Sie, was er geschrieben hat!«

Stefania deutete auf das Buch von Alexander Weißberg-Cybulski, das 1951 in fünf Sprachen erschienen war: »Conspiracy of Silence« (London), »The Accused« (New York), »L'Accusé« (Paris), »Hexensabbat«* (Frankfurt am Main) und »Wielka Czystka« (Paris).

Ich hatte keines davon gelesen, weil ich bis 1960 in Polen geblieben war und solche Literatur in einem Land unter sowjetischer Herrschaft nicht zu bekommen war. In den USA stieß dann in den sechziger und siebziger Jahren die Wahrheit über Sowjetrußland und die Säuberungen und Verbrechen Stalins auf taube Ohren. Den Ton gaben die radikalen Studenten an, denen die Sowjetunion als Wohltäter aller unterdrückten Völker galt, während Amerika für sie den »häßlichen Imperialismus« repräsentierte. Arthur Koestlers »Sonnenfinsternis« beruhte zwar auf Tatsachen, war aber ein Roman und konnte als Fiktion abgetan werden. Das Buch von Alexander Weißberg, noch zu Lebzeiten Stalins erschienen, war der erste Augenzeugenbericht, der die Große Lüge entlarvte. Solche »revisionistischen« Bücher wurden nur von einigen fachkundigen Forschern konsultiert und verstaubten während der nächsten 25 Jahre in den Bibliotheken, bis die Zeit der »Dissidenten« anbrach und Solschenizyn zur gefeierten Ikone der amerikanischen Universitäten wurde. Dabei schildert Weißberg die perverse Politik des Stalinismus und die Verbrechen und Ungeheuerlichkeiten dieses Systems sehr viel klarer.

In Koestlers Vorwort zum »Hexensabbat« erfahren wir, daß Alexanders Familie vor dem Ersten Weltkrieg von Krakau nach Wien übersiedelte. Er studierte technische Physik und wurde als Assistent an der Berliner Technischen Hochschule zu einem der talentiertesten jungen Wissenschaftler. Schon als Wiener Gymnasiast war er in der sozialistischen Jugendbewegung aktiv gewesen und bald der Kommunistischen Partei beigetreten. 1931 ging er in die Sowjetunion, um in Charkow am Ukrainischen Physikalisch-Tech-

* Alexander Weißberg-Cybulski, »Hexensabbat. Rußland im Schmelztiegel der Säuberungen«, Frankfurt am Main: Verlag der Frankfurter Hefte, 1951; in Deutschland 1977 neu aufgelegt und 1993 im Europaverlag unter dem Titel »Im Verhör: ein Überlebender der stalinistischen Säuberungen berichtet« erschienen – D.Ü.

nischen Institut zu arbeiten, wo die meisten Wissenschaftler Ausländer waren. 1933 übertrug man ihm die Bauleitung für einen großen physikalischen Versuchsbetrieb, dessen Direktor er anschließend werden sollte.

Alexander lebte von seiner Frau getrennt, eilte ihr aber zu Hilfe, als sie 1936 verhaftet wurde. Ein Jahr später wurde er selbst unter dem Vorwurf verhaftet, er habe »Naziterroristen angeworben, die Stalin und Woroschilow auf der Jagd im Kaukasus ermorden sollten«, und er habe geplant, »die wichtigsten Industriebetriebe Charkows in die Luft zu sprengen«. Bald fanden sich alle Kollegen Weißbergs im Gefängnis wieder.

Im Mai 1938 setzte sich Albert Einstein in einem Brief an Stalin für Alexanders Freilassung ein. Drei Nobelpreisträger – Irène Joliot-Curie, Jean Perrin und Frédéric Joliot-Curie – verwandten sich bei Generalstaatsanwalt Wyschinskij für Weißberg und einen seiner Mitarbeiter, deren »Gefangenhaltung ... in Kreisen der Wissenschaft Europas und der Vereinigten Staaten lebhaftes Erstaunen hervorgerufen« habe. Sie verwiesen auf »Professor Einstein in Pasadena ..., Professor Niels Bohr in Kopenhagen, die an dem Schicksal der beiden Herren Anteil nehmen und immer Anteil nehmen werden«. Sie seien »völlig davon überzeugt, daß die Beschuldigungen gegen Herrn Weißberg absurd und auf ein schweres Mißverständnis zurückzuführen sind, dessen sofortige Aufklärung sowohl politisch wie menschlich wünschenswert ist«.

Alle diese Briefe blieben unbeantwortet.

Aufgrund des unmittelbar vor Ausbruch des Zweiten Weltkriegs geschlossenen Molotow-Ribbentrop-Pakts (23.8.1939) wurden Gefangene deutscher Nationalität, einschließlich der Kommunisten und Juden, von den Russen an das Dritte Reich ausgeliefert.

»An der Bugbrücke erwartete uns der Apparat des anderen totalitären Systems in Europa, die deutsche Gestapo«, schrieb Alexander. »Drei Monate hielten mich die Gestapo-Leute in Bjala-Podlaska, Warschau und Lublin. Dann entließen sie mich ins Krakauer Ghetto. Als im Frühjahr 1942 die Exterminierung der Juden begann, flüchtete ich in die polnische Illegalität. Im März 1943 fiel ich wieder in die Hand der Gestapo. Sie brachten mich in das Konzentrationslager von Kawencin. Mit Hilfe von Freunden aus der polnischen Widerstandsbewegung gelang es mir zu flüchten. In tiefster Konspiration blieb ich in Warschau. Zwei Aufstände gegen die Deutschen erlebte ich dort. Fast alle meine Freunde, mein Vater, meine beiden Brüder, die Frau, die ich liebte, fielen der SS zum Opfer. Mich selbst befreiten am 17. Januar 1945 in einer Vorstadt von Warschau die einrückenden Truppen der russischen Roten Armee. 18 Monate später verließ ich Polen und betrat in der schwedischen Hafenstadt Malmö zum ersten Mal nach einem Jahrzehnt den Boden eines freien Landes.«

Von der ersten Seite des »Hexensabbats« an erkannte ich Alexanders Stil, seine klare und scharfsinnige Denkweise. Das war typisch er, Herr der Situation, mochte sie noch so grauenhaft sein und in ihrer Absurdität fast das Lächerliche streifen. Das war er, geistreich, witzig und gutmütig.

Nachdem ich dieses Buch gelesen hatte, bekamen unsere Gespräche im Ghetto eine tiefere Bedeutung. Natürlich suchte ich nach Eigenschaften Alexanders, die mir bekannt waren, und ich fand sie schon im Vorwort:

»Mein erster Eindruck von Alex war der eines wohlhabenden und jovialen Geschäftsmannes mit einer großen Lust am Erzählen von Witzen und einer sonderbaren Vorliebe für Süßigkeiten. Überall standen Näschereien herum, die er etwas geistesabwesend tellerweise verzehrte.

Ich kenne keinen einzigen, der nach drei Jahren GPU-Haft und fünf Jahren Gestapo-Verfolgung physisch und geistig so unversehrt, so zufrieden mit dieser besten aller möglichen Welten wieder aufgetaucht wäre wie Alexander Weißberg-Cybulski ... er sieht noch immer wie ein behäbiger Geschäftsmann aus ..., mit einer Vorliebe für Wiener Kaffeehausgeschichten, Pralinés kauend oder seinen vielgeliebten Türkischen Honig.«

Am bewegendsten waren für mich die Erinnerungen Alexanders an den Aufenthalt in der winzigen Zelle des »Isolators«:

»Zwei Stunden lang ging ich [in der Zelle] spazieren. Ich maß genau mit den Schritten eine Runde aus und zählte die Runden, die ich während zweier Stunden machte. Schließlich wurde es mir langweilig, die Runden zu zählen. Ich begann ein Lied zu singen, auf das eine größere Anzahl von Runden fielen, und zählte die Wiederholungen des Liedes. Das Singen beruhigte mich immer. Die nächsten zwei Stunden deklamierte ich Gedichte. Ich liebe Verse und kannte sehr viele auswendig. (...) Ich sagte in diesen Tagen fast den ganzen Rilke her. Das „Buch der Bilder", das „Stundenbuch", die „Neuen Gedichte". Ich habe ein selektives Gedächtnis. Verse, die holprig sind, vergesse ich sofort. In der Haft mußte ich daher Gedichte oft durch freigeschöpfte Verse ergänzen. Auch Stefan George, Christian Morgenstern und andere kamen an die

Reihe. Ich freute mich an den Bildern und dem Wohlklang der Worte. Die zwei Stunden Verse waren der erträglichste Teil des Tages.«
Und schließlich die junge Komsomolzin Sima.
»Sima war dunkelblond. (...) Strahlend blaue Augen, blitzende Zähne, ein blütenreiner Teint (...). Aber ihr besonderer Reiz war die Art, wie sie sich bewegte. Ein wenig schüchtern, ein wenig kindlich und doch unbezwinglich. Sie war damals 20 Jahre alt (...). Ihr Gesichtsausdruck war der eines Kindes (...). Sie war zurückhaltend. (...) Sie wollte nicht allein mit einem fremden Manne sein. Ich habe keinen Grund anzunehmen, daß diese Schüchternheit gespielt war. (...) Von nun an kam sie jeden Abend. (...) Ich freute mich an ihrer Nähe, aber kein Liebesverhältnis verband uns. (...) Ich fühlte mich weit älter als sie, obwohl uns nur ein Jahrzehnt trennte. Ich wollte sie nicht zu einer Bindung verführen, die wahrscheinlich nur von kurzem Bestand sein konnte. (...) Ich freute mich an ihrer Lebendigkeit und an ihrer Schönheit. Aber ich kam ihr nie wirklich nahe. (...) Wir gingen ein wenig spazieren. Es schneite. Ihr blondes Haar schneite ganz ein. Sie strahlte. Wir (...) blickten von der Anhöhe über die ganze Stadt (...). Ich umarmte sie und küßte ihre kalten Wangen. (...) Am nächsten Morgen sollte sie kommen. Aber ich sah sie nie mehr wieder.«

Dies ist die einzige romantische Episode in seinem Buch, fast identisch mit unserem ersten Spaziergang. Nun ja, ich war nicht seine erste »kleine Freundin«. Ob Alexander an Sima gedacht hat, als wir an jenem Dezemberabend von der Höhe von Krzemionki aus auf das verschneite Krakau hinunterschauten? Oder hat er sich vielleicht an unseren Abend erinnert, als er nach dem Krieg über den Spaziergang mit Sima in Charkow schrieb?
Man wird es nicht erfahren. Alexander ist tot, seine Frau ebenfalls, und auch deren Freundin Stefania, die mir sein Foto gab, ist gestorben.

* * *

18. Februar 1942
Am Montag war ich zum Schneeräumen eingeteilt. Da mich niemand weckte, stand ich natürlich im letzten Augenblick auf, sprang in die Kleider, nahm ein Schlückchen Tee und raste, ein Stück trokken Brot in der Tasche, zum Arbeitsamt. Dort traf ich Dola

Waldman. Nachdem wir unsere Kennkarten abgegeben hatten, wurden wir auf einen großen, mit einer Plane abgedeckten Lastwagen verladen, und ab ging es in Richtung Fliegerhorst, gleichsam ins Unbekannte. Nach einer dreiviertel Stunde kamen wir an. Was für eine Aussicht! Was für eine seit langem nicht mehr erlebte Aussicht! Weite Felder, so viel freier Raum und mit Schnee bedeckte Fichten. Mit Wonne atmete ich die frische, wohltuende Luft ein, während wir über das riesige Feld zu den Baracken marschierten, in denen die Flieger kaserniert waren. Quasi eine Barackenstadt, größer als das Ghetto, sauber und ordentlich.
Die jungen Piloten, denen wir überall begegneten, betrachteten uns voller Neugier. Sonst vergeht man vor Angst beim Anblick einer Uniform, und hier werfen junge Männer jungen Mädchen freundliche Blicke zu und sehen über unsere Armbinden hinweg. Einige fragten, was das sei, aber ich sagte nichts – sie wollten uns wohl zum besten halten, denn es kann nicht sein, daß sie nicht Bescheid wissen.
Wir wurden zum Aufräumen auf zwei Baracken verteilt. Bei unserer Gruppe war ein hochgewachsener Pilot, ein sympathischer Mensch, denn er heizte persönlich alle Öfen an, während wir auskehren sollten. Leise singend machten sich die Mädchen an die Arbeit. Da nicht für jede ein Besen zur Verfügung stand, ließ er uns, darunter auch mich, am Ofen ausruhen. Eine kehrte unter einem Spind einen 100-Zloty-Schein hervor und gab ihn bei ihm ab, aber er wußte nicht einmal, was für Geld das war. Nach der Arbeit saßen wir alle um den Ofen. Die Soldaten kamen gerade aus Frankreich, zeigten uns Bilder und erzählten von ihrer Familie. Ich fühlte mich ein bißchen wie unser Dienstmädchen Janka, das sich früher vor den Kasernen mit Soldaten getroffen hatte.
Am Nachmittag – Mittagessen! Wieder ein Marsch über das Feld zur Kantine im Obergeschoß des riesigen Hangars. Eine Suppe aus Buchweizen, Nudeln und Fleischstückchen. Ich ging mit Dola nach unten, um irgendwo Tee zu kaufen, und der Verwalter, ein älterer Unteroffizier namens Klemens, bat uns zu Kaffee und Radio in sein Büro. Im Büro arbeiten zwei Polen, Polonczuk und Bial ... – letzterer ein richtiger Flegel, mit einem Schnurrbart wie der Führer selbst.
Klemens ist sehr umgänglich. Als wir ihm sagten, daß wir keine feste Zuteilung hätten, sondern vom Arbeitsamt täglich anderswohin geschickt werden, notierte er sich unsere Namen und

schrieb eine »Anforderung«, denn was er braucht, sind feste Kräfte, und zwar solche, die Deutsch können.

Nach einer Stunde wurden wir telefonisch zu den Baracken zurückbeordert, und dort hieß es aufräumen und plaudern. Waren Deutschkenntnisse deshalb erwünscht, damit wir uns Erzählungen über »meine Heimat« anhören konnten? Aber das alles war so neu und anders als das düstere Ghetto, daß ich mich nicht mehr darüber aufregte, wie sich unsere Mädchen mit den Soldaten neckten.

Schließlich fuhren Pferdeschlitten vor, die wir mit Strohsäcken zu beladen hatten. Dola und ich kletterten hinauf und fuhren mit ans andere Ende des Barackenstädtchens.

Auf den Strohsäcken stehend, sog ich die reine Luft tief ein, breitete die Arme aus und brach, für mich selbst überraschend, in ein lautes, fröhliches Lachen aus. Man muß sich direkt schämen.

»Schau, das ist die Jugend«, flüsterten die in der Nähe stehenden Piloten einander zu. Und ich dachte: Wie wenig wir Jungen doch brauchen, um uns zu freuen! Etwas Luft und Sonne, ein freundliches Lächeln, ein gutes Wort und ein guter Blick, und schon sind wir glücklich. Einen Moment lang war ich wirklich unbekümmert, wie vor dem Krieg.

»Strohsäcke abladen!« Zusammen mit einigen seiner Kameraden half uns unser Soldat vom Vormittag. Als er mir einen freundschaftlichen Klaps auf den Arm gab, reagierte ich blitzartig und klatschte ihm eine Ladung Schnee ins Gesicht. »Bravo!« riefen die Piloten, und es brach eine Schneeballschlacht los. Einer von ihnen, ein ganz junger Dunkelblonder mit blauen Augen und intelligentem Gesichtsausdruck, machte einen strategischen Rückzug und zog uns ins Innere der Baracke.

»Schämt euch! Flucht!« rief unser Soldat.

»Nec Hercules contra plures!« rief ich zurück [»Viele Hunde sind des Hasen Tod«], denn wir waren nur drei.

Der Dunkelblonde schlug die Tür zu und schrie, mit einem Augenzwinkern zu mir: »Hannibal ante portas!«

Sonia wunderte sich: »Was redet ihr da?«

Darauf er: »Disce puella latine!«

Zwei Säle sollten möbliert werden, und da die Betten schwer waren, rief er weitere Soldaten zu Hilfe. »Das ist keine Arbeit für Mädchen«, sagte er, und während sie unter gehörigem Lärm die Holzpritschen aufstellten, blieb uns nur das Auskehren. Ein schöner schwarzer Hund kam herbeigelaufen, natürlich direkt zu mir.

Aber wie kann man mit einem Hund spielen, wenn man fegen muß? Plötzlich spürte ich Müdigkeit.
Langsam ging ich zum Büro und holte mir meinen Verdienst von 3,50 Zloty ab, und um acht Uhr wanderten wir bei leichtem Frost und stürmischem Wind über das dunkle, verschneite Feld zu unserem Lastwagen. Wir stiegen auf die offene Ladefläche und fuhren nach Hause. Die Mädchen sangen während der ganzen Fahrt, ich auch, aber plötzlich überkam mich wieder die Trauer. Bei mir war das nichts Neues, aber warum Hans? Er gehört doch zur Siegernation, die über so viele Länder herrscht, er ist Pilot, er ist jung und hübsch, er müßte übermütig und stolz sein, warum also ist er bedrückt, und warum sind seine hellen Augen so traurig?

24. Februar 1942
Der Zufall ist mir noch immer überaus hold, besonders was die Arbeit betrifft (toi, toi, toi). Es gibt junge Mädchen, die für andere hingehen, mit fremden Kennkarten, um sich etwas zu verdienen, aber meine Eltern meinen, das sei sinnlos. Ich kann bestimmt niemandem vormachen, daß es sich um meine eigene Kennkarte handelt, und selbst wenn mir das gelingen sollte, weiß man nicht, wo ich landen würde und mich zu Tode placke; deshalb wollen meine Eltern nicht, daß ich mich zur Sklavin mache, nur damit einige auf Kosten anderer wie Millionäre leben können, und ich müßte meine letzten Kräfte für sie opfern.
Auf dem Fliegerhorst habe ich mich gründlich erkältet, und seit einer Woche war ich nicht im »Lux«, so daß ich nun zum ersten gekündigt bin, also in einigen Tagen. Eigentlich kann ich mich nur darüber freuen! Gewiß werde ich nicht länger als drei, vier Wochen arbeitslos sein, und die täglichen Arbeiten, zu denen wir verpflichtet werden, sind trotz der Anstrengung für mich nur eine spannende Abwechslung. So auch gestern.
Vor acht holte ich Dola ab, die »bewährte Arbeiterin«, und ging mit ihr zum Arbeitsamt. Dort herrschte ein schreckliches Durcheinander, und so kam es, daß wir zwar unsere Kennkarten zusammen abgaben, aber keine gemeinsame Arbeit bekamen. Ich stieg aufs Auto und knüpfte ein Gespräch mit einer gewissen Stefa an, einem neunzehnjährigen, recht sympathischen Mädchen. Nach einer halbstündigen Fahrt hielt der Lastwagen an, und man gab bekannt, daß fünf Frauen und Männer sich als Freiwillige melden sollten. Damit man nicht denkt, Juden würden sich vor der Arbeit

drücken, gaben Stefa und ich uns nach kurzer Überlegung einen Ruck und sprangen vom Auto. Ich fiel auf dem vereisten Weg auf den Hintern, aber daraus machte ich mir nichts.

Wir marschierten auf der Kamienna-Straße zum Fort hinauf, wo sich ein Lazarett befindet, eine Sammelstelle. Ein dürrer, langer Kerl mit abstehenden Ohren, unser »Judenmeister«, führte uns in ein Kabuff und befahl uns, Kohlen zu schleppen. Jemand anders brachte einen Schrubber und Scheuertücher. Ich hatte schon beschlossen, mit Stefa scheuern zu gehen, als ein Sanitäter meldete, er brauche eine von uns zur Hilfe. Mit einem wird man leicht fertig, dachte ich und ging mit ihm. Dann kam noch ein anderer dazu, beide machten einen gutmütigen Eindruck, es waren Soldaten, weder Totenkopf noch Gestapo noch SS. Wir unterhielten uns, während wir zu den Sälen hinaufgingen, wo die Bretter der Feldbetten für Verwundete ausgebessert werden mußten; morgen wurde ein neuer Transport erwartet. Der Sanitäter trug die Bretter und ich Hammer und Nägel, und so arbeiteten wir, das heißt, er klopfte etwas fest. Die Polinnen, die ständig auf dem Fort arbeiten, wischten dort den Boden, und auf meinen höflichen Gruß hin antworteten sie mit einem Lächeln und guten Worten.

Der sympathische »Mandarin« kreuzte ebenfalls auf, und wir drückten uns dort alle den ganzen Nachmittag herum, während meine Glaubensgenossen Kohlen schleppten und Latrinen putzten.

»Ich werde dich nicht mehr alleinlassen, denn sonst mußt du Kohlen schleppen, und das ist nichts für Frauen!« tröstete er mich.

Das ist doch ein Gentleman! Er erzählte mir von seiner Familie, seiner Frau, seinem Kind, zeigte mir Bilder und ging schließlich einen Bleistift holen, um zu prüfen, ob ich wirklich die gotische Schrift beherrschte. Doch zuvor befahl er mir zu »arbeiten« – für den Fall, daß jemand kommen sollte. Er kam zurück und brachte mir – eine Mandarine.

»Du gehst jetzt Mittagessen, denn hier sind wir fertig, aber am Nachmittag kommen die Decken, dann arbeiten wir wieder zusammen!«

Als ich nach unten ging, befahl mir der achtbare »Judenmeister«, Wasser in schweren Eimern aus der Küche über den riesigen Hof zu tragen. Es riß mir fast die Arme ab, aber wenn ich die Eimer in der Küche füllte, scherzte ich mit den Polinnen, damit sie nicht merkten, wie schlecht es mir ging. Sie halfen mir sogar, denn, so

sagten sie bewundernd: »Sie sind nett, man sieht Ihnen gar nicht an, daß Sie Jüdin sind, und Sie haben so schöne Zähne.«
Ich murmelte irgendwas Scherzhaftes, aber es tat mir weh, daß man jemanden, dem man es »ansieht«, demütigen und schlagen darf. Ich trug die Eimer hinaus und kehrte in die Küche zurück, weil uns der »Judenmeister« Essen brachte (eine herrliche, sehr fette Erbsensuppe mit Speck, nur etwas übersalzen); er geruhte sogar, mit mir zu sprechen, und erklärte, ich hätte »Jugend, Kopf und Humor«. Stefa beschloß bei mir zu bleiben, und nach dem Essen spülten wir Geschirr, wobei wir mit den Polinnen und dem »Mandarin« schwätzten, der sich angeblich in mich verliebt hatte. Es fiel mir auf, daß wir und die arischen Küchenmädchen unterschiedlich behandelt wurden. Sie waren Dienstmädchen, wir dagegen »Fräulein«. Freilich nicht für den »Judenmeister«.
Nach dem Essen setzte ich mich mit Stefa auf die Brikettkiste, die wir umladen sollten. Der »Judenmeister« und der »Mandarin« waren natürlich bei uns. Die übrigen Juden klopften vor der Auffahrt Schnee und Eis los. Irgendwann fuhr ein großer roter Autobus vor, den ein polnischer Straßenbahnschaffner lenkte. Ein blutjunger Soldat sprang heraus und meldete, die Decken seien da. Stefa und ich trugen dann Kohlen, und ein Büroangestellter riet uns entschieden, uns nicht »zu den Decken zu drängen«, denn die seien verlaust und schmutzig.
»Keine Angst«, flüsterte ich Stefa zu, »wenn der ›Mandarin‹ bei uns ist, werden wir uns bestimmt nicht überarbeiten.«
Kurz darauf rief der »Judenmeister« zwei Männer und uns zu sich: »Wir fahren zur Grzegórecka-Straße Decken holen!«
Wir quietschten vor Freude, allein schon wegen der Fahrt. Neben mir nahm der »Mandarin« Platz und drückte Stefa und mir je eine Mandarine in die Hand. Daneben setzte sich ein junger Mann. Er war schön mit seinen männlich-energischen Zügen, seinem gebräunten Gesicht, in dem herrliche Zähne blitzten, wenn er lächelte. Blonde Haare und schwarze, dichte Brauen und Wimpern – Hans vom Fliegerhorst hatte stahlgraue Augen, aber die seinen glichen zwei Saphiren. Unsere Burschen sind selbst im Ghetto sehr stattlich, die Polen sind im allgemeinen wohlgestaltet, aber jetzt sehen sie alle klein und ärmlich aus.
Der »Mandarin« lächelte gütig, voll väterlichem Verständnis, über unsere scherzhaften Sticheleien, als wir mit ihm, Stefa und diesem Hübschen die Decken im Autobus stapelten; sie waren schwer, entlaust und noch feucht vom Dampf und wurden in Zehner-

bündeln von unseren Juden herangeschleppt. Mir wurde heiß bei der Arbeit, ich war krebsrot im Gesicht, ich legte Jacke und Mütze ab. Als der Autobus voll war, stiegen wir fünf vorn beim Fahrer ein, unsere Juden hinten, und unter lautem Hupen fuhren wir los. Der Chauffeur sagte mir, wann ich Signal geben sollte, und es machte mir ungeheuer Spaß, ständig auf die Hupe zu drücken. Geschwindigkeit, Fahrt, Bewegung, das ist mein Element! Der Hübsche lächelte fröhlich, und der »Mandarin« ließ mir wohlwollend meine kindische Freude.
Beim Lazarett luden wir die Decken aus, die anderen trugen sie zu den Sälen hinauf, und wir fuhren zurück, um neue zu holen. Diesmal fuhr der »Mandarin« nicht mit, sondern an seiner Stelle ein richtiger Rotzbengel, ein Soldat, der gerade Dienst hatte. Er setzte sich zu mir und versuchte mit aller Gewalt, sich mit mir beim Hawelka zu verabreden – in reinstem Polnisch! Er fragte nach meiner Adresse im Ghetto und notierte sie auf einer Streichholzschachtel. Als er an der Straßenbahnhaltestelle ausstieg, nahm der »Hübsche« seinen Platz ein. Er heißt Franz Lüssen, ist zweiundzwanzig und war schon sieben Monate an der russischen Front. »Ich habe auch ein kurzes Gedächtnis und muß mir deine Adresse notieren. Ich mag dich gerne, du bist nett. Schau, wenn wir zusammen in diesem Autobus fahren, denken wir nicht daran, daß ich Soldat bin und du ... Ob wir uns wohl wiedertreffen? Ich wünschte es!«
»Wozu?« lächelte ich. »Es genügt doch, wenn wir uns jetzt im Augenblick wohlfühlen, und ich werde diese kleine Episode in Erinnerung behalten. Wir sehen uns bestimmt nicht wieder.«
So schwatzend und Zigaretten rauchend gelangten wir an unseren Bestimmungsort. Dort standen Lazarettzüge, man begann Dekken einzuladen, aber keiner zählte sie. Aus dem Entlausungswaggon sprang ein Unteroffizier und brüllte unseren Franz an. Er entgegnete etwas, immer schneller flogen die Worte hin und her, immer lauter stritten sie sich, und der Unteroffizier erhob sogar die Faust gegen ihn. Der Arme erbleichte: »Jawohl!« Er biß die Zähne zusammen, lief unruhig hin und her, aber als er in den mittlerweile beladenen Autobus stieg, hatte er sich wieder völlig in der Gewalt und lächelte sogar. Neben mir sitzend, spielte er mit meiner Hand, an der der Ring mit dem Monogramm »H. N.« steckt, zog ihn vom Finger und versuchte, ihn auf seinen kleinen Finger zu zwängen, »als Andenken«.
»Und was bekomme ich als Andenken?«

Mit gespieltem Ernst antwortete er: »Was soll ich dir geben? Ich bin ein armer Mensch.«
»Nun, wenn ich etwas gebe, beziehungsweise wenn Sie sich als Andenken etwas nehmen« – hier unterbrach mich sein schallendes Gelächter, er hatte verstanden – , »dann muß ich dafür auch etwas bekommen!«
»Was willst du denn machen? Weinen? Schreien?«
»Nein. Ich werde nur denken, daß ...«
»Von mir? Was?«
»Das ist meine Sache.« Ich machte ein langes Gesicht. Er hatte einen anständigen Eindruck auf mich gemacht, und jetzt nimmt er mir den goldenen Siegelring von Papa ab, und ich kann nichts dagegen tun. Aber vielleicht neckt er mich ja nur, wie Felek.
»Damit wir uns nicht für immer verlieren, hier meine Adresse.«
»Bestimmt nicht die richtige!«
Betroffen zückte er seinen Soldatenausweis mit Foto. Er schrieb mir die Adresse auf einen Zettel, den er mir unauffällig in die Hand schob, und meine Adresse schrieb er sich ins Notizbuch.
»Ich möchte dich besuchen. Vielleicht klappt's!«
Der Fahrer verkündete, dies sei eine Verlobung, und schickte sich an, fortzufahren.
»Scherz beiseite, was ist mit meinem Ring?«
Nach langem, fröhlichem Hin und Her zog er ihn vom Finger und gab ihn mir zurück, wozu er lachend bemerkte: »Schöne Verlobung!«
Er drückte mir mehrmals die Hand und schaute mir lange in die Augen. Ich sprang vom Trittbrett, und der Autobus fuhr los. Keuchend und ächzend schleppten Stefa und ich ein Bündel auf die Stube, wo einige Sanitäter, der »Mandarin« und der »Judenmeister« saßen.
»Ihr sollt die Decken zusammenfalten, nicht tragen!« befahl der »Judenmeister« (ach, was für eine Gnade) und beteiligte sich selbst beim Falten, wobei er mich neckte: »Du hast Glück bei mir, denn ich bin ein schrecklicher Judenfresser!«
Am Ende, nach sechs Uhr abends, nahmen wir unseren Lohn von 2,95 Zloty im Empfang und zogen »per pedes apostolorum« von diesem Ende der Stadt nach Hause. Es war dunkel und warm, heute war ein wunderbarer, fast frühlingshafter Tag. Franz sagte, er werde morgen um sieben ins Ghetto kommen – doch sie lassen niemanden ein, und wenn durch ein Wunder doch, wären wir ganz schön in Verlegenheit. Allein die Tatsache, aus dem Ghetto herauszu-

kommen und Krakau und Menschen zu sehen, ist für uns ein Vergnügen. Ich schleppte mich mühsam nach Hause. Meine Knochen und Muskeln taten mir so weh, daß ich mich nicht mehr rühren konnte. Ich warf mich auf mein Bett und versank in einen tiefen Schlaf.

2. März 1942

Ich arbeite nicht mehr im »Lux«. Endlich! Ich bin gespannt, wie oft ich während des Krieges noch den Beruf wechseln werde. Wieviele Berufe werde ich in meinem Leben noch haben? Melancholisch schüttele ich den Kopf. Vor einigen Tagen: »Jugend, verleihe mir Flügel« und niemand kann mich bezwingen. Aber heute fühle ich mich schwach, müde, wie ein schlaffer Lumpen, den man gründlich gereinigt hat von ... was? Seit einem Jahr ist Stasia nicht mehr da. Ich bin allein.

Dieser Franz hat tatsächlich ein Kärtchen geschrieben, er habe Karten fürs Theater, ich solle anrufen, wo wir uns treffen wollen. Ob das eine Falle ist? Oder weiß er nicht Bescheid? Ich würde sowieso nicht mit einem deutschen Soldaten gehen, auch nicht mit einem »anständigen«.

Hier stoße ich mich immer stärker an Niedertracht und Egoismus, und es verletzt mich jedesmal aufs neue. Ich sollte mich schon daran gewöhnt haben, daß die Menschen selbstsüchtig sind, und doch kann ich es nicht. Unsere Nachbarn zum Beispiel, einfache Leute, aber sehr begütert, schicken ihre beiden Töchter stellvertretend für andere zum Schneeräumen: »Die Mädchen sollen sich was verdienen!« Meine Eltern haben inzwischen auch ihre Meinung darüber geändert, was jetzt üblich geworden ist, und hätten nichts dagegen, aber wie findet man eine solche Stellvertretung, wie soll man beispielsweise konkurrieren gegen meine Nachbarinnen, die in einer ganzen Gruppe vor dem Arbeitsamt stehen und sich die fremden Kennkarten aus den Händen reißen? Sie würden mir um keinen Preis eine Stellvertretung abtreten, denn ich muß schließlich für das tägliche Brot mit Marmelade arbeiten, sie aber für Maniküre und den Friseur, und das ist natürlich wichtiger. Im übrigen macht mich schon meine eigene Arbeit fertig, ich bin wieder erkältet, der Hals und das Kreuz tun mir weh, aber was das Schlimmste ist: Der Frühling beginnt, und mit ihm mein »Weltschmerz«. Ich habe zu nichts Lust noch Kraft. Wie soll das enden?

10. März 1942

Ich bin arbeitslos. Viermal wöchentlich muß ich mich zur Zwangsarbeit und einmal zur Blockarbeit melden. Das schreckt mich nicht, seit ich von der Grippe genesen bin, denn so schlimm sind diese Arbeiten auch wieder nicht. Für mich sind sie – eine Abwechslung. Traurig, aber wahr. Nur daß ich nichts verdienen kann.

Im Haus das nackte Elend. Ach, wenn man doch nur herauskäme! Heraus! Wenn wir zur Feldarbeit eingeteilt würden und herausfahren könnten! Ich halte es wirklich nicht mehr aus. Das ist doch schrecklich: Wir sind nur vier, aber jeder lebt jetzt in seiner eigenen Welt, und wir machen uns gegenseitig das Leben schwer! Felek zeigt sich überhaupt nicht mehr zu Hause, und wenn doch, dann kommt er wie eine Hagelwolke, anmaßend, schroff und übellaunig. Er frißt sich voll, schläft, und weg ist er, außer er zettelt Streit an und stellt das Haus auf den Kopf. Ich weiß nicht, warum er so böse ist. Er möchte nicht heiraten, aber Genia brät ihm Schnitzel, und er weiß nicht, was er will ... Ich hätte nie gedacht, daß Felek an einem solchen »Haushuhn«, dessen typische Vertreterin Genia ist, Gefallen finden würde. Sie zieht jeden Groschen aus ihm heraus, denn obwohl Felek im Vergleich zu uns eine Menge Geld verdient, geht er in völlig zerrissenen Schuhen und verlangt von aller Welt und besonders von der Familie, daß sie ihn gut ernährt.

Und Mama ..., wie abgearbeitet und mager sie ist! Es ist lange her, daß es Brot mit Butter, ein Ei oder Kaffee mit Milch und Zucker gegeben hat.

Und Vater ... Nein, ich werde noch verrückt vom Gefühl meiner Ohnmacht. Es gibt keinen Ausweg von hier, nein, es gibt keinen Ausweg! Ich möchte davor fliehen, und sei es in die Zwangsarbeit! Dabei sind nicht nur wir im Ghetto so unglücklich – aber wir am meisten.

Ich gestehe schamvoll, daß ich Mitgefühl mit unseren Feinden empfinde, wo ich sie doch hassen sollte. Im Grunde tun sie mir trotz allem leid, diese Hanse, Pauls und Heinrichs, von denen jeder sein privates, persönliches Leben hat, seine eigenen Gedanken und Bestrebungen, die durch den Krieg brutal unterbrochen wurden. Es tut mir leid um unseren Chauffeur Sepeln, diesen liebenswürdigen fünfzigjährigen Soldaten, dessen achtzehnjähriger Sohn in Rußland kämpft. Es tut mir leid um die jungen Franzosen, die hier, fern der Heimat, zur Arbeit weilen. Es tut mir leid um den zweiundzwanzigjährigen Franz, meinen »Verehrer« aus dem Lazarett an der Kamienna-Straße, der mir wieder ein Kärtchen ins Ghetto geschrieben hat und seit einer Woche an der Front ist. Und natürlich bedaure ich jetzt auch Mama und Papa, Felek und meine beschissene Jugend ebenso wie Franz, Hans, den Sohn des alten Sepeln – und ich bete um eine rasche Beendigung des legalisierten Mordes und der Rechtlosigkeit, also des Krieges.

23. Mai 1942
Eine überaus wichtige Mission, auch wenn sie eh nichts ausrichtet.

* * *

Cambridge, Massachusetts, November 1983

Mit diesem Eintrag endet das erste Heft meiner erhaltenen Tagebücher. Außer persönlichen Notizen habe ich dort eigene und fremde Gedichte festgehalten, »Gedanken und Ansichten«, die Titel gelesener Bücher, ja sogar mehrere Dutzend Seiten umfassende Auszüge aus einer Geschichte der französischen Literatur.
Die folgenden Hefte waren schon kein Tagebuch mehr. Als wäre mir plötzlich klar geworden, daß das Unfaßliche, das uns geschah, aufgezeichnet werden mußte, dies aber ein sehr gefährliches Dokument war. Ich begann daher in der dritten Person zu schreiben, um die Sache im Falle eines Falles herunterspielen zu können.
Diese meine grenzenlose Naivität beweist, daß mir 1942 doch noch ein gewisser Glaube an die Rechtsstaatlichkeit geblieben war. Als hätten die Deutschen einen Grund gebraucht, um uns zu ermorden!
Dabei zog sich 1942 die Schlinge bereits zu. Ich spürte die Beklemmung jeden Morgen nach dem Erwachen buchstäblich am Hals. Wir waren von einer irrationalen Situation umstellt, die gegen die geltende Ethik und Logik verstieß. Das Ghetto war schon zum Zwangsarbeitslager geworden, aber es gab noch keine Baracken, es gab noch so etwas wie Häuser.
Allein, diese Häuser, in die ein deutscher Schächer, ein Lette, ein russischer Hilfswilliger der Deutschen jederzeit ungestraft eindringen konnte, vermittelten keine Sicherheit mehr. Das geborgene Nest, das die Familie gewesen war, lag auf einem dürren Ast, allen Winden ausgesetzt. Mir wurde eiskalt, als ich begriff, daß auch meine Eltern hilflos waren, daß man sie durch Gebrüll demütigen, schla-

gen und mißhandeln konnte, ohne daß die Welt zusammenbrach und das eigene Herz zersprang.

Das war wohl die schwerste Zeit für mich.

Das Ghetto war mir zutiefst verhaßt, aber noch waren wir zusammen, wenngleich nur vom Abend bis zum Morgen. Ich hastete zu dem Lastwagen, der uns zum Fliegerhorst bringen sollte, in der Tasche ein Stückchen Brot, das Mama in sauberes Papier gewikkelt hatte (»Vergiß ja nicht, es wieder mitzubringen!«). Am Zahltag war ich es, die einen kleinen Laib Brot und Butter mitbrachte. Meine Eltern unterdrückten gezwungenermaßen ihre Einwände gegen den Charakter meiner Arbeit – ich machte Dreckarbeit und putzte die Kasernen und Latrinen, und jeder ordinäre Rekrut konnte sich an mir vergreifen. Die Armbinde mit dem Stern schützte mich zwar vor Behelligungen, denn die Soldaten fürchteten den Vorwurf der »Rassenschande«, aber sie setzte mich auch der Gefahr aus, von jedem, den es danach gelüstete, gedemütigt und ausgebeutet zu werden. Ich wußte schon, daß ich mir das nicht zu Herzen nehmen durfte. Unsere Anwesenheit auf dem Fliegerhorst gab einigen polnischen Arbeiterinnen ein Gefühl der Überlegenheit, speziell einer gewissen Wisia mit vereiterten Augen, einer elenden Hure, die es für einen Pappenstiel machte, für ein Stück Hering. In ihrer Baracke mußten wir den Fußboden scheuern, während sie sich lachend mit dem Vorarbeiter unterhielt. Das war meine Feuertaufe – selbst im Ghetto, in unserem einzigen Stübchen, war der Boden zum Bohnern und nicht zum Scheuern; voller Ekel nahm ich die von Schmutzwasser triefenden Lappen in die Hände.

»Scheure die Klos!« Damit kommandierte mich Wisia, die Hure, zu den Toiletten ab und stieß den Wassereimer um.

Unbeholfen versuchte ich den Schwall des stinkenden Wischwassers aufzuhalten, während sich Wisia, an den Türrahmen gelehnt, über meine »Vornehmheit« lustig machte. »Es ist aus mit der jüdischen Herrschaft, daß ich unter der Laterne stehe und du zur Schule gehst. Du wirst dir deine sauberen Händchen abarbeiten, und ich bin die Herrin.«

»Verpiß dich, Wisia«, meldete sich Bordzia, die am längsten auf dem Fliegerhorst arbeitete. Drall, kräftig wie die Bauernmädchen und frech, hatte sie keine Angst vor den Vorarbeitern. Sie schnauzte in deren eigener Sprache zurück, Zigaretten rauchend und spukkend – sie liebten sie, weil sie urig war. Mir war Bordzias ordinäres Benehmen unangenehm, ihre Aggressivität schüchterte mich ein.

Nun schnappte sie sich einfach mein Wischtuch, scheuerte flink hier und da, und ruck, zuck war das Klo sauber.
»Ich danke dir«, flüsterte ich, verlegen und überrascht.
»Bist du verrückt? Red keinen Quatsch! Du würdest dich hier doch den ganzen Tag vollscheißen – schreib uns lieber ein Lied.«
Es war nämlich so, daß das ganze Ghetto mein Lied »Jedno auto, Bronowice, dwa z lotniska Rakowice« [»Ein Auto von Bronowice, zwei vom Fliegerhorst Rakowice«] zur Melodie von »Rosamunde« sang – und danach alle Lager, in die Leute aus Krakau kamen.
Nach dem Krieg war die Miodowa-Straße das Revier der billigen Prostituierten. In einer kleinen Querstraße befand sich ein jüdisches Studentenheim, in dem ich meine Mahlzeiten zu mir nahm. Als ich eines Abends vom Essen nach Hause ging, stand mir Wisia die Hure gegenüber. Freudig umarmte sie mich und erklärte ihrer Begleiterin, wir hätten zusammen auf dem Fliegerhorst gearbeitet.
»Bordzia ist leider tot. Aber du bist wenigstens am Leben. Ja, ich stehe hier jeden Abend und habe dich schon ein paarmal gesehen. Ich hab gedacht, das muß Halinka sein. Und was machst du?« – sie deutete auf die Studentenmütze – »Gehst du wieder zur Schule?«
Ich verkniff mir die Frage: »Und was machst du, stehst du wieder unter der Laterne?« Statt dessen verabschiedete ich mich höflich von ihr. Vorbei war die Zeit ihrer kurzen Prosperität, die für mich eine nicht enden wollende Hölle war.

* * *

Auf einmal ist das Leben unkompliziert geworden – leichter, wenn auch gedankenlos. Frühmorgens eilig vors Arbeitsamt zum Auto, der offene Lastwagen fährt uns durch die Stadt, springt in die Höhe und schleudert in jeder Kurve. Wir stürzen übereinander, kreischend und lachend oder unter der grollenden Mißbilligung derer, die sich immer noch mit »Frau Doktor« oder »Herr Anwalt« anreden lassen und die Mädchen verärgert mustern, wenn sie singen:

»Für Suppe, für Suppe und für ein Stückchen Brot
bekommt man bei den Fliegerfräulein,
was sich gehört und mehr!«

Mein Lied nehmen sie gnädiger auf, weil es unsere Bemühungen schildert, Arbeitsstätten zu meiden, wo Juden mißhandelt werden. Nicht genug, daß man für eine Scheibe Brot und etwas Suppe

schwer arbeiten muß, man wird obendrein auch noch geschlagen und verhöhnt, etwa an der Bosacka-Straße oder beim Bauhof.
Zwei Lastwagen rumpeln über die Rakowicka-Allee und nähern sich dem Backstein-Wachhäuschen des »Fliegerhorsts Krakau«. Der Schlagbaum geht hoch, der Fahrer meldet, wie viele Juden er bringt, und setzt uns zunächst bei der Unterkunft ab, wo wir zwölf abspringen und uns Klemens, der joviale, altväterliche Unteroffizier, zur Arbeit einteilt.
Wir putzen die Wache, die Büros, die Kantinen, die Offiziersräume und die Hangars. Wer eine dauerhafte Zuteilung hat – wenn jetzt überhaupt etwas dauerhaft sein kann —, teilt sich die Arbeit so ein, daß er Zeit für sich selbst abzwackt.
Ich gehöre zu einer »fliegenden Brigade«, die überall eingesetzt wird, um Löcher zu stopfen. Manchmal ist die Arbeit leicht, manchmal schwer und schmutzig. Manchmal bekommen wir zufällig einen bösartigen Chef, aber dann trösten wir uns, daß es morgen ein anderer sein wird, der vielleicht besser ist.
Das Angenehmste ist jetzt, im späten Frühling, die Fahrt durch die Stadt. Wir kehren heim wie von einem Maiausflug. Mama kommt manchmal ans Tor, und einmal habe ich ihr einige Feldblumen mitgebracht. Sie freute sich so, daß ich ihr heute mehr gepflückt habe, denn gerade waren die Kornblumen aufgeblüht. Es war schon spät, und die Mädchen wollten nicht auf mich warten.
»Kommt schneller, sonst fährt uns das Auto weg! Es ist schon sechs, und sie reißt Blumen ab!« ruft Erna empört.
Wir laufen zum Auto, das gestopft voll ist. Hinter uns wogt das Flugfeld, bedeckt von saftigem Gras, das dicht mit Feldblumen durchsetzt ist; rot glänzen die Fensterchen der Flugzeuge in der untergehenden Sonne.
Der Lastwagen rast durch die Stadt und fährt einige Minuten später in die verstaubten, engen Gäßchen des Ghettos. Die munter schwatzende Menge der »Flugplatzmädchen« verschwindet in den Haustüren. Mein Blumenstrauß hebt sich traurig von den abgeschabten Mauern ab. Kinder, die in den Winkeln der stinkenden Höfe spielen, laufen mir nach und rufen neugierig: »Was ist das? Wie hübsch!«
Ich mußte stehenbleiben und lachte.
»Weißt du nicht, was das ist? Kornblumen!«
»Kornblumen ...«, wiederholte die Kleine entzückt und wurde nachdenklich. Ich nahm einige Blumen heraus und drückte sie ihr

in die Hand. Sogleich streckten sich einige schmutzige Hände gierig vor: »Ich auch! Ich möchte auch Kornblumen haben!«
Voller Bewunderung betrachteten die Kinder die blauen Staubfäden der Blumen, und eines fragte resolut: »Das gibt's auf dem Flugplatz, wie die Bomber, nicht wahr?«
»Aber nein, diese Blumen wachsen überall, auf den Feldern, im Korn ...«
»Im Korn?« wunderte sich die kleinste, knapp dreijährige Irenka. Der »schwarze Michas« warf ihr einen verächtlichen Blick zu: »Natürlich im Korn! Ich war einmal auf dem Land und habe Korn gesehen! Wald auch!« erinnerte er sich.
»Im Wald sind Wölfe und Hexen, das hat mir das Fräulein vorgelesen ...«, piepste Ritka ängstlich.
»Dummchen, das ist nur in Büchern so, damit die Kinder sich fürchten und artig sind.«
»Michas hat recht. Im Wald ist nichts Erschreckendes. Der Wald ist schön!«
»War einer von euch schon im Wald?«
»Der Wald ist grün, rauscht, duftet«, begann Ritka, als sagte sie eine Lektion auf. Die übrigen Kinder lauschten gespannt.
»Und auf der Weide grasen Kühe«, warf Michas ein.
»Was sind Kühe?« fragte Irenka.
Ich wollte es mit pädagogischen Mitteln versuchen und sie hinführen: »Hast du schon mal Milch getrunken?«
»Na klar! Mama verkauft Milch!« Stolz hob sie das Näschen.
»Und woher kommt die Milch? Wer weiß es?«
»Ich!« piepste die Kleine. »Die Milch kommt durch ein Pförtchen in der Mauer. Die Franciszkowa bringt sie jeden Tag um fünf Uhr früh.«
Ich konnte mir ein Lachen nicht verkneifen, aber die Kinder schauten mich empört an, daß man über eine so evidente Wahrheit lachen konnte.
»Aber die Franciszkowa macht die Milch doch nicht!« versuchte ich klarzustellen. Das half mir jedoch nicht weiter, und so wandte ich mich schließlich an den großen Jurek: »Du bist doch zur Schule gegangen, sagst du ihnen, woher die Milch kommt?«
Nur ungern ließ er sich vom Spielen abbringen. »Die Milch? Man melkt die Kuh und fertig!«
»Genau!« bestätigte ich und wollte zu einer näheren Erklärung ausholen. Aber wie soll man Kindern sowas erklären, für die »Wald«, »Weide« und »Kornblume« nur leere Worte sind?

»Sagen Sie, ist es dort, wo das Korn und die Kühe sind, anders als hier?« Irenka deutete auf den schmutzigen, engen Hof.
Ich zögerte. Sollte ich ihnen sagen, wie das Harz im Wald duftet, wie die Vöglein singen, wie die Walderdbeeren schmecken? Vielleicht sollte man diese vor Neugier blitzenden hellen und dunklen Augen nicht für die weite Welt öffnen, damit sie nicht von der Häßlichkeit der schmutzigen, finsteren Hinterhöfe und des in der Ecke verkümmernden Holunderbusches beleidigt würden. Diese andere, schöne Welt ist für diese Kinder ein unwirkliches Land, das einige von Bildern, Büchern und Erzählungen kennen, so wie das Märchenland.
»Ich muß jetzt gehen«, sagte ich unsicher. »Am Sonntag werde ich's dir erzählen.«
»Und bringen Sie morgen Blumen mit?«

Zwischen der Rückkehr von der Arbeit und der Polizeistunde ist wenig Zeit, selten schaue ich jetzt ins Tagebuch. Aber diese unglücklichen Kinder ... ich mußte das aufschreiben, statt Mama beim Abendbrot zu helfen. Meine arme Mama hat auch nie Zeit. Ihre lieben, kleinen Hände räumen geschickt und lautlos Hindernisse aus dem Weg und glätten, so gut es geht, das Leben ihrer Nächsten. Mama weiß alles, denkt an alles und sorgt sich um alles, von den wichtigsten Dingen bis zu solchen Kleinigkeiten wie meinen verlorenen Haarnadeln oder verlegten Briefen. Ich muß mich richtig schämen.
Sonderbar, wie früh die Kornblumen blühen, Ende Mai.

1. – 4. – 8. Juni 1942
Woher sind auf einmal die vielen Leute im Ghetto gekommen? Man tritt sich gegenseitig auf die Füße. Sogar Maryśka Kranz, dank Peroxyd zur Platinblonden geworden, ist zu meiner großen Freude aufgekreuzt, aber nur für kurze Zeit, um von den »arischen Papieren und der ewigen Verstellung zu verschnaufen. Man hat eine Registrierung auf »blauen Kärtchen« verfügt, damit diejenigen, die sich illegal im Ghetto aufhalten, Ausweise und eine Aufenthaltserlaubnis erhalten. Die Menge, die vom frühen Morgen bis zur Nacht um diesen Stempel anstand, war so gewaltig, daß man auf der Straße sogar Einbahnverkehr angeordnet hat. Sollte das eine Wendung zum Besseren bedeuten? Werden sie das Ghetto vielleicht vergrößern, damit alle hineinpassen?

Derweil kursieren erste Gerüchte über eine Aussiedlung. Bislang gab es nur »Aktionen« und Razzien.
Am Sonntag haben Mama und ich die Wohnung geputzt, und nach dem Mittagessen sind wir mit Tante Doras Schwestern nach Krzemionki gegangen. Sogleich entdeckten mich Bronek und Dziunia, die »in den letzten Tagen von Pompeji« die frische Luft genießen wollten.
»Laßt mich mit diesem ewigen Geunke in Ruhe!« knurrte ich und drehte mich auf den Rücken, um das tiefe Blau des Himmels in mich aufzunehmen. Bis mich ein Schrei plötzlich auffahren ließ: »Sie umstellen das Ghetto!«
Tatsächlich! Unverkennbar marschierten SS-Abteilungen in Richtung Ghetto. Die Vorausabteilung stand schon vor den Toren, und andere rückten in Reih und Glied, mit Stahlhelm und voller Bewaffnung, mit vorgehaltenem Gewehr wie zum Sturmangriff vor. Im Ghetto herrschte Aufruhr. In den verstopften Gassen war kein Durchkommen. Von Dziunias Wohnung an der Traugutt-Straße aus sahen wir, daß die Mauern dicht an dicht von Polizei umstellt waren. Sie standen herum und schossen auf die Fenster, die zur Außenseite des Ghettos hinausgehen. Schon beim ersten Schuß regnete es Glassplitter.
In der Nacht tat keiner ein Auge zu. Wie sich herausstellte, müssen unsere Kennkarten mit einem Stempel versehen sein, und wer den nicht hat, wird ausgesiedelt.
Um sechs Uhr früh erschienen Bekanntmachungen: Aussiedler dürfen 25 kg Gepäck und 25 Zloty mitnehmen, die Wohnung ist offenzulassen, die Schlüssel an den Türen. Um sieben war von der Limanowski-Straße Weinen und Schreien zu hören, vom Eckfenster aus sah man, wie sie diese unglücklichen Menschen, ein Bündel auf dem Rücken, die Kinder an der Hand, mit Gewehrkolben vor sich hertrieben und schlugen ... Sie jagten sie zum Bahnhof Prokocim, wo ein Güterzug für den Osten bereitstand.
In unserem Haus wohnen noch andere »Flugplatzmädchen«, die sich anschickten, zur Arbeit zu gehen. Ich war unschlüssig, ob ich gehen oder bleiben sollte. Mama sagte, ich solle gehen. Die Autos vom Fliegerhorst standen vor dem Tor. Heute durften sie nicht ins Ghetto hineinfahren.
Der Tag verging wie auf dem Folterbett. Als wir am Abend heimkehrten, ging bereits der zweite Transport ab, und aus dem Ghetto kamen Fuhrwerke mit Brot und Wasser für die Aussiedler, die in Płaszów auf den Zug warteten. Sie waren noch nicht abgefah-

ren, als Arbeiter vom Baudienst schon ihre Wohnungen räumten und Tische, Schränke und Betten hinaustrugen; die übrigen Habseligkeiten warfen sie auf die Straße und luden sie auf einen Wagen. Das durcheinandergeworfene Gerümpel erzeugt einen schrecklichen Eindruck von Verlassenheit.
In der Nacht alle Augenblicke Schüsse – der Sonderdienst zielt auf die Fenster. Das war schon der dritte Tag in nervlicher Anspannung.
Mama begleitete mich zum Auto. Wir beobachteten SS-Abteilungen, die auf dem Platz der Einheit aufmarschierten. Eine böse Vorahnung schnürte mir das Herz zusammen. Mama wies auf die Ironie hin, daß sie sich ausgerechnet auf dem Platz der Eintracht versammelten. Sanitäter transportierten Kranke und Alte zum Spital. Papa trommelte seine »Müllmänner« zusammen und meldete sich auf der Gemeinde. Mama küßte mich vor dem Tor und kehrte nach Hause zurück.
Als wir abends heimkehrten, fiel uns die ungewöhnliche Stille im Ghetto auf. Leere Straßen, nasses Pflaster, wie gerade vom Regen gewaschen, und dabei war heute ein schöner Tag! – nur im Rinnstein flossen Ströme schmutzig-roten Wassers. Vom Platz der Einheit her ratterte ein Wagen der Müllabfuhr über das Pflaster, dahinter blutbefleckte Sanitäter – wie Metzger! Ich entdecke Felek unter ihnen; mit der einen, schmutzigen Hand hält er die Plane des Wagens fest, mit der anderen, sauberen, führt er ein in Papier gewickeltes Stück Brot an den Mund und kaut gierig daran.
»Um Himmels willen! Was ist hier passiert? Wo sind die Eltern?! Was machst du?!«
»Mama ist zu Hause! Sie hat mir Abendbrot gemacht. Jemand muß die Toten wegschaffen!«
Entsetzt bemerkte ich die unter der Plane herausragenden Füße und Hände. Ich raste nach Hause, sprang über die Blutlachen an der Ecke, die die Dąbrówka-Straße mit unserer Sackgasse bildet. Hier war die Hauswand mit Einschußlöchern übersät. Ende der Welt! Atemlos stürzte ich in unsere Einzimmerwohnung, direkt in die Arme der Eltern.

Mama erzählte, daß man die Passanten verscheucht habe, daß man verboten habe, das Haus zu verlassen, und daß dann systematisch, Straße um Straße, die Aussiedlung erfolgt sei, begleitet vom ohrenbetäubenden Gebrüll der Soldaten, von Schüssen, Weinen und Schreien. Da Mama nicht stillsitzen konnte, machte sie sich wie gewohnt ans Aufräumen. Sie legte ihre Kennkarte zur Einsicht auf den Tisch und wartete. Aber in der Ecke vor dem Porträt ihrer Eltern zündete sie Kerzen an. Heimlich beobachtete sie durch die Gardinen, was sich in unserer Sackgasse abspielte. Aus jedem Haus rannten Leute, gehetzt von Gebrüll und von Schüssen, mit Gewehrkolben und Reitpeitschen geschlagen. Verschreckt preßten sie ihre elenden Bündel an sich, als ein dicker Offizier ihnen befahl, vor der Hauswand an der Ecke niederzuknien, und sie mit einem Schuß tötete. Die Leiber fielen übereinander, es entstand ein wachsender Berg von Leichen!

Jetzt sah ich aus dem Fenster, daß dort noch einige Bündel und eine Beinprothese lagen.

Mama rief aus: »Neuman, Abraham Neuman, weißt du, dieser hochgewachsene Maler, der hinkte. Ach ja, und Herr Gebirtig, der dir beigebracht hat, ›Rajzele‹ zu singen. Sie gingen am Ende der Gruppe, beide alt und krank. Neuman kniete nicht nieder. Er erhob seinen Gehstock gegen den Kommandanten. Gebirtig haben sie auch erschossen. Der reine Wahnsinn!« sagte Mama mit vor Erregung blitzenden Augen.

»Und dann geschah ein Wunder.«

Es war wohl wirklich ein Wunder. Denn als die wütenden Soldaten in unser Haus eindrangen und mit einem Tritt die Tür aufsprengten, verstummten sie. In der reinlichen Stube stand Mama aufrecht am Tisch und deutete auf die Dokumente. Sie beachteten sie nicht, sondern drehten sich um und schlossen die Tür hinter sich.

Später sah Mama vom Fenster der Nachbarn aus, wie die Soldaten in disziplinierter Formation abmarschierten, wobei der energische Marschtritt ihrer beschlagenen Stiefel vom Pflaster widerhallte. Hinter der ersten Abteilung trieben andere den wirren Haufen der Ausgesiedelten mit Gebrüll, Schlägen und Schüssen vor sich her. Den Abschluß des Aufzuges bildete ein geordneter Trupp Soldaten. Sie schritten forsch dahin, unter lautem Gesang – wie die Helden.

Das Ghetto blieb bis zum Ende der Woche umstellt. Drinnen herrschten Unruhe und Fieber. Die Leichen der Getöteten wurden auf den Hof des Spitals gefahren, in einem Massengrab auf dem Friedhof sollen 130 Menschen bestattet worden sein. Vom Transport wußte man nur, daß die Menschen in den überfüllten, geschlossenen Güterwaggons noch auf dem Bahnhof, bevor der

Zug losfuhr, wegen Luft- und Wassermangel ohnmächtig geworden waren.
Unterdessen wütet im ganzen Generalgouvernement eine »Judenvernichtungskampagne«. Bei der Aussiedlung kleiner Städte und Dörfer mußten die Menschen mehrere Tage im Freien lagern, bevor leere Waggons eintrafen. In Mszana Dolna hat man den Leuten ihre Sachen abgenommen, dann wurden sie alle erschossen. Dabei sollte es doch eine Umsiedlung in die Ukraine oder nach Rußland sein, zur Arbeit!
Am Sonntag nochmalige Registrierung, um festzustellen, wer nach diesem denkwürdigen Donnerstag eigentlich noch da ist. Es war soviel von den »blauen Kärtchen« die Rede, und jetzt haben sie sie wahrhaftig als Aufenthaltserlaubnis im Ghetto in die Kennkarten eingeklebt. Natürlich haben nicht alle solche Kärtchen bekommen, viele wurden gleich zur Aussiedlung fortgeschafft. Dieser dritte Transport verlief nicht mehr so scharf, denn es wurde wenigstens nicht geschossen. Die Bilanz der Aussiedlung betrug, wie es heißt, 12000 Gebliebene, 6000 Ausgesiedelte, 130 Getötete.
In dem verödeten Ghetto, das man in ein Arbeiterviertel verwandelt hat, ist es stiller geworden. Verkehr gibt es nur morgens, wenn wir zur Arbeit gehen, und abends, wenn wir heimkehren. Es gibt niemanden, der nicht arbeitet. Alle Juden, Frauen und Männer, arbeiten, sei es in den Schneiderbetrieben von Madritsch, bei »Optima«, sei es in Schreiner-, Schuhmacher-, Klempner-, metallurgischen oder Elektrobetrieben, denn man hat jetzt alle Berufe und Handwerke in »Gemeinschaften« umgewandelt. Juden arbeiten in Schindlers Emaille- und in der Kabelfabrik, beim Militär und in Lazaretten, Juden kehren die Straßen – so als würde man uns erst jetzt für »nützliche« Tätigkeiten ausbilden.
Eine Woche später erneute Unruhe – sie verkleinern das Ghetto! Umzüge, Streitereien mit dem Wohnungsamt, das nicht anders kann, als acht Personen auf ein Zimmer zuzuteilen. Auf jedem Hof ein Möbellager, unnötige Dinge werden fortgeworfen und vernichtet. Inzwischen haben sie begonnen, das verkleinerte Ghetto, genaugenommen drei Straßen, mit Stacheldraht einzuzäunen. Die Menschen, die kein Dach über dem Kopf haben, nächtigen in den Höfen.
In der Arbeit fragen die Piloten hartnäckig, was im Ghetto passiert sei. Wie soll man das beschreiben? Daß sie uns zur Schlachtbank führen, schlimmer als das Vieh? Daß sie uns ohne jeden Anlaß zu Tode quälen und mißhandeln? Eigentlich nur, weil wir Juden

sind! – Das sagte ich dem Unteroffizier im Wachhäuschen, wo ich mit Irka putze. Er blickte zur Seite, offenkundig verlegen. Ich kehrte den Korridor, und plötzlich richtete ich mich auf, den Besen in der Hand, so als gäbe mir das Leiden meines Volkes Kraft und Stolz. Mein Volk! Nicht mehr nur das polnische. Mir wurde bewußt, daß das Leid ein mächtiges Bindeglied ist. Sie nennen mich schließlich nicht »das Mädchen da« oder »die junge Polin«, sondern »die Jüdin da« oder »die große blonde Jüdin«.
Der junge Pilot holte ein Päckchen Zigaretten aus der Tasche und legte es unbeholfen auf die Fensterbank. Ich stand ungerührt da und unterdrückte die Anwandlung eines verächtlichen Lächelns. Er murmelte vor sich hin: »Ich kann doch nichts dafür«, und kehrte in die Dienststube zurück.
Wir sammelten Schrubber und Eimer ein und gingen zum Essen. Die Zigaretten blieben unberührt auf dem Fensterbrett liegen.
Irka mochte mir das nicht verzeihen. »Selbst hast du sie nicht genommen, mich hast du sie nicht mitnehmen lassen, du ehrbare Putzfrau! Er hat es doch gutgemeint. Gegenüber einem SS-Mann wärst du nicht so aufgetreten!«

Ich habe mich an den Fliegerhorst gewöhnt und bringe mir sogar Bücher mit, und wenn ich mittags nach dem Verzehr des wässrigen Süppchens einen freien Augenblick habe, lese ich in unserer »Judenstube«. Trotz der Arbeit habe ich hier mehr Ruhe als zu Hause. Unser Stübchen ist durch das Klavier und den Schrank in zwei Wohnungen aufgeteilt. Wir haben ein Fenster, Cesia Kraus und ihre Eltern haben das andere. Vor dem Fenster stehen ein Tischchen und zwei Stühle, an der Wand steht mein kleines Sofa, dann Papas Bett und Mamas Klappbett. Ein Vorhang trennt uns von der Tür. Mama und Frau Kraus teilen sich irgendwie in den einen Herd, aber was gibt's da schon zu kochen! Die Preise auf dem Schwarzmarkt sind phantastisch, und wir verdienen fast nichts. Wir verkaufen Dinge, aber wie lange wird das reichen? Wir ernähren uns sowieso nur noch von klebrigem Brot mit Steckrübenmarmelade, Kaffee-Ersatz mit Süßstoff und einem unergiebigen mageren Mittagessen. Die beste und billigste Delikatesse sind geröstete Sonnenblumenkerne.
Mama ist als »bewährte Bürokraft« beim Kinderheim angestellt, Papa nach wie vor bei der Müllabfuhr, Felek im Spital. Onkel Ignac und Mietek sind im »Julag« [Judenlager]. Die arme Tante Dora ist gestorben. Der geniale Dr. Nüssenfeld hatte sie operiert, aber es

entwickelte sich eine Infektion. Abends ging Mama mit mir ins Spital, der Onkel stellte ein paar Blumen in das Glas auf dem Nachttisch. Tante Dora glühte vor Fieber. Sie blickte zu Mama auf, ihre blaugrauen Augen erschienen riesig, als sie mit Nachdruck flüsterte: »Rena, denk an Mietek, denk an ihn ...«
Mit offizieller Erlaubnis bestatteten wir Tante Dora auf dem Judenfriedhof von Podgórze in Płaszów. Den kleinen Jurek an der Hand, mit zusammengepreßten Lippen und ohne eine Träne, .stand der Onkel am Grab. Als der Leichnam ins Grab gesenkt wurde, entrang sich seinem Inneren ein gewaltiger Klageschrei, als wäre in ihm etwas zersprungen, und die aufrechte Gestalt sank halb in sich zusammen. Der kleine Jurek begann zu weinen. Mietek starrte dumpf vor sich hin. Waisen!

Gerüchtweise verlautet, wir sollten für Arbeitseinsätze kaserniert werden. Meinetwegen, wenn sie uns nur nicht trennen. Es gibt ein solches Lager in der Nähe der Bahnlinie. Einmal führten sie die Lagerinsassen zur Entlausung ins Ghetto. Ich habe mich sehr geschämt, daß ich beim Anblick dieser heruntergekommenen Kerle voller Widerwillen gedacht habe: Was ist das doch für eine abscheuliche, dreckige Bande. Aber ist es denn ihre Schuld, daß diese Lumpen ihre einzige Kleidung sind, daß sie sich nirgendwo waschen können, daß sie stehlen, weil sie ausgehungert sind? Wenn Mama nicht darauf achten würde, daß wir saubere Kleidung haben, wenn wir nicht trotz der Erschöpfung abends unsere kleine Wäsche machen würden, sähen wir bestimmt genauso aus.
Ich wurde eingeteilt, die Zimmer der Nachrichtenhelferinnen zu putzen. Meine beiden Deutschen sind von der Wetterwarte. Daß ich mich immer noch nicht an die Karriere eines Dienstmädchens gewöhnt habe, merke ich daran, daß es mir unangenehm ist, diese »Offiziersmatratzen« zu bedienen und ihre Wäsche zu waschen. Gut ist allerdings, daß sie gewöhnlich nicht zu Hause sind und ich mich nach getaner Arbeit hinsetzen kann, Radio hören oder ein Buch lesen kann, das ich mir mitgebracht habe.
Nicht nur wir werden verlegt. Diejenigen, die in den Hangars arbeiten, sagen, ganze Geschwader seien aus dem Westen eingeflogen und würden hinter den Dnjepr und nach Stalingrad verlegt. Einstweilen hängen sie dort fest. Beinahe so wie Bordzia auf dem Apfelbaum. Auf dem Weg zum Auto hatten wir Augustäpfel geschüttelt, aber die schönsten saßen oben im Baum. Bordzia warf den traurigen Rest ihres vom ständigen Scheuern zerstörten Holz-

schuhs nach ihnen, und der blieb natürlich an einem Ast hängen. Bordzia kletterte hinauf, um ihn zu holen, barfuß, aber es gelang ihr nicht, wieder herunterzuklettern. Wir haben uns gebogen vor Lachen, als sie schließlich schreiend ins Gras sprang.
Während der Fahrt schlugen wir uns den Bauch mit grünen Äpfeln voll. Einige brachte ich mit nach Hause für Kompott, aber es gibt keinen Zucker. In der Nacht wurde ich krank von diesen Äpfeln und bekam hohes Fieber. Ich war heute nicht in der Arbeit, sollen die deutschen Fräuleins doch selber putzen.

Die [jüdischen] Feiertage nahen, Neujahr und Versöhnungstag. Vor einem Jahr wurden sie sehr feierlich begangen. Im Waisenhaus und in dem zum Bethaus umgewandelten Studentenwohnheim wurde gebetet, auf den Straßen herrschte eine festliche Stimmung. Als ich Mama ein paar Blumen brachte, fiel mir auf, wie eifrig die Menschen zu Gott beteten, in einem so gewöhnlichen Raum, in dem lediglich Kerzen brannten.
In diesem Jahr arbeiten alle, und die Arbeit darf nicht unterbrochen werden, die Arbeit ist heilig. Statt feierlich im Bethaus, verrichten die Leute ihre Trauergebete für getötete Angehörige und Freunde privat. Eine tragische Bilanz. Nur die Sonne verstrahlt zum Trost einen milden Glanz.
Wie schön sind diese spätherbstlichen Tage und die freundlichen Nächte! Um neun, da man nicht mehr auf die Straße hinausdarf, setze ich mich allein auf den Balkon am Ende des Korridors. Die Gespräche verstummen nach und nach, das Haus versinkt im Schlaf. Während sich der Geruch der Felder mit dem des Müllkastens vermischt und in der Nachbarschaft hier und da die Wasserspülung der Klosetts rauscht, muß ich daran denken, daß über Berlin, London und Stalingrad, über Asien und Afrika und dem freien Amerika dieselben Sterne leuchten wie über unserem armen Ghetto. Kann es nicht sein, daß in diesem Augenblick tausende verlorener und einsamer Menschen auf der ganzen Welt zu den Sternen blicken und denselben Gedanken haben? Hier aber scheint der Mond in die verlassenen Gäßchen und versilbert Mauern und Stacheldraht ...

Erna Neiger bemuttert mich auf dem Fliegerhorst, und meine Eltern bereiten sich weniger Sorgen, weil sich dort jemand um mich kümmert. Ich mag Erna, weil sie umsichtig ist und aus allem das Beste macht: wenn schon Scheuern, dann barfuß; wenn schon Aufräumen, dann rasch und sorgfältig; wenn schon Kochen, dann lekker; wenn schon Trinken, dann Wodka; und wenn man schon vom Pferd fällt, dann wenigstens von einem guten. Erna, die älteste von uns zwölf Frauen, ist etwa sechsundzwanzig Jahre alt und immer elegant, dauernd strickt sie etwas, und sie bemüht sich sehr um ihre jüngere Schwester und ihren Vater, die beide im Ghetto arbeiten. Sie amüsiert sich gern und hat mich gestern abend zu einem Saufgelage überredet. Ein winziges Zimmer von irgendjemand, ein Grammophon mit alten Platten gibt heisere Töne von sich, und es wird eng getanzt. Zigaretten rauche ich ja, aber Wodka kann ich nicht ausstehen, nach einem Glas schüttelt es mich, und ich werde gar nicht lustig, ganz im Gegenteil. Als das Licht ausging und sich die Pärchen in die Ecken verdrückten, bin ich nach Hause verduftet. Heute meinte Erna resigniert: »Sei nicht so schüchtern! Glaubst du denn, es würde dir schaden? Du bist zur Tugend verdammt – und was hast du davon?«

Im Ghetto beginnt es wieder zu gären. Es wird wieder von Aussiedlung gemunkelt. Die Leute schicken ihre Kinder in die Stadt zu »Ariern«, während aus den Städtchen und Dörfern der Umgebung kleine Kinder, die man in Scheunen oder auf dem Feld gefunden hat, ins Ghetto gebracht werden. Vermutlich wurden ihre Eltern von den Deutschen verschleppt oder erschossen. Diese traurigen, namenlosen Kinder sitzen auf mehrstöckigen Bettchen und knabbern an trockenem Brot.

Einige sind aus Mischehen, zum Beispiel Lili aus Berlin. Ihre jüdische Mutter war gestorben, und so hat isie hr Vater, ein deutscher Soldat, nach Kriegsausbruch in einem Internat in Zakopane untergebracht. Als er an der Front fiel und die regelmäßigen Zahlungen ausblieben, entdeckte die Internatsleitung in den Papieren die Abstammung des Kindes und schickte Lili ins Krakauer Ghetto. Tagelang stand die Kleine schweigend am Stacheldrahtzaun und beobachtete mit ihren dunklen Augen aufmerksam die Straße. Nur einmal, als Wehrmachtsoffiziere vorbeifuhren, schrie sie: »Vati! Papa! Nimm mich doch mit!«

Am Abend wollte ich Mama abholen, aber sie hatte es noch nicht geschafft, das weinende Kind zu beruhigen. Wir versuchten, es mit kleinen Zeichnungen zu erheitern, alles vergebens. Mich überkam eine schreckliche Traurigkeit, und wir gingen schweigend nach Hause.

Ich habe eine offizielle Schwägerin, Genia. Felek wurde orthodox getraut – er trug einen Hut und über dem Anzug ein weißes »Totenhemd«. Den Baldachin hielten vier Männer, und Genia wurde von ihrer und meiner Mama siebenmal herumgeführt. Felek wohnt in einem Stübchen im Spital, aber einstweilen nächtigt er bei Genia in der Krakus-Straße.

Der bedeutende »Pantoffelheld« ist heute mit mir zum Fliegerhorst gefahren, um das Klavier in der Kantine zu stimmen. Ich machte sauber, und er drehte an den Saiten, schließlich begann er zu spielen, mehr für sich als zur Probe. Das Klavier erwachte zum Leben, alle standen voller Bewunderung um ihn herum, wie immer.

In der Mittagspause, als die Piloten schon gegangen waren, gab uns der Kantinenwirt Suppe, Brot und Kaffee. Wir saßen an einem Nebentischchen und unterhielten uns freundlich, was bei uns schon lange nicht mehr vorgekommen ist. Das Radio verbreitete mit den Klängen von »Orpheus in der Unterwelt« eine angenehme Stimmung.

»Seine Unterwelt – schöne Hölle. Er könnte mit uns tauschen«, scherzte Felek. »He, was ist das für ein Gedudel? Ich muß richtige Musik finden.« Damit machte er sich am Radio zu schaffen.

»Geh da nicht ran!« ängstigte ich mich. »Sie werden denken, du suchst einen ausländischen Sender.«

»Keine schlechte Idee!« antwortete Felek augenzwinkernd und drehte am Knopf. Ich erstarrte vor Schreck, als unter dem Pfeifen und Knattern einige polnische Worte durchkamen, die aber gleich durch einen deutschen Marsch übertönt wurden. Felek zuckte die Achseln, fand schließlich etwas von Bach und kehrte zu seiner Suppe zurück. Die Orgel klang herrlich in dem leeren Saal.

Der Kantinenwirt legte uns ein Päckchen Schokolade auf den Tisch und schimpfte: »Was ist das für eine Musik? Wir sind doch nicht in der Kirche!« Dann stellte er »Tanzmusik« ein.

Herbst 1942

Als wir Ende Oktober vom Fliegerhorst zurückkamen, herrschte große Unruhe im Ghetto: Bis sechs Uhr sollte der zweite Teil des Ghettos geräumt sein, genau der, in dem wir wohnen. Die Leute trugen ihre Sachen auf dem Arm fort, zwängten sich durch die Menge, es kam zu Stauungen. Die Erregung griff sofort auf mich über, so als drücke mir jemand die Kehle zu. Ich kam in dem engen Durchgang nicht gegen die Menge an. Da entdeckte ich meine Eltern im Gedränge. Papa schleppte einen Koffer und einen Rucksack, Mama Schachteln und Taschen. Ich nahm ihr die Pakete ab, und gemeinsam zwängten wir uns zur Józefinska-Straße durch, wo Tante Doras Schwestern wohnen. Wir stellten das Gepäck dort ab und gingen weitere Sachen von der Janowa Wola holen. Rasch brach der regnerische Herbstabend herein. Nur mit Mühe fand man sich in dem Dunst zurecht. Bis zu den Knöcheln im Dreck versinkend, gegen den Wind ankämpfend, der mir den Regen scharf ins Gesicht trieb, erreichte ich das Haus. Die Wohnung – das heißt unsere Zimmerhälfte! – verödet, ohne Bettdecken, die Schränke offen, verstreutes Gerümpel – ein schrecklicher Anblick! Ich sammelte meine Schätze, die Tagebücher, Gedichte, Fotografien, Briefe und einige Bücher, als um acht Uhr abends die Räumungsfrist für diesen Teil des Ghettos um eine Woche verlängert wurde. Was für eine Erleichterung! Wir hatten keine Kraft mehr, die Sachen von den Tanten nochmal herüberzuholen. Jetzt nur noch schlafen, mit dem Mantel zugedeckt! Ich legte mich aufs Sofa, um rasch soviel Schlaf wie möglich zu bekommen.

Vor Mitternacht kam ein OD-Mann, um zu registrieren, wo die Leute arbeiten, und sogleich war die Aussiedlungsliste fertig. Unser Zimmer liegt direkt an der Treppe. Als ich Stiefelgetrampel hörte, stellte ich mich in die offene Tür und erblickte Mietek in einer Gruppe von OD-Männern, die die Leute von der Liste zum Transport abholen wollten. Unser Kontakt hatte sich gelockert, seit er Uniform und Offiziersstiefel trug und ich den ganzen Tag auf dem Fliegerhorst war. Doch jetzt flüsterte er mir im Vorübergehen zu: »Sag Lola Rapaport oben, sie soll sich verstecken. Versteck du dich auch!«

Ich eilte einen Stock höher, um die Kollegin vom Fliegerhorst zu warnen, aber mich selbst verbarg ich nicht. Wo denn auch? Ich brachte es nicht über mich, unters Bett zu kriechen. Ich stand wie angewurzelt in der Tür, als die OD-Männer die lamentierenden Opfer auf die Straße hinuntertrieben. Mama und ich umarmten uns und gelobten uns, zusammen zu gehen, falls es soweit kommen würde. Wir weinten beide. Mama rief, ich sei jung und müsse mich retten – ich wußte, daß Mama mich niemals verlassen und daß ich es niemals erlauben würde, daß sie allein in den Tod geht. Die Nacht schien kein Ende zu nehmen. Der OD kam nochmals und holte sich ein zusätzliches »Kontingent«. Schließlich brach der neblige und bleiche Morgen an.

»Alle zum Arbeitsamt!« hörte man auf der Straße rufen.
Wir stürzten gemeinsam los, zum Glück für Mama. Zwei Stunden später wurden alle, die sich noch in diesem Teil des Ghettos befanden, unterschiedslos dem Transport zugeschlagen.
An der Ecke erwischte uns Papa. Sein Gesicht war welk und grau, er war außer Atem, weil er nach Hause gerannt war, um Mama zu holen. Er nahm sie mit zur Stadtreinigung auf der Gemeinde, und mir befahl er, mich beim Fliegerhorst aufzustellen.
Auf der Józefińska drängten sich die Menschen, und über ihren Köpfen sah man Transparente mit den Bezeichnungen ihrer Arbeitsstelle: HKP, Fliegerhorst, Bauleitung, Montelupich, Madritsch usw. Die Kehrer von der Straßenreinigung hatten statt einer Beschriftung einen großen Besen aufgestellt.
Weinend begrüßten sich die Menschen in dem Gedränge: »Ich weiß nicht, wo meine Schwester, meine Mutter, mein Bruder ist!«
»Sie haben meinen Vater abgeholt!«
»Meine Frau und meine Tochter sind fort, und mich haben sie verprügelt und aus dem Transport geworfen!«
Man ließ uns in Sechzehnerreihen Aufstellung nehmen, und so standen wir dort einige Stunden lang, mit kalten Füßen und ungewiß, ob es zur Arbeit oder zur Aussiedlung ging. Für alle Fälle verzehrte ich die Brotstullen, die mir Mama in die Tasche geschoben hatte.
»Ich muß schon sagen – daß sie in einem solchen Augenblick essen kann!« wunderte sich Hela.
»Gerade in einem solchen Augenblick!« sagte ich, den letzten Bissen runterschluckend, und schob die Papiertüte in die Tasche. Wer weiß, was mit uns passiert, und warum sollen das köstliche Brot und die Steckrübe verderben?
Hier sieht es nicht lustig aus. Wir standen gedrängt auf der Fahrbahn, und auf dem Gehsteig stolzierten herrische SS-Offiziere einher, maßen uns mit kalt-verächtlichen Blicken, ließen ihre Reitpeitschen knallen und schossen in die Luft, um uns Angst zu machen. Vor dem Tor an der Ecke Limanowski- und Wegierska-Straße begann die Aussonderung. Es herrschte eine grauenvolle Stille, die Leute hielten den Atem an. Man hörte nur das Brüllen der Offiziere. Man sah, daß nicht alle durch das Tor hinausgelassen, sondern einige auf dem Hof des Hauses Węgierska-Straße 14 zurückgehalten wurden. Wir dachten, daß es denen, die hierbleiben, vielleicht besser ergehen würde, aber als sich herausstellte, daß die Hinausgelassenen hinter dem Tor auf Lastwagen stiegen und zu

ihren Arbeitsstätten gebracht wurden, beteten alle darum, möglichst schnell durchs Tor zu kommen.

Zwei Reihen vor uns war dann Schluß mit denen, die man zur Arbeit hinausließ. Wir wurden unter Gebrüll, Schlägen und Schüssen in den Hof getrieben. Es entstand ein solches Gedränge, daß im Tiefparterre die Fensterscheiben zu Bruch gingen.

»Das ist das Ende«, dachte ich, »hier werden wir totgetrampelt.« Wir verloren uns in der Menge. Wo war unsere Gruppe? Ich bekam keine Luft mehr. Plötzlich traf mein Blick Bordzias graues, verzerrtes Gesicht. Hinter ihr standen Sala und einige Mädchen, die ich kannte. Mir wurde leichter. Vielleicht wird der Fliegerhorst noch intervenieren, so schnell geht der Transport ja nicht ab; vielleicht kommen wir in ein Lager, wir sind ja alle noch jung.

»O Gott, sie werden uns töten, sie werden uns ermorden!« rief Bordzia und brach in Tränen aus.

»Hör sofort auf damit!« knurrte ich. Ich war ruhig wie ein Stein, alles in mir war erstarrt, aber ich fühlte, daß ich zusammenbrechen würde, wenn ich mir auch nur eine Träne erlauben würde.

»Schaut, dort treten sie an die Offiziere heran, zeigen ihre Kennkarte vor und werden hinausgelassen«, rief Hala F.

Wir versuchten uns durchzuzwängen, aber im selben Augenblick wurden einige Schüsse in die Menge abgefeuert. Eine ungeheure Bewegung erfaßte die Menschen, reflexartig kauerten sie sich in ihrer Hilflosigkeit auf den Boden. Das Echo der Schüsse brach sich an den Hauswänden.

»Es geht los«, dachte ich und ließ einen flüchtigen Blick über die Gesichter der Kolleginnen wandern. In ihnen stand eine grenzenlose, unaussprechliche Angst. »Gehetzte Tiere!« schoß es mir durch den Kopf. »Ist es denn möglich, daß ich die Eltern und Felek nie mehr wiedersehe?«

Bordzia mußte etwas Ähnliches gedacht haben, denn plötzlich flüsterte sie: »Gestern hatte ich das Gefühl, zum letzten Mal auf dem Fliegerhorst zu sein.«

»Sei unbesorgt, ›Alte‹, schau, der Himmel klart auf, alles wird wieder gut!« Mit diesen idiotischen Worten versuchte ich sie und mich zu trösten, aber tatsächlich wurde mir leichter zumute beim Anblick der Sonne, die schüchtern in den überfüllten Hof hineinschaute. Wenn ich nur aus diesem Hof herauskomme, werde ich den Krieg wohl überleben, ging es mir durch den Kopf.

In diesem Augenblick berieten sich einige Offiziere am Hofeingang. Schließlich stieg einer auf eine Kiste und schrie: »Ruhe!«

Wir hielten den Atem an. Es trat so eine unheimliche Stille ein, daß das Rascheln von vom Wind bewegten Buchseiten an einem offenen Fenster unangenehm auffiel.
»Also, ihr geht jetzt alle ... nach Hause!«
Zunächst begriff niemand. Dann brach ein Aufschrei der Erleichterung und der Dankbarkeit los. Die Aktion ist also beendet, und wir können heimkehren! Sie lassen uns frei! Erst da traten mir Tränen in die Augen.
»Ruhe!« brüllte ein anderer Offizier und schoß in die Luft. »Also, geht jetzt nach Hause! Packt eure Koffer! In einer Stunde meldet ihr euch hier samt und sonders mit den Sachen und Familie. Die urdeutsche Stadt Krakau muß judenrein werden! Jeder Jude, der sich versteckt, wird sofort erschossen! Und jetzt alles raus! Los! Los!«
Die hinausdrängende Menge wollte das Tor sprengen, aber dort wurde pausenlos auf uns geschossen. Ich weiß nicht, wie ich auf die Straße gelangt bin, in der Gruppe der Flugplatzmädchen. Bordzia rief noch: »In einer Stunde an dieser Ecke! Klaren Kopf behalten!«

Ich fühlte mich leer im Kopf, der Boden wankte unter meinen Füßen. Ich lehnte mich an die Hauswand. Gleich hinter dem Zaun, auf der anderen Seite der Limanowski-Straße, begann das »arische« Viertel. Auf dem Gehsteig eilten Menschen entlang, einige standen vor einem Geschäft, an einem Fenster im zweiten Stock wurde ein Bett gelüftet, an einem anderen ein Teppich ausgeklopft – und hier das Jüngste Gericht!
Auf einmal sehe ich einen Personenwagen vom Fliegerhorst am Tor des Ghettos vorfahren. Unser Inspektor interveniert! Vielleicht also doch ... Aber sie ließen sie gar nicht erst herein. Hier regiert die SS, und die Luftwaffe muß unverrichteter Dinge abziehen.
Ich sollte meine Sachen holen, war aber so kraftlos, daß ich mich nicht rühren konnte. Die dauernde Schießerei, das wüste Gebrüll, das Weinen und die Klagerufe hatten mich taub gemacht. Mit leerem Blick sah ich zu, wie ein SS-Offizier auf der Straßenmitte entlangrannte und dabei wahllos um sich schoß; in der Nähe des Tores, direkt vor mir, blieb er stehen. Allein an die Hauswand gelehnt, ein phantastisches Ziel, stand ich dort wie an einer Haltestelle, als wartete ich auf die Trambahn! Gleichgültig schaute ich in die wütende Fratze und wandte mich ab. Schüsse ertönten, aber

sie galten nicht mir! Der SS-Mann rannte schwerfällig in die andere Richtung zurück.
Ein OD-Mann stürzte auf mich zu: »Nelkenówna, du mußt sofort zur Gemeinde, deine Eltern sind völlig aufgelöst!«
»Aber wir sollen uns doch hier mit unseren Sachen melden.«
»Fast hätte von Mallotke dich abgeknallt, verdammt nochmal! Sofort zur Gemeinde, sage ich!« brüllte er und zog mich hinter sich her, als auf dem Platz der Einheit Lastwagen auffuhren. Auch vor dem Spital wurden Verdeckwagen beladen, die Leute wurden mitsamt der Bahre hineingeworfen, einer auf den anderen. Zwei Schwestern geleiteten behutsam einen Kranken, doch der Soldat am Auto brüllte: »Los! Los!« Sie sollten schneller machen. Als der Kranke aufs Auto stieg, versetzte ihm der Soldat einen Kolbenhieb, stieß anschließend die Schwestern hinein und verriegelte die Klappe.
Auf den anderen Wagen lud man eine Frau, die entsetzlich schrie.
»Verdammt, sie liegt in den Wehen! Da hat sie sich einen passenden Zeitpunkt ausgesucht!« fluchte der OD-Mann gegen das Tor der Gemeinde hämmernd und schob mich schließlich wie eine Marionette hinein.
Mit Mühe zwängte ich mich durch in den ersten Stock, zum Büro der Müllabfuhr. Papa stürzte auf mich zu: »Halinka, mein Kind!«
Ich setzte mich in die Ecke neben Mama, weit weg vom Fenster, warf aber verstohlene Blicke auf die Straße. Die Autos vor dem Spital fuhren los, während andere beim Waisenhaus und beim Studentenwohnheim vorfuhren. Die größeren Kinder kletterten selbst auf den Wagen, die kleineren warf man wie Bündel hinauf.
Vom Korridor ruft jemand, im Epidemiekrankenhaus und im Altersheim seien alle ermordet worden. Das muß ein Alptraum sein! Das kann nicht wahr sein!
Wir saßen apathisch herum und warteten, als von unten der Schrei ertönte: »Alles raus!« – das Stichwort zur Aussiedlung. Gegen vier Uhr nachmittags brach eine lange Kolonne von verdeckten Lastwagen aus dem Ghetto auf. Gegen fünf verließ die SS das Viertel in Reih und Glied – wie Angestellte, die nach einem Tag Büroarbeit nach Hause eilen!
Als die Aktion beendet war, kamen die Leute zaghaft aus ihren Verstecken und eilten geduckt durch die leeren Gassen. Bekannte stürzten einander weinend in die Arme. Autos brachten die Leute von der Arbeit zurück, und nun spielten sich erneut Tragödien ab. Mancher, der seine ganze Familie zurückgelassen hatte, fand

nur noch eine verlassene Wohnung vor. Verzweifeltes Schluchzen mischte sich mit dem Jubel derer, die ihre Verwandten und Freunde antrafen.
Glücklicherweise fanden wir Felek – er war über und über mit Blut bespritzt. Wir blieben über Nacht bei ihm im Spital, weil der andere Teil des Ghettos vorläufig abgesperrt war. Ein Teil unserer Sachen und meine »Schätze« sind bei Tante Doras Schwestern, aber die sind alle verschwunden. Die Tante von der Seifenfabrik »Mydło Koronne« ist weg, der Onkel mit dem kleinen Jurek ist nweg, Bordzia ist weg.
Ich konnte nicht ruhig liegenbleiben und ging auf den Korridor. Alle Augenblicke erschallte in dem leeren Gebäude das Echo der Schritte von Angehörigen, die sich nach Patienten erkundigten. Als sie erfuhren, daß man ihre kranken Kinder, Eltern oder Geschwister weggefahren hatte, faßten sie sich mit einem irren Blick an den Kopf.
Mir war heiß, ich wollte das Fenster ein wenig öffnen, wich aber sogleich zurück: Der Mond warf sein bleiches Licht in den Hof. Unten lagen die bei der Aktion ermordeten Menschen auf einem Haufen. Die achtlos hingeworfenen Leichen vereinigten sich in einer letzten Umarmung. Das aus diesem Leichenberg geflossene Blut bildete dunkle Flecken auf dem Pflaster.
In dieser alptraumhaften Nacht beschrieb ich die Aussiedlung im Oktober in einem Gedicht:

Aussiedlung im Oktober
Bei ihrem Anblick krümmte ich mich
Wie ein geprügelter, ein gehetzter Hund
Und drängte mich in die Menge,
Um den Verstand gebracht, entsetzt

Von ihrem Brüllen, von ihren Blicken
Voller Hochmut und Verachtung
Und von der bestialischen, grausamen Kraft
Des Blicks, der so kalt, so hart ist.

Das Leben Tausender hängt davon ab,
Ob ein Finger nach rechts deutet;
Darauf hefteten sich die Blicke der Jungen,
Darauf hefteten sich zitternd die Blicke der Alten.

Und über die Menge der Frauen, der Kinder,
Der Alten, der Kranken und Jungen
Regierte
Die geballte Faust
Mit der Reitpeitsche.
Schlägt sie zu?

Mordet hin
Die Menschenmenge ohne Menschenrechte,
Die jetzt so wehrlos,
So ratlos,
Nichts anderes als wartet.

Sie sauste nieder, die schwere germanische Faust,
Auf die gebeugten, zitternden Rücken.
Es vermischten sich Blut und Tränen,
Schreien und Klagen und das Weinen von Frauen.

Den Kranken, den Alten – eine Kugel in den Rücken,
Die vordringt bis ans Herz.
Die Masse auf den Wagen zum Transport
Wohin? Wo?
Wohin? In den Tod!

Gehirn in der Gosse. Auf den Straßen
Berge von Leichen, Händen, Füßen,
Zerschmetterte Köpfchen von Kindern —
Wo bist du, Gott!?!

(Krakau, Ghetto, 1942)

* * *

Cambridge, Massachusetts, 3. Juli 1986

Wenn ich gelegentlich in die Tagebücher schaue, meide ich dieses Heft über die Aussiedlungen wie aus innerem Widerstreben. Erst jetzt, nach 43 Jahren, schreibe ich die vergilbten Seiten ab – zufällig am Tag der Hundertjahrfeier der Enthüllung der Freiheitsstatue. Meine Wahlheimat – »America, the beautiful«. Auf dem Balkon ist heute die erste Knospe der blauen Winde aufgegangen. Ein heftiges Sommergewitter und der peitschende Regen haben die zarten Blütenblätter abgerissen. Unglückliches Blümchen, wie der Mensch geboren in einer bösen Zeit. Jenseits der Wolken hat die Sonne einen gewaltigen, herrlichen Regenbogen über den ganzen Himmel gespannt. Eine Analogie? Damals wäre es ein Zeichen gewesen.

Meine Aufzeichnungen verblassen gegenüber dem, was sich in allen Einzelheiten mit unvergleichlicher Schärfe für immer in mein Gedächtnis gegraben hat. Auge und Ohr nehmen schneller wahr als der Verstand.

Bordzias Gesicht, ihre fröhlichen dunklen Augen, das Grübchen in ihrer Wange, wenn sie lachte, und ihre gesunden Zähne; der Geschmack des Brotes und der erfrorenen Steckrübe; das Krachen eines an der Wand zertrümmerten Köpfchens eines Säuglings. Es gibt wohl eine Grenze der Empfindung. Ich war damals jenseits von Angst.

Hat mich eine Kappe geschützt, wie im Märchen unsichtbar gemacht? Oder hat diese blutrünstige Bestie gespürt, daß keine Angst in mir war, und sich zurückgezogen wie ein Jagdhund, wenn das Opfer nicht flieht? Jedenfalls hat sich kein menschlicher Reflex in ihm geregt, denn er fuhr fort, andere zu morden.

Was hat meine Mama vor der Aussiedlung im Juni gerettet? Die Überraschung? Der in diesem wahnwitzig verbrecherischen Chaos unerwartete Anblick einer sauberen, aufgeräumten Wohnung, gleichsam das Echo des normalen Lebens?

Man wird in dieser wahnwitzigen Situation vergeblich nach einem Sinn suchen. Nehmen wir nur unsere »Völkerwanderungen« aus einem Teil des geschrumpften Ghettos in den anderen und zurück. Das ständige Schwanken zwischen Entspannung und Anspannung, zwischen Hoffnung und Verzweiflung. Wir waren maßlos terrorisiert, betrogen mit jedem Wort und in jedem Moment ein Spielball von Mördern.

Doch sie lügen weiter und bezeichnen die ihrer eigenen Initiative entsprungenen und durch eine perfide Tortur noch perfektionierten Verbrechen heute noch als »Soldatenpflicht«.

* * *

November 1942

Schon zum dritten Mal während des Krieges sind wir umgezogen. Unsere Wohnung ist jedesmal kleiner geworden, und was wir jetzt haben, ist ein düsteres Loch im Parterre eines Hinterhauses. Hier kommt die Sonne nie hin. Als wir eintraten, stank es nach

Feuchtigkeit und Armut, die Wohnung war voller verstreuter Sachen der vormaligen Inhaber, auf dem Öfchen stand sogar noch ein Topf mit gekochtem Kaffee. Sie haben vor der Aussiedlung offenbar nicht einmal mehr etwas Warmes trinken können.
Wir schafften diese Möbel und sonstigen Dinge hinaus, und sogleich stürzten sich verächtliche menschliche Hyänen darauf, so als könnte man sich am Rest der armseligen Habe der Unglücklichen noch bereichern. Meinetwegen sollten sie alles haben, denn wenn nicht sie, dann holt es sich der Baudienst.
Mama bemühte sich, die ungemütliche Kammer durch Kleinigkeiten etwas angenehmer zu gestalten, und zum Teil ist es ihr auch gelungen, aber ich mag die neue Wohnung nicht und halte mich lieber auf dem Fliegerhorst auf. Dort ist Ruhe – hier herrscht dagegen ständig eine erregte und angespannte Atmosphäre.
Ich vermisse unser Klavier. Es ist in der Janowa Wola geblieben und für uns verloren. Sonderbar, daß man nach solchen Erlebnissen und in Unkenntnis dessen, was mit uns werden soll, ans Spielen denken kann. Doch für mich ist Musik ein Sprungbrett, bei ihr vergesse ich alles. Aber das darf man nicht vergessen! Richtig, aber man kann auch nicht in ständiger Anspannung leben, das geht über die Kräfte und Nerven eines Menschen. Der Mensch braucht Ablenkung! Die Musik ist wie warmer, anschmiegsamer Samt, wie ein weiches Katzenpfötchen streichelt sie die gepeinigte Seele. In der Kantine des Fliegerhorsts zieht mich die schwere Gestalt des Klaviers in der Ecke wie ein Magnet an – aber ich darf ja nicht spielen.

Dezember 1942

Die schwerste Periode im Ghetto war die Zeit von der Aussiedlung im Oktober bis zur Kasernierung an den Arbeitsstätten. Kein einziger ruhiger Tag, ständig Razzien und Polizeistreifen nach arbeitsfähigen Leuten. Viele zerlumpte Kerle aus den umliegenden Lagern, deren ganze Habe aus einem kümmerlichen Bündel bestand, trieben sich herum. Diese Kerle klauten, was das Zeug hielt, fraßen sich in den Volksküchen voll und ergriffen die Flucht, vom OD geschlagen und getreten.
Hinter dem Friedhof an der Jerozolimska-Straße wurden Barakken errichtet, und es ging das Gerücht, daß wir – nach einer vorhergehenden Sortierung – dorthin verlegt würden. Für den Barackenbau werden Leute von der Straße weg eingefangen. Das

ist die schwerste Aufgabe, nicht nur wegen der Arbeit, die mit hohem Tempo erledigt werden muß, sondern auch wegen der schurkischen Aufseher. Leiter ist ein SS-Mann wie der Offizier von Mallotke, der willkürlich und erbarmungslos mordet, der »Jack the Ripper« von heute. Von Mallotke greift wahllos irgendwelche Passanten auf, schleppt sie in sein Auto, fährt sie auf den Friedhof vor der Stadt und bringt sie um. Es kann jeden treffen, an jedem Tag und zu jeder Stunde. Die Atmosphäre ist so schwer und drückend wie in einem von grausigen Bildern erfüllten Alptraum.

Alle sind jetzt ganz verrückt nach arischen Papieren. Wer Geld hat, kauft sie sich, die anderen riskieren es und fälschen oder stehlen. Viele, die dabei erwischt werden, erhalten die Kugel, aber das schreckt die anderen nicht ab. Sie haben schlimmere Perspektiven vor sich, also nichts zu verlieren.

In dieser Zeit habe ich einen richtigen Haß aufs Ghetto entwikkelt. Die schönen Herbsttage sind dahin, und es nieselt unaufhörlich. Der Himmel hängt tief über der Stadt, reich an dunklen Wolken, schwer von Feuchtigkeit, mit der sich die Häuser, die Straßen, die Kleider vollsaugen – und sogar die Seele. Wenn ich auf dem Heimweg von der Arbeit in den breitgetretenen rötlichen Kot einsinke, spüre ich auf dem Gesicht die feuchten Fühler des Nebels. Als hätte sich eine glitschige Hand schwer auf Nacken und Herz gelegt, würgt es einen am Hals und drückt einen zu Boden.

Um Strom zu sparen, dürfen wir von sechs bis acht Uhr abends kein elektrisches Licht anmachen. Über einen Stein stolpernd, gerate ich mitten im Hof in eine Pfütze und trete widerwillig in die dunkle Wohnung ein, wo eine Karbidlampe auf dem Tisch zischt und ein kärgliches Licht verbreitet.

Bei uns wohnt ein weitläufiger Onkel, der Ingenieur Izek Bień, Tante Regas Mann von der Seifenfabrik. Sie hat sich immer um ihre jüngere Schwester Mila gekümmert, und beide sind zum Transport abgeholt worden. Die Kinder von beiden waren versteckt und sind jetzt bei uns: Heniek, Milas ältester, achtjähriger Sohn, sowie Izeks Kinder Rysio und Felunia. In der Küche schläft ihre Betreuerin, eine nicht mehr ganz junge Frau aus der Nähe von Żywiec. Ihrem Aussehen und ihrer Sprache nach könnte sie als Góralin durchgehen und sich irgendwo auf dem Lande in Sicherheit bringen. Izek bezahlt sie gut und hat ihr versprochen, sie mit ins »Julag« zu nehmen, wenn es mit der Kasernierung losgeht.

Vorläufig fährt Izek noch selbst zur Arbeit. Abends stehen die Kinder in einer Reihe vor dem Vater, während die Betreuerin Meldung erstattet, wer unartig war.
Heute war es Rysio. Aus meiner Ecke konnte ich beobachten, wie der Junge gehorsam vor den Vater trat, seine Hand ausstreckte, einen Klaps bekam und aufsagte: »Ich danke dem Papa dafür, daß er mich bestraft hat, denn ich habe es verdient, und Papa erzieht mich zu einem Menschen.«
Dann gab Izek jedem Kind einen Kuß, und alle setzten sich hin und löffelten ihre Suppe.
Unsere Eltern haben uns offensichtlich nicht »zu Menschen« erzogen, denn sie hatten andere Methoden.*

Am 4. Dezember wurde im Ghetto die Bekanntmachung über die Kasernierung des Fliegerhorstpersonals angeschlagen. Wir hatten längst damit gerechnet, und keiner dachte sich etwas Böses dabei, auch ich nicht. Ich stellte mir sowas wie eine Pension »Luftwaffe-Juden« vor, in der wir unter uns sein würden und endlich Ruhe hätten.
Erst am Vorabend der Abfahrt wurde mir klar, daß damit unser Familienleben endete. Ich werde nun viel ohne Unterstützung des Hauses, ohne den Rat der Eltern allein entscheiden und mich selbst um Essen, Wäsche und Geld kümmern müssen. Mamas fürsogliche Hände und ihre gütigen, klugen Augen werden nicht mehr um mich sein; ich werde ihr und Papa nicht mehr den allabendlichen Gutenachtkuß geben, ich werde ganz allein unter Fremden sein. Mein einziger Trost wird sein, daß ich sehr wahrscheinlich am Samstag und Sonntag nach Hause fahre.
Während Mama meine Sachen in ein Köfferchen packte, rief sie mir zu: »Hier hast du ein Kästchen mit Nähgarn, und hier ein Schächtelchen Seife, Zahnbürste und Zahnpulver. Soll ich dir meine Pumps mitgeben? Vielleicht werdet ihr Lust zum Tanzen haben...«
Ich mußte lachen: »Das ist doch ein Arbeitslager!«
»Aber ihr seid jung und werdet euch gewiß ab und zu amüsieren. Ich geb dir auf alle Fälle die Pumps mit. Was könntest du noch gebrauchen? Ich kann für dich nicht an alles denken!«

* Izek hat seine kleine Schar tatsächlich mit ins Judenlager genommen – leider nicht für lange. Bald darauf waren Mordkommandos aus dem Lager in Płaszów erschienen, um dieses »Julag« zu liquidieren. Sie haben alle drei Kinder vor den Augen des Vaters erschossen, dem es beschieden war, den Krieg zu überleben.

Mama ist rührend. Ich stürzte zu ihr, weil mich plötzlich eine schreckliche Wehmut ergriff.
Am andern Morgen war das Ghetto geschlossen, keiner wurde zur Arbeit herausgelassen. Vor dem Arbeitsamt versammelten sich der »Fliegerhorst« und die Bauleitung. Lastautos fuhren vor, die unter großem Getümmel und lauten Zurufen bestiegen wurden. Ein eiliger Abschied – rasch auf die Ladefläche. Als ich Mama von oben ins Gesicht sah, wäre ich fast in Tränen ausgebrochen: »Mammi!«
Da stand sie, das arme Ding, ein Kopftuch um, lächelte mich liebevoll an, winkte und rief: »Binde dir während der Fahrt den Schal vor den Mund, es friert!«
»Mammi!« tönte es in meinem Inneren, ein stummer, verzweifelter Schrei. Ich küßte mit meinen Blicken die müden blauen Augen und das gütige, blasse, sorgenerfüllte Gesicht, bis es mir die Tränen verhüllten. Die Autos setzten sich in Bewegung und fuhren zum Tor hinaus.
Jetzt erst bemerkte ich die vielen fremden Menschen, junge und ältere. Wie waren sie hierhergekommen? Das Herz schnürte sich mir zusammen, weil für meine Eltern kein Platz auf der Liste gewesen war.

Der Fliegerhorst sah anders aus als im Sommer. Das Flugfeld war schneebedeckt, die Bäume voll Reif, es war leer und still. Die Autos fuhren vor zwei großen Baracken vor, eine für Männer, die andere für Frauen. Ich trat in ein leeres Zimmer mit zwei Fenstern, in dem schon sechs Etagenbetten standen. Ich legte mein Köfferchen auf die obere Pritsche, die untere hatte Erna. Die Burschen halfen, Sachen, Strohsäcke und Spinde hereinzutragen. Bis die Betten bezogen und die Koffer ausgepackt waren, sah es in dem Zimmer schrecklich aus. Und dazu war es entsetzlich kalt. Erst als Erna den Ofen anmachte, änderte sich die Atmosphäre. In dem Zimmerchen gegenüber haben die jungen Mädchen bereits einträchtig den Boden gescheuert, Gardinen aufgehängt und eine Decke über den Tisch gebreitet. Ein paar Bildchen an der Wand, und schon war aus der Baracke ein enges, aber gemütliches Wohnzimmer geworden. Ich spürte weder Hunger noch Müdigkeit, so sehr beschäftigte mich die große Veränderung. Ein bißchen störte mich vielleicht das unablässige Geplapper und die Tatsache, daß alle auf einmal redeten. Aber dagegen gibt es ein einfaches Mittel: man muß alle überschreien.

»Onkel Klemens« und der Inspektor waren im Laufe des Tages hier und fragten, ob wir genügend Möbel, Wassereimer, Besen und dergleichen hätten. Abends, als die Zimmer inzwischen eingerichtet waren, kamen sie zur Inspektion. Sie scherzten leutselig – wenn die Eltern hier wären, wäre ich glücklich.

Als wir schließlich in den Betten lagen, beratschlagten wir munter darüber, wie wir unser Zimmer verschönern könnten. Ich sah nur die Bewohner der oberen Pritschen.

Rena und Dora besitzen schon deshalb Autorität, weil sie vor dem Krieg verheiratet waren. Beide sind brünett, zungenfertig, energisch, beide sind hübsch, wenn auch jede auf ihre Art. Die dunkeläugige Rena hat ganz kurzgeschorene Haare, die langhaarige Dora graue Augen wie eine Katze.

Rena hat an der Jagiellonen-Universität ein Jurastudium absolviert und war daher die natürliche Versammlungsleiterin: »Wenn wir schon hier sind, müssen wir uns auch um dieses unser Haus bemühen!«

Sie schlug vor: »Jede übernimmt der Reihe nach den Dienst. Morgen ist Jula dran.«

»So? Vielen Dank, mein teuerstes Kind«, piepste Jula unter der Bettdecke hervor, aber wir übertönten sie und riefen »Hoch lebe Jula die Erste!«, bis in den angrenzenden Zimmern an die Wand geklopft wurde: »Ruhe, verdammt noch mal!«

Ich konnte auf dem harten Strohsack nicht einschlafen. Den ersten Tag weg von zuhause hatte ich mir anders vorgestellt, viel schlimmer. Wir sind hier 160 Versprengte, das Schicksal hat uns auf den Fliegerhorst verschlagen und uns jegliches Privatleben genommen, das von heute an nur innerhalb der Baracke möglich sein wird. Ich machte mir Gewissensbisse, weil ich lachte und hier Possen trieb, während sich meine Eltern bestimmt um mich sorgten. Sorgt euch nicht, meine Liebsten, gute Nacht! Möge die Nacht uns gnädigen Frieden bringen.

Am nächsten Morgen stand ich auf und stellte mich zum Waschen an. Es war halb sieben.

Hela erhob sich vom Bett: »Wann kann ich mir die Brauen nachmalen?«

Da es so eng war, stolperten wir übereinander, weshalb eine scherzte: »Runka, du bist so dick, daß uns nur noch die Hälfte des Zimmers bleibt, wenn du am Tisch stehst!«

Runka lachte gutmütig, während sie den Spitzenkragen ihrer Bluse sorgfältig bügelte.

»Was ist hier auf dem Tisch los? Kaffee und Kosmetik, die Decke aufgerollt, Brot und Kämme. Seid ihr verrückt geworden?!« schrie Rena und wandte sich zu dem Eimer mit dem schmutzigen Wasser um, über dem sie sich mit größtem Eifer die Zähne putzte. In diesem Moment betrat der Lagerführer die Frauenbaracke, ein sympathischer Herr, ein Freund von Dora. Die halb angekleideten Mädchen quietschten.

Er hielt sich die Augen zu: »Ich sehe nichts, ich habe euch bloß einen Eimer heißen Kaffee gebracht – schickt bitte die Diensthabende, um die heutige Ration entgegenzunehmen!«

»Und was kriegen wir?«

»25 Deka Brot und 10 Deka Marmelade!«

»Fabelhaft!« Damit machten wir uns über das Frühstück her.

Doch gleich darauf rief der Leiter »Bitte heraustreten!«, und das Zimmer leerte sich – beide Baracken marschierten zur Arbeit. Zurück blieben nur die Diensthabenden und einige ältere Frauen, die den »Barackendienst« versahen. Eine hatte ein kleines Kind bei sich, doch sie mußte nach einigen Tagen mit ihm ins Ghetto zurück.

Der Sonntagnachmittag war frei. Die Mädchen zogen sich ihre besten Sachen an, dann gingen wir der Männerbaracke einen kurzen Besuch abstatten. Es waren vier große Säle, militärisch eingerichtet – die Etagenbetten hintereinander, die Spinde hintereinander, hier und da ein Schemel. In unserer Baracke herrschte eine andere, häuslichere Atmosphäre.

Nach einer Woche wurden unsere beiden Baracken eingezäunt und dazu eine dritte etwas weiter weg, wo sich die Toiletten und die Wäscherei befinden, und die Küche soll noch hinzukommen. Vor dem Tor steht vorläufig ein Pilot, später soll dort die »Obhut« Wache halten. Wie winzig unser Lebensraum hinter dem Stacheldraht ist!

Weihnachten rückt näher. Die Soldaten fahren auf Urlaub, und diejenigen, die bleiben, bewirten ihre Dienstmädchen mit Leckerbissen aus den Paketen. Nur Lola und ich bekommen nichts, weil man uns zur Fliegerkaserne auf der anderen Seite des Flugfeldes geschickt hat; dort sind die Baracken verlassen, die Flieger sind entweder nach Hause gefahren oder an der Front. Im Büro saß ein alter Feldwebel, der uns befahl, das Bad zu putzen. Von dem Betonfußboden bekamen wir sofort eisige Füße. Angeekelt scheuerten wir die Holzgitter, an denen seit Monaten grauer Schmutz haftete. Wir gingen zum Büro und verlangten Soda und heißes

Wasser, aber der Feldwebel schnauzte uns an, in Rußland frören die Soldaten, und was wir überhaupt wollten, »freches Judenvolk«! Am Nachmittag kam er nachschauen, und unsere Arbeit gefiel ihm gar nicht. Er brüllte, wir würden bis zum jüngsten Tag hier sein, und befahl uns, die schweren Gitter noch einmal hochzuheben und den Beton zu scheuern. Schließlich rief er mich in den Flur und befahl mir, die Steintreppe vor dem Eingang zu wischen. Ich scheuerte sie mit dem Lappen auf dem Schrubber, als dieser verdammte Kerl plötzlich wütend bellte, was das für eine jüdische Arbeit sei, mir den Schrubber entriß und mir mit dem Stiel auf den Arm hieb. Niemand hatte mich bisher geschlagen, und diese Tatsache demütigte und erzürnte mich mehr als der Schmerz. Lola schaute vom Vorraum aus entsetzt zu, wie der Feldwebel den Eimer nahm und den Inhalt über die Treppe und meine Füße schüttete. Er stand über mir, während ich das eiskalte Wasser aufnahm. Die nackten Hände froren mir am Putzlappen fest.
Es war schon spät, aber er fand immer wieder etwas Neues für uns in diesem Bad. Schließlich stellten wir die Sachen in der Kammer ab, und er stieß uns zur Hintertür hinaus. Wir arbeiteten uns, in Schneeverwehungen versinkend, zur Straße zwischen den Baracken vor. Haßerfüllt blickte ich mich um: In der Tür stand mein Schinder und drohte uns mit der Faust, während er die Treppe betrat. Da rutschte er aus und sauste die eisbedeckten Stufen runter! Steifgefroren und mit klappernden Zähnen rannten wir zu unserer Baracke und konnten uns vor Lachen nicht halten!
Am nächsten Morgen bat ich »Onkel Klemens«, zu einer anderen Arbeit versetzt zu werden. Ich zeigte ihm den Bluterguß vom Schlag auf den Unterarm. Klemens rief bei der Fliegerkaserne an und teilte mir dann vergnügt mit: »Dein Feldwebel hat sich gestern die Hand gebrochen. Sehr gut!«

Am Sylvestertag beschlossen wir, uns zu amüsieren und eine Sauferei zu veranstalten. Ich mag keinen Wodka, und im Grunde war mir traurig zumute. Was hatte ich im Leben noch zu gewärtigen? Wieviele Berufe und Demütigungen? Denn es war klar, daß ich nichts Gutes zu erwarten hatte. Ob ich mit meinen Liebsten wohl noch das nächste Jahr erleben würde, dachte ich wehmütig, fest in die Decke gewickelt.
In der Nacht erwachte ich dadurch, daß jemand an meiner Decke zog. Ich setzte mich auf und erblickte zu meiner Verwunderung »Onkel Klemens«.

»Ich bin gekommen, um euch ein glückliches Neues Jahr zu wünschen. Ich wünsche euch alles Gute und daß ihr den Krieg übersteht. Ich hoffe, daß es uns gelingt, euch zu retten!« sagte er freundlich und ... küßte mir die Hand!
Ich schämte mich, weil ich ihn für betrunken gehalten hatte, aber er stattete auf diese Weise einer jeden von uns seine Glückwünsche ab. Wir waren gerührt.

15. Januar 1943
Aus dem Ghetto kommen bedrückende Nachrichten: daß dieser und jener erschossen wurde; daß in den vor der Stadt errichteten Baracken viele Arbeiter kaserniert werden; daß sie hier liquidieren und dort Leute aufnehmen; daß sie zwei junge Mädchen vor aller Augen gehängt haben, weil sie sich aus Furcht vor den Baracken im Ghetto versteckt hatten.
Am Sonntag dürfen wir nach vielen Streitigkeiten das Ghetto besuchen. Wir erkaufen dieses Privileg mit zweistündigem Schneeräumen auf dem Fliegerhorst und einem langen Fußmarsch, 14 Kilometer hin und zurück. Ich kann es mir nicht verzeihen, daß die Eltern im Ghetto geblieben sind. Es ist mir nicht gelungen, mich mit Felek zu treffen. Ich falle um vor Müdigkeit. Ich kann nicht denken, und schreiben kann ich erst recht nicht.

Der Major hat im Hangar 1 einen Warteraum für Piloten eingerichtet, und Klemens hat Inge und mich dort eingeteilt, weil wir beide fließend deutsch sprechen. Der Major hat uns persönlich mit seinem Wagen hingefahren. Wir sollen Kaffee ausschenken und in den beiden großen Sälen voller Tischen, Stühlen und sogar Liegestühlen für Ordnung sorgen.
Klar, daß wir für Ordnung sorgen! Auf die Tische kamen Vasen mit Blumen, Aschenbecher und Kaffeekannen, um die herum blaue Tassen aufgestellt wurden. Dazu »kunstvoll« arrangierte Zeitungen und illustrierte Zeitschriften. Die Heizung heizt ein, das Radio spielt, und an einem frostigen Wintertag herrscht hier eine angenehme Atmosphäre der Ruhe. Wir arbeiten von 6 bis 11 und von 2 bis 5, haben also viel Zeit für uns, um Zeitungen durchzublättern, Radiomelodien mitzusingen und natürlich zu kehren und Tische und Fußboden zu scheuern. Es gibt einen abgeteilten Winkel hinter dem Paravent und einem Schrank – dort spülen wir das Geschirr und schenken abwechselnd Kaffee aus: die eine gießt ein,

die andere trägt aus. Wer arrogant oder frech ist, bekommt »Kaffee mit Schlagsahne«. Wir spucken beide in seine Tasse, bevor wir Kaffee eingießen, und setzen sie dem Schuft vor.
Gelegentlich kommt der Major zur Inspektion, und dann strahlt er beim Anblick des gemütlichen Aufenthaltsraums und der Kellnerinnen in weißen Schürzchen. Einmal befahl er uns, die Binde mit dem Judenstern abzunehmen, weil ein Geschwader Generäle eingeflogen war. Sie umringten einen Dickwanst. Vielleicht war es Göring, ich weiß es nicht. Sie ließen eine Menge Essen da, herrliche Äpfel und Orangen.
Eigentlich nehmen wir kein geschenktes Essen an, aber dann und wann finden sich im Spind Zigaretten und Süßigkeiten, Brot, Sardinen, Wurst und einmal sogar echter Kaffee »für die Bedienung«.

Heute war ein düsterer Wintertag, der sich endlos hinzog. Wir standen gelangweilt herum und warteten, daß es fünf wurde, als plötzlich die Tür aufging und ein Schwarm junger Flieger lärmend eintrat. Sie warfen ihre eingerollten Fallschirme in die Ecke, packten ihre Rucksäcke aus und verzehrten scherzend und lachend ihr Vesperbrot. Einer holte ein Akkordeon hervor, und sie begannen zu spielen und zu singen.
Da die Flieger keine Ahnung hatten, wer wir waren, wollten sie unbedingt mit uns tanzen. Aber wir fühlten uns ausgeschlossen, weil uns das Schicksal genau um diesen jugendlichen Schwung betrogen hatte. Ohne uns anzusehen, kämpften wir mit den Tränen. Und der Akkordeonist sang »Dort, hoch auf den Bergen, da unter den glühenden Sternen ...«, »Stern von Rio, du könntest mein Schicksal sein« und »Heimat, deine Sterne«.
Der Nachmittag verging wie im Flug. Wir zogen unsere Mäntel an, schlichen uns aus dem Saal und traten draußen wütend Spuren in den Schnee. Wir schwiegen, jede mit ihren eigenen Gedanken beschäftigt, auch wenn diese in dieselbe Richtung gingen.
Plötzlich fragte Inga zornig: »Du, wo ist denn unsere Heimat?«
»Wo?« wiederholte ich und deutete mit dem Kinn zu unserem Lager mit dem Wachtposten an der Pforte. Zwei Frauen kehrten vor der Baracke, die Frau des Lagerführers kam in Schlafrock und Schal vom Waschraum zurück und lockte ein weißes Hündchen mit gerupftem Schwanz zu sich. Die mit Schnee bestäubten Stacheldrähte sahen wie Spitzengewebe aus. Auf den Schnee legten sich rötliche Reflexe von den Fenstern und blaue vom Flugfeld.

Traurig, aber immerhin lächelten wir einander zu, und gleich darauf riß uns das rege Treiben in den Baracken mit.

Das Ghetto wird langsam, aber sicher liquidiert. Alle wissen es, und dennoch retten sich die Leute nicht. Wozu auch und wie? Wohin fliehen? Die Jüngeren können es noch riskieren, obwohl es ohne Papiere, Geld und Beziehungen schwierig ist. Die Menschen sind erschöpft, durch ihre Familie und die Kollektivhaftung gefesselt – es scheint, als warteten sie tatenlos, willenlos, resigniert, verachtungswürdig. »Er zittert vor Angst wie ein Jude«, – aber es ist doch nicht nur die Angst um einen selbst, wenn jemand zittert. Ich war zweimal zu einem kurzen Besuch im Ghetto, und jedesmal stelle ich verzweifelt fest, daß meine Eltern immer elender aussehen. Ich wäre so gern wieder bei ihnen!
Unser junger Lagerarzt kennt Felek und gab mir eine Überweisung an das Spital im Ghetto, weil ich ständig Halsentzündung habe. Klemens tat mich zu einigen vom Kohlenlager, die in der Stadt etwas aufladen sollten und durchs Ghetto fuhren. Ein sympathischer junger Pole, der bei Klemens im Büro arbeitet und gelegentlich bei uns auftaucht, um sich mit Rena zu unterhalten, würde uns begleiten. Wir sollten am Dienstag fahren. Ich kaufte »schwarz« zwei Eier bei einer Polin und bat Erna, mir mit Margarine ein Omelett zu braten. Es duftete herrlich. Eine Ration Marmelade darüber und mit Zucker bestreut, und fertig war die Torte. Wir packten sie mit einem Teller ein, damit sie unterwegs nicht zerdrückt wurde. Am Fenster kühlgestellt, mußte sie bis zu meinen Eltern frisch bleiben.
Doch der Lastwagen kam nicht, die Sache zog sich bis Freitag hin. Täglich warf ich einen Blick auf das Omelett – es verlor an Schönheit, fiel zusammen, das arme. Ich probierte, ob es vielleicht sauer geworden war, aber nein, es war köstlich – ich konnte mich kaum beherrschen, nicht mehr davon zu naschen.
Schließlich fuhren wir ins Ghetto. Mama war nicht im Kinderheim; dort sind jetzt rund 600 Kinder von arbeitenden Eltern, aber die meisten sind Waisen, deren Eltern ausgesiedelt wurden. Durch was für ein Wunder sind diese Kinder am Leben geblieben? Mein Liebling Ritka ist nicht mehr da, nicht die Schar aus der Traugutt-Straße 13, der »schwarze Michaś«, Irenka, Stefunia, die Tochter von »Ben mit dem schönen Schnurrbart«. Ihre jungen Mütter haben die Kinder nicht im Stich gelassen, sondern mit ihnen zusammen die Fahrt ins Ungewisse angetreten.

Auf der Straße herrschte Verkehr, aufgeregte Menschen standen mit Gepäck in der Hand vor einem Lastwagen mit zwei Anhängern – die Firma »Kabel« kasernierte ihre Arbeiter auf dem Fabrikgelände. Vor der Entlausungsanstalt türmte sich das Gepäck. Ich dachte, ich hätte meinen Vetter Fred Nelken gesehen, der schon vor dem Krieg in der Direktion von »Kabel« gearbeitet hatte. Ist die Familie vielleicht bei ihm, Tante Lola, Zygmunt und die kleine Jadzia? Da ich keinen von ihnen in dem Gedränge entdeckte, machte ich mich auf zu unserem Loch. Die Märzluft duftet schon nach Frühling, hier und da zeigen sich schon winzige Knospen an den Bäumen, aber das bemerkt niemand, und er kann es auch nicht bemerken, wenn ihm Haus und Familie genommen werden.
Zu Hause stand Mama über einen Zuber gebeugt und wusch Wäsche. Sie hatte sich freigenommen, um Sachen zum Mitnehmen vorzubereiten, denn inzwischen steht fest, daß das Ghetto an die Jerozolimska-Straße verlegt werden soll. Im Zimmer standen Koffer vor dem offenen, halb leeren Schrank. Von ungeheurer, hilfloser Trauer erfüllt, half ich Mama beim Packen. Papa kam dazu, und uns gegenseitig wortlos anschauend aßen wir mein unseliges Omelett und Suppe zu Mittag. Hier ist inzwischen fast niemand mehr. Onkel Bień ist mit den Kindern im »Julag«, und sogar unser Mietek. In der Wohnung war es kühl. Papa legte sich aufs Bett und deckte sich mit einer Decke zu. Wir setzten uns neben das eiserne Öfchen, wärmten unsere Hände und starrten schweigend ins Feuer. Der Wind trieb Klümpchen feuchten Schnees gegen das Fenster. Ich schmiegte mich an die Eltern: Wann sehen wir uns wieder? Trauer schnürte mir die Kehle zu.
Papa begleitete mich bis zur Kreuzung und ging dann wieder zur Arbeit. Während ich auf den Lastwagen wartete, schluckte ich meine Tränen hinunter; in eine Ecke des verdreckten Wagens gedrückt, weinte ich den ganzen Weg.

Frühling 1944

Der Frühling ließ den Fliegerhorst ergrünen, aber er brachte keine Hoffnung. In ohnmächtiger Verzweiflung hörten wir von der Liquidierung des Ghettos am 13. März. Sie ermordeten die Kranken im Spital und die Kinder bis zu vierzehn Jahren im Kinderheim. Aus Stalowa Wola waren grausame Letten angereist – sie waren dort Aufseher im Konzentrationslager gewesen. Sie umstellten die Marschkolonnen auf der Jerozolimska-Straße und schlugen unter der Regie brüllender SS-Männer auf die Menschen ein. Das »Ghetto B« jagten sie auf den Platz der Einheit, einen Teil ermordeten sie, den Rest hetzten sie auf den Transport, zur Vernichtung. Genia versteckte sich bei Felek, der sie irgendwie zu diesen Baracken durchschmuggelte. Ihre Eltern, ihr jüngerer Bruder und ihr Schwesterchen – alle sind sie umgekommen.

In diesen Baracken an der Jerozolimska-Straße in Płaszów geht es schrecklich zu. Das Lager befindet sich am zerstörten jüdischen Friedhof. Wir hören von ständigen Appellen, davon, daß Menschen geschlagen und beim geringsten Vergehen öffentlich hingerichtet werden. Solange noch Leute unter Bewachung herauskommen, weil sie eine Arbeit in der Stadt haben, besteht noch eine gewisse Verbindung zwischen den Lagern. Todesstrafe droht für das Überbringen von Briefen oder Lebensmitteln, für das Zigarettenrauchen; für das Aufbewahren von Geld und das Tragen von Büstenhaltern. Zwei Tage lang blieb das Lager geschlossen, weil man die Leute nach Geld, Gold, Silber, Juwelen, Uhren und Füllfederhaltern durchsuchte. Einige wurden erschossen, Lagerinsassen hat man sogar die Kleidung abgenommen, also wirklich das Letzte. Man darf nur zwei Paar Unterwäsche haben und einen Anzug, der von oben bis unten mit Karos bemalt ist – mit gelben bei denen, die außerhalb des Lagers in Płaszów arbeiten, mit roten bei denen, die das Lager nicht verlassen.

Die Leute schlafen auf dreistöckigen Pritschen in Baracken für rund 200 Personen, haben Waschraum und Latrine gemeinschaftlich, essen Suppe aus einem gemeinsamen Kessel, arbeiten täglich zwölf Stunden und werden nachts häufig zum Appell herausgeholt.

Ich kann mir überhaupt nicht vorstellen, wie meine Eltern jetzt leben. Täglich marschieren sie, von Letten und SS-Männern eskortiert, zum Ghetto, um dort den jüdischen Besitz an Möbeln und sonstigen Sachen zu liquidieren. Unsere jüdischen Sachen werden in eine Liste eingetragen und nach Deutschland verladen.

Ich flehte alle möglichen Leute an, mich mit Passierschein ins Ghetto mitzunehmen. Einmal ergab sich die Gelegenheit: Ich konnte nichts vorbereiten und raste mit leeren Händen los, nur um die Eltern zu sehen. Mama arbeitet im Lager der ehemals jüdischen Besitztümer an der Kartei, aber man ließ mich nicht hinein. Ein OD-Mann führte mich zu einer Haustür an der Limanowski-Straße und sagte, er werde meinen Vater holen. Mein armer Papa kam heraus, wir stürzten uns in die Arme, und keiner konnte die Trä-

nen zurückhalten. »Halinka, Halineczka!« stammelte er und streichelte mir über den Kopf.
Plötzlich stand ein riesengroßer Deutscher vor der Tür. Mein Papa stieß mich in die dunkle Toreinfahrt, nahm stramme Haltung an und meldete, daß soundsoviele Sachen ins Magazin geschafft wurden. Der Soldat knallte mit der Peitsche, drohte Vater und ging. Später erfuhr ich, daß dieser Schurke Papa mißhandelt, weil er ebenfalls hochgewachsen ist; daß er ihm einmal befohlen hat, schwere Möbel allein eine Treppe hinunterzutragen, und daß er ihn getreten und geschlagen hat. Ich konnte mich von Vater nicht losreißen und weinte vor Schmerz, Haß und Gewissensbissen, weil ich es auf dem Fliegerhorst doch sehr viel leichter habe. Gott, Gott, erbarme dich meiner Eltern!

Frühling. Der Fliegerhorst in frischem Grün. Ob er uns auch Hoffnung auf ein besseres Schicksal bringt?
Vor einigen Wochen dachte ich noch, daß ich vor Kummer nie mehr ein lautes Wort sagen würde, und heute scherze ich, lache ich, singe ich und tanze ich sogar, sofern jemand da ist zum Tanzen. Meistens ist das nicht der Fall. Zum Gespräch findet sich natürlich meist noch einer, aber nur ganz allgemein; Inga und ich haben neulich festgestellt, daß wir wohl jungfräulich sterben werden, falls sich unser Leben für immer auf den Fliegerhorst beschränken sollte.
Ein Tag gleicht dem anderen – um sechs in der Früh rast man in die Küche, um heißes Wasser zum Waschen zu machen, dann ein flüchtiges Frühstück, um rechtzeitig um sieben zum Appell zu erscheinen. Arbeit bis Mittag, dann eine Stunde Mittagspause und wieder Arbeit bis fünf, danach eine Stunde Straßekehren und zurück in die Baracken. Lärmende Unterhaltung, Geschrei, Geraufe um die Waschschüssel, Streit um einen Platz am Elektroofen, Abendessen, Besuch der Jungen und Appell. Abendspaziergang auf der »Allee des heiligen Trichters« zum »Tempel des Stöhnens«, dem Abort und dem Waschraum –, ein Spaziergang längs des Stacheldrahtzauns hin und zurück, und schließlich die Nacht. Samstags nach der Arbeit gehen wir in der Baracke baden, wo sich der widerliche Feldwebel die Hand gebrochen hat. Sonntags haben wir den Nachmittag frei. Man kann im Gras liegen oder andere »Luftwaffe-Juden« besuchen, die in der Landwirtschaft oder in der Bauleitung arbeiten. Morgen entfallen die Besuche, weil sie uns das Baden vom Samstag auf den Sonntag verlegt haben.

Ein schöner Frühlingstag, in prächtiger Stimmung gingen wir über das Flugfeld zum Bad und sangen dabei. Auf dem Rückweg marschierten wir im Gleichschritt und sangen mehrstimmig dazu. Plötzlich machten alle lange Gesichter – vor der Pforte standen ein riesengroßer SS-Mann und der Ordnungsdienst, genauer gesagt: Amon Goeth, der Kommandant des Lagers in Płaszów, und Chilowicz, der Lagerälteste. Und zwischen unseren Baracken wimmelte es von weiteren SS-Männern. Daneben standen Klemens und der Inspektor, die uns heimlich besorgte Blicke zuwarfen.
Beim Anblick der grünen Uniformen blieb uns das Herz stehen. Was wollen die schon wieder?
Wir mußten in den Zimmern warten, wo uns mitgeteilt wurde, daß wir von nun an ein Außenkommando vom KL-Płaszów seien, für uns gälten von nun an dieselben Vorschriften, wir hätten also Schmuck, Uhren und Juwelen abzugeben und uns anschließend zum Bemalen der Kleidung vor der Baracke aufzustellen.
Ich stand nahe am Eingang und warf den goldenen Siegelring mit meinen Initialen, ein Geschenk von Papa zu meinem dreizehnten Geburtstag, schweren Herzens in den Korb. Der riesige Deutsche stieß mich mit dem Ende der Peitsche an und deutete auf seine Ohren. Sein Gesicht war so groß, als schaute man durch ein Vergrößerungsglas. Es ging um meine Ohrringe, türkisblaue Vergißmeinnicht, wie sie jedes Mädchen von Geburt an hatte. Ich hatte sie nie abgenommen und wußte nicht wie.
Erna half mir und flüsterte: »Mach keinen Quatsch, sonst reißt er sie dir mitsamt den Ohren ab!«
Sie malten uns mit dickem, gelbem Firnis Karos auf die Kleider und einen riesigen Davidsstern und eine Nummer auf die Brust. Es waren lange, fünfstellige Zahlen in schwarz. Meine endete auf 18. Der alte Herr Seligman sagte, das sei eine Glückszahl, sie bedeute »Leben« auf hebräisch. Auf die Wäsche drückten sie uns Stempel mit einem Stern und der Aufschrift »Arbeitslager Płaszów«. Hala Faden hatte ein gelbes Kleid, auf dem die Karos nicht besonders gut zu sehen sind, aber mein blaues, um Gottes willen! Wir sahen alle aus wie vom Zirkus.
Ich wüßte gern, wer meine Ohrringe tragen wird und wer meinen Siegelring. Wahrscheinlich irgendeine Helga oder Nelli, damit die Initiale stimmt.

Aus der Bauleitung ist einer abgehauen. Er erschien nicht zum Appell, und erst dachten sie, er sei in der Tischlerei aufgehalten worden, aber dann schauten sie in den Spind, und dort war nichts außer dem Gebetbuch, dem Tallis [Gebetsmantel] und den Tefilim [Gebetsriemen]. Zwei Tage später kamen sie aus Płaszów und erschossen zur Strafe den jungen Lagerarzt. Der neue Arzt, Dr. Tilles, wohnt mit seiner Frau bei uns in der Unterkunft.

Ich habe mich wieder erkältet und bin krankgeschrieben, darf also liegenbleiben. Plötzlich Unruhe auf dem Korridor, Klemens stürzte herein: »Raus aus dem Bett! Eine Kommission aus Płaszów!« Er warnte die ganze Baracke und fuhr mit dem Rad zum Büro zurück.

Ich sprang augenblicklich von der Pritsche, warf mir das bemalte Kleid über, schob den Tisch beiseite, um zu scheuern, so als hätte ich heute Stubendienst. Ich wollte Wasser aus dem Waschraum holen, da hörte ich bereits die schweren Stiefel und den Ruf »Achtung!« auf dem Korridor. Ich kippte den Kaffeeeimer auf dem Boden und nahm die Überschwemmung mit dem Wischlappen auf, die Kehrseite der Tür zugewandt und ganz in meine Arbeit vertieft.

Schließlich richtete ich mich auf, nahm Habachtstellung ein, und Klemens erläuterte: »Sie hat Barackendienst.«

Der SS-Mann winkte ab: »Weitermachen!« und weg waren sie.

Später erklärte Klemens, die Kommission sei vorher im Baulager gewesen, und sie hätten jeden, den sie in der Baracke antrafen, erschossen. Er wurde ernst und sagte leise: »Reiß aus, Kindchen, hau ab, rette dich, solange es noch möglich ist. Schade um dein junges Leben, Mädchen, lauf weg!«

»Aber wie denn? Und was ist mit der Kollektivhaftung? Bei der Kalkbrennerei Liban sind ein paar geflüchtet, und da haben sie alle erschossen, die dort beschäftigt waren, nicht nur die engste Verwandtschaft. Kann eine Freiheit, die durch den Tod so vieler unschuldiger Menschen erlangt wurde, Glück bringen?«

»Und trotzdem hauen Leute ab. Du bist jung. Die Luftwaffe ist nicht Liban. Aber vorläufig bekommst du eine neue Arbeitsstelle. Du wirst Paul Müller, einem alten Zivilangestellten, helfen, die Kartei der Ersatzteile für die Flugzeuge zu führen. Melde dich morgen im ersten Hangar.

* * *

Cambridge, Massachusetts, 17. Juli 1986

Paul Müller hat meine Tagebücher, Gedichte und Bilder gerettet. Er hat alles getan, um nicht nur mich, sondern auch Inga und ihre Mutter vor dem Lager zu bewahren. Es hat nicht geklappt, weil die SS-Behörden in Płaszów schneller waren.

Paul stammte aus Oberschlesien (Kühschmalz, Kreis Grottkau, Niederseite), hatte dort eine Landwirtschaft und war wohl Mechaniker. Sie hatten ihn dem Ersatzteillager zugeteilt. Wenn einer mit einem gelben Anforderungszettel für Schrauben, Zahnräder, Zwingen oder Klemmen kam, setzte Paul seine Nickelbrille auf und wußte sofort, was an einer JU-88 oder einer HE-111 kaputt war. Gemächlich, die Hände in den Taschen seines Overalls, schlenderte er in den anderen Saal, der mit einem mächtigen Schloß versperrt war, händigte die benötigten Teile aus und schaffte sich den Eindringling brummend vom Halse.

Paul war nicht groß, angegraut, mit einfachen, bäuerlichen Gesichtszügen und groben Händen. In seinen wachen, blaßblauen Augen lag manchmal ein listiger Ausdruck, wie bei einem Fuchs, und manchmal sah man darin lustige Fünkchen. Er lächelte selten, höchstens mit den Augen, sprach wenig und wenn, dann mit leiser Stimme. Er überließ mir seinen kleinen Schreibtisch und setzte sich selbst daneben an ein Tischchen. Er erklärte mir, was wo einzutragen war, und sagte, ich solle, falls die Inspektion käme, einen Lappen nehmen und die Regale abstauben. Mittags brachte er volle Kochgeschirre mit Essen von der Kantine und stellte sie vor mich hin, nachdem er das Büro abgeschlossen und ein Schild »Mittagspause« aufgehängt hatte. Während dieser Pause schrieb ich mein »Romantagebuch«.

Müller wollte gar nicht so genau wissen, was ich dort schrieb, und er gab mir sogar kleine Bürohefte für meine »Liebesgeschichten«. Der »Roman« war ungeheuer wichtig, nicht nur für mich. Jeden Tag mußte ich ein neues Kapitel schreiben, und jeden Abend versammelte sich das dankbarste Publikum der Welt um mich, um meiner Lesung zu lauschen: Es ging um uns. Lediglich das »Liebesmotiv« war nur teilweise durch die Realität gedeckt, der Rest war unser Leben, das heißt, seine Chronik. Damit sie bei einer eventuellen Durchsuchung nicht abhanden kämen, brachte ich meine »Schätze« – die Tagebücher, Fotografien und Gedichte – ins Büro. Obwohl ich allmählich Vertrauen zu Paul gefaßt hatte, überging ich alle Anspielungen aufs Ausreißen mit Schweigen oder tat ein solches Vorhaben scherzend als aussichtslos ab. Einmal brachte

Paul die Kennkarte einer jungen deutschen Nachrichtenhelferin mit. Er hatte die Handtasche dieses Blitzmädels in der Kantine gefunden und sich schon alles genau überlegt: »Diese ›Offiziersmatratze‹ kriegt eine neue. Du gibst mir dein Foto, ich mache einen Abzug in der richtigen Größe, den kleben wir ein, und schon ist alles in Ordnung!«
»Und der Stempel?« Ein großer Stempel reichte über das halbe Foto.
Paul sagte mit einem listigen Lächeln: »Hartgekochtes Ei! Man braucht das abgepellte Ei nur drüberzurollen, und schon nimmt es die Farbe auf. Dann brauche ich das Ei nur über dein Foto zu rollen, und schon ist alles in Ordnung!«
»Und was dann?«
»Dann verläßt du den Fliegerhorst mit mir, meine Stube ist nicht weit. Ich sage der Vermieterin, du seist meine Nichte. Und dann fährst du zu uns, nach Schlesien.«
»Und dann reißt uns Frau Müller den Kopf ab! Bringen Sie diese Kennkarte lieber wieder zurück.«
Bedauernd trug Paul die Handtasche zur Kantine zurück. Einige Tage später fuhr er auf Urlaub, und danach brachte er einen Brief von seiner Frau mit – an mich. Sie hätten keine Kinder, schrieb sie, und ohne Paul sei das Haus leer; in Kühschmalz sei es schön; ich sei ein gediegenes Mädchen, und sie würde mich gern bei sich aufnehmen; einstweilen schicke sie mir einen Apfelkuchen.
Paul stellte einen Apfelkuchen auf den Tisch und schaute mich triumphierend an. Da glaubte ich ihm, daß er mir tatsächlich helfen wollte. Ich schrieb einen Brief an Hanka Łetowska und übergab Paul meine »Schätze«, zum Beweis für Hanka, daß sie ihm vertrauen könne.
Am nächsten Tag schilderte Paul, wie Hanka erschrocken war, als ein älterer Deutscher in Zivil vor der Wohnungstür gestanden hatte. Aber er konnte ihre Befürchtungen rasch zerstreuen. Sie vereinbarten, daß Paul nach und nach meine nicht bemalten Kleider zu ihr bringen und sie sich um eine »echte« Kennkarte bemühen sollte, denn sie arbeitete beim Magistrat und hatte Kontakte zum Untergrund. Paul wollte mich vom Fliegerhorst direkt zum Zug nach Schlesien bringen, und zwar Anfang Dezember, weil dann nicht so streng kontrolliert würde wie um die Feiertage.
Ich schrieb meinen Eltern einen Brief, der überhaupt keinen Sinn hatte, aber die ersten Buchstaben jeder Zeile, von oben nach unten gelesen, ergaben die Adresse, wo ich mich aufhalten würde.

Durch Hanka gelangte der Brief zu Mama und ihre Antwort zu mir. Sie sorgte sich, daß ich mich nicht verstellen und auch nicht lügen könne, und es werde mich hart ankommen; sie wußte nicht, daß edelmütige Menschen sich um mich kümmerten.
Leider war es nicht möglich, meine Eltern aus Płaszów herauszuholen. Paul wußte, wie sehr ich an Inga hing, und so besorgte er auf meine Bitte hin Papiere für sie und ihre Mutter, sagte aber gleich einschränkend: »Sobald sie den Fliegerhorst verlassen haben, müssen sie für sich selber sorgen. Sie sind leicht an diese Kennkarten gekommen, andere müssen dafür ein Vermögen zahlen. Du gibst ihnen diese Papiere, alles weitere geht dich nichts mehr an.«
Wir warteten auf ihre Dokumente, denn meine waren fertig. Um ein letztes Mal das Gelände zu erkunden, ob es günstiger war, direkt nach Schlesien zu fahren, oder besser auf Umwegen, nahm Paul Müller Anfang Dezember eine Woche Urlaub. Da ich das Magazin allein nicht betreten durfte, übergab er dem Chef des Hangars die Schlüssel und schickte mich zu Klemens. Bis zu seiner Rückkehr ging ich in der Fliegerkaserne putzen. Statt Freude empfand ich tiefe Trauer darüber, daß ich wie die sprichwörtliche Ratte das sinkende Schiff verließ.
Die »Fortsetzung« ist auf einigen der letzten Seiten enthalten, die ich Hanka schickte – mittlerweile aus Płaszów. Hier sind sie:

* * *

Ich habe mir das Leben in Freiheit in den kleinsten Einzelheiten ausgemalt, trotz des unterdrückten Bewußtseins, daß ich mich zu diesem Schritt wohl doch niemals aufraffen würde. Ein Leben in Freiheit gehört für mich inzwischen ins Reich der Träume, ich bin schon von Unfreiheit durchtränkt, denn auch an sie kann man sich gewöhnen. In der Freiheit kann mich jeder unsichere Blick verraten, das gezwungene Verhalten von Menschen, die Auge in Auge mit der Gefahr leben. Mama hat mich wohl doch zu Recht gewarnt.
In quälender Erwartung kam der Winter. Der Dezember 1943 brachte reichlich Schnee, ein scharfer, eisiger Wind tobte über das hartgefrorene Flugfeld.
Als ich an einem Abend durchs Schneegestöber in die Baracke zurückkehrte, stürzte Inga auf mich zu und hauchte mir sogleich ins Ohr: »Die Papiere sind da! Morgen! Paul sagte, morgen um diese Zeit! Freust du dich?«

Ich war sprachlos: »Nicht zu glauben!«
»Dummkopf! Nicht zu glauben! Denk daran, morgen abend!«
Damit trennten wir uns, und jede ging in ihr Zimmer. Ich wollte mich früh hinlegen, konnte aber nicht einschlafen, und so stand ich schließlich auf und ging zu Inga. In ihrem Zimmer waren mehr Frauen, ständig zankten sie sich um einen Platz am Ofen zum Kochen. Wir setzten uns auf eine Pritsche in der Ecke.
Ich fragte: »Inga, und was wird mit ihnen passieren? Den anderen?«
»Nichts wird passieren!« Inga wies alle Zweifel entschieden von sich. »Vor zwei Wochen sind acht aus der Landwirtschaft abgehauen, und es ist auch nichts passiert. Klemens hat dir doch selbst gesagt, daß du abhauen sollst, daß es nichts ausmacht! Werd nicht hysterisch!«
»Du hast recht, ich rede dummes Zeug.«
Wir lächelten einander an.
»Heute!« war mein erster Gedanke, als ich erwachte. Heute, am Mittwoch, ein neues Kapitel meines Lebens! Ich schaute aus dem Fenster: Zum ersten Mal seit vielen Tagen war der Himmel klar, eine frostige Sonne vergoldete die Eisblumen auf der Scheibe.
»Oho, ein Feiertag, Hala ist als erste angezogen und hat schon das Bett gemacht!« sagte Erna lachend.
»Ein großer Feiertag, denn Hala redet nicht!« fügte Dora hinzu.
Die fröhlichen Scherze wurden plötzlich von Lärm auf dem Korridor und von erregtem Stimmengewirr unterbrochen. Eine Nachbarin stürzte ins Zimmer: »Hört mal her, sie lassen uns nicht zur Arbeit! Der Wachtposten läßt niemanden raus! Er sagt, die SS will Kontrolle machen!«
Mir wurde eisig ums Herz, und dann brach ein bitterböses Lachen aus mir heraus.
»Idiotin, worüber lachst du?« schrie Lola, der die Tränen in den Augen standen.
»Über mich«, entgegnete ich wahrheitsgemäß.
Kurz darauf wußten wir Bescheid. Die Sklavenarbeit auf dem Fliegerhorst wird eingestellt. Die Sachen packen und auf die SS warten. Ich hatte nichts zu packen, mein Koffer war fast leer. Ich ging vor die Baracke, betrachtete die von Sonne und Schnee hell strahlende Landschaft. Unwillkürlich faltete ich die Hände und flüsterte aus tiefstem Herzen, wie noch nie in meinem Leben: »Gott, Gott, gib, daß ... Gott!« Ich schickte unausgesprochene, inbrünstige Bitten zum blassen Winterhimmel hinauf.

Da sehe ich plötzlich auf der anderen Seite des Stacheldrahtzauns beim Waschraum ... Paul Müller! Ich rannte zum Abort, öffnete das Fenster.

Paul griff in den Werkzeugkasten: »Ich schneide den Zaun auf! Hau ab, mach schon!«

In diesem Augenblick fuhren Autos vor, und Soldaten umstellten unser Lager.

»Aus«, dachte ich und kehrte zu unserer Baracke zurück. Auf dem Korridor drängte mich Klemens in ein Zimmer. Ich hatte nicht gewußt, daß sich unsere Julcia unter einer Pritsche versteckt hielt. Ich kam als letzte heraus, während die Frauen weinten und klagten und» ein SS-Offizier bereits eine Gruppe von zehn »Flugplatzmädchen« abführte. Andere liefen von der einen Gruppe zur anderen, es gab Schläge, Schreie, und ich stand verloren in der Mitte. Das mit den Männern beladene Auto fuhr inzwischen los, und auf das andere stießen sie die Frauen.

Im Inneren des Wagens schrien Inga und ihre Mutter aus Leibeskräften: »Halina! Lauf nicht weg. Laß uns nicht allein! Komm her!«

»Ich komm' ja schon«, flüsterte ich, mehr zu mir selbst. Klemens brüllte: »Nelken, wo gehst du hin?«

Vom heiseren Gebrüll der SS-Eskorte betäubt, stieg ich wie ein Automat aufs Auto. Klemens stand mit hilflos trauriger Miene mit dem Major und den Inspektoren bei dem Häuflein, das bis zur endgültigen Auflösung unseres Arbeitskommandos bleiben sollte. Die Autos fuhren los und hielten nur noch einmal am Wachhäuschen, aber für diese vom Fliegerhorst ausgeführte Ware bedurfte es keiner Passierscheine. Flüchtig erblickte ich Paul mit seinem Werkzeugkasten, sein ehrliches, bekümmertes Gesicht. Der Schlagbaum, der das Gelände von der Straße trennte, hob und senkte sich knirschend.

Jetzt erst erschütterte mich ein stoßartiges, lautloses Weinen. Ich wünschte inbrünstig, daß die Welt einstürzte und uns mitnähme. Im gleichen Augenblick wurde ich gegen meine Nachbarin geworfen. Das Auto schleuderte durch eine Kurve und kam zum Stehen: ein Reifen war geplatzt. Fluchend reparierte der Chauffeur den Schaden.

Ich stand direkt an der Klappe, zwischen zwei Soldaten der Eskorte, und einem schaute ich voller Verzweiflung und Angst ins Gesicht. Ich weiß, es war der flehentliche Blick eines geprügelten Hundes, aber ich konnte meine Augen nicht von dieser gemeinen

Visage losreißen. Von solchen Menschen hängt jetzt unser Leben ab ... Ich erkannte jedes Äderchen auf seiner glattrasierten Wange. Der Soldat konnte meinen Blick nicht ertragen. Er schüttelte den Kopf einmal, dann noch einmal, schließlich schrie er: »Was guckst du mich so blöde an!«

Die Wachttürme von Płaszów, die mit ihren Stacheldrahtrollen den Himmel stechen, rückten mit jeder Sekunde näher. Der Schlagbaum hob sich wie der Zeiger einer Uhr, die mein neues Leben mißt, das heute beginnen sollte, an einem Mittwoch.

Stacheldraht, Stacheldraht und nochmal Stacheldraht. Das beleidigt das Auge, frißt sich ins Herz, zerreißt die Seele. Gleichmäßig ausgerichtete Holzbaracken, so weit das Auge reicht, durch Gäßchen in große Rechtecke unterteilt. Am Horizont hohe Wachttürme mit Scheinwerfern und der das Lager umgebende Stacheldrahtzaun, wie fünf schwarze Linien vor dem Hintergrund des Himmels. Wickel von eisernen Stacheln, wie Noten, die sich zu der todtraurigen Melodie der Sklaverei fügen.

Nun endet ein kurzer Wintertag, ein weiterer hoffnungslos langer, unaussprechlich schwerer Arbeitstag. Die bleiche Sonne wirft einen letzten gelben Schimmer auf das Lager, verwandelt die Baracken, den Stacheldraht und die Tore in eine theatralische Dekoration eines makabren Stückes. Die Dämmerstunde bricht an. Diese eigentümliche Tageszeit verbreitet selbst im Lager eine unfaßbare Stimmung. Aus den dämmrigen Winkeln kriecht die Trauer. Maschinen und Gespräche verstummen, Hände ruhen für einen Moment von der Arbeit aus, und der Blick eilt zum Fenster – und weicht scheu zurück, verletzt vom unveränderlichen Anblick des Stacheldrahts und der Baracken, dem verhaßten Anblick des Lagers.

Trauer. Abgrundtiefe, unermeßliche und hilflose Trauer!

Ich sitze an unserem Tisch neben dem eisernen Ofen, auf dem die Kartoffeln bollern, die sich jemand verbotenerweise kocht. Vor mir ein Stoß Matratzen, die von den Nachbarinnen emsig pikiert werden. Neben mir Dola, gegenüber die hübsche Hanka, am Ende des langen Tisches Feleks Genia, privilegiert, weil ihre Eltern die Besitzer der Tapezierwerkstatt waren, die zu dieser Gemeinschaft, dieser Lagergenossenschaft gehört. Am anderen Tisch erzählt jemand von der gestrigen Hinrichtung. Ich frage schüchtern: »Verzeihung, weswegen wurden sie erschossen? Warum?«

Schallendes Gelächter ist die Antwort: »Warum? Hat man sowas schon gehört?! Weswegen? Meiner Seel'! Weil es die Deutschen so wollen! Da sieht man gleich, daß du noch neu bist hier, man merkt sofort, daß ihr auf dem Fliegerhorst ein paradiesisches Leben hattet!«

Ich blicke vor mich nieder. Bei jedem Schrei des Kapo krieche ich in mich hinein, halte aus Angst ganz still. Ich versinke im dunklen Abgrund der Grausamkeit und des Todes, einem ausweglosen Abgrund. Verzweiflung.

»Fünf zur Latrine!« verkündet der Kapo.

Hanka zieht mich mit sich fort, damit uns die Zeit nicht langweilig wird. Wir treten hinaus auf die schlammige Gasse, kommen an Fünfergruppen aus anderen Baracken vorbei. Man darf nur zu fünft gehen, und nicht zu oft. Beim Anblick des Brettes, das sich durch die ganze Baracke zieht, und der langen Schlangen vor einigen relativ sauberen Löchern wird mir übel.

Jemand drängt: »Scheißt schneller, bis zum Appell ist nicht mehr viel Zeit!«

Jetzt sind wir an der Reihe. Ich bin nicht imstande, mich diesem Brett auch nur zu nähern, und trete zur Seite.

Hania läßt seelenruhig die Unterhose herunter: »Da gewöhnst du dich dran!«

»Niemals! Nie werde ich mich daran gewöhnen! Ich will mich nicht daran gewöhnen!« In mir kocht ohnmächtige Wut.

Hania meint, daß ich mich unnötig aufrege. Vor der Latrine warten wir auf die anderen drei unserer Gruppe.

Vom Wachlokal des OD ertönt das Hornsignal, das das Ende des Arbeitstages und die Rückkehr vom Arbeitsgelände zum Lager und zum Appellplatz verkündet. In der Tapezierwerkstatt regt sich plötzlich wieder Leben. Apathische Menschen packen ihre kümmerlichen Brotbeutel ein, klappern mit dem Kochgeschirr; wir stellen uns zu fünft auf und treten den abendlichen Marsch zum Lagertor an.

* * *

Soweit der letzte erhaltene Prosatext aus dem Lager. Danach gibt es nur noch Gedichte, die auf einem Fetzen Papier – und kurz vor Kriegsende auf einem Brett der Pritsche – festgehalten wurden, Gedichte, die ich heute noch auswendig kann.

Der Gang durch das Tor

Im Kot
schleppt sich
die Holzschuharmee
dahin.
Vulgäres Geschrei
ordinäre Wörter
Gleißende Scheinwerfer
beleuchten den Stacheldraht.
Im schlüpfrigen
rötlichen Kot
versinken die Schuhe.
Schwer schleppt sich dahin
Fuß für Fuß
auf diesem
wie das Leben
steinigen Weg.
Auch das Echo Tausender
heiserer Schreie
schleppt sich hin
die graue Armee
der Sklaven.
Vergehen als winzige Schatten
in der schwarzen Nacht.
Ergeben sich resigniert der Macht,
die ihnen die Reste
an Menschlichkeit raubte
und in eine Hölle des Todes
und des Wahnsinns sperrte.
Aus der Nacht gekommen
wie ein Alptraum,
vergehn sie
in der Nacht.

(Płaszów 1943)

Abend.
Ein Pfiff, und Automaten verlassen
Maschinen und Schaufeln, treten an in Reihen.
In morschen Holzschuhen quatscht das Wasser,
Die wässrige Suppe läßt den Magen leer,
Die müden Augen schmerzen von zu kurzem Schlaf,
Vor Hunger und Erschöpfung ist der Kopf ganz wirr,
Die lehmige Erde gibt nach bei jedem Schritt
Auf unserem Hügel.
So nah ist es von hier bis zum Himmel!

Aber die Türme halten Wacht,
Damit nicht zufällig des Nachts
Ein Elender aus dieser Vorhölle entweicht.

Im Tal
Flimmern die Lichter der Stadt,
Durchs Fenster dringt der goldne Glanz,
Und unsere Gesichter – grau wie Masken.

Scharren der Holzschuhe und laute Seufzer,
Als sie begierige Blicke werfen durchs Fenster
In eine Stube, reinlich, warm und hell.

Wieder sowas Wunderbares haben
wie ein eignes Zimmer
Und nochmal ein Leben ganz für sich,
Denken voll Bitterkeit die Ausgestoßenen.

Im Tal
Herrscht das rege Leben der Stadt.
Marionette auf Marionette
Tritt an den Stacheldraht,
schaut die Lichter der Freiheit.

O hoffnungslose, abgrundtiefe Verzweiflung!
Von Freiheit wagt ja nicht einmal zu träumen
Das Häuflein moralisch gebrochener Elendsgestalten!

Das Horn.
Zurück in die Baracken!
Die Lichter aus und schlafen!
Ein jeder hat seine kleine Schublade.
Schlafen! Schlafen! Traraaa ...
Krumm von der Eiseskälte der Nacht,
Möchten die Automaten träumen von der Freiheit
Den schon verblaßten,
Schon vergessenen Traum,
Unzählige Male beweint,
Auf der Pritsche in düsteren schlaflosen Nächten,
Wenn die Verzweiflung würgt,
Wenn zum Himmel schreien
Der Aufruhr!
Die Trauer!
Und die Wut!
Innige Sehnsucht ...
Wann endlich öffnen sich die Pforten?!
Wann?!
Uns bleibt diese eine Frage
Und hoffnungslose Erwartung.

Das Leben
Geht ungerührt weiter.
Die Tage vergehen, und auch die Nacht wird enden,
Und vergebens fließen die Tränen in der Einsamkeit.
Denn nicht mit Tränen wird die Freiheit errungen!

Schuldig oder schuldlos, wir müssen leiden,
Wir, Automaten, Puppen, Marionetten.
Laßt uns schlafen und träumen,
Daß die goldne Zeit zurückkommt
Und die Welt uns wieder wahrnimmt,
Als Menschen.

(Płaszów 1943)

Dritter Teil:
Hinter Stacheldraht: Płaszów, Auschwitz, Ravensbrück ...

Zwangsarbeitslager Krakau-Płaszow, 1943/44 und Konzentrationslager Krakau-Płaszow, 1944/45

Płaszów war für mich ein ungeheurer Schock. Sie führten uns direkt ins Bad und ließen uns splitternackt warten, bis unsere Kleider aus der Entlausung zurückkamen. Papa, der von der Auflösung des Fliegerhorsts gehört hatte, eilte sofort herbei. Ich erkannte ihn kaum wieder, so elend sah er aus. Er erreichte beim diensthabenden OD, daß ich der »Verwaltungsbaracke« und der Tapezierwerkstatt, in der Genia arbeitete, zugeteilt wurde.
Mama schlief auf der unteren Pritsche, neben ihr ihre Freundinnen Bronia Feld und Regina Weiss. Ich zwängte mich dazwischen, wie in eine Schublade. Die Kleider hängte ich auf eine Schnur. Durch die undichten Bretter der Baracke schneite es herein. Ich war taub und starr vor Kälte.

> Wecken, steh auf – du Hurensohn!
> Ich blase seit einer Stunde schon,
> Aber ihr Hurensöhne schlaft,
> Aufstehen, aufstehen,
> Ihr Hurensöhne!

... sang einer vor der Baracke, und auf allen Pritschen regte es sich. Mama ging zur Arbeit in die Stadt und konnte sich dort während der Pause waschen und unsere Wäsche machen. Ruckzuck war sie angezogen. Sie nahm meine Lumpen von der Schnur, und wenn ich mich endlich von der Pritsche erhob, machte sie unser Bett. Es kam »Herr Kaffee«, schenkte für einen Groschen ein Töpfchen heißen Blümchenkaffee aus und teilte uns mit, wie das Wetter ist. Vor der Baracke brüllte der OD-Mann bereits mit heiserer Stimme: »Blockälteste! Führ deine Huren zum Appell! Zu fünft antreten, schneller, verdammt noch mal, die bummeln wie die Schnecken, da kriegt man ja zuviel!«
Ich war so tiefunglücklich, daß ich das weiße Brötchen mit Wurst, das Mama mir anbot, keines Blickes würdigte.
»Laß mich in Ruhe mit deinem Brötchen, verdammt noch mal!« fuhr ich sie an.

»Wie kannst du es wagen, so zu reden?!« schrie Mama.
»Was erwartest du denn von ihr?« mischte sich Bronia ein. »Hier fluchen alle wie die Kesselflicker. Soll man sich hier etwa vornehm benehmen?«
»Ja! Gerade hier!« erwiderte Mama mit Nachdruck. »Wer flucht, stiehlt, betrügt oder schlägt, der überreicht Hitler den Sieg auf einem goldenen Tablett! Die wollen uns doch zum Auswurf der Gesellschaft machen! Daß du dich nicht noch einmal zu solchen unflätigen Schimpfwörtern herabwürdigst!«
»Ich halte das hier nicht aus!« schluchzte ich. »Ich bringe mich um! Ich ertrage das nicht, diese Baracken, diese vielen Menschen, den Lärm, die Latrinen! Die endlosen Appelle! Die eisigen Füße! Die stinkende Suppe! Ich bringe mich um!«
Regina beugte sich aus der Pritsche hervor und schrie: »Du brauchst dich nicht umzubringen, das werden die anderen schon für dich erledigen. Dann haben wir eine Idiotin weniger! Prinzessin aus Meerschaum! Glaubst du denn, daß *wir* dieses Lager lieben? Zusammenbrechen, das ist keine Kunst! Nicht nachgeben und durchhalten, darauf kommt es an! Deine Mama setzt ihr Leben aufs Spiel, wenn sie Essen mitbringt, und du reißt das Maul auf! Du solltest dich was schämen!«
Natürlich schämte ich mich und konnte nicht einschlafen.
Mama flüsterte: »Es stimmt, wir stehen stundenlang Appell. Aber *sie* müssen genau so lange stehen wie wir. Wer ist da wessen Gefangener?«
»Sie haben gute Stiefel und warme Kleider!« warf ich ein.
»Stell dir einfach was Angenehmes vor. Denk an die Ferien vor dem Krieg, an deine Lieblingslehrerin, an interessante Bücher. Denk an alles, nur nicht ans Lager! Niemand hat Gewalt über deine Gedanken! Das ist unsere Freiheit. – Gute Nacht!«

Mit ihrer Lebensklugheit, ihrem gesunden Menschenverstand und ihrer Seelenstärke hat die tapfere Mama uns alle gestützt. Nichts war ihr zu schwer – waschen, nähen, trösten ohne Sentimentalitäten. Sie fror ja auch bei den Appellen, doch ohne darüber zu klagen, versuchte sie, sich vor dem eisigen Wind zu schützen, und lenkte meine Aufmerksamkeit geschickt von unserem Elend ab: »Schau, wie schön die Sonne aufgeht! *Sie* sehen das nicht, weil sie uns zählen müssen, *sie* kümmern sich nur darum, wen sie verprügeln könnten, und *wir* haben ein so wunderbares Naturschauspiel!«

Die Aufseherinnen, mit ihren flatternden Pelerinen an schwarze Krähen erinnernd, liefen zwischen den Reihen umher. Keiner wollte in der ersten Reihe stehen. Aber dann und wann mußte ich dennoch in die erste Reihe, und in solchen Fällen flüsterte Mama hinter mir: »Halt dich gerade, Kopf hoch. Zeig nicht, daß du Angst hast. Sie wollen doch nur, daß du vor Angst den Verstand und die Würde verlierst. Schau auf Krakau hinunter, nicht auf diese Affen. Gleich marschieren wir los, dann wird dir wärmer!«

Aber mir ging es immer schlechter, obwohl die Menschen meiner Umgebung freundlich zu mir waren. Der Leiter der Tapezierwerkstatt schenkte mir Papier, damit ich Gedichte schreiben konnte, und was die »Arbeit« unserer Gruppe anging, drückte er beide Augen zu. Einmal holte er uns sogar heißes Wasser, und hinter Matratzen verborgen wuschen wir uns alle mit einem winzigen Stück Seife.

Eine Qual war für mich die Nachtschicht. Die Familie sah ich nur flüchtig, von fern bei den Appellen, wenn sie in die Baracken gingen und ich zur Arbeit, und morgens, wenn ich bewußtlos auf die Pritsche sank, die Mama kurz zuvor verlassen hatte. Einmal fand ich unter dem Kissen ein Briefchen von Hanka łetowska, das Mama durchgeschmuggelt hatte. Falls ich zur Arbeit aus Płaszów herauskäme, wäre noch nichts verloren. Falls nicht, würde sie meinen warmen Mantel und einen Pullover zu Mama schicken. Bevor ich einen klaren Gedanken fassen konnte, war ich schon eingeschlafen.

Ich erwachte von Lärm in der Baracke – der OD trommelte Faulenzer für Arbeiten in dem kleinen Lager »Luftwaffe Nachrichtengerätelager« in Zabłocie zusammen. Ohne zu überlegen erhob ich mich von der Pritsche. Ich konnte für Mama gerade noch eine kurze Nachricht hinkritzeln, da befand ich mich mit einer kleinen Gruppe auch schon auf dem Lastwagen. Wir fuhren durch Krakau, und sie ließen uns vor der Eisenbahnbrücke an der Weichsel absteigen, gegenüber der Emaillefabrik Schindler.

Als wir durch das Tor traten, sagte der Wachmann mit gedämpfter Stimme zu mir: »Was machen Sie denn hier? Ich bin's, Nenko, der Nachbar von der Długosz-Straße.«

Sie zählten uns, und gleich ging es an die Arbeit. Es waren rund sechzig Männer da, vielleicht zwanzig Frauen. Sie waren zum Transport von Fernmeldegerät eingesetzt – Telegraphenmasten, Porzellanisolatoren und Querträger; sie trugen diese Querträger auf der Schulter, und das Eisen scheuerte Löcher in ihre Kleider.

Eifrig erkundigten sie sich nach Bekannten und Verwandten und fragten, was es in Płaszów Neues gebe.
Die anderen erzählten ihnen etwas, ich nicht. Was für ein glücklicher Zufall hatte mich und diesen Nenko hierher geführt! Über ihn würde ich Hanka verständigen. Hier wäre es noch einfacher als auf dem Fliegerhorst – direkt vor dem Tor führte die Vorstadtstraße vorbei. Von hier wollte ich abhauen! Ich kannte niemanden und wollte niemanden kennen, hatte keinerlei Bindungen.
Wortlos arbeitete ich, wie ein Automat, ohne jemanden anzusehen. Beim Gedanken an Mama schnürte sich mir das Herz zusammen. Ich hatte es nicht geschafft, die Pritsche herzurichten. Ich hatte mich nicht von den Eltern verabschiedet, wußte nicht, wann ich sie wiedersehen würde, und biß mir auf die Lippen, um nicht loszuheulen.
In diesem Augenblick kam eine der jungen Frauen, die neben mir Querträger aufluden, auf mich zu und legte mir die Hand auf den Arm: »Quäl dich nicht, Kind, ich kann dein Leiden nicht mit ansehen. Es wird schon werden. Alles wird wieder gut!«
Ich stieß sie fort und brach in Tränen aus. Zosia legte mir den Arm um die Schulter und flüsterte beschwichtigend »Still, still«, während mir die Verzweiflung die Brust zerriß. Jetzt konnte ich nicht mehr fliehen. Die Herzensgüte dieser fremden Frau stand zwischen mir und der Freiheit.

Herr Hauptmann, der Lagerkommandant, wohnte in Krakau und kam selten zur Inspektion. Im Lager herrschten ein kleiner, alter Oberfeldwebel Krak, ein Unteroffizier namens Mai und einige einfache Soldaten. Alle trugen die graue Uniform der Luftwaffe, aber mit der Fliegerei hatten sie nichts zu tun. Es waren erbärmliche kleine Beamte, aufgeblasen von ihrer Macht über achtzig Gefangene.
Einige Privilegierte des Lagers arbeiteten im Büro, in der Küche und in der Wäscherei, während wir in der Nähe der Gleisanlagen Querträger aufstapelten. Hier kamen lange Güterzüge an, voll mit schwerem eisernem Fernmeldegerät, das abgeladen und dann zum Transport an die Ostfront verladen werden mußte. Nach einer Woche war auch bei mir der Mantel von den Querträgern durchgescheuert. Wir trugen diese Querträger zu zweit auf der Schulter und erzählten uns dabei den Inhalt von Büchern oder Filmen. Zosia sorgte sich um ihr Töchterchen, das sie bei Leuten versteckt hatte. Rechtsanwalt Schlang und seine Frau dachten an ihr Söhnchen,

das ebenfalls außerhalb Krakaus untergebracht war. Die Schlangs kannten meine Eltern und nahmen mich unter ihre Fittiche. Wir teilten unsere Pritschen in der größeren Baracke. Auf den mittleren Prtischen schlief die »Aristokratie«, im dritten Stock Anka, Tochter eines Arztes, und Bronka, Tochter eines Zahnarztes, beide sehr nett. In der anderen, kleinen Baracke teilte Zosia eine Pritsche mit Jaśka und Irka, die mit mir aus Płaszów gekommen waren. Außer dem auf den Mantel gemalten Karo trugen die beiden auf dem Rücken einen roten Kreis, ein Zeichen dafür, daß sie in der Stadt aufgegriffen worden waren und daß man auf diese Ausreißerinnen aufpassen mußte. Jaśka war dem Massaker in Lemberg entkommen und arbeitete in Krakau in einem Restaurant. Dort hatte, wie sie mir erzählte, eines der polnischen Küchenmädchen »Drum, Jüdinnen und Juden, eilt früh zum Arbeitsplatz« gesungen. Das war mein Lied! Wir hatten es, wenn wir auf dem Lastwagen durch die Stadt fuhren, für uns gesungen, und bald kannte jeder den Text.

Jaśka hatte Angst, erkannt zu werden, und bei dem Lied fielen ihr Teller aus der Hand, und damit verriet sie sich tatsächlich. Jaśka hatte eine schöne, am Konservatorium geschulte Stimme. Sie sang für uns »Wo die Lerche singt« oder Opernarien, zu denen ich die Begleitung pfiff. Sie, Irka und ich hingen sehr aneinander, und Zosia bemutterte uns.

Mich überkam eine ungeheure seelische Erschöpfung. Nur nicht denken! Hanka schickte mir warme Sachen, Mama ein kleines Kissen, ein Brieflein und ein Stück Wurst, vielleicht 50 Gramm. Einige Tage lang belegte ich mein Brot mit dieser Delikatesse, und das Brieflein las ich jeden Abend.

Einmal holte ich es gerade aus meinem Strohsack, als Krak unerwartet zur Inspektion erschien. Ehe ich mich von meiner Pritsche erheben konnte, standen alle schon stramm. Ich war eine Sekunde zu spät.

Der Alte murmelte, ich hätte es wohl gar nicht eilig. Bevor ich etwas erwidern konnte, griff er nach einer Suppenschüssel und warf sie nach mir – daneben.

Ich konnte ein nervöses Lachen nicht unterdrücken.

Er brüllte und warf der Reihe nach alle Suppenschüsseln auf dem Tisch nach mir – erfolglos! An der Front hätte er einen prächtigen Schützen abgegeben! Schließlich brüllte er, ich solle mich am nächsten Tag im Büro bei ihm melden, und knallte die Tür zu.

Im Büro schloß Krak die Tür ab und riß die Schnauze auf. Es war ein merkwürdiger Dialekt, in dem er herumschrie, und ich verstand nichts, aber kam es darauf überhaupt an? Schließlich holte er zu einer Ohrfeige aus, aber er langte nicht hin und traf mich am Arm. Mit einem Fußtritt jagte er mich in eine Ecke: »Da stehen bleiben!« Dann ging er raus. Sollte ich zur Strafe in der Ecke stehen? Doch Krak kam gleich wieder – mit einem Schemel! Den stellte er vor mir auf, stieg hinauf, und nun begann er mir ins Gesicht zu schlagen, daß mein Kopf hin und her flog wie ein Ball. Ich war völlig betäubt und biß mir in die Wange. Noch nie hatte mir jemand ins Gesicht geschlagen. Ich empfand einen brennenden Schmerz – und gleichzeitig war mir zum Lachen zumute, weil diese Mißgeburt von Krak nicht an mich heranlangte, so daß er in seinem Elan das Gleichgewicht verlor und sich am Revers meines Mantels festhalten mußte, um nicht abzustürzen.

Halb besinnungslos kehrte ich zum Stapeln zurück. Alle bedauerten mich. Zosia befeuchtete ein Tuch, legte mir einen kalten Umschlag aufs Gesicht und sagte tröstend: »Mach dir nichts draus, Kind, bis zur Hochzeit heilt es wieder!«

Es wurde Frühling. Jenseits des Stacheldrahts sah man abends junge Pärchen an der Weichsel spazierengehen. Wir saßen auf den Stufen vor der Baracke und unterhielten uns. Krystyna aus Rzeszów trieb irgendwo Erbsen und Kartoffeln auf und kochte daraus einen Brei, den sie aufs Brot strich. Damit bewirtete sie uns, es war köstlich! Sie sah aus wie eine Huzulin [Angehörige eines im Südosten Polens lebenden Bergstammes] und sang wehmütige Volkslieder. Jaśka und Irka sangen Tangos, Zosia stimmte ein Wiegenlied an. Es war der freundliche, warme Abend des 2. Mai 1944. Vom Weichselufer drang der Duft der Weiden zu uns. Ich las mein Gedicht vor, das ich in der Nacht zuvor geschrieben hatte:

Die Freiheit lockt mich!
Abends,
Wenn der silberne Mond über die Dächer wandert
Und die Lichter der Stadt in der Ferne schimmern,
Möchte ich durch die Straßen gehen
Und die Luft in vollen Zügen atmen,
Wie Wein – den Duft des Frühlings trinken
Und leben! Leben!

Die Freiheit lockt mich!
Sie kam mit dem Frühling,
Wenn über Nacht die frischen Kräuter sprießen
Und im Boden die Lebenssäfte pulsieren —
Dann möchte ich forteilen,
Irgendwohin,
In die weite Ferne,
Im Sonnenschein und frischem Grün
Durch Wiesen voll goldener Gänsedisteln streifen,
Die Luft tief in die Lungen ziehn,
Mit weit offenen Nasenflügeln der Witterung nach
Die Welt durcheilen, unaufhaltsam!

Freiheit!
Warum lockst du mich vergebens!
Warum, wenn die ganze Welt mich verhöhnt
Und das Tor sich krachend hinter mir schließt,
Warum diese übermächtige Sehnsucht,
Die unablässig vergebens mich quält,
Mir das Herz zerreißt, an den Nerven zerrt,
Ins Gehirn sich frißt, wie eine Wunde brennt?
Freiheit!
Wunderbare!
Geliebte!
Nah – und so schrecklich fern von mir.
Das Leben geht an mir vorüber! Entflieht!

Wenn der silberne Mond über die Dächer wandert,
Heule ich innerlich wie ein Hund.
Die Sehnsucht nagt mir am Herz.
Alles in mir zerspringt!
Und stirbt.

(Krakau-Zabłocie, Frühling 1944)

Wir hatten damals keine Geheimnisse voreinander. Eine fragte: »Wenn du jetzt Gelegenheit hättest, würdest du dann ausreißen?«
»Ich weiß nicht«, erwiderte ich aufrichtig, »vielleicht ...«
»Na, hör mal!« riefen alle drei in heller Empörung. »Und die Kollektivhaftung? Sollen sie uns deinetwegen erschießen? Ist dein Leben vielleicht mehr wert als unseres? Da hört doch alles auf!«

Am nächsten Tag waren sie verschwunden. Alle drei Ausreißerinnen haben den Krieg überlebt. Und wir?
Ihre Flucht wurde während der Mittagspause entdeckt. Wir mußten zum Appell antreten und standen da, die Nerven bis zum Zerreißen angespannt. Der Hauptmann drohte mit der Reitpeitsche und schielte zu den SS-Männern aus Płaszów hinüber. Sicherheitshalber ließ man uns abzählen; jeder zehnte Mann trat aus der Reihe. Die Auspeitschung begann.
Der junge Henek hielt sich tapfer und gab unter dem Hagel der Schläge keinen Laut von sich, doch der alte Seligman brüllte schon beim ersten Hieb entsetzlich und schrie, sich windend wie ein Aal, in den drei Sprachen, die er kannte: »Warum?! Herr Hauptmann, warum schlagen Sie mich?! Fa wues [jiddisch: für was] mich?! Herr Hauptmann, fa wues?! Dlaczego [polnisch: warum]?!«
In diesem Moment kam ein Zug hereingerollt, und das Hämmern der Räder übertönte sein durchdringendes Gejammer und die Schreie der SS-Männer. Die nicht endende Reihe der Waggons bog auf das Nebengleis ein, und wir erhielten Befehl, die Fracht unverzüglich umzuladen.
Dieser Transport bewahrte uns vor der massenhaften Erschießung. Zwei Tage und Nächte lang arbeiteten wir ununterbrochen, im Laufschritt und mit knurrendem Magen. Niemand beklagte sich. Das alles war immer noch besser als die Kugel. Und außerdem rückte die Front anscheinend näher! Endlich!

Unfaßbar, wie isoliert die Lager von der übrigen Welt außerhalb des Stacheldrahts waren. Auf dem Fliegerhorst hatte keiner von uns etwas von dem Aufstand im Warschauer Ghetto erfahren. Der Kontakt zur Außenwelt war gefährlich und begrenzt, und begrenzt waren auch die Kontakte innerhalb des Lagers selbst. Man kannte nur die Nachbarn von der Pritsche und die engste Umgebung während der Arbeit. So verlor ich die Verbindung zu den Kolleginnen vom Fliegerhorst, als sie uns in Płaszów auf verschiedene Baracken und »Kommandos« verteilten.
Im Lager in Zabłocie wurde Herr Nenko für mich zu einer Fügung des Schicksals. Auf dem Umweg über unsere Janka aus der Długosz-Straße 7 gelangten Päckchen und Briefe von Mama und Hanka łetowska durch ihn in meine Hände. Hanka berichtete mir, Paul Müller sei sternhagelvoll bei ihr aufgekreuzt und habe die verdammten Weibsbilder verflucht; sie seien an allem schuld, denn wenn sie nicht gewesen wären, wäre ich eine Woche früher mit heiler

Haut entkommen. Als klar war, daß ich aus Zabłocie auch nicht herauskommen würde, beantragte er seine Versetzung aus Krakau und fuhr weg. Keine von uns hat ihn je wiedergesehen.
Ende Mai steckte mir Nenko eines Tages einen Brief zu. In der Baracke machte ich ihn sofort auf und verschlang die geraden, gut leserlichen Zeilen meiner Mama. Ich schrie auf vor Schmerz. Am 13. Mai hatten sie Papa zum Transport abgeholt, mitsamt allen Kollegen, als sie von der Arbeitsstelle zum Appell zurückkehrten. Felek hatte versucht, Vater durch ein Nebentor auf das Gelände des Spitals zu schmuggeln, doch ein SS-Mann hatte sich auf meinen Bruder gestürzt und ihm auf den Kopf geschlagen. Papa wurde nach Birkenau geschickt, in die »Streichholzfabrik«. Wir hörten Gerüchte über Treblinka, Sobibór und Auschwitz, daß dort Menschen verbrannt würden, aber so richtig glaubte keiner daran. Birkenau klang harmlos, denn davon hatte noch niemand etwas gehört. Ich dachte keine Sekunde daran, daß sich die Gaskammern von Auschwitz in Birkenau befanden. Mir wollte zwar das Herz zerspringen, daß sie ihn an einen unbekannten Ort verschleppt hatten, doch glaubte ich, daß Papa dort in Sicherheit sei. Aber mein armer Vater ging direkt ins Gas, nachdem sie den Transport aus Płaszów an einen Todestransport aus Ungarn angeschlossen hatten. Es war der erste Transport, den ein SS-Fotograf festgehalten hat, sorgfältig in einem Album dokumentiert, das nach dem Krieg entdeckt und von der Beate-Klarsfeld-Stiftung in Paris veröffentlicht wurde.

Einige Tage nach der Flucht der Mädchen brachte man uns aus Płaszów gestreifte Häftlingsuniformen, schwarz-weiß gestreift für Männer, grau-blau für Frauen. Die Frauenuniform bestand aus einem geraden Sack, der am Hals mit drei Knöpfen zugeknöpft wurde, und einem ebenso unförmigen Jackett sowie einem weißen Kopftuch. Noch am selben Abend gingen wir daran, aus den gestreiften Säcken sportliche Kleider zu machen. Einige Tage lang nähten wir wie besessen. Ich schnitt den Sack auf und machte mir daraus einen Faltenrock mit angesetztem Oberteil. Ich skizzierte mein »Modell« in einem Brief an Mama. Statt auf meine plötzlich erwachten praktischen Fähigkeiten stolz zu sein, war Mama vor Schreck wie gelähmt, denn sie wußte, was auf mich zukam.
Während wir noch bei der Arbeit waren, kam eine Aufseherin aus Płaszów. Die Aufseherin schlug mich und brüllte, wobei sie mit den Resten meiner einstigen Herrlichkeit – einem seidenen Nacht-

hemd – und meines gegenwärtigen Elends – Teilen der zerschnittenen Uniform – herumwedelte.
»Unerhört!« empörte sie sich. »Da schlafen die in seidener Nachtwäsche und zerschneiden auch noch Wehrmachtsgut!«
Da sich alle einen Falten- oder Glockenrock genäht hatten, verschonte sie keine mit Ohrfeigen. Schließlich befahl sie mir, meine Uniform wieder in den ursprünglichen Zustand zu versetzen, sonst würde ich in den Bunker gesteckt. Einstweilen nahm sie mir nur mein Nachthemd weg.
Jemand aus dem Büro erbarmte sich meiner und gab mir aus dem Lagervorrat eine andere Uniform. Diese präsentierte ich in ihrer makellosen Häßlichkeit. Die Uniformen waren neu, steif, rauh wie ein Büßerhemd, wie aus Brennesseln gewebt. In der Sonne waren sie schrecklich heiß, im Winter wärmten sie nicht, und bei Regen sogen sie das Wasser auf wie ein Schwamm und blieben wochenlang feucht und modrig.
»Wenn sie uns Uniformen gegeben haben, dann heißt das, sie rühren uns nicht mehr an«, freute sich die kleinwüchsige Frau Niunia. Logisch betrachtet, hatte sie recht, aber die Art, wie man mit uns verfuhr, hatte keinerlei Logik. Trotzdem glaubten es die Leute gern, weil sie sich vor Płaszów fürchteten. Als kurz darauf Lastwagen mit SS-Männern vorfuhren, wurden denn auch überall Klagen laut. Ich raffte ein paar Sachen zusammen und stellte mich am Rand des Appellplatzes auf.
Ein älterer, ranghoher SS-Mann winkte mich mit der Reitpeitsche zu sich: »Du, Große, weinst du nicht? Hast du keine Angst?«
»Arbeiten muß man überall«, erwiderte ich ruhig, denn inzwischen war mir alles egal.
»Hast du Geld?«
»Ja. Zwei Zehn-Groschen-Münzen zum Festmachen der Strümpfe, weil die Strumpfhalter gerissen sind«, sagte ich.
»Da hast du zwei Zloty, soviel kostet ein Zuckerwürfel in Płaszów.« Und er drückte mir das Geld in die Hand.
Ich wußte nicht, ob ich es annehmen sollte. Ein gutmütiger SS-Mann, gab es das?

Wir wurden wieder nach Płaszów gebracht. Nachdem wir gebadet und unsere Sachen von der Entlausung geholt hatten, teilten uns OD-Männer auf die Baracken auf und wiesen uns verschiedene Arbeiten zu. Daneben stand dieser ältere Hauptscharführer Schupke. Bevor ich an den Tisch trat, schob er mich beiseite: »Die

Große bleibt in der Sauna.« Auf diese Weise kam ich zu einer tollen Arbeit, denn dort konnte man täglich baden und waschen!
Nach dem Abendappell eilte ich zu Mama. Sie war in einer anderen Baracke untergebracht, die mir heller und sauberer vorkam. Hier kannten sich alle, und Bronia und Regina umarmten mich wie ihre eigene Tochter. Ich erzählte, wie gütig dieser Schupke ist, doch Mama schüttelte den Kopf.
»Furchtbar gütig. Jetzt. Hier. Er war Kommandant des Ghettos in Rzeszów und hat dort auch gemordet. Eine kleine Gruppe hat er gerettet und nach Płaszów gebracht.«
Im Nachrichtengerätelager waren nur wenige Personen geblieben. Deshalb wurden täglich ungarische Juden aus Płaszów zur Arbeit gebracht. Man hatte sie aus Auschwitz hierher geschickt: Männer und Frauen in Häftlingsuniform, mit geschorenen Köpfen. Die zum Bad geführten Frauen hatten Angst, die Stufen zu dem Saal mit den Duschen hinunterzugehen. Ich ließ das warme Wasser zehn statt drei Minuten laufen, wußte ich doch, daß Baden der einzige Luxus im Lager war. Anschließend saßen die Ungarinnen nackt in einem anderen Saal, wo sie auf die Uniformen aus der Entlausung warteten. Alle redeten gleichzeitig, es rauschte wie ein Heuschrekkenschwarm.
SS-Mann Lütz, der Chef des Bades, trat unter die nackten Frauen, brüllte mit heiserer Stimme »Ruhe!« und ging im Vollgefühl seiner Macht und ihres Entsetzens türenknallend hinaus. Ich fragte auf deutsch, ob jemand Lust hätte, ein ungarisches Lied zu singen. Eine stimmte zaghaft eine wehmütige Puszta-Melodie an, dann fielen andere mit gedämpfter Stimme ein. Tränen rannen über ihre versonnenen Gesichter. Sie waren so verloren und unglücklich. Ich versuchte sie zu trösten.
Wieder platzte Lütz herein: »Was machst du mit dem Weibervolk, daß sie so ruhig sitzen?«
Seither schickte er mich zu jeder Frauengruppe in die Entlausung. Er wählte sechs Frauen, die das Bad putzen sollten, und unterstellte sie meinem Kommando. Nur mit einer konnte ich mich auf deutsch und slowakisch verständigen. Sie war Philosophiestudentin an der Budapester Universität. Mit der »Philosophin« freundete ich mich an, so weit das in den wenigen Tagen möglich war. Denn bald wurde ich dem SS-Krankenhaus zugeteilt, das auch Banditen niederen Ranges behandelte – die lettischen und ukrainischen Wachmänner des Lagers.

Das Lager Płaszów befaßte sich ausschließlich mit der Liquidierung der Habe von Menschen, die zuvor ermordet worden waren. Das Beste behielten die SS-Männer für sich, der Rest wurde sortiert und ins Reich geschickt. Der deutsche Wahn, dauernd zu selektieren und abzuzählen! Die einzige Beschäftigung der SS-Männer bestand in Hinrichtungen und ständigen Appellen.
Zum Appell trat ich mit den Angestellten der Kommandantur und den Putzfrauen bei den höheren SS-Führern an. Oberhalb des Appellplatzes lagen die Frauenbaracken, unterhalb die Straße, die um den Chujowa-Hügel führte, wo die Hinrichtungen stattfanden. Diese Hauptstraße führte am Stacheldrahtzaun des polnischen Lagers vorbei zu einem anderen Teil des Lagers. Am Tor gabelte sich die Straße: links ging es zu den Büros, dem Krankenrevier, den Baracken der SS und Wachmannschaften, rechts hinauf zu den Villen des Kommandanten Amon Goeth, des Oberarztes Blanke und seiner Geliebten, der Oberaufseherin Else Ehrich, und zu den Wohnungen der Aufseherinnen und höheren SS-Offiziere. Auf der gegenüberliegenden Seite breitete sich das Panorama Krakaus aus. Im unteren Teil des Lagers befand sich das Krankenrevier. Dorthin kamen ich und die vor kurzem aus Drohobycz eingetroffene Jeannette Suchestow, die polnische »Mrs. Simpson«, als Dienstmädchen und Angestellte. In Płaszów hatten sie der Frau Gräfin befohlen, vor aller Augen Mist zu fahren. Wortlos und ohne Eile hatte Jeannette eine Schubkarre vollgeladen und war hocherhobenen Hauptes vorbeidefiliert, daß ihnen das Lachen verging. Daraufhin hatte Blanke sie ins Krankenrevier geholt.
Blanke zeigte sich selten im Krankenrevier, obwohl er der oberste deutsche Arzt im Lager war. Er war aus Majdanek nach Płaszów gekommen. Offenbar gehörte Heilen nicht zu seinen Aufgaben, sondern Selektieren. Das Krankenrevier leitete Oberscharführer Hermann Büttner zusammen mit einigen blutjungen SS-Männern und einem aus Auschwitz entsandten polnischen Häftling. Keiner von ihnen hatte Medizin studiert, außer vielleicht der Pole, denn der versorgte die Wunden sachkundig und kannte sich mit Medikamenten aus.
Ich wollte von ihm wissen, ob es stimmte, was man sich über Auschwitz erzählte, aber er sagte nur: »Frag lieber nicht. Gebe Gott, daß du nie dorthin kommst.«
Kamila, ein junges Mädchen aus dem polnischen Lager, sorgte sich, wann man sie freilassen würde, denn sie hatte ihre Strafe schon abgesessen, aber ständig würde sie verlängert.

»Und wofür? Für nichts. Hoffentlich wird meinem Verlobten die Wartezeit nicht zu lang. Und du, hast du einen Freund?«
Nein. Es war fast unmöglich, sich zwischen Appell und Nachtruhe mit einem jungen Mann zu treffen. In der kurzen Zeit konnte kein richtiges Gefühl aufkommen. Nicht nur ich legte meinem Herzen Zügel an – niemand wollte sich ernstlich engagieren, schon um sich vor dem Schmerz der unvermeidlichen Trennung zu schützen.
Einmal verabredete ich mich doch mit einem jungen Mann. Auf dem Weg zur Arbeit wechselten wir täglich ein paar Worte, und so verabredeten wir, uns nach dem Abendappell vor meiner Baracke zu treffen.

Rendez-vous im Lager
Atemlos kam er an. Mit unbeholfener Zärtlichkeit
Flüsterte er: Du, mein goldiges armes Ding!
Wieder schaute er sich um, ob uns jemand beobachtet.
Unsere Herzen pochten wie Hämmer.

Die Liebe zweier Jugendlicher blüht der Sonne entgegen,
Geschmückt vom Mai, von Flieder, Jasmin ...

Wir – Abfallecke hinter den Kohlen der Baracke.
Liebe – nicht für uns.
Verurteilte ohne Schuld.

Zärtlichkeiten und Liebkosungen kennen wir nicht mehr.
Unsere Welt – grausam brutal und nackt -
Ist unverhüllt.
Ich will keine Liebe
Doch meine Blicke flehen – gib mir Mut!

Du senktest den Blick. Ich weiß, wir suchen
Beide Kraft und Hilfe bei einander.

Langsam und schwerfällig wendest du dich ab,
Wie ein Greis,
Verschwindest mit klappernden Holzschuhen
Im Dunkel der Nacht.

(Płaszów, Juni-Juli 1944)

An der Kommandantur fuhren oft gedeckte Lastwagen vorbei, direkt zum Chujowa-Hügel, der nach dem SS-Mann Hujar benannt war. Er und seine Leute führten Hinrichtungen durch Erschießen durch. Rings um die Erhebung verlief ein tiefer Graben, an dessen Rand sich die Verurteilten stellen mußten – Juden und Polen, die von der Gestapo oder von Montelupich, aus Dörfern und Städtchen der Umgebung hierher gekarrt worden waren. Die Schüsse waren kaum verhallt, als ein Bagger heranfuhr und die Leiber, in denen sich manchmal noch Leben regte, zuschüttete.

»Jedes Lager hat seinen Bagger«, lautete eine bekannte Redensart. Im Lager Płaszów, das man auf einem jüdischen Friedhof errichtet hatte, war die SS-Straße mit Grabsteinen gepflastert.

Einmal während des Morgenappells karrten sie eine Gruppe Juden herbei, die man aus ihren Verstecken gezerrt hatte. Sie führten sie auf die Anhöhe, Frauen, Kinder und Männer. Zwei hatten den Gebetsmantel übergeworfen und riefen, daß es einen Stein erweicht hätte: »Schma Israel! Adonai! Adonai!«

Im Krankenrevier war nur unser Pole. »Unsere Mediziner sind zur Hinrichtung gegangen«, sagte er. »Die Soldaten kriegen für die aktive Beteiligung eine größere Schnapszuteilung, da haben die Scharführer auch Lust bekommen, einmal das Schießen zu probieren.«

Als ich dabei war, das Ambulatorium zu putzen, kam Fischer mit seinem Kollegen hereingestampft: »Und hast du die Hübsche gesehen mit dem alten Weib? ›Du hast doch auch eine Mutter!‹ rief sie mir zu. ›Hab Erbarmen! Hab ein Herz!‹ ›Ich hab kein Herz!‹ hab ich gesagt. Zack-peng war sie weg!«

Büttner war leichenblaß und raunzte Fischer an: »Sie sind betrunken! Geh'n Sie schlafen!«

Und dem Hinausgehenden flüsterte er nach: »Zwanzig Jahre alt und auch schon zum Mörder geworden.«

Ihr glaubt noch an Wunder,
An Edelmut, an die Macht der Güte?
Ihr glaubt noch an Gott,
Menschen – Idioten?

Und ihr denkt noch,
Daß es mal besser wird, daß vielleicht ...
Ihr hebt die Hände zum Himmel
Und seufzt – GOTT!

Doch Gott, der, heißt es, alle
Aus einem Lehm geschaffen hat,
Bestraft uns heut so grausam
Ohne Schuld.

Auch Christus, heißt es, erlöste die Welt
Durch seinen Tod und seine Tränen.
Doch wir, wir müssen mit Leid und Blut
Uns selbst erlösen
(Płaszów, 1944)

Büttner war etwas über 33 Jahre alt und von Beruf Krankenkassenangestellter in Salzderhelden bei Hamburg. Ich weiß nicht, wie er zur SS und in die KZ-Mannschaft gekommen ist. »Dumm, aber anständig«, charakterisierte ihn Jeannette Suchestow.
Er war tatsächlich anders als seine Kollegen. Jeder Deutsche in Płaszów brüllte mit heiserer, versoffener Stimme, selbst die Aufseherinnen (und alle Kapos, Blockältesten und OD-Männer taten es ihnen nach) – doch Büttner redete normal. Während ein verächtlich-spöttisches Grinsen die Gesichter der SS-Männer zu einer bösartigen Fratze verzerrte, zeigte er ein freundliches, menschlich-liebenswürdiges Lächeln. Wenn er sich gelegentlich während des Appells auf den Platz verirrte, ging er in der lässigen Art eines Zivilisten, den man zufällig in eine Uniform gesteckt hatte, durch die Reihen und murmelte etwas in der Art wie »es wird schon gehen«. –
Die Realität stellte sich leider anders dar. Płaszów war 1944 aus einem Zwangsarbeitslager in ein Konzentrationslager umgewandelt worden. Die Vorschriften, die in diesen grausigen Institutionen galten, setzten der unumschränkten Willkür des Völkermörders Amon Goeth zwar Grenzen, aber er mordete, massakrierte und beraubte seine Häftlinge nach wie vor. Nur, daß er für seine Vorgesetzten in Berlin jetzt Rechtfertigungen oder Vorwände finden mußte. Die Ostfront rückte zwar schnell näher, aber auf einmal waren wir sehr viele im Lager, ähnlich wie im Ghetto vor der Aussiedlung. Die Belegschaften der aufgelösten, der Verwaltung von Płaszów unterstellten Außenkommandos – beispielsweise das Lager im Salzbergwerk von Wieliczka —, trafen eine nach der anderen ein. Vor der Deportation hatten sich dort vier junge Burschen versteckt, die mit Hunden aufgespürt wurden. Sie mußten damit rechnen, in Płaszów im Bunker eingesperrt zu wer-

den. Sie endeten am Galgen. Zwei von ihnen kannte ich vom Fliegerhorst: Zenek Fuchs, Helas Bruder, und Spielman, der sich auf die Henker stürzte, sie verfluchte und ihnen ins Gesicht spuckte.

Von nun an lag ein übelkeiterregender Fäulnisgeruch über dem Lager, wie wenn Fleisch oder Knochen verbrannten. In panischer Angst, alle Spuren zu verwischen, deckten die Deutschen die Massengräber auf dem Gelände von Płaszów auf und verbrannten die Überreste von Tausenden, die bei der Liquidierung des Ghettos und bei Hinrichtungen auf dem Chujowa-Hügel ermordet worden waren. Siebzehn Waggons mit Asche verließen das Lager.

Auf einmal gingen reihenweise Transporte ab. Zuerst die Ungarinnen zurück nach Auschwitz, dann folgten große Transporte nach Ravensbrück, Auschwitz, Flossenbürg und Mauthausen. Gerüchte von einem Transport bestätigten sich, als wir auf dem Gleisanschluß einen Güterwaggon erblickten und früher als sonst zum Appell gerufen wurden. Ich stand am oberen Ende des Platzes und sah, wie nach und nach Gefangene eintrafen und ihre Plätze einnahmen, wobei sie in der Mitte einen Durchgang für die Lagerleitung freiließen. Dort gingen die SS-Männer und Aufseherinnen auf und ab, während unten an der Lagerstraße deutsche Kapos und Männer vom OD einen Kordon bildeten.

Mama arbeitete in der Juden-Vermögensabteilung, die unmittelbar dem Höheren SS- und Polizeiführer unterstand. Sie führte eine Kartei der Dinge, die deutschen Würdenträgern übergeben wurden. Die »stinkenden Juden« sollten zwar aus der Welt geschafft werden, aber gerne bereicherte man sich an unseren Schlafzimmern, Küchen und Klavieren. Dafür benötigte man eine komplizierte Bürokratie, und die Angestellten blieben bis zur Liquidierung des Lagers weitgehend verschont. Deshalb hatte ich keine Angst um Mama. Aber trotzdem hielt ich eifrig Ausschau, wann die Leute von ihrem Büro zum Appell erschienen.

Endlich! Verspätet schlossen sie sich unten der Reihe an, als die SS-Männer losbrüllten, daß wir uns auf die Erde setzen sollten, sonst würden sie uns umlegen; sie wollten ein Hin- und Herwechseln zwischen den Gruppen verhindern.

Voller Sorge erkannte ich, daß einzelne Gruppen unten aufstanden, aber nicht zu den Frauenbaracken strebten, sondern direkt auf die von Kapos gesäumte Lagerstraße gegenüber dem Tor einbogen.

Ohne zu überlegen rannte ich nach unten. Schüsse knallten, eine

Kugel prallte ab, die Frau Maryla P. im Fuß steckenblieb. Ich hatte inzwischen die Straße erreicht. Der »Waisenknabe«, ein deutscher Kapo, der früher in Dachau eingesessen hatte und so genannt wurde, weil er seine Eltern ermordet hatte, bearbeitete die Frauen, die in diesen entsetzlichen Zug hineingepreßt wurden, mit einem Ochsenziemer. Ich entdeckte Mama weiter vorn und versuchte, mich durch den Kordon der Kapos zu kämpfen.

»Weg! Raus! Hau ab!« brüllte Tony, der Wiener, der Mama und mich kannte.

»Dort ist meine Mama! Ich will mit ihr gehen!«

»Hau ab, wenn dir dein Leben lieb ist! Ich habe sie aus der Menge herausgeholt, aber dieser Hurensohn hat sie geschlagen. Jetzt ist sie schon hinter dem Tor! Raus! Los! Los!«

Ich kämpfte mich vor bis ans Tor. Dort standen SS-Offiziere, Blanke, einige Aufseherinnen und, etwas abseits vor dem Stacheldrahtzaun, Büttner. Goeth marschierte, alle überragend, auf den Gleisanschluß zu. Der Kordon der Wachmänner schloß jetzt die Massen ein, die zum Transport herausströmten. Angstvoll fragte ich mich, wie ich Mama in dieser Menge finden sollte.

Da erblickte mich Blanke. Ich hatte mich immer vor ihm gefürchtet, aber jetzt war mir alles egal: »Meine Mama ist im Transport, ich möchte mit ihr gehen, bitte!«

»Du hast das Krankenrevier zu putzen, raus hier!«

Ich stand plötzlich vor Büttner, nur auf der anderen Seite vom Stacheldraht.

»Ich habe ›Stuka‹ geschickt, er soll deine Mutter suchen und in der Baracke abliefern«, flüsterte er. »Der Kapo Tony sucht sie auch. Geh jetzt!«

Ich entfernte mich einige Schritte und setzte mich auf einen Stein, ohne das Tor aus den Augen zu lassen. »Stuka«, eine der Aufseherinnen, war gutmütig, aber wie sollte sie Mama, die ratlos war wie ein kleines Kind, unter Tausenden von Frauen erkennen? Da wurde mir bewußt, daß sich unsere Rollen jetzt verkehrt hatten und ich Verantwortung für sie übernehmen mußte. Aber nur ein Wunder konnte sie retten.

Da rief mir jemand zu: »Du sitzt hier herum, Halina, und deine Mutter macht sich in der Baracke verrückt, weil sie glaubt, daß du mit im Transport bist!«

Ich konnte es nicht fassen und raste zu unserer Baracke. Dort fielen Mama und ich uns in die Arme.

Die kleine Arbeitsgruppe, zu der meine Mama gehörte, war zu-

sammen mit einem Kommando, das liquidiert werden sollte, zum Appell angetreten, und deshalb hatte man sie in den Transport eingeschlossen. Die Frauen waren geradewegs in die Waggons verladen worden. Plötzlich hatte jemand »Regina Nelken« gerufen. Stuka stand vor drei Frauen, die sich alle für meine Mama ausgaben. Tony, der von der anderen Seite her zu den Waggons geeilt war, räumte schließlich alle Zweifel aus.
»Ich danke Dir, Gott.« Mama war bei mir in Krakau und nicht auf dem Weg nach Auschwitz. Von dort ist dieser verhängnisvolle Transport nach Stutthof bei Danzig geschickt und in der See ertränkt worden.

Wir hielten die Transporte für einen Racheakt des Führers. Die Nachricht vom mißglückten Attentat auf Hitler war unfaßlich: daß es überhaupt dazu gekommen war – und dann dieser Fehlschlag! »Der Schurke hat Glück!« war der Kommentar, den »Herr Kaffee« frühmorgens in den Baracken verbreitete.
Das Schicksal hatte für Hitler keinen leichten Tod vorgesehen, der ihn zum Märtyrer gemacht hätte; er sollte nach einer langen Agonie auf den Trümmern seines Reiches und Volkes in unterirdischen Gewölben verrecken wie eine räudige Ratte.

Während in Warschau der Aufstand ausbrach, die Russen an der Weichsel standen, brannten in Płaszów die Scheiterhaufen der ausgegrabenen Leichen. Und es kamen immer neue hinzu – von der Hand Amon Goeths. Am 13. August entledigte er sich seiner Schranzen – er tötete eine Gruppe von Häftlingen, die im Lager die höchste Gewalt innehatten. Sie wußten zuviel über die gewaltigen Transporte zusammengeraubter Güter, die er für sich in die Tschechoslowakei hatte schaffen lassen. Sicherheitshalber ließ er sie zusammen mit ihren Familien erschießen und zur Abschrekkung in den Graben neben der Lagerstraße werfen. Wie bei einem Defilee marschierte das ganze Lager daran vorbei, und die SS-Männer achteten darauf, daß keiner wegschaute, daß jeder das Schild las, auf dem stand, daß diese Banditen Waffen gehabt hätten und einen Häftlingsaufstand anzetteln wollten. *Sic transit gloria mundi ...*
Genau einen Monat später, am 13. September, wurde Amon Goeth von Offizieren aus Berlin wegen illegaler Aneignung eines riesigen Vermögens verhaftet. Nicht wegen der Ermordung und tagtäglichen Peinigung von Tausenden von Menschen, sondern wegen

eines Raubes, den er nicht gemeldet, nicht nach Berlin geschickt hatte!

Nicht nur wir fürchteten die Transporte – die Deutschen auch, und wie! Sie lebten wie Gott in Frankreich und spielten sich ungestraft wie die Könige auf; besonders die Frauen. Die Aufseherinnen waren eine Geißel für uns, in erster Linie ihre »Oberin« Else Ehrich. Die Geliebte von Hauptsturmführer Blanke hatte mit ihm eine Vergangenheit gemeinsam, die seiner würdig war: In Majdanek war er Chef des Krematoriums gewesen und hatte die Selektionen fürs Gas vorgenommen; sie hatte mit lächelndem Gesicht scharenweise Kinder in den Ofen geführt.

Jeder kannte die »Junggesellin« Alice Orłowska, ein plumpes, häßliches Weibsbild mit einer versoffenen Männerstimme, kurzgeschnittenen gelben Haaren und nachgezogenen Augen. Ihre Bewegungen waren unnatürlich, kantig-männlich, und wenn sie beim Appell die Reihen musterte, wogte ihr mächtiges Hinterteil von einer Seite zur anderen. Sie hatte ständig eine Zigarette im Mund und einem Teppichklopfer unter dem Arm. So amtierte sie als Chefin an der Hauptstraße des Lagers neben der Wäscherei, wo sie herumbrüllte, prügelte und Wodka trank. Wer ihr ins Auge stach, war verloren. Die »Junggesellin« schlug erbarmungslos mit der Peitsche zu und schrie: »Wir werden sehen, wer eher müde wird, ich oder du.«

Eine andere Aufseherin, Luise Danz, eine dürre Bohnenstange mit dem Gesichtsausdrucks eines verbohrten Knaben, war auf Kinnhaken spezialisiert; gleichzeitig stieß sie ihrem Opfer ein Knie in den Bauch. Ehlert, die Karikatur einer Kuh, hatte die Aufsicht über das Kartoffelschälen und war im Prügeln nicht schlechter als die anderen. Alle prügelten, mit Ausnahme der Holländerinnen »Willy«, »Peter« und der gutmütigen dicken »Stuka«. Jede hatte hier einen SS-Mann zum Saufen und fürs Bett, und die Rückkehr ins Reich erschien ihnen nicht sonderlich verlockend.

Doch das Lager wurde liquidiert. Am 15. Oktober ging ein Transport nach Groß-Rosen ab. Die Männer standen auf dem Platz, und die Frauen in einem weiten Bogen um sie herum. Mama war bei mir, und auch Genia, denn man wußte nicht, was aus dem Krankenhaus würde. Felek und Rysiek O. waren die jüngsten vom Krankenhauspersonal, Sanitäter für alles, leicht zu ersetzen. Büttner strich auf dem Appellplatz herum und holte den einen und anderen aus der Menge heraus. So trat er auch an die Gruppe vom Krankenhaus heran, zerrte Felek und Rysiek heraus und jagte sie

zur Straße hinunter. Mit einem Blick gab er Felek zu verstehen, in welche Richtung er verschwinden sollte, und zur Vertuschung des geheimen Einverständnisses brüllte er: »Los! Los!«
Felek rannte wie verrückt in Richtung Krankenhaus, und zwar um so schneller, als er Schritte hinter sich hörte, nicht ahnend, daß es Rysiek war und kein Kapo. Büttner rannte ihnen nach, als verfolge er sie. – Die beiden sind sehr viel länger als wir in P»laszów geblieben, bis zur endgültigen Auflösung des Lagers, drei Tage vor der Befreiung Krakaus am 18. Januar 1945.
Es gab einen Transport, bei dem alle mitwollten – nach Brünnlitz in der Slowakei, zur Emaillefabrik Schindler. Alle hatten den innigsten Wunsch, auf Schindlers Liste zu kommen. Jeder hätte buchstäblich sein Letztes dafür gegeben. Für uns kam es nicht in Frage, denn wir hatten weder Geld noch Kostbarkeiten im Lager. In Płaszów zu bleiben konnten nur diejenigen hoffen, die mit der Lagerverwaltung befaßt waren, und eine Handvoll Leute in den kriegswichtigen Werkstätten. Im übrigen wurden die Baracken schon teilweise demontiert. Genia war nicht zu halten. Mamas Arbeitsgruppe war aufgelöst und stand auf der Liste für den Transport. Konnte ich die beiden allein lassen? Ich bat Büttner, mich auch auf diese Liste zu setzen.
Er seufzte, nickte und ging zur Kommandantur. Als er herauskam, bestätigte er auf meinen fragenden Blick hin: »Ja, ja, dort sind schon die drei Nelken zusammen.«
ISchweigend schaute er mich an, daß mir ganz komisch wurde.
»Wann geht dieser Transport?« fragte ich.
»In zwei bis drei Tagen.«
»Und wohin?«
»Nach Auschwitz.«

Der Frauentransport ging am 21. Oktober 1944 verhältnismäßig ruhig von Płaszów ab. Wir stellten uns in Fünferreihen zum Appell auf, über zweitausend Frauen, einschließlich der glücklichen »Schindler-Juden« aus der Emaillefabrik. Dann ging es in Richtung Gleisanschluß zu den Waggons. Jede hatte einen Brotbeutel. Von zu Hause ins Ghetto war ein Lastwagen mit Möbeln gefahren; von der Traugutta 13 zur Janowa Wola hatte ein Fuhrwerk genügt; von dort ins Ghetto A ein Handwägelchen; und aus dem Ghetto nach Płaszów ein Koffer; jetzt blieb uns nur ein Brotbeutel, darin ein Kamm, eine Zahnbürste, ein Satz Leibwäsche, Brot, ein Kochgeschirr, ein Messerchen und ein Löffel.

Der Löffel war ein Heiligtum, das letzte Zeichen unserer Zugehörigkeit zur Zivilisation. Brot konnte man brechen und in Marmelade tunken. Oder man konnte davon abbeißen. Aber Suppe direkt aus dem Kochgeschirr oder der Schüssel schlürfen? Wie ein Hund?! Vom Löffel trennte sich niemand, bis an sein Lebensende.

Wir nahmen Abschied von Felek und von Mamas Freundinnen, Bronia F. und Regina W. Beide arbeiteten in der Lagerverwaltung und waren bis zuletzt unabkömmlich. Wir standen zu fünft zusammen, »die drei Nelken«, Lola Wellner und »Mał e«, meine enge Freundin vom Fliegerhorst.

Ohne angetrieben zu werden, zog die lange Schlange von Frauen zum Tor hinaus. Wir mußten wohl auf die Lokomotive warten, denn der Zug stand noch immer.

An der offenen Tür erschien Büttner, hinter ihm ein junger Mann mit einer Schachtel, in der sich Büchsen mit Milchpulver befanden. Büttner teilte die süße Verpflegung im ganzen Zug aus. Dann kletterte er mühsam in unseren Waggon und nahm mit gedämpfter Stimme Abschied, ehrlich bewegt: »Der Krieg wird einmal zu Ende gehen. Macht's gut! Es wird alles wieder gut, ihr werdet nach Hause zurückkehren! Ich wünsche euch alles Gute. Kopf hoch! Lebt wohl!«

Er winkte uns zu, als die Tür zugeschoben und verriegelt wurde. Die Wachttürme zogen an dem kleinen Fenster vorbei, und der Zug beschleunigte seine Fahrt.

Niedergeschlagen saßen wir im Halbdunkel des Waggons. Als sich nach Sonnenuntergang der Himmel verdunkelte, verließ ich das Fensterchen und setzte mich neben Mama. Die Fahrt zog sich in die Länge.

Plötzlich zeichneten sich im Zwielicht gleichmäßige Reihen niedriger Baracken und grell beleuchtete Stacheldrahtzäune ab. Zwischen den Baracken schlichen menschliche Gestalten dahin.

Endlich blieb der Zug stehen. Wir vernahmen das Gewinsel von Hunden und deutsches Gebrüll: »Los! Raus! Los!«

Knirschend wurden die Türen entriegelt. Hals über Kopf hinunter auf die Rampe! Daß wir uns nur nicht im Gedränge verlieren! Mama! Genia! Wo bist du, Lola? Wo gehst du hin, »Małe«? Man drängte uns von der Rampe auf einen Weg, der zwischen Stacheldrahtzäunen und Baracken hindurch auf einen Wald zu führte. Mir blieb das Herz stehen. Vor dem Hintergrund der schwarzen Bäume am Horizont schlugen die Flammen himmelhoch.

»Es stimmt also ... man muß es selber sehen, um es zu glauben ...

hier verbrennen sie Menschen«, flüsterte ich. In Płaszów hatte es Scheiterhaufen gegeben, aber hier – Schornsteine!

»Schau nicht hin, schau vor dich, sonst stolperst du. Hier, nehmt die Zuckerwürfel, eßt sie, das gibt Kraft, bevor sie sie uns wegnehmen«, flüsterte Mama und teilte unsere bescheidenen Vorräte aus.

Wir warteten, ohne zu wissen worauf. Junge Männer in Häftlingskleidung streiften unter uns umher, sie wirkten reinlich und gesund. Wir konnten uns nicht mit ihnen verständigen, es waren Holländer von einem Sonderkommando. Schließlich erfuhren wir, daß uns die Lagerverwaltung erst morgen aufnehmen würde. Wir ließen uns nieder, wo wir gerade standen, setzten uns auf den Beton, eine an die andere gelehnt, mehr seelisch erschöpft als durch die lange Fahrt und den Marsch; wir fielen in einen unruhigen Schlaf.

Diese eine Nacht unter freiem Himmel ging nicht spurlos an uns vorüber. Am anderen Morgen waren wir nicht wiederzuerkennen. Gelbgrau, mit Staub bedeckt, saßen wir mit schmerzenden Gliedern herum, an Leib und Seele abgestumpft. Keine Gelegenheit sich zu waschen. Kein Wasser, um seinen Durst zu stillen. Es geschah nichts. In gräulichen Dunst gehüllt, wirkte das Birkenwäldchen so traurig.

Da erschien ein kleinwüchsiger älterer Deutscher mit einem dikken Knüppel. Er trieb uns in den großen Saal der Sauna. Die Sachen in der Ecke lassen, sich ausziehen und warten! Die Sachen sollten wir nach dem Bad zurückerhalten.

Die Nacktheit ist der natürliche Zustand; ein einzelner Nackter in einer natürlichen Umgebung ist schön. Aber Tausende dicht zusammengedrängter nackter Menschen? Mama war eine stattliche Frau mit einem hübschen, gesunden Körper, aber es war ihr peinlich, sich vor anderen zu entblößen. Ich hatte immer Rücksicht darauf genommen und mich erst auf die Pritsche gelegt, wenn sie schon ihr Nachthemd anhatte. Und jetzt blickte ich ihr nur ins Gesicht, um ihre Gefühle zu schonen.

Während wir uns zur Selektion aufstellten, vereinbarten wir, daß Mama als erste gehen sollte, dann Genia, zum Schluß ich. Würde eine von ihnen abgelehnt, würde ich freiwillig in diese Gruppe gehen, damit keine von uns allein bliebe. Zum Reden war keine Zeit, aber wir wußten, daß die abgelehnten Frauen in diesem Saal blieben, während die anderen in einen anschließenden Saal gingen. In der Tür stand Mengele und entschied mit dem Daumen über Tod oder Leben.

Mama kam durch. Genia kam durch. Und ich auch.
Jetzt drängten wir uns durch einen gewaltigen »Tunnel«. Von der Seite sahen wir, daß jemand zu uns aufschloß. Wir hätten beinahe gejubelt. Es war Lola Wellner, die sich uns näherte. Noch jung, sehr groß, mit einer gewissen Anmut, wie eine Tänzerin, hielt sie unter beiden Armen einen riesigen Laib Brot.
Was hast du da?« fragte der verbrecherische Arzt verwundert.
»Brot zum Essen«, erwiderte Lola, als wäre es das Normalste von der Welt, und ging gelassen an Mengele vorbei.
Plötzlich erschienen Männer in Häftlingskleidung, die sich anschickten, uns am ganzen Körper zu rasieren. Einige bekamen eine Glatze verpaßt. Lusia war nicht wiederzuerkennen und weinte.
Erna Neiger tröstete sie: »Sei unbesorgt. Der Kopf wird dranbleiben, und auch die Haare wachsen wieder!«
Am Ende des »Tunnels« wurden die Frauen in den nächsten Saal gelenkt. Wir befanden uns in einem riesigen, fensterlosen Raum. Als die Tür geschlossen wurde, trat eine unheimliche Stille ein. Plötzlich strömte etwas auf uns herab. Wasser! Ausgedürstet, wie wir waren, stellten wir uns mit offenem Mund darunter. Dies war also ein echtes Bad und keine Gaskammer!
Nach Verlassen der Duschen wurden uns irgendwelche Kleider zugeworfen. Ich bekam zwei Jacken eines Herrenschlafanzugs, lange Herrensocken und eine gehäkelte Tischdecke. Mama und Genia hatten merkwürdige Kleidchen an, ebenso Jeannette Suchestow, die ich in einem zerschlissenen Frauenkleid kaum wiedererkannte.
Erna Neiger jammerte: »Was haben die mir bloß gegeben? Die Bluse reicht bis zum Nabel; soll ich etwa mit nacktem Hintern nach draußen gehen?«
Wir erhielten noch Holzpantinen, schwere Schuhe aus ungeglättetem Holz, dann jagte man uns in die Baracken.
In langer Reihe schleppten wir uns die Straße entlang, die durch einen dreifachen, unter Strom stehenden Stacheldrahtzaun von den Baracken getrennt war. Aufseherinnen trieben uns an. Mir war kalt. Ich zog mir die Socken über die Hände und legte mir die Tischdecke um. Die Holzschuhe waren zu weit, sie rieben mir die Füße wund. Schließlich erreichten wir die Baracken und traten zum Appell an. Wir schauten einander an und wußten nicht, ob wir über unsere Verkleidung lachen oder über unser Elend weinen sollten. Wir waren im Lager BII-b, also in Birkenau.
Nachdem man uns endlich abgezählt hatte, traten wir in die Ba-

racke. Dunkel. Erst nach einiger Zeit konnte man eine Aufmauerung erkennen – der Ofen –, die sich durch die ganze Baracke zog, und dreistöckige Pritschen zu beiden Seiten. Die Holzschuhe durften nicht mit auf die Pritsche genommen werden. Barfuß kletterten wir auf die oberste. Wir waren so viele, daß die Stubenältesten die Pritschen doppelt belegten. Ein abgewetzter, dünner, stinkender Strohsack. Zwei braune Decken für acht Frauen. Ich ekelte mich vor dem Strohsack, vor dieser Decke, die entsetzlich kratzte; eigentlich war es nicht die Decke, die kratzte, sondern Läuse, die mit dem Hinterleib überall in dem rauhen Gewebe steckten und uns bissen. Ich ekelte mich vor diesem fremden, schmutzigen Pyjama.

In dem schwachen Licht waren deutsche Sinnsprüche am Dachgebälk der Baracke zu erkennen: »Reden ist Silber, Schweigen ist Gold«, »Arbeit adelt«, »Reinlichkeit ist Gesundheit«.

»Die Hurensöhne! Alles haben sie uns genommen: Seife, Zahnbürste, Handtuch, und wollen uns belehren, daß Reinlichkeit Gesundheit bedeutet! Der Teufel soll sie holen!« empörte sich »Małe«. Der Schwall vulgärer Verwünschungen paßte gar nicht zu ihrem süßen, engelhaften Gesichtchen.

Wortlos lagen wir nebeneinander. Sie löschten das Licht. Abgrund der Verzweiflung. Ich versank in einen tiefen Schlaf. Jede Nacht träumte ich, ich wäre zu Hause in Krakau – jeden Tag kehrte die entsetzliche Realität zurück. Schließlich verwischte sich die Grenze: Die Realität war ein makabrer Alptraum, und der Traum von der Freiheit wurde zum »wahren Leben«.

»Raus! Los! Kaffee holen! Raus, ihr Krakauer Gräfinnen!« Die slowakischen Stubenältesten schlugen mit Knüppeln auf die Pritschen, um uns herunterzujagen. Ich suchte meine Holzschuhe unter den Pritschen, aber ich fand keinen einzigen, auf dem ich während des Appells hätte stehen können. Ich schleppte mich barfuß hinaus und versank bis an die Knöchel im Schlamm.

Nach dem Appell ging ich mit Mama zum Waschraum. Zerlumpte Frauen standen Schlange für ein paar Tropfen trüben Wassers, das aus der Leitung rann. Ehe wir uns durchgedrängt hatten – Lagersperre! Wir mußten Hals über Kopf zurück in die Baracke, denn außerhalb einer festgesetzten Zeit durfte man sich nicht auf der Lagerstraße bewegen. Wir schafften es im letzten Augenblick.

»Frau Nelken! Nicht zu glauben! Halinka! Ich bin's, die Rózinka aus der Długosz-Straße 5!«

Rózinka hatte früher mit ihrer Mutter im Vorderhaus im Parterre gewohnt. Sie besserte unsere Wäsche aus, nähte und änderte alte Kleider. Jetzt tat sie dies für die Blockälteste.

Eilig führte uns Rózinkain in das Kämmerchen zur Linken, das von der Baracke und dem Kabuff der Blockältesten abgeteilt war. Rózinka drängte uns hinter einen Vorhang, damit wir uns waschen konnten, und stand vor der Tür Wache. Mittags sollten wir uns Suppe holen. Das Schicksal hatte uns eine mächtige Gönnerin gesandt – die kleine Weißnäherin aus der Długosz-Straße!

Klammheimlich wollten wir davonschleichen, denn vor dem Kabuff der Blockältesten stand radebrechend ein Häuflein Ungarinnen. Da packte mich eine am Arm: meine »Philosophin«.

Nach dem Appell kreuzte sie mit Schätzen auf: ein halber Kohlkopf, ein Stückchen von der Wurstration, Schuhe und ein Rock! Sie zog diese Wunderdinge aus dem Busen hervor und erklärte, sie seien von der Gruppe, mit der wir das Bad in Płaszów geputzt hatten.

»Wir haben dich nicht vergessen. Wir haben dich gesucht, seit dieser Transport aus Krakau eingetroffen ist. Weine nicht. Du hast mit uns auch geteilt. Morgen bringen wir euch Brot, vielleicht einen Pullover und Zwiebeln.«

In dem Lager auf der anderen Seite des Stacheldrahtzauns standen Männer vor ihren Baracken und erkundigten sich nach ihren Angehörigen. Da kein Posten auf dem Turm war, flog ein Geschenk für Erna Neiger über den Stacheldraht: lange Unterhosen, um einen Stein gewickelt.

Wir aus unserer Baracke traten zum Appell hinaus. Wer uns erblickt hätte, hätte zunächst Abscheu empfunden, dann vielleicht Mitleid. Vor der zweiten Baracke zerrten die Stubenältesten und ein Kapo brüllend an menschlichen Wracks, sogenannten »Muselmaninnen«. Auf Schläge und Schreie reagierten sie nicht; wo man sie hinstellte, blieben sie schwankend stehen, bis sie schließlich zu Boden sanken. Sie waren nicht mehr ansprechbar.

Am andern Tag nach dem Appell wurde Blocksperre verhängt. In der kurzen Zeit, die uns zum Erreichen der Baracke blieb, drängte Mama Genia und mich zur Seitenwand, wo ein wenig Schnee lag.

»Schnell, wascht euch, ruck, zuck!«

»Mit diesem schmutzigen Schnee?« fragte Genia erstaunt.

»Sauber werdet ihr davon nicht, aber ihr müßt euch trotzdem täglich waschen. Ein Tag ohne Waschen, und ihr seid verloren. Wie die ›Muselmaninnen‹.«

Der klugen Mama ging es darum, die Disziplin aufrechtzuerhalten, ohne die der Mensch untergeht – in Gefangenschaft wie in Freiheit.

»Muselmann«, »Schmuckstück« – keiner kannte die Herkunft solcher Bezeichnungen, die von SS-Männern, Aufseherinnen, Kapos und Funktionshäftlingen mit unmenschlicher Verachtung und beleidigender Miene ausgesprochen wurden. Wann war bei diesen ausgemergelten, nur noch aus Haut und Knochen bestehenden Elendsgestalten der letzte Funken Lebenstrieb erloschen? Wer hatte den Mißhandelten den entscheidenden Peitschenhieb versetzt? Wer hatte sie angebrüllt und zerbrochen? Wer hatte ihnen das klebrige Stückchen Brot entrissen? Wer hatte ihre Menschenwürde mit Füßen getreten? Gleichgültig gegen alles, mit einem stumpfen Blick in den eingefallenen Augenhöhlen ins Leere starrend, lagen sie kraft- und klaglos in ihren Exkrementen. Diese völlig entkräfteten, zu Tode gequälten menschlichen Wracks – unschuldige Opfer des Nationalsozialismus – schreien noch heute nach Rache.

Die »Schindler-Juden« fuhren bald darauf zu der Emaillefabrik nach Brünnlitz in der Slowakei. Aus den Baracken der »Ex-Płaszower« wurden Frauen für verschiedene Transporte ausgewählt, und niemand ahnte, ob es besser war hierzubleiben oder ins Unbekannte zu fahren.

Abgesehen vom Schleppen der Kessel mit Kaffee oder Suppe und der ewigen Herumsteherei bei Appellen gab es für uns im Lager keine Arbeit. Da tauchte der Kommandant von Auschwitz persönlich auf, Lagerführer Franz Hoessler mit einem Gefolge von Offizieren und Aufseherinnen. Büroangestellte, Stenotypistinnen, Näherinnen und Frauen mit praktischen Berufen sollten sich melden und auf die andere, durch den Ofen abgeteilte Seite der Baracke gehen.

Mama meldete sich und ging hinüber, danach Genia, »Małe« und ich. Aber ich gehörte zur Gruppe der Arbeiterinnen. Wir wurden gleich zwecks Registrierung in eine andere, leere Baracke gebracht. Ich hielt Ausschau nach den unseren: »Małe« war da, Genia auch, aber wo war Mama? Die Aufseherin hatte sie abgelehnt! Mir wurde schwarz vor Augen.

Hoessler stand vor der Baracke. Ich trat direkt an ihn heran und flüsterte: »Herr Kommandant, bitte ...«

Erstaunt drehte er sich um: »Was denn?«

»Hier gibt es eine außergewöhnlich erfahrene Bürokraft aus der

Kommandantur in Płaszów, meine Mutter. Durch einen Irrtum ist sie dort drüben in der Baracke geblieben, Sie selbst haben sie ausgewählt, und jetzt ist sie nicht hier ...«

»Kommandantur Płaszów? Nenn der Schreiberin ihre Nummer und ihren Namen, dann wird sie nach Auschwitz I verlegt, riet er sachlich und stieg ins Auto.

Die Funktionshäftlinge standen in der Tür und starrten mich verblüfft an: »Weißt du denn nicht, daß man SS-Befehlshaber nicht ansprechen darf? Du kannst von Glück sagen, daß er dich nicht auf der Stelle erschlagen hat! Was hat er dir gesagt?«

»Daß ich die beste Bürokraft von Płaszów unverzüglich herbringen soll!« gab ich ohne Überlegung zurück und rannte zu unserer ehemaligen Baracke. Die Tür war abgeschlossen. Der Posten auf dem Turm hatte Anweisung zu schießen, wenn jemand während der Blocksperre draußen war. Ich zerrte an der Tür, bis der Krampen heraussprang. Wie eine Besessene stürzte ich in den halbleeren Raum. Ausschließlich ältere Frauen waren hiergeblieben. Meine Mama saß zusammengekrümmt auf dem langen Ofen, mit dem Rücken zum Eingang. Verdattert fragte sie: »Warum bist du zurückgekehrt, um Gottes willen?«

»Egal, komm!« Ich nahm sie bei der Hand und zog sie im Laufschritt zur anderen Baracke hinüber. Ich drängte hinein, und im Nu hatten wir uns unter die Ehemaligen aus Płaszów gemischt, die zur Registrierung anstanden.

Einige Minuten später streckten wir unseren linken Unterarm zur Tätowierung vor. Die drei Nelken erhielten eine nach der anderen offizielle Nummern für ihr ganzes Leben. Meine liest sich von rechts wie von links gleich: A-26462.

Es war wirklich ein Wunder, das meine Mutter rettete. Hätte ich auch nur eine Sekunde überlegt, wäre ich nicht imstande gewesen, einen Entschluß zu fassen. Ich war wie eine Marionette, die von einer anderen, starken Kraft gelenkt wurde. Das Denken war ausgeschaltet – was blieb, war der blinde Instinkt und die blitzartige Aktion.

Wir wurden ins Bad geführt, erhielten andere Lumpen aus der Entlausung, und die frisch numerierten Zugänge traten den langen Marsch an, der über einige Kilometer zum Hauptlager führte – Auschwitz I. Der Weg zog sich hin zwischen den mit Stacheldraht umzäunten Teilen der Lager Birkenau »A« und »B«, die ihrerseits in stacheldrahtumzäunte Quadrate unterteilt waren. Von hier gab es kein Entrinnen. Sollte es jemandem gelingen, den Zaun eines

Lagers zu überwinden, so befand er sich wie in einem Labyrinth in einem zweiten, dritten und zehnten Lager.
Wieder ins Bad, wieder andere Lumpen! Wir sollen sie im Block bekommen. Aber sie reichten nicht für alle. Peitschender Regen schlug uns entgegen, als wir am Abend halbnackt das Tor zum Männerlager durchschritten, auf dem es hieß: »Arbeit macht frei!«
Dort gab es keine Baracken, sondern ausschließlich eingeschossige Blocks aus rotem Ziegelstein. Die beiden ersten zur Linken, hintereinander gelegen, waren durch Stacheldraht für uns abgeteilt.
Waschräume und Klos! Treppen! Seit dem Fliegerhorst – das ist fast ein Jahr her – hatte ich keine Treppe mehr betreten. Im Obergeschoß große Säle und Pritschen. Fenster. Wir gratulierten uns, daß wir hierher gekommen waren. Man gab uns Decken und zusammengesuchte Kleider, mit denen wir zum Appell antreten konnten.
Am nächsten Morgen erschien der alte Oberscharführer Sell zum Appell und musterte uns streng. Ich stand hinten in der Fünfergruppe, aber an Größe überragte ich alle anderen. Ich hielt seinem Blick stand, atmete aber erleichtert auf, als er weiterging. Er fragte die eine oder andere nach ihrem Beruf. Langsam kam er zurück und blieb vor unserer Fünfergruppe stehen. Er zeigte auf mich – und ich glaubte nicht recht zu hören!
»Was machen Sie zwischen diesen Juden?«
»Ich bin doch eine.«
»Beruf?«
»Laborantin und Zeichnerin«, erwiderte ich, denn so stand es in meiner Kennkarte.
»Wo hast du in Płaszów gearbeitet?«
»Bei Dr. Blanke im SS-Krankenrevier.«
»Blanke? Kenne ich, kenne ich. War es dort gut?«
»Besser als hier!« entfuhr es mir, und Mama zwickte mich, weil ich solche Dummheiten von mir gab.
Am Nachmittag ging es erneut ins Bad. Während wir auf unsere Kleider aus der Entlausung warteten, kamen Aufseherinnen und SS-Männer, um sich Arbeitskräfte herauszusuchen. Wir stellten uns nackt auf: Büroangestellte, Näherinnen, Krankenschwestern, Dienstmädchen – und ich mit vier anderen in einer Gruppe von Malerinnen und Dekorateurinnen.
Sell erschien und rief aus: »Laborantinnen vortreten!«
»Die gibt es hier nicht«, antwortete die Aufseherin.

Sell gab sich nicht geschlagen: »Hier ist eine ganz besondere Kraft, Laborantin und Zeichnerin dazu!«

»Ob er mich gesucht hat?« dachte ich und krümmte mich zusammen, weil ich nackt war.

»Die Malerinnen sind hier«, sagte die Aufseherin und deutete auf uns.

»Ach, gut«, meinte er und wies die drei sogleich einem SS-Mann für die Druckerei zu.

Ich machte mir schon Sorgen, denn viele waren von uns nicht mehr übrig. Als er wieder in unsere Ecke kam, flüsterte ich, daß ich wirklich gut zeichnen könne.

»Und Maschineschreiben?«

»Kann ich, aber nicht besonders schnell«, sagte ich wahrheitsgemäß.

»Gut. Diese kommt zu mir«, wandte er sich an die Aufseherin. »Arbeitseinsatz-Kartei. Bitte ihre Nummer auf die Liste setzen.«

Die slowakische Schreiberin sah mich scheel an: »Na, da hast du ja was gekriegt. Jetzt bist du ,ne Prominente.«

Wir freuten uns über die gute Zuweisung, aber dann stellte es sich heraus, daß alle unverzüglich ins Frauenlager in Auschwitz I verlegt werden sollen. Das Frauenlager befand sich auf der anderen Seite der Lagerstraße, gar nicht weit entfernt, aber durch mehrere Stacheldrahtreihen völlig abgetrennt.

Als die Schreiberin die Nummern auf der Liste vorlas und die Genannten aufforderte, zum Abmarsch vor dem Block anzutreten, zeigte sich, daß ich und viele andere, die eine gute Zuweisung erhalten hatten, auf der Liste fehlten. Anstatt uns hatte die Schreiberin Freundinnen und andere Häftlinge eingetragen, die für die Zuweisung mit Zigaretten oder mit wunderbaren Dingen bezahlt hatten. *Wir* kehrten auf die Pritschen zurück, und *sie* marschierten ins Frauenlager.

Niemand ahnte, daß Arbeitseinsatzführer Sell den Transport selbst in Empfang nehmen würde. Zwar stimmte die Zahl der Frauen mit der Liste überein, aber Sell merkte trotzdem, daß die Liste gefälscht war, weil *seine* ausgesuchten Bürokräfte nicht darunter waren. Er schickte alle zurück und befahl den Aufseherinnen, die Schreiberinnen zu bestrafen. In aller Herrgottsfrühe holte mich die Stubenälteste dann von der Pritsche, und wir marschierten los.

Die Frauen von den Büros meldeten sich bei Maria, der Blockältesten. Die nicht mehr ganz junge deutsche Kommunistin, die seit 1933 in Dachau inhaftiert gewesen war, besaß eine ungeheure

Autorität. Sie war ein anständiger, gerecht denkender Mensch, ein wenig schroff, wie es die Art der Deutschen war, und immer ernst. Obwohl sie einschüchternd wirkte, hatte ich keine Angst vor ihr.
Maria schaute mich an und befahl der Stubenältesten, mir Kleider auszuhändigen. Ich streifte die elenden Lumpen ab und zog mir saubere Seidenwäsche an, Strümpfe, Schuhe und ein hübsches dunkelblaues Kleid, schlicht, aber raffiniert geschnitten, aus einem wunderbar wärmenden leichten Wollstoff. Es hatte sogar einen kleinen weißen Kragenmit einem Aufnäher einer Pariser Firma. Welche junge Französin hatte diese Kreation nach Auschwitz mitgebracht? Außerdem erhielt ich einen Mantel und ein türkisches Kopftuch, das noch schwach nach Parfüm duftete. So herausgeputzt, wurde ich von der Stubenältesten zu meinem Kommando geführt, das gerade zur Arbeit ausrückte.
Wir waren zu zehnt: sieben junge Mädchen und drei reife Frauen; darunter Protestantinnen, Jüdinnen und Katholikinnen, Ungarinnen, Deutsche, Slowakinnen, eine Österreicherin, eine Tschechin – die Kommunistin Alis Bala —, die Jugoslawin Vera von den Partisanen und ich. Mitten im Büro standen zwei Regalreihen, die mit einer Tischplatte abgedeckt waren. In den tiefen Schubladen befanden sich Ordner mit den Karteikarten aller Häftlinge, die in den Listen von Auschwitz I und den Nebenlagern – Buna-Werke, Birkenau, Monowitz usw. – erfaßt waren.
Anhand der Listen der Schreibstuben wurden in den Karteien die Verhältnisse im Lager festgehalten: Arbeitszuweisungen, Veränderungen in den Blocks oder Todesfälle. Im letzteren Fall nahm man die Karte heraus, trug eine von zwei Krankheiten ein – Herzanfall oder Lungenentzündung —, und dann wanderte sie in die Totenkartei im anderen Raum. Am ersten Arbeitstag mußte ich in dieser Totenkartei Ordnung schaffen.
Die mit einer Schnur zusammengehaltenen Karten stapelten sich bis zur Decke. Mein Blick fiel auf einen Stoß Karten mit dem Vermerk »Vergast«. Es handelte sich um den Maitransport aus Płaszów! Zusammen mit dem Transport aus Ungarn! Die Ungarn waren ins Gas gegangen, ohne statistisch erfaßt worden zu sein, aber Płaszów war gewissenhaft festgehalten. Zitternd blätterte ich die Karten durch – da war er: Edmund Emanuel Nelken!
Als ich sah, mit welch einer entsetzlichen Genauigkeit über die Massen von Auschwitz Buch geführt wurde, dachte ich, daß die Deutschen keinen einzigen Zeugen einer solchen Dokumentation am Leben lassen konnten.

Es ist mir schade um das Leben,
So schade,
Daß die Tage inhaltslos verstreichen,
Daß ich kein Lachen mehr kenne, nur Tränen.

Es macht mich traurig, so traurig,
Daß längst die Hoffnung für mich erlosch ...

Wie sich abfinden mit der menschlichen Niedertracht?
Wie kann man sterben, wenn die Welt ruft!
Ich bin noch keine zwanzig Jahre alt,
Ich bin jung!
Jung!
So jung!

Es ist mir schade um das Leben,
So schade ...

(Auschwitz 1944)

Während ich im Büro war, mußte meine arme Mama im Straßenbau arbeiten, direkt hinter unserer Baracke. Ich konnte nicht zu ihr eilen, ihr kein Zeichen durchs Fenster geben. Es war für mich quälend mit anzusehen, wie sie Steine mit dem Hammer zertrümmerte.

Unser Kapo war die schlanke, hübsche Vera. Wir hatten ein freundschaftliches Verhältnis, ohne Rangunterschiede im Arbeitsalltag. Einmal stürzte sie erregt ins Zimmer: »Zigaretten aus! ›Malchemuwes‹ ist auf dem Korridor!«

Das hebräische Wort für Tod war unser Deckname für Sell. Kurz darauf stand er denn auch in der Tür. Er erkundigte sich, ob alles in Ordnung sei. Damit ging er die übrigen Büros inspizieren.

Ich wartete einen Moment und lief dann ans Fenster, um nachzuschauen, ob Mama an der Arbeit war. Sie war nicht da, zu meinem Kummer. Auf dem Korridor wäre ich um ein Haar mit Sell zusammengestoßen. In diesem Augenblick wurde der Instinkt in mir wach: »Herr Arbeitseinsatzführer, bitte, bitte, darf ich Sie sprechen?«

»Da warten!« Überrascht deutete er auf sein Büro.

Ich wartete vor der Tür, bis er seine Inspektion beendet hatte. Dann trat ich nach ihm ein und nahm demütig neben seinem Schreibtisch Aufstellung.

»Na, bin ich schlimmer als Dr. Blanke, polnische Gräfin?«
Offenbar verwechselte er mich mit Frau Suchestow!
»Ich bin keine Gräfin! Bitte hören Sie mich an! Meine Mutter ist eine ausgezeichnete Bürokraft, aber sie ist im Männerlager zurückgeblieben. Sie können doch alles, bitte, bringen Sie uns zusammen!«
Er drehte sich zum Fenster um. Die Uniform konnte seine krumme Gestalt, seinen runden Rücken und die Tatsache, daß sein linkes Schulterblatt hervorstand, nicht verbergen. So einer hätte die Selektion nicht überlebt, Mengele! Schließlich setzte er sich an den Schreibtisch und spielte, mich mit seinem Blick durchbohrend, mit der Peitsche.
»Hier hat niemand seine Familie bei sich, aber du hast deine Mutter und bist immer noch unzufrieden?! Gewiß kann ich sie ins Frauenlager verlegen, aber dann muß jemand für sie beim Straßenbau einspringen. Findest du das in Ordnung?«
Ich verneinte, und er fuhr fort: »Wenn du so sehr mit deiner Mutter zusammen sein willst, kann ich dich ja ins Männerlager schicken, ihr könnt dann gemeinsam Steine klopfen. Ich kann euch beide auch nach Birkenau schicken, aber dort sind die Öfen, wie?«
»Der Herr Arbeitseinsatzführer wird tun, was er für richtig hält. Ich mußte tun, was meine Pflicht ist. Bitte um Verzeihung, aber Sie verstehen doch meine Lage. An meiner Stelle würden Sie genauso handeln.«
»Geh an die Arbeit.«
Schweren Herzens kehrte ich an die Kartei zurück. Meine entsetzten Kolleginnen rangen die Hände. Was macht dieses Mädchen um Gottes willen. Reißt sich und ihre Mutter ins Verderben! Er wird sie nach Birkenau schicken!
Vergrämt marschierte ich am Abend zum Block und hatte nur einen Wunsch: auf die Pritsche sinken und mich endlich ausweinen können. Doch wer saß da auf der Pritsche? Mama und Genia! Die Aufseherin hatte Befehl erhalten, eine Nelken abzuholen, und da sie nicht gewußt hatte welche, hatte sie beide mitgenommen. Maria teilte Mama zur Arbeit im Block ein und Genia zu ihrer Hilfe. Die drei Nelken waren wieder beisammen.

Das polnische Wort »kochany« (»mein Lieber«) fand im multinationalen Auschwitz Eingang in alle Sprachen. Polen waren es, die bei den ersten Frauentransporten geholfen hatten, und von da an war jeder männliche Beschützer, gleich welcher Nationalität, ein

»kochany«. Einzelne Männer arbeiteten in unserem Büro oder kamen mit Meldungen von der Schreibstube, zum Beispiel Erwin Olszówka aus Chorzów oder Georg, der *»kochany«* von Ibi, meiner Nachbarin an der Kartei. Nach dem Krieg haben sie geheiratet. Georg und Erwin begannen gleich nach dem Krieg, den Ort des Leidens der Nationen und der Vernichtung der europäischen Juden für die Nachwelt zu bewahren, indem sie das Lagermuseum gründeten.

Erwin hat mir ein kleines, in rotes Leder gebundenes Notizbuch geschenkt, damit ich meine Gedichte niederschreiben konnte. Ich habe es durch alle nachfolgenden Lager mit mir geführt, am Busen, unter dem Arm oder im Schuh, und besitze es bis heute.

Einmal brachte er mir eine dicke Brotschnitte mit Speck und sagte, das sei von einem Kollegen aus Posen namens Zygmunt. Mit Nachnamen hieß er Goldberg, war aber kein Jude. Er ließ mir durch Erwin Essen und Briefe zukommen. Ich bin ihm nie begegnet, weiß nicht, wie er aussah, weiß nicht, ob er Auschwitz überlebt hat, aber unsere Korrespondenz brachte eine herzliche Freundschaft und einen persönlichen Inhalt in unser sinnloses Leben.

Unsere Jugoslawin Vera erzählte mit Tränen in den Augen, wie schön Split sei, aber nach dem Krieg hat sie einen jungen Polen aus Auschwitz geheiratet und ist in Polen geblieben. Ihr »Briefkochany« war der Musiker Adam Kopyciński aus Krakau, der in Auschwitz I das Symphonieorchester dirigiert hat. In der Vorweihnachtszeit 1944 durfte eine Gruppe von uns »Prominenten« einem Konzert beiwohnen. Unter den Häftlingen waren Musiker von Weltrang, berühmte Schauspieler, Opernsänger und Chansonniers. Die meisten haben Auschwitz nicht überlebt. Aber nun standen sie auf dem Podium und verneigten sich vor ihren Mördern und Aufseherinnen. Ich schloß die Augen, als Schuberts »Unvollendete« erklang, die Lieblingssymphonie meines Vaters. Er lebte nicht mehr, dafür lauschten hier seine Mörder der himmlischen Musik – welch eine Blasphemie! Jeder Ton zerriß mir das Herz.

Die zweite merkwürdige Veranstaltung war der Film »Auf der grünen Heide«. Mit dieser sentimentalen Idylle mit Happy-End konnten wir nichts anfangen. Allein der Anblick der normalen Welt, des Alltagstreibens, der Tische voller Essen, der Felder und Wälder war eine Qual. Wäre der Film wenigstens nicht so albern gewesen!

Näher berührten uns Texte und Lieder, die auf der Pritsche gelesen oder gesungen wurden, zum Beispiel:

Wann nennt man uns wieder »Gnädige Frau«,
Anstatt »Mistvieh!« und »blöde Sau!«
Wann zahlen wir wieder mit Marken und Franken,
Anstatt ein Stückchen Brot und ein bißchen zu zanken!

Der anonyme deutsche Text, der zur Melodie des bekannten Heimatliedes »Wo die Nordseewellen ...« gesungen wurde, ruft mir allein schon durch den Kontrast zwischen der Melodie und dem grausigen Text bis heute eine Gänsehaut hervor.

Zwischen Weichsel und der Sola schön vertraut,
Zwischen Sümpfen, Postenkette, Drahtverhau,
Liegt das KL-Auschwitz, das verfluchte Nest,
Das der Häftling hasset wie die böse Pest.

Wo Malaria, Fieber, soviel Böses ist,
Und wo Herzenssehnsucht uns die Seele frißt,
Wo so viele sterben, ach, so kümmerlich,
Fern von ihrer Heimat, fern von Weib und Kind.

Posten stehen auf den Türmen Tag und Nacht,
Stehen schußbereit und halten scharfe Wacht.
Sie begleiten mich auf jedem Schritt und Ort,
Und sogar im Traume, wenn ich möchte fort!

Soll ich meine Heimat nicht mehr wiedersehn
Und wie die Millionen durch den Schornstein gehn,
Seid gegrüßt ihr Lieben vom unbekannten Ort
Und gedenket meiner, weil ich mußte fort ...

Im Männerlager Auschwitz I befanden sich links vom Haupteingang zwei Frauenblöcke. Ich sah sie von unserem Büro aus, aber nur zweimal gelang es mir, mich für kurze Zeit mit irgendeinem Papier für die Blockälteste dorthin zu begeben. Ich traf mich mit Mädchen, die ich kannte, und brachte für »Małe« warme Unterwäsche mit. Wir lachten uns krumm, weil ihr die Beine meiner Unterhosen bis zur halben Wade reichten. Während dieses Besuchs überzog sich das ganze Lager plötzlich mit dichtem künstlichem Nebel – Fliegeralarm, und das am hellichten Tage! Nachts kamen bisweilen sowjetische Bomber und warfen, um das Gelände zu beleuchten, »Stalins Christbäume« ab, wie die Deutschen

sagten. Es hieß, daß die SS-Kasernen zum Schutz vor der Bombardierung zwischen die Häftlingsblocks verlegt werden sollten.
»Wenn doch endlich alles vorbei wäre, auch mit uns«, sagte »Małe« mißmutig. »Was haben wir davon, daß die Russen nicht mehr weit sind? Die Deutschen schaffen es noch, uns im letzten Augenblick zu erledigen!
Doch etwas bewahrte unseren Transport vor der Vernichtung: ein Aufstand der Häftlinge vom Sonderkommando Anfang Oktober. Sie warfen den Leiter des Krematoriums bei lebendigem Leibe in den Ofen, jagten das Gebäude in die Luft und trennten den Stacheldrahtzaun durch, um sich davonzumachen. Die Todesmaschine geriet ins Stocken und konnte die Leute nur noch mit vermindertem Tempo ins Gas schicken.

Auf dem Weg zur Arbeit kamen wir täglich an dem Block vorbei, wo die medizinischen Versuche gemacht wurden. Einmal sahen wir, wie sie Dr. Mengeles unglückliche »Versuchskaninchen« auf einen Lastwagen luden. Eine Liste der Krematoriumsleitung führte ihre Lagernummern auf, zwecks Überprüfung der Kartei. Die Bürokratie wurde mit tödlichem Ernst betrieben, doch gelegentlich diente sie auch anderen Zwecken.
Gegen Ende November kam ein Deutscher in den Karteiraum, in Begleitung von ... Büttner! In den Unterlagen über die Transporte aus Płaszów sei etwas durcheinandergeraten, das müsse er persönlich nachprüfen. Ich war verdattert, verriet aber nicht, daß ich ihn kannte. Er bat, die Häftlingskarten durchsehen zu dürfen, und begann, in die Ordner zu schauen. Schließlich kam er zu meinen Schubladen, zog sie heraus, und ehe ich noch die Karten herausnehmen konnte, griff er in den Ärmelaufschlag seines Mantels und ließ dort versteckte Zettel, zu winzigen Quadraten gefaltet, in die Schublade fallen. Erwin schmuggelte einen Teil der Briefe in unseren ehemaligen Block im Männerlager, wo noch viele Frauen aus Płaszów waren, den Rest wickelte ich in einen Zipfel meines Kopftuchs und brachte ihn in unseren gegenwärtigen »Beamtenblock«. Die Adressatinnen waren außer sich vor Freude.
Felek schrieb, er werde vermutlich in Kürze nach Tschenstochau oder Groß-Rosen verlegt. In Płaszów waren nur noch wenige Häftlinge geblieben, fast alle aus der Umgebung von Krakau. – Wenn Płaszów wirklich in den letzten Zügen lag, warum haute Felek dann nicht ab? Ich sollte mich bald persönlich davon überzeugen, wie schwierig das war.

Ich wickelte die Briefchen, die nach Płaszów gehen sollten, in ein Taschentuch und erwartete den »Briefträger«. Er kam am Nachmittag. Ich überließ ihm zur Einsichtnahme einen Ordner, unter dem das Bündel mit den Briefchen lag. Mit einem Zipfel dieses Tuches putzte er sich die Nase und ließ es in seinem Ärmelaufschlag verschwinden. Er reichte mir den Ordner zurück» und erklärte: »Alles in Ordnung«, als wir vom Korridor schwere Schritte vernahmen. Vera zischte »Malchemuwes!«, aber der Chef stand schon im Karteiraum.
Bevor Sell ihn bemerkte, hob Büttner den Arm zum Nazigruß und rief: »Heil Hitler!«
»Was wollen Sie hier?« fragte Sell erstaunt.
»Ich suche Sie, Herr Arbeitseinsatzführer!«
»Hier? Bei den Häftlingen?«
»Ich fragte gerade, wo das Chefzimmer ist.«
»Na, kommen Sie bitte mit.« Schon besänftigt, bat er den Eindringling zu sich.»

Im Dezember lag Auschwitz unter Schnee. Der Stacheldraht verlor seine Stacheln, sie wurden flaumweich wie Wattebäusche. Vorm Betreten des Blocks mußte man sorgfältig die Schuhe abtreten, um keinen Matsch hineinzutragen. Marias Block war außergewöhnlich sauber, alle Pritschen standen schnurgerade und waren, mit Decken bedeckt, die »auf Kante« gefaltet waren. Auf dem Fußboden nicht ein Stäubchen.
Im Grunde diente der Block nur zum Schlafen. Nach dem Morgenappell blieben nur die Stubenältesten zum Putzen da, das heißt, sie trieben die Putzfrauen zur Arbeit an. Nach dem Abendappell blieb noch eine Stunde, um sich eilig zu waschen und vielleicht noch ein wenig zu tratschen. Mama fand eine Möglichkeit, sich sorgfältig zu waschen: um fünf Uhr morgens, vor dem Wecksignal. Dann war im Waschraum kein Gedränge, und anschließend konnte man noch ein Nickerchen machen und sich in Ruhe anziehen. Abends war die freie Zeit zu kurz. Bevor man noch irgendetwas anfangen konnte, mußte man schon unter der Decke liegen. Maria machte allabendlich die Runde und öffnete die Fenster, um frische Luft einzulassen. Ihre Schritte hallten durch den Saal, und am Ende ihres Rundgangs sagte sie mit leiser Stimme »Gute Nacht!« – wie die Vorsteherin eines Pensionats.
Weihnachten. Am Abend vernahm ich die Klänge eines polnischen Weihnachtsliedes, auf einer Geige gespielt. Den Tönen nachge-

hend, gelangte ich in den Keller des Blocks und gesellte mich zu den Polinnen. Wir standen in dem nackten Kellerraum und sangen leise »Jesus malusienki«. Die Geigerin griff die Saiten mit blaugefrorenen Fingern, denn hier unten herrschte Frost. Als wir zu der Stelle kamen, wo das Jesuskind vor Kälte weint, weil die Mutter kein Kleid für es hat, schauten wir uns verständnisinnig an; dann stampften wir mit den Füßen, um uns aufzuwärmen, und stimmten munter das Lied »Sie eilten nach Bethlehem« an. Schon mußten wir in den Saal zurück, denn es war Nachtruhe. Maria machte schweigend ihre Runde, löschte mit einem leisen »Glückliche Weihnachten. Schlaft gut!« das Licht, und wir antworteten im Chor: »Gute Nacht, Frau Maria!«

Anfang Januar gab es zweimal innerhalb eines Tages Fliegeralarm. Keine von uns ging in den Luftschutzbunker; wir beschrifteten weiter Karteikarten, als ob nichts wäre. Aber einmal sahen wir vom Fenster der Baracke aus, daß sie Galgen ins Frauenlager transportieren. Zwei Galgen! Róża Robota, Ala Gertner, Regina Safirsztajn und Ester Wajsblum hatten aus der Munitionsfabrik systematisch Schießpulver geschmuggelt, mit dem das Sonderkommando das Krematorium in die Luft gejagt hatte.
Vor dem Hintergrund der Stacheldrahtzäune ragten schwarz die Galgen in die Höhe. Als die Mädchen gebracht wurden, herrschte Grabesstille, Hunderte von Frauen hielten den Atem an. Der Lagerkommandant begann, das Todesurteil vorzulesen. Zwei Leiber baumelten am Galgen, als plötzlich »Stalins Christbäume« den Himmel erleuchteten – russische Bomber im Anflug. In panischer Angst trieben uns die Aufseherinnen in die Blocks.
Während das Brummen der Flugzeuge zu uns drang, standen wir im schummrigen Keller betend, daß die Bomben aufs Lager regnen sollten, damit jetzt endlich Schluß sei. Denn wenn die Frauen die letzten Opfer sein sollten, dann wollten wir mit ihnen sterben. Da unterbrach eine die tödliche Stille und rezitierte Tuwims Gedicht »Die Deutschen in Paris«.

Die Gemeinheit hat also gesiegt ...
Möge meine explodierende Invektive
Mit einem Schrotfeuer von Schmähungen
Und einem Hagel von Verwünschungen zerplatzen
Und als schimpfliche, aber gerechte Brandfackel
– Bums! – den Hochmut der anmaßenden Fresse treffen!

Ach, wenn Tuwim wüßte, wie uns sein Gedicht in dieser schrecklichen Stunde ermutigt hat!
Nach der Entwarnung las der Lagerkommandant weiter aus dem Berliner Befehl vor, und die beiden nächsten Opfer traten aufs Schafott. Plötzlich erschütterte uns ein lauter, deutlich vernehmbarer Schrei: »Zemsta!« [Rache!] – dann zog sich das Seil um den Hals zu, und am Galgen baumelten vier Leiber, den Kopf zur Seite geneigt.
Einige Tage später wurde Auschwitz evakuiert.

Mitte Januar 1945 herrschte in der Verwaltungsbaracke das Chaos: Akten und Karteien wurden in Kisten gepackt. Jemand schlug vor, die Karteien zu vernichten. Andere fanden, daß diese Akten für die Zukunft bewahrt werden sollten.
Am 18. Januar ließ mich Erwin wissen, daß die letzten Reste des Lagers Płaszów in Birkenau eingetroffen waren. Büttner überbrachte Briefe – bei dem allgemeinen Durcheinander fast unverhüllt. Felek war unterwegs nicht abgehauen; obwohl er so nah war, trennten ihn doch Hunderte von Stacheldrahtzäunen von uns; Genia glaubte naiverweise, wir würden uns alle in Groß-Rosen wiedersehen.
Jetzt rüstete sich das ganze Lager zum Abmarsch. Ich bekam hohe Schuhe aus weichem Leder, die drei Nummern zu groß waren. Ich sah darin aus wie der gestiefelte Kater. Jeder erhielt zwei Brote, und in Fünfergruppen aufgestellt, warteten wir auf den Abmarsch. Das Lager sollte dem Erdboden gleichgemacht werden.
Über sechzigtausend Menschen zu evakuieren ist nicht einfach. Während sich die Spitze des Zuges schon weit vor Auschwitz in Richtung Westen befand, waren im Lager noch alle Straßen verstopft. »Los! Los!« brüllten die Posten – SS-Offiziere waren nicht zu sehen, sie hatten sich mit Autos davongemacht. Wir wußten nicht, daß am 18. Januar, als die Evakuierung von Auschwitz begann, Krakau bereits befreit war! Es dauerte zwei Tage, bis wir endlich die verfluchten Stacheldrahtzäune des Todeslagers hinter uns ließen und uns in Marsch setzten.
Mit scharrenden Holzschuhen zog eine endlose Kolonne von Häftlingen auf der eisverkrusteten Chaussee durch weiße Felder und verschneite Wälder. Strenger Frost. Der riesige Mond erstrahlte in bezauberndem Glanz, kalt wie Stahl. Wir gingen ohne Rast die ganze Nacht hindurch. Die Beine schleppten sich mechanisch dahin. An den Armen zerrte das Gewicht des Brotes und das Bündel mit Sachen. Morgens lagen die Leichen Erschossener wie

Lumpen im blutgetränkten Schnee. Auf der ganzen Chaussee verstreut unnützer Ballast, sogar die ausgeteilten Brotlaibe wurden fortgeworfen. Ich stopfte Schnee in mich hinein, ungeachtet Mamas Warnung, daß das den Durst nicht löscht. Wir zogen durch blitzsaubere Dörfer, übers freie Feld, durch Wald. Die Posten trieben uns mit ihren Karabinern vor sich her. Wir waren mehrere Zehntausend, sehr viel mehr als die Wächter, und doch sind nur wenige geflohen. Wohin hätten die Menschen auch fliehen sollen?
In der dritten Nacht wurde in einem Dorf bei Wodzislaw oder Jedrzejów gerastet. Die zugeschneiten Gebäude wurden regelrecht gestürmt. Wir landeten in einer Scheune, auf Stroh, vor Erschöpfung unfähig, in das gefrorene Brot zu beißen.
»Ich werde nicht mehr weitergehen, ich habe keine Kraft mehr«, flüsterte Mama, zum ersten Mal durch die unmenschliche Behandlung besiegt.
»Wir brauchen doch auch nicht weiterzugehen. Bleiben wir doch hier!« antwortete ich. »Es ist dunkel, niemand wird etwas merken, wenn wir uns ins Stroh eingraben.«
»Nein, nein! Sie werden uns töten! Ich gehe mit dem Transport nach Groß-Rosen!« jammerte Genia. »Ihr könnt von mir aus gehen, ich habe Angst, ich werde nicht fliehen!«
Es war noch dunkel, als ich aus einem kurzen Schlaf aufschreckte. Alles tat mir weh. Mama und Genia schliefen. Vorsichtig drückte ich mich an den schlafenden Frauen vorbei. Im Stall flackerte eine Laterne. Mit den Ketten klirrend, fraßen die Kühe Heu. Zwei Frauen schickten sich an, sie zu melken. Ich begrüßte sie. Schäumend schoß die Milch in die Eimer. Den warmen Stall und die schwarzbunten Kühe mit ihrem sanften Blick empfand ich wie das Paradies.
»Wollt Ihr Milch?« fragte die Bäuerin und tauchte einen Becher in das warme Gemelk.
»Danke. Ich werde sie meiner Mutter bringen ... Mama hält diese Strapaze nicht aus,« flüsterte ich. Ich wagte nicht zu sagen: Um Gottes willen, versteckt sie! Darauf stand die Todesstrafe. Aber mit einem stummen Blick flehte ich sie um Rettung an.
Verwirrt standen sie mit den gefüllten Eimern da. Schließlich traten sie hinaus auf den Hof und gingen ins Haus.
Es begann zu dämmern. Als ich mit der Milch zur Scheune zurückging, fiel mir die Kellertür ins Auge. Von allen Seiten strömten Häftlinge herbei, um sich zum Abmarsch aufzustellen.
Vergeblich versuchte ich, Genia zu überreden. Nein und abermals

nein, sie werde sich nicht der Gefahr aussetzen. Diese Idiotin ist die Frau meines Bruders; seinetwegen fühlte ich mich für sie verantwortlich. Allein würde sie zugrunde gehen; aber Mama würde den Weitermarsch nicht überleben.

Unbemerkt schmuggelte ich Mama in den Keller, während Genia, in einer Fünfergruppe auf der Chaussee angetreten, kreischte: »Hala! Wo seid ihr? Sie haben mich verlassen!«

Ich brachte es nicht übers Herz, mich selbst in Sicherheit zu bringen, während sich Genia mit letzter Kraft weiterschleppte. Ich küßte Mama auf die bleichen, durchgefrorenen Wangen, gab ihr Brot und schloß den Keller. Ich war überzeugt, daß sie in Sicherheit war, daß die Bauersleute sie behüten würden. Der Abschied von ihr bereitete mir einen fast physischen Schmerz. Zähneknirschend schleppte ich mich zu der lamentierenden Genia.

»Hör auf zu plärren! Ich geh ja schon mit dir!« Und so gingen wir gemeinsam durch die schwersten Monate bis zum Ende des Krieges und zur Rückkehr nach Krakau.

Bei dieser Rast hatten sich etliche Häftlinge versteckt. Sie trafen auf freundliche Gastgeber und kehrten schon im Februar nach Hause zurück. Mama erging es leider anders. Sie gaben ihr zwar zu essen, aber scheuchten sie gleich fort. Die arme Mama hatte keine Ahnung, in welche Richtung sie gehen sollte, und stapfte durch Schneeverwehungen, bis sie schließlich auf einen Todesmarsch stieß. Er erschien ihr – welch eine Ironie! – als die einzige Rettung vor dem Erfrieren. Als sie aus dem Gebüsch kroch, stellte sie fest, daß es ein Männertransport war – der letzte, der das Lager verlassen hatte.

Noch am gleichen Tag wurde der Männertransport nach Mauthausen verladen. Die Männer richteten für Mama in einer Ecke des Waggons einen geschützten Winkel her, den sie mit einem Dach aus leeren Kartons abdeckten. Sie kümmerten sich um das Häuflein weiblicher Nachzügler bis zum Schluß, als die Frauen ins Nebenlager Ebensee und die Männer in die Steinbrüche von Mauthausen geschickt wurden.

Der kleine Bahnhof von Wodzisław hatte gewiß noch nie eine solche Menge derartiger Passagiere gesehen. Endlose Züge von Güterwaggons, vollgestopft mit Häftlingen, setzten sich langsam auf allen Haupt- und Nebengleisen in Bewegung: nach Groß-Rosen im Westen oder Mauthausen im Süden.

Bei der Verladung gerieten wir in offene Kohlenwaggons, von denen einige ein Bremserhäuschen hatten. Wir Krakauerinnen verloren uns aus den Augen. Inzwischen zählte niemand mehr die Toten, die am Straßenrand liegenblieben. Doch der deutsche Abzählwahn überdauerte alles, und wir mußten uns *ordentlich* in Fünfergruppen aufstellen.

Wir saßen auf dem dreckigen Boden des Kohlenwaggons und zitterten vor Kälte. Genia hatte ihre Decke verloren, meine hatte ich Mama gegeben. Felek mußte hier irgendwo sein, aber wie sollte ich ihn finden? Um mir die Beine zu vertreten, sprang ich vom Waggon. Ein schöner Schäferhund lief dicht an meinem Waggon vorbei, und der Posten hetzte ihn auf mich. Da ich mich nirgendwo in Sicherheit bringen konnte, blieb ich ruhig stehen und schaute dem Hund direkt in die Augen. Seine Lefzen senkten sich über die drohend entblößten Reißzähne, und sein Gesicht nahm einen Ausdruck an, wie er sich für einen anständigen Hund gehört. Der Posten zerrte an der Leine und erhob brüllend die Hand gegen mich, aber da stand der Hund zwischen uns – und er sprang ihm an die Schulter und warf ihn zu Boden!

Im allgemeinen Getümmel schlüpfte ich in den nächsten Waggon. Der Posten rappelte sich auf und traktierte den unglücklichen Hund, der mehr Herz hatte als er, mit der Peitsche. Er hätte ihn erschlagen, wären nicht einige SS-Offiziere vorbeigekommen, vor denen er salutieren mußte.

Da stieß ich auf Büttner. Unrasiert, zerknittert wie wir. Er flüsterte mir zu: »Hau ab, solange du noch auf polnischem Gebiet bist! Felix wird nach Groß-Rosen geschickt. Wo ist deine Mutter?«

Ich brach in Tränen aus. Wenigstens um sie machte ich mir keine Sorgen; ich wußte ja nicht, daß sie auch in einem der Waggons hier war. Restlos erschöpft, von einem plötzlichen Gefühl der Einsamkeit gequält, weinte ich und schämte mich nicht meiner Tränen. Wie konnte ich angesichts meiner familiären Verpflichtungen abhauen? Mama ist nicht da, Felek ist nicht da, aber ich bin mit Genia zusammen, diesem Jammerlappen. Sie hat unser Brot und die Decke verloren ... Wir haben bloß noch einen Löffel, ein Töpfchen, einen Kamm und eine Zahnbürste in meinem Brotbeutel, unsere ganze Habe!

»Warte hier, ich bringe euch was für unterwegs.«

»Sie werden uns nicht finden, aber trotzdem vielen Dank. Außerdem kann uns nichts mehr helfen, wir sind verloren.«

»Nicht ihr, mein braves Mädchen, nicht ihr«, sagte er mit einem traurigen Lächeln. »Ich bin gleich wieder da. Kopf hoch!«
Ich wartete endlos.
Sie waren schon dabei, die Kohlenwaggons zu schließen, als ich Büttner gewahrte. Er warf drei Konservendosen und ein Brot in den Waggon, eingewickelt in eine Decke. Während der Zug langsam anfuhr, stand Büttner auf dem Bahndamm, ein freundliches Lächeln auf dem stoppeligen Gesicht, und bedeutete mir durch eine Geste: Kopf hoch!
Das war die letzte Begegnung mit diesem anständigen Menschen, dem später Zeugenaussagen von Häftlingen aus Płaszów dazu verhalfen, daß er nach einigen Monaten aus einem Straflager für SS-Angehörige entlassen wurde. Seine Kollegen wurden zu langjährigen, teils lebenslänglichen Strafen verurteilt.

Ich verlor das Zeitgefühl. Düsterer Himmel über uns, eintönig grau und nachts schwarz. Es nieselte oder schneite auf die dichtgedrängten Elendsgestalten, die im Kohlenwaggon lagen. Vergebens zogen wir uns Decken über den Kopf – sie boten keinen Schutz gegen Wind und Schneegestöber.
Die Fahrt zog sich endlos hin, dann und wann hielten wir, die Posten stiegen aus, um ihre Essensration in Empfang zu nehmen. An uns haben sie nur einmal Brot ausgeteilt.
Endlich Groß-Rosen. Wir konnten nicht einmal in den Bahnhof einfahren, weil sich das Lager, das uns aufnehmen sollte, selbst schon in Auflösung befand. Wir fuhren weiter durch ganz Nazideutschland, das sich in ein einziges Lager hinter Stacheldraht verwandelt hatte. So weit das Auge reichte, stacheldrahtumzäunte Baracken: Arbeitslager, Interniertenlager, Kriegsgefangenenlager, Lager für Zivilarbeiter, Konzentrationslager: Sachsenhausen, Oranienburg, Ravensbrück.
Dort kamen wir nach zwei Wochen an, betäubt von der Quälerei. Sie jagten uns auf die Rampe, und ich kam in eine Gruppe, deren Aufgabe darin bestand, die Leichen aus den Waggons zu ziehen. Selbst diese abgezehrten, jämmerlichen Leichen waren für meine Kräfte zu schwer – ich fiel vor Anstrengung in Ohnmacht. Aber da beugte sich »Małe« über mich und zog mich zurück in die Menge. Ein Teil der Frauen aus Auschwitz wurde in Zelten untergebracht, die im Dreck aufgeschlagen wurden. Wir bekamen eine leere Baracke mit Betonboden. Da wurden so viele hineingepfercht, daß man sich nicht mal hinsetzen konnte; man mußte sich irgendwie

aneinander schmiegen. Das dämmrige Licht brannte die ganze Nacht.
Frühmorgens – o Wunder! – wurde verkündet, daß Kessel mit Suppe gekommen seien. Die ganze Baracke drängte zum Ausgang, wo schon zwei Kessel standen. Die menschliche Woge riss mich mit, und ich hatte fast schon den rettenden Kessel erreicht, als mich jemand am Mantel packte. Riesige, aus den Höhlen quellende Augen schauten zu mir empor: »Helfen Sie, die trampeln mich zu Tode!«
Ich stemmte mich nach hinten und versuchte, die andrängende Menge zurückzustoßen, die sich in vor Hunger rasende Bestien verwandelt hatte. Ich zerrte die halbtote Frau hinter mir her zum Ausgang. Keuchend und schweißgebadet von der Anstrengung sah ich Sterne vor den Augen.
»Ich danke Ihnen, die hätten mich glatt zertrampelt, klein, wie ich bin, Ihnen verdanke ich mein Leben.« Der Ausdruck in ihrem elend wirkenden Gesicht wurde wieder normal, und plötzlich wechselte sie die Tonart: »Hören Sie, am Ende kriegen wir keine Suppe mehr! Gehen wir in die Baracke!«
Innerlich winkte ich ab, denn für die richtige Geste fehlte mir die Kraft. Am liebsten hätte ich mich hier niedergelassen, egal, ob es matschig war oder nicht, und mich nicht mehr gerührt. Da überkam mich der entsetzliche Gedanke, daß ich im Begriff war, mich in einen »Muselmann« zu verwandeln. Mühsam beugte ich mich hinab, um mir mit einer Handvoll Schnee das Gesicht abzureiben. Ich schleppte mich in die Baracke. Es war schon fast alles ausgegeben, ich bekam noch etwas von dem dünnen Rest und ein Stück Brot, das ich mit Genia teilte.
Am nächsten Tag meldete ich mich zur Arbeit, denn für das Tragen von Brettern wurde uns ein Zuschlag Suppe versprochen. Ich hatte keine Kraft, aber mit untergeschlagenen Beinen in der stinkenden Baracke zu sitzen war schlimm. Während ich durch das Nadelwäldchen ging, atmete ich richtig auf. Für die Arbeit bekamen wir eine dicke Kohlsuppe. Ich aß das halbe Töpfchen auf, den Rest brachte ich Genia. Als ich in die Baracke trat, war ich schon halb bewußtlos vor Fieber – Typhus. Genia machte sich über die Suppe her, ohne daran zu denken, mir Platz zu machen. Ohnmächtig fiel ich auf die daliegenden Frauen. Als ich aufwachte, lag ich zwischen Neska G. und Genia, den Kopf auf »Małes« Knien. In klaren Momenten hielt ich in dem kleinen Notizbuch, das ich von Erwin Olszówka hatte, das folgende Gedicht fest:

Typhus nach dem Abtransport aus Auschwitz

Nächte,
Ihr Nächte, entsetzliche Alpträume!
Endlos lang und hoffnungslos,

Körper aneinandergedrängt, junge und alte,
Beine und Arme,
Köpfe und Rücken,
Und im Gehirn taube Stumpfheit.

Das Menschengesindel schlägt und zankt sich,
Ein Leben im Dreck, im Elend.

Wasser! Luft!
Es stinkt so! Heiß!

Die Gedanken kreisen,
Die Gedanken verwirren sich.

So eng!

O entsetzliche Verzweiflung ohne Ende,
Nächte,
Verwünscht in Alptraum-Nächte!

O Tag ohne den geringsten Inhalt,
Ohne auch nur eine gute, freudige Nachricht.

O Tag auf der Jagd nach einem Löffel Suppe,
Nach einer Handvoll Schnee,
Nach Wasser aus der Pfütze.

Tag der Verbannung unter einem grauen Himmel.

Läuse, Hunger, Durst.
»Wasser! Wasser!! Wasser!!!«
Flehen die fieberheißen Lippen.

Gebt uns endlich etwas warmes Essen!
Wenigstens ein Töpfchen Kaffee!

Die Masse ist kraftlos,
Die Masse stürzt gleich hin.

O Tag im Zeichen der Erwartung,
Die Nerven zum Zerreißen gespannt —
Ohne Kraft.

Wie lange reicht unser Glaube?

Ihr entsetzlichen Alptraum-Tage!

Mit letzter Kraft,
Dem Rest meines Willens,
Niedergetrampelt von unmenschlichem Hochmut,
In Demut,
Mit fieberverbrannten Lippen flehe ich Dich an um ein Wunder.

Erbarme Dich, Gott!

Ringsum im Dreck
Verfaulen die Menschen,
Stinken,
Knurren wütend
Und kämpfen bis aufs Messer um ihr Leben.

Ich kann nicht mehr.
Rette mich!
Ich flehe Dich an,
Erbarme Dich, Gott!
(Ravensbrück, Februar 1945)

Die Realität übertraf alle Typhusfieberphantasien. Ich erinnere mich an Bruchstücke: Beim Appell stützten mich meine Kolleginnen, damit ich nicht umfiel. Sie zogen mich über die Chaussee zum Hauptlager in Ravensbrück. Ich weiß nicht mehr, wie ich nach Malchow gelangt bin, und dazu noch in einem Personenzug! Da ging es mir auch gleich besser. Dunkle Wälder und Windmühlen huschten am Fenster vorbei. Die Stationen hatten Namen, die polnisch klangen und aus einer Zeit herrührten, als dort slawisches Land war. In Malchow wurden wir ausgeladen. Außerhalb des Städtchens kamen wir an einem Lager für französische Zivilarbeiter vorbei. Nicht weit davon bezogen wir die Baracken unseres Lagers. Die Kommandantin war Luise Danz, früher Aufseherin in Płaszów, die dürre Latte mit der klirrenden Stimme. Wir wurden in Block 5, Stube 4 eingewiesen. Wir waren so viele, daß zwei sich in eine Pritsche teilen mußten.

In Malchow wären wir vor Hunger fast gestorben. Die Suppe wurde einmal um sechs Uhr früh und am nächsten Tag um zehn Uhr abends ausgeteilt, so daß wir praktisch zwei Tage ohne Essen waren. Ein Brot, das anfangs in vier Portionen geteilt wurde, kam nach und nach auf zehn Portionen. Jede Gruppe hatte eine Vertrauensperson, die das Brot teilte und mit einer Schnur abmaß, wo der Laib, der aus Lehm und Sägespänen zu bestehen schien, durchzuschneiden war. Wir sprachen den ganzen Tag von nichts anderem als vom Essen.

Jede Nacht hörten wir voller Entzücken die Bombergeschwader nach Berlin fliegen. Wenn die schweren Flugzeuge bei Morgengrauen in der Gegenrichtung vorüberkamen, schickten wir ihnen unsere besten Wünsche nach.

Es stand außer Zweifel, mit wessen Niederlage der Krieg enden würde und daß es nicht mehr lange dauern könnte. Klara Bauer aus Drohobycz brachte von den französischen Arbeitern politische Neuigkeiten mit. Es waren immer gute Nachrichten, zumal sie nach dem Austeilen der Suppe bekanntgegeben wurden, was für eine optimistische Weltanschauung sorgte. Eine Übersetzerin, die den polnischen Lesern früher die ausländische Literatur zugänglich gemacht hatte, erzählte uns den Inhalt von Zweigs »Amok«, als läse sie aus dem Buch vor: »Das große Kreuz des Südens neigte sich dem Horizont zu ...« Ada Potok aus Będzin sang das lyrische Repertoire und jiddische Volkslieder. Frau Preger, die die Aura einer eleganten Dame nicht einmal in diesem Elend einbüßte, sang uns mit ihrer reinen, geschulten Stimme »Solveigs Lied« von Grieg vor. Sie hatte mir inzwischen verziehen, daß sie in Płaszów vom Splitter einer Kugel, die für mich bestimmt gewesen war, an der Wade verletzt worden war.

Zum Singen fehlte mir die Kraft, also pfiff ich Sonaten und Symphonien oder ein »leichtes Repertoire« aus Operetten. Ich rezitierte die Klassiker der polnischen Dichtung und meine Gedichte. Meine Gedichte fanden bei allen Anklang, denn das war unsere, für jeden verständliche Realität.

Ich teilte mein Lager mit Genia, rechts von uns teilten sich Frau Preger und »Małe«, links Sala R. vom Fliegerhorst und die lustige

Luśka in eine Pritsche. Obwohl wir wie die Sardinen in der Büchse lagen – die eine zum Kopf–, die andere zum Fußende hin –, war es eng auf den schmalen Brettern. Bald waren wir so abgemagert, daß es mehr Platz gab. Die oberen Pritschen hatten wenigstens mehr Licht – das kam uns bei der Läusejagd zustatten. Doch mit der Zeit wurde es immer schwieriger, hinauf- und hinunterzuklettern, weil wir vor Schwäche ohnmächtig wurden.

Das Essen wurde zur Zwangsvorstellung. Der Tag begann mit der Frage: »Was kochen Sie heute?« Dann kamen bewährte Rezepte von allen Pritschen. Die Ukrainerinnen am Fenster »kochten« russische Piroggen. Klara schlug russischen Pfannkuchen aus geriebenen Kartoffeln vor. Ada schilderte, wie zwei koschere Hausfrauen, die gerade vom Schächter zurück waren, Rinderbrühe abschäumten und Nudelteig kneteten. Frau Preger rührte Kaffeecreme für eine Nußtorte. Von der Tür her diktierte eine ein Rezept für Gemüsepudding und unterbrach sich plötzlich: »Moment, Moment, ich muß in den Ofen schauen, damit mir der Braten nicht anbrennt! Mittwochs gibt's bei mir Rinderbraten mit Klößchen.«

Mittwochs. Das Datum war uns völlig abhanden gekommen, wir kannten nur Wochentage. Ich machte täglich einen Strich im Notizbuch, wie Robinson Crusoe. Unsere Fünfergruppe hatte in kulinarischen Dingen nicht viel zu bieten – nur Genia konnte Schnitzel backen. Uns blieben leckere Erinnerungen. Luska peinigte uns mit der Vision eines in Bouillon getunkten Brötchens. Sala träumte von Rührei. Mich verfolgte ein früher verhaßtes, jetzt aber heiß begehrtes Gericht: Panierte Kalbsleber, dazu in Butter gedünstete Karotten mit Zitrone und Bratkartoffeln, anschließend Apfelkompott. Später tat es auch ein gewöhnliches Schweinskotelett mit Sauerkraut; noch später Kartoffeln und Brot. So ein Brot wie in meinem Gedicht, das ich unablässig rezitieren mußte.

Auf Bitten der Bewohnerinnen der übrigen Stuben von Block 5 veranstalteten wir eine »Revue« mit dem Titel »In vierzehn Tagen«, weil sich jeder Wandel zum Besseren in der internationalen Politik ebenso wie in unserer kleinen Welt innerhalb dieser magischen Zeitspanne abspielen sollte. Daraus stammt mein Titelsong:

He, vorwärts marsch, wer Beine hat!
Auf nach Krakau geht die Fahrt!
Durch Wald und Feld, ein Brot dabei!
In vierzehn Tagen sind wir frei!

So eröffnete und beschloß also mein Krakau unsere »vokal-rezitatorischen« Auftritte.

Servus!
Was für ein Teufel steckt in diesem Krakau,
Daß er mit solcher Sehnsucht nach ihm quält!
Liegt's – aus dem Blickwinkel des heut'gen Hungers – an Piasecki,
an Herrn Hawełka?

Auch so seh' ich noch immer lebhaft vor mir
All die geliebten und bekannten Straßen,
Den grünen Ring, die Weichsel und den Wawel,
Die Tuchhallen, darum den weiten Platz ...

Doch komm ich wieder, geh' ich nicht mehr alte Wege,
Geh' von zu Hause durch Kazimierz bis zum »Kreuz«
Und laß mir einschenken vom heißen Honigwein —
Doch mindestens vier Gläschen müssen's sein!

Dann durch die Grodzka, Sienna zur »Jutrzenka«
Auf einen Happen Kraut mit Wurst der alten Sorte,
Danach zum Markt, hin zu Maurizio
Und seiner köstlichen, mit Nuß gefüllten Torte.

Dann auf den Wawel – über'n grünen Ring,
Wo die Kastanien dann in voller Blüte steh'n!
Was gibt es Schön'res auf der Welt als endlich einmal
Die vielgeliebte Heimatstadt wiederzuseh'n?

Auf dem Wawel dann geh' ich zu jenem Erker,
Wo ich sehnsüchtig habe hinuntergeschaut
Auf die schöne Ulica Straszewskiego, und schreie laut:
Servus, Krakau! Was gibt's Neues?
(Malchow in Mecklenburg, März – April 1945)

Malchow liegt in der mecklenburgischen Tiefebene inmitten von Nadelwäldern, vollkommen frei von Unterholz. Die nackten Stämme der spärlich in gleichmäßigen Reihen wachsenden Bäume atmen die Trauer von Zypressen. Ein solcher Wald ist weder Tieren noch Menschen förderlich; von einem Ende zum anderen einseh-

bar, bietet er keinerlei Unterschlupf. Wurde dieser Wald vielleicht extra gelichtet, damit aus den Lagern in der Gegend niemand flüchtet? Jenseits des Stacheldrahtzauns stand dieser schwarze Wald Wache, tot selbst noch in der Frühlingssonne.
Auf die Suppe wartend, traten wir vor die Baracke und begrüßten Bekannte aus den anderen Blocks. Die Sonne enthüllte erbarmungslos unsere ausgemergelten Gesichter. Vor Entkräftung konnten wir uns kaum auf den Beinen halten. Lena S. lag auf dem Boden, den Kopf auf den Knien ihrer Mutter. Was war sie doch für ein schönes Mädchen gewesen! Jetzt brachte sie nur mühsam einige geflüsterte Worte hervor. Nicht einmal die unerhörte Nachricht von der Konferenz in Jalta vermochte sie zu beleben. Jetzt mußte der Krieg jeden Moment zu Ende gehen!
Die Nachricht elektrisierte das ganze Lager. Beim Appell standen wir auf wackeligen Beinen, aber mit freudiger Hoffnung im Herzen. Die Aufseherin Danz schritt die Reihen ab und hielt Ausschau nach den schwächsten Opfern, um sie während der mehrstündigen Appelle zu mißhandeln. Auf diese Weise starb an jenem Abend Lena.
Noch während des Appells verfaßte ich in Gedanken ein Gedicht. Mit Mühe trug ich es der ganzen Stube vor. Schließlich wurde ich vor Hunger ohnmächtig. Ich erwachte, als Klara mir eine Brotrinde in den Mund schob. »Nur noch ein paar Tage!« sagte sie. »Nimm dich zusammen! Du mußt überleben!«

Nach der Krimkonferenz
Zu euch spreche ich, ihr dickbäuchigen
Herren Diplomaten!

Immer wieder haltet ihr neue Beratungen,
Treffen und Konferenzen,
Sitzungen und Essen ab,
Mit immer wieder neuen Forderungen;

Immer wieder habt ihr strittige Punkte
Oder Einsprüche, irgendein Aber ...

In wahnwitziger Raserei habt ihr
Die ganze Welt zugrunde gerichtet!

Tausende von Häftlingen in den Lagern
Geistern umher wie Schatten.
Nicht mehr von Tag zu Tag
Leben die Häftlinge Hitlers
– Der Hunger blickt uns aus den Augen
Die Tragödie der durchlebten Zeit –
Wir kommen immer mehr von Kräften
Mit jeder Stunde.

Wir schleppen uns entlang an den Zäunen,
In denen Strom fließt.
Von hier werden wir wohl nie mehr
Nach Hause zurückkehren.

Blasse, verwelkte Mädchen
Wärmen Schienbeine in der Sonne.
Das Ende dieses Krieges
Werden wir wohl nicht mehr erleben.

Die BBC verspricht,
Nennt ferne Termine,
Doch für uns ist jede Stunde,
Jeder Tag des Hungers eine Ewigkeit!
Keine Kraft mehr zum Reden
Das Häftlingskleid
Wird weiter von Tag zu Tag.
Wann kommt dieses Ende?
Beeilt euch!
Sonst wird es zu spät sein!

Zu euch spreche ich, ihr dickbäuchigen
Herren Diplomaten!

Millionen fielen an den Fronten,
Millionen verschlang das Gas,
Die Überlebenden verkommen in Gefangenschaft,

Doch ihr, ihr habt noch immer Zeit!

Schaut auf die Menschen, die schwarz sind
Vor Hunger und geschrumpft bis auf die Knochen,
Und ruft von euren Schreibtischen aus
Endlich zwei Worte in die Welt:

Es reicht!

(Malchow, März 1945)

Das Osterfest kam. Die Katholikinnen taten so, als ob sie für das geweihte Ostermahl Schinken kochten und Osterkuchen backten; die Jüdinnen taten so, als ob sie für den Seder Fisch mit Gewürzen zubereiteten. Jetzt wurde das Brot sogar in zehn Portionen aufgeteilt. Ich schnitt den rechteckigen Ziegel aus klebrigem Sägemehl und überließ Genia das Vorrecht ihr Stück als erste zu wählen, damit sie mir nicht vorwerfen konnte, daß ich das größere nähme. Das Ritual des Schneidens wurde uns durch ein eigenes Messer erleichtert, das »Małe« hingekriegt hatte, indem sie den Löffelstiel mit zwei Steinen plattgehämmert hat.
Sogar diese minimale Brotzuteilung enthielt die Danz uns vor, um uns für die Flucht zweier Russinnen zu bestrafen, die in der Küche gearbeitet hatten. Beim sechsstündigen Appell fielen wir der Reihe nach in Ohnmacht, da wir seit 36 Stunden nichts mehr zu essen bekommen hatten.
»Wir werden auch bald nach Hause gehen«, sagten unsere Ukrainerinnen. Sie sangen wehmütige Volkslieder, und Mascha erzählte in einem Gemisch aus polnischen und ukrainischen Wörtern: »Zu Hause wächst das Getreide hoch, nicht so wie in Malchow. Zu Hause ist der Boden fruchtbar, schwarz wie ... wie ...« – sie schaute sich nach einem passenden Vergleich um und rief plötzlich: »Wie meine Füße!« Sie lachte, und mit ihr die ganze Stube.
Anfang April erfuhren wir, daß wir wieder einmal auf Transport gehen würden. Ich borgte mir eine Nadel und nähte aus einem Stück Decke einen größeren Brotbeutel für den zu erwartenden Proviant. Allerdings wurde er dann doch nicht gebraucht, denn am Tag vor der Abfahrt und während der zweitägigen Fahrt nach Leipzig gab die Danz kein Essen aus. Mit klirrender Stimme kündigte sie eine peinlich genaue Überprüfung an und forderte, Dekken, Geschirr und alle »überflüssigen« Dinge in den Baracken zurückzulassen, also unsere ganze kümmerliche Habe. – In Ravensbrück hatte man uns die anständige Kleidung abgenommen, die wir vor der Auflösung von Auschwitz erhalten hatten.

Damals war es in der Eile nicht möglich gewesen, den Inhalt der Kleidermagazine fortzuschaffen, und so hatte man uns als Transportmittel benutzt. Jetzt raubte die Danz uns auch noch die abgewetzten Lumpen, die man uns in Ravensbrück zugestanden hatte. Es erwies sich nun als Vorteil, daß wir so abgemagert waren. Sicherheitshalber steckte ich das Notizbuch, den Kamm und den Löffel in die Schuhe, die ich über die Schultern band, so daß sie unter der Achsel hingen und unter der weiten Häftlingskleidung nicht auffielen. Zum Appell trat ich barfuß an. Wer anständige Schuhe hatte, bekam sie abgenommen und erhielt dafür »Sandalen«, hölzerne Sohlen mit einer daran befestigten Schnur. Ich behielt meine Schuhe, die »Sandalen« warf ich unterwegs fort.
Unsere Stubenälteste hatte sich eine Flasche Wasser mitgenommen – die Danz entriß ihr diesen Schatz und schüttete ihr das Wasser ins Gesicht. Reflexartig hob das Mädchen die Hände vors Gesicht, und da entdeckte die Danz, daß sie sich unter der Häftlingskleidung eine Decke umgewickelt hatte. Die Danz nahm der Ärmsten alles ab und schlug ihr mit der Flasche so heftig auf den Kopf, daß sie blutüberströmt zusammenbrach.*

Wieder offene Viehwaggons. Im Häuschen ein Posten mit Gewehr und die Aufseherin. Wenigstens war genügend Platz, sich bequem hinzusetzen und den Rücken an die Wand zu lehnen. Kalt. Da es keine Verpflegung gab, wickelte ich mir den Brotbeutel um die Füße. Auf den Bahnhöfen schrien die Frauen in den Waggons: »Brot! Brot!«
Der Zug raste durch die Bahnhöfe, dann hielt er vor einem Signal. Die Nacht brach herein, eine sehr klare Frühjahrsnacht. Wir sechs rückten zusammen, Klara in der Mitte. Wir nickten ein und wachten mit Hungerphantasien wieder auf. Der wievielte Transport war das schon?
Der Zug ratterte über Weichen und fuhr in den verdunkelten Bahnhof von Magdeburg ein. Beim durchdringenden Geheul der Sirenen machte er Halt. Fliegeralarm. Die Flugzeuggeschwader waren nicht nur zu hören, sondern am klaren Himmel auch zu sehen. Aufseherinnen und Posten sprangen vom Zug, Flakgeschütze donnerten los. Rings um den Bahnsteig waren Maschinengewehre

* Ende 1947 bezeugte ich diese Tatsache vor dem Krakauer Gericht, das gegen die Aufseherin verhandelte. Von der Anklagebank rief die Danz mit der gewohnten klirrenden Stimme: »Der Häftling lügt!« Da ermahnte sie der Richter und erinnerte sie daran, wer hier der Häftling war.

aufgebaut, die direkt auf unseren Zug zielten, damit nur ja keiner die Verwirrung ausnützte und abhaute. Dann brach die Hölle los: Die Strahlen der Scheinwerfer kreuzten sich, man sah die Bomben fallen, anscheinend direkt auf uns zu! Die Mädchen sprangen auf, winkten mit ihren Häftlingskleidern – als ob die Flieger uns sehen und ihr Ziel ändern könnten! Ein ohrenbetäubender Donner ließ die Erde erbeben, ringsum ein Meer von Feuer. Ich packte Genia am Arm, verbarg meinen Kopf auf Klaras Knien.

Klara blickte ruhig zum flammenden Himmel hinauf. »Wenn schon sterben, dann von den eigenen Leuten«, sagte sie.

Schließlich wurde Entwarnung gegeben. Rings um den Bahnhof stand die Stadt in Flammen, der Himmel war gerötet. Der Zug setzte seine Fahrt nach Leipzig fort, wo uns das Lager bei der Munitionsfabrik Hasag aufnahm, die sich zuvor in Skarżysko-Kamienna befunden hatte. Hunderte von Menschen aus Krakau, von Płaszów zur Herstellung von Granaten entsandt, die sie mit Pikrin und Trotyl füllen mußten. »Małe« fand nach zwei Jahren ihre Mutter und Schwester wieder.

Die Blockälteste, eine Warschauerin, forderte uns auf, Wasser zu schleppen und die Latrinen zu reinigen: »Nun mal ran, ihr Jüdinnen, jetzt lernt ihr arbeiten!«

Wir trugen die mit Jauche gefüllten Eimer hinaus. Jemand mußte es ja tun. Aber warum verhöhnten diejenigen, die doch genauso Gefangene waren wie wir, uns jüdische Frauen, die wir uns kaum auf den Beinen halten konnten? Die Stubenälteste gab mir einen Stoß und quietschte vor Vergnügen, als ich hinfiel und sich die Exkremente über mich ergossen.

Mühsam rappelte ich mich auf und sagte ihr ins Gesicht: »Das ist ein Glückszeichen. Ich werde den Krieg überleben, nach Krakau zurückkehren und Bürgermeisterin werden.«

Die Blockälteste wurde verlegen. Sie nahm mich mit in die Baracke, füllte eine Schüssel mit heißem Wasser, damit ich mich waschen konnte, und gab mir Sachen zum Umziehen. In ihrem Zimmer saß eine Gruppe Warschauerinnen zusammen; sie berieten über ein literarisches Programm zur Feier des 3. Mai [Tag der polnischen Verfassung von 1791].

»Witaj majowa jutrzenko« [»Sei gegrüßt, Morgenröte des Mai«, ein Lied aus dem polnischen Aufstand von 1831], stimmte ich an.

»Möchten Sie vielleicht auch mit uns auftreten?« schlug die Blockälteste vor. »Wir organisieren das für uns, im kleinen Kreis, aber jedes Talent ist uns willkommen.«

Ich erzählte von unserer Revue in Malchow, mußte aber schnell zu meiner Pritsche, weil Verpflegung ausgegeben wurde: ein Brot für fünf Personen! Doppelt soviel wie in Malchow!
Am nächsten Tag konnte man sich zur Arbeit in der Fabrik oder zu diesen Latrinen melden. Wenn ich schon die Wahl hatte, dann wollte ich mir lieber nicht die Hände schmutzig machen, indem ich eine Granate herstellte, die meine Befreier töten konnte. Ich ging also zu den Latrinen. Bald darauf rief mich die Blockälteste zu einer freundlichen Plauderei in ihr Zimmer.
Tags darauf wurden wir direkt ins Fabriksgelände verlegt. In einer riesigen Halle im ersten Stock waren achtstöckige Pritschen aufgestellt. Genia und ich bezogen den obersten Stock. Die Verpflegung war gut, Suppe wurde regelmäßig und reichlich ausgeteilt. Diese paar Tage in Leipzig kräftigten uns hinreichend, so daß wir die nächsten drei Wochen bis Kriegsende überstanden. Niemand trieb uns zur Arbeit oder zum Appell, nur bei Fliegeralarm mußten wir in den Luftschutzkeller.
Eines Tages, als wir uns, satt vom Frühstück, noch einmal aufs Ohr gelegt hatten, ertönten die Sirenen. Ich drehte mich auf die andere Seite, weil ich keine Lust hatte, in den Keller zu steigen. Plötzlich ein entsetzlicher Donner, ein Krachen. Als sich der Staub gelegt hatte, war die Vorderwand des Gebäudes verschwunden, die Pritschen eingestürzt. Ein Querschläger hatte die Wand aufgerissen und war in den Keller eingeschlagen, wo er viele Frauen verwundete, die dort Schutz gesucht hatten.
Da ich mich an den Brettern der eingestürzten Pritschen verletzt hatte, ging ich zum Krankenrevier, um mich verbinden zu lassen. Auf dem Korridor standen Betten mit den Opfern des Luftangriffs. Darunter auch Inga. Sie lag auf einem Bett, neben ihr saß ihre Mutter! Das erste Wiedersehen seit dem Fliegerhorst in Rakowice! Aber sie hatten keine Zeit für mich; die Mutter setzte der Ärztin auseinander, daß die beiden im Falle einer Evakuierung des Lagers unbedingt im Krankenhaus bleiben müßten; sie hatten sich hier eingerichtet und dachten nicht im Traum daran, sich neuen Widrigkeiten auszusetzen.
Keine fragte, wie es mir in den Jahren ergangen war oder ob ich etwas brauchte. Ich hatte keine Lust mehr, auf einen Verband zu warten. Bedrückt kehrte ich zu Genia zurück, die sich schon wieder in der Baracke der polnischen Blockältesten aufhielt. Dort erwartete mich eine Katastrophe. Im Hinblick auf die geplante Evakuierung war Verpflegung für mehrere Tage im voraus verteilt

worden: für jede von uns *zwei Brote!* Als wüßte sie nicht, daß man sich von seinem Brot nicht trennen darf, hatte Genia die Brote auf die Pritsche gelegt und war für einen Augenblick weggegangen – und natürlich war das Brot gestohlen worden. Es gab kein größeres Verbrechen als Brotdiebstahl, denn das kam einem Mord gleich.

Ohne ein einziges Stückchen Brot brachen wir von Leipzig zu einem Hungermarsch durch Sachsen auf. Klara hatte uns eine Karotte geschenkt – unser einziger Proviant. Bei Tag und bei Nacht ging es weiter, und wenn eine kurze Rast eingelegt wurde, ließ man sich nieder, wo man gerade stand. Auf einem Weg, der mit Leichen an Erschöpfung verendeter Frauen gepflastert war, drang Genia bei einer Schießerei ein winziger Splitter durch den Schuh und blieb in ihrem Fuß stecken. Sie konnte kaum noch laufen.

Die Straßen waren voll von deutschen Flüchtlingen, Soldaten, Insassen von evakuierten Zivillagern und ausländischen Arbeitern von nicht mehr existierenden Fabriken. In der Gegend von Dresden hinter uns der Feuerschein der Westfront, vor uns die Ostfront. Der Transport machte kehrt und kam wieder an denselben Städten vorbei: Riesa, Nossen, Oschatz. Wie ein Hund, der seinem eigenen Schwanz hinterherjagt, drehten wir uns im Kreis, ständig auf der Flucht vor der Front, weil Himmler befohlen hatte, die Häftlinge keinesfalls lebend in die Hände des Feindes fallen zu lassen. Die Posten und Wächter, alte Männer vom Landsturm, wußten selbst nicht, wohin wir gingen, aber sie quälten uns weiter. Inzwischen waren wir auf allen Seiten von der Front eingeschlossen. Es war unglaublich, daß die Alliierten nicht imstande waren, zu fünftausend Frauen vorzustoßen, die sich mit letzter Kraft dahinschleppten, und sie zu befreien!

Der April brachte abwechselnd wärmenden Sonnenschein und eisigen, mit Schnee vermischten Regen. Wir suchten Unterschlupf in Betonröhren am Straßenrand und wurden sofort vom Schlaf übermannt. Der Transport zog unterdessen weiter, und keiner bemerkte unser Fehlen. Linka meinte, dort könnten wir bis Kriegsende bleiben, aber Genia hatte Angst, man würde uns erschießen. Sie wollte nichts riskieren, sofort die Unseren im Transport aufsuchen und allen erzählen, daß wir geflüchtet waren.

Kaum hatten wir ein paar Schritte getan, überkam sie eine Schwäche. Wir griffen ihr unter die Arme und schleppten sie die Landstraße entlang. Im Straßengraben das erste Grün – Sauerampfer!

Der Saft! An dem säuerlichen Kraut kauend, holten wir den Transport ein.
Die Landstraße durchquerte ein Dorf. Hier und da blieb ein Grüppchen Deutscher stehen und schaute uns aus der Ferne an. Kinder lachten: Hexenparade! Gewiß ähnelten wir alten Hexen. Doch unter uns waren deutsche Häftlinge, sie baten um Wasser, um Brot – keiner rührte sich. Vielleicht hatten sie Angst vor unseren Bewachern, vor einander, vor ihren eigenen Nachbarn. An einem Brunnen außerhalb des Dorfes schöpften wir Wasser. Wenn jemand eine Feuerstelle zustande brachte, brühten wir uns einen Tee aus Gras.
Rast. Auf dem Feld vor uns erhoben sich Kartoffelmieten. Die Unternehmungslustigen unter uns hatten das sofort spitzgekriegt. Immer wieder machte sich eine auf und kehrte mit Beute zurück. Ich hatte keine Kraft und schaute betrübt zu, wie es bei den Mieten von ausgehungerten Frauen geradezu wimmelte.
Da kam eine Frau keifend vom Dorf angerannt: »Herrgott noch einmal! Diebstahl! Verfluchte Schweine!«
Die Posten standen am Straßenrand aufgereiht, und plötzlich ratterten die Maschinenpistolen. Die Wiese verwandelte sich in ein Schlachtfeld. So kam unter anderem unsere Übersetzerin deutscher Literatur mitsamt ihrer Nichte um. Das Mädchen hatte schon fast die Straße erreicht. Sie lag da, eine Kartoffel in der Hand, die Augen verdreht, der Mund geöffnet, die Zähne entblößt ...
»Los! Los! Aufstehen! Weitermarschieren!«
Schon trieben sie uns mit Kolbenhieben vorwärts. Wir überließen der Deutschen ihre Kartoffeln und das mit Leichen übersäte Feld.
Hungerphantasien während des nächtlichen Marsches. Wieso waren wir auf einmal in der [Krakauer] Sławkowska-Straße? Dort rechts, waren das die Wallanlagen? Nein, es war ein Feldgehölz, wir schleppten uns über die Felder. Offenbar verlor ich den Verstand. Ich schlief im Gehen. Ein weiß gedeckter Tisch, ein Teller voll verlockend dampfender Kartoffeln, daneben ein Laib Brot. Man konnte riesige Schnitten abschneiden und essen, essen, bis man satt war ...
Mitten auf der Landstraße deutsche Panzer. Einer fuhr geradewegs in eine Gruppe am Straßenrand schlafender Frauen. Henka und Ila Karmel, den Lagerdichterinnen aus Leipzig, wurden die Beine zerschmettert, ihre Mutter war tot.
Und schon wieder trieben sie zum Weitermarsch.
Ein kalter, sonniger Morgen. In der aufgehenden Sonne blinkte der

Tau auf den Apfelblüten und den rosa Kirschblüten am Straßenrand. »...denn das Glück muß man pflücken wie frische Kirschen...« [ein Tangolied der dreißiger Jahre] ging es mir durch den Kopf. Das Glück!

In den Fenstern der schmucken Häuschen waren die Gardinen zugezogen. Hinter ihnen lagen Menschen in sauberen Betten, und niemand zwang sie, mit schmerzenden Füßen alle Landstraßen Sachsens zu durchmessen. Sie wußten nicht, was es hieß, so viele Jahre Leid und Unrecht durchzumachen, sie kannten nicht die äußerste Erschöpfung, deren Schlußpunkt dieser wahnwitzige dreiwöchige Leidensweg bildete, unter ständigem Hunger und ohne einmal unter einem Dach ausruhen zu können. Dazu drang auch noch der Duft von frischem Brot und Kaffee aus den Häusern.

»Ich kann nicht mehr, ich halte das nicht länger aus«, stöhnte Genia. Die Züge ihres gelb-grauen, gealterten Gesichts hatten sich verschärft, ihre Augen lagen tief in den Höhlen, über ihren schmutzigen Wangen zogen sich hellere Spuren von Tränen, und über die Schläfen wanderte gemächlich eine riesige Laus.

Auf wackligen Beinen trat ich an den Straßenrand und ließ mich wie einen nassen Lappen in den Graben fallen. Es war genug. Sollten sie mich doch erschießen. Wie durch Watte vernahm ich Genias Gejammer. Linka kam mit der Decke hinzu.

Der Posten brüllte: »Was ist los? Was macht ihr da, verflucht nochmal?«

»Wir scheißen«, erwiderte Linka und hob den Rock. Genia hockte sich ebenfalls unter den Busch.

Langsam schleppte sich der Zug weiter. Die Stimmen der letzten Posten verhallten. Wir krochen aus dem Graben. Hinter uns in der Ferne flackerten die Lichter eines Dorfes – vor uns im Regen der Transport. Wir waren allein. Allein!

Wir mußten von dieser Landstraße verschwinden! Über eine Wiese erreichten wir den Wald und rollten uns, in die Decke gehüllt, unter einem Baum zusammen. Ich konnte vor Hunger und Erregung nicht einschlafen. Tausend Gedanken und Ängste schossen mir durch den Kopf, doch mit jedem noch so schwachen Schlag meines Herzens tönte es in mir: Freiheit? Freiheit!

Das erste Morgengrauen des 24. April 1945. Sollte das mein Geburtstag sein? Der Himmel wurde heller, und da sah ich, daß auf der anderen Seite unseres Baumes ein Weg vorbeiführte. Auf dem

Weg zwei Soldatenuniformen, etwas weiter weg zwei Gewehre und Helme! Wir machten uns so schnell wir konnten davon. Linka riss ihre Häftlingskleidung in Stücke und vergrub sie im Gebüsch. Wir verabredeten, uns als Arbeiterinnen aus einem zivilen Arbeitslager bei Magdeburg auszugeben, das nach der Bombardierung evakuiert worden sei. Unsere Sachen seien in dem Durcheinander verlorengegangen, wir suchten unseren Transport und bäten darum, uns waschen und ausruhen zu dürfen. Mit diesem Märchen auf den Lippen gingen wir auf das Dorf zu.

An einem Brunnen benetzten wir uns das Gesicht und kämmten unsere zotteligen Haare. Vom Dorf her kam ein Bauernknecht auf uns zu; ich begrüßte ihn mit »Guten Morgen!« und begann, ihm auf deutsch unser Märchen aufzutischen. Stotternd brach er hervor, daß er kein Deutsch verstehe, er sei ein Landarbeiter aus der Gegend von Oleszyce – ein Pole!

Wir jubelten, änderten aber nichts an unserer Geschichte. Er führte uns zu einem Häuschen, in dem viele wohnten, die zu Feldarbeiten deportiert worden waren, einige mitsamt ihrer Familie. Wie freundlich sie uns aufgenommen haben! Sie mußten zur Arbeit und ließen uns in einem Kämmerchen zurück, wo es eine große Waschschüssel mit heißem Wasser gab, Brot und Kaffee – und ein Bett mit einem riesigen Federbett! Ich blickte in den Spiegel und erkannte mich kaum wieder. Zu dritt schliefen wir in dem Bett sofort ein – und träumten ausgerechnet vom Transport!

Am Abend berieten die Polen, was sie tun sollten. Wenn wir arbeiten wollten, würden uns die Bauern gern nehmen, denn es fehlte an Kräften für die Feldarbeit.

Die Bauersleute am Rand von Nossen gefielen mir. Die Bäuerin erkundigte sich nach meiner beruflichen Qualifikation und zeigte mir, wo ich die frisch gelegten Eier einsammeln sollte. Ich konnte nicht widerstehen und trank einige aus. Mit einem Kopfnicken nahm sie es zur Kenntnis. Dann ging sie mit mir in den Keller. Mir wurde schwindelig beim Anblick der Wurstringe, Schinken, Sahneeimer und Buttertöpfe!

Die Deutsche führte mich im Obergeschoß zu einem Kämmerchen, in dem vorher ihr Knecht gewohnt hatte, der »undankbare« Holländer, der sie sitzengelassen hatte. Wenn sich alles beruhigt hätte, würde sie mir dieses Kämmerchen neu streichen. Sie legte mir frische Bettwäsche hin und wollte mir einen Rock und eine Bluse bringen.

»Nur bitte mit langen Ärmeln, Frau Bäuerin!«

Ich durfte ja meine Auschwitz-Nummer nicht enthüllen. Ich suchte schon nach einer Begründung, aber sie nickte nur beifällig und meinte, wie sittsam doch diese polnischen Mädchen seien.

Das Kämmerchen war sauber, der Fensterladen, aus dem ein Herz ausgeschnitten war, gab den Blick auf eine frühlingshaft lächelnde Welt frei. Erstmals seit sechs Jahren hatte ich eine eigene kleine Wohnung und ein eigenes Bett mit einem riesigen Federbett!

Am Abend traf ich mich mit Linka auf dem Hof, und auch Genia kam, die es bei einer älteren Bäuerin schon geschafft hatte, Schnitzel zu braten.

Die erste Nacht im eigenen Bett war sehr unruhig – eine Kuh kalbte. Ich mußte helfen, das Kälbchen an den Beinen zu packen und herauszuziehen. Die Kuh stöhnte wie eine Frau bei einer schweren Geburt. Sie hatte nicht viel Freude an mir als Geburtshelferin, aber irgendwie kam das kleine Bullenkalb doch zur Welt.

Am nächsten Tag herrschte Aufregung im ganzen Dorf. Der Bauer spannte einen Wagen an, belud ihn mit Sachen und wollte mit seiner Frau zu Verwandten nach Leipzig fahren. Die Alte lamentierte und bat mich, den Hof bis zu ihrer Rückkehr zu versorgen. So wurde ich zur Herrin über Haus und Hof sowie über das ganze tote und lebende Inventar.

Mittags brüllten die ungemolkenen Kühe. Ich lief zu den Nachbarn. Auch dort war alles ausgeflogen bis auf eine alte Oma, die sich der Tiere erbarmte. Ich fütterte die Hühner und konnte mich über die blitzschnellen Wendungen des Schicksals nicht genug wundern.

Genia kam zu Besuch und öffnete den Schrank, der voll hing mit Kleidern des Sohnes des Bauern. Dann richtete sich ihre Aufmerksamkeit auf die Truhe unter dem Bett. Wir öffneten sie – und erblickten die Uniform eines SS-Offiziers! Abzeichen der Gestapo! Hatte er vielleicht meinen Vater gepeinigt? Uns in Płaszów mißhandelt?

Wütend schlug ich den Deckel zu und schob die Truhe mit einem Fußtritt unters Bett, denn noch war der Krieg nicht zu Ende.

Am Abend kehrten die Bauersleute zurück. Die Brücke war dermaßen verstopft gewesen, daß sie den ganzen Tag gewartet hatten. Darüber war ihnen die Lust an der Flucht vergangen.

In der Nacht kamen Wehrmachtsoffiziere und beanspruchten das Haus als Quartier. Gegen Morgen befahlen sie uns zu fliehen oder in den Keller zu gehen, denn es würde zu Kriegshandlungen kom-

men. Tatsächlich fuhren sie am Rand der Wiese Geschütze auf. Hinter dem Haus warteten die Panzer.
Die Bäuerin trug Federbetten nach unten, und so saß ich während der letzten Schlacht des Zweiten Weltkriegs im Keller mit den Eltern eines Gestapo-Banditen. Das Haus bebte vom Dröhnen der Artillerie.
Die Alte jammerte: »Du lieber Gott! Jesus, Maria, um Gotteswillen!« Der Bauer knurrte dann und wann in der Ecke unter den Wurstringen.
Schließlich verhallten die Explosionen und Schüsse. Auch das wilde Hin- und Hergerenne der Offiziere über unseren Köpfen hörte auf. Der Bauer schaute kurz hinaus und hängte ein weißes Bettlaken aus dem Fenster. Von draußen war ein dumpfes Brummen zu vernehmen – Panzer. Vereinzelte Schüsse und dann Schritte in der Küche.
»Sind gier dajtsche Saldaten? Chände hoch!«
So sprach kein Deutscher. In Sekundenschnelle war ich aus dem Keller in der Diele. Ich stand von Angesicht zu Angesicht meiner siegreichen Nike gegenüber, der *Freiheit* in Gestalt eines erschöpften, staubbedeckten Soldaten, der ein rauchendes Gewehr in der Hand hielt. Weinend stürzte ich auf ihn zu, wollte meine Lippen an die harten, rissigen Hände pressen, drückte sie mit aller Kraft, bis er erschrocken zurückwich: »Schto wy, germanskaja zhenschtschina?« [Was sind Sie, eine deutsche Frau?]
»Nie! Ja nie germanskaja, ja z Polski!« [Nein, ich bin keine Deutsche, ich bin aus Polen!] Ich riß den linken Ärmel auf und zeigte ihm die Auschwitz-Nummer.
Jetzt ergriff er meine Hand: »Ja znaju ... znaju ...« [Ich weiß, ich weiß...]
Die Bauersleute kamen aus dem Keller, doch der russische Soldat versperrte ihnen mit dem Gewehr den Weg.
»War der Bauer gut zu dir? Wenn er böse war, töte ich ihn. Er führte sie auf den Hof zu den entwaffneten deutschen Soldaten.
Was gingen mich die Eltern eines Banditen an? Endlich war die Zeit gekommen, es den Lumpen heimzuzahlen: für den unschuldigen Tod meiner Liebsten, für die grenzenlose Pein, für jedes Unrecht, jede Beleidigung, jede Demütigung! Ich betrachtete die Gruppe der Deutschen, die gestern noch so selbstsicher gewesen waren, und ich sah in ihren Augen, in ihrer geduckten Haltung und in ihren unsicheren Gebärden – Angst! Jetzt erlebten sie, was wir zuvor unter dem herrischen Blick deutscher Unmenschen bei

Razzien, Menschenjagden, Selektionen erlebt hatten. Ich kannte das Gefühl! Wie oft hatte ich diesen von Entsetzen erfüllten Gesichtsausdruck in meiner engsten Umgebung gesehen – jetzt sah ich ihn in der zitternden Kinnlade der Bäuerin, im Katzbuckeln des Bauern, der sich bittend an mich wandte. Was gingen sie mich an? Woher sollte ich wissen, ob sie in den sechs Kriegsjahren gut oder böse waren? – Aber vielleicht war dieser Sohn ja entartet, vielleicht waren sie gar nicht schuld daran?

Der Bauer klammerte sich an meine Hände, während mir Hunderte von Fragen durch den Kopf schossen.

Schließlich bestätigte ich, daß sie *zu mir* gut gewesen waren – das stimmte ja auch -, und der Soldat ließ sie ins Haus. Ein Grinsen auf der satten Visage des Bauern. Voller Abscheu drehte ich mich um.

Am Tor der Einfriedung fuhr ein Lastwagen für die Kriegsgefangenen vor. Ein Panzer mit rotem Stern rollte heran, um meinen Befreier mitzunehmen.

Er reichte mir die Hand: »*Doswidania dschewuschka!*« [Auf Wiedersehen, Mädchen!]

»Auf Wiedersehen! Nie, nie werde ich dich vergessen! Kehr gesund nach Hause zurück!«

So als wäre nichts gewesen, rief die Bäuerin, ich sollte Kaffee trinken kommen. Ich war wütend auf mich selbst. Tausendmal hatten wir davon geträumt, uns für alles Böse, das uns die Deutschen angetan haben, zu rächen, aber ich war nicht dazu fähig. Schlagartig wurde mir klar, daß keine Rache angemessen wäre, selbst wenn man jeden Tod durch einen anderen rächen würde. Ich mochte nicht ihr Richter sein! Sollten sie doch mit ihrem schlechten Gewissen leben – ich hatte genug von Blut, Leichen und Haß.

Den Duft des Frühlings atmend, schweifte mein Blick über das weite Land im Glanz der untergehenden Sonne, smaragden vom jungen Grün. Geräuschlos fielen die duftenden Blütenblätter von den Obstbäumen. Plötzlich übermannte mich eine unbezähmbare, berauschende Freude. Ich lief über die Wiese »voll goldener Gänsedisteln«, wie es in meinem Gedicht über die Freiheit hieß, und rief: »Ich habe den Krieg überlebt! Ich habe Hitler überlebt! Eigentlich bin ich heute neu geboren worden! Ich bin jung! Ich bin frei! Die ganze Welt liegt vor mir!«

Nun erhob sich die Frage, wie es weitergehen sollte. Meine Welt war Krakau. Dort war mein Zuhause. Wer von der Familie am Leben war, würde dorthin zurückkehren. Genia »organisierte« Bettwäsche, Tischtücher, Teller und Töpfe. Ich bekam einen Satz Leibwäsche, ein Handtuch und ein Kleid. Ich wollte keine deutschen Lumpen. Linka neigte eher zu Genias Ansicht, und so luden sie Koffer mit »Beute« auf ein Handwägelchen, und am Tag, da der Krieg in Europa endete, machten wir uns auf den Weg in die Heimat, also in Richtung Dresden.

Mit vereinten Kräften schoben wir dieses Wägelchen, auf dem stolz die weißrote, polnische Fahne wehte. Auf der Landstraße waren Menschenmassen unterwegs – Polen, Russen, Ukrainer, Tschechen und Ungarn in Richtung Osten, Italiener, Belgier, Holländer und Franzosen in Richtung Westen. Jeder trug ein Fähnlein seiner Nationalität, in dieser fröhlichen Menge, die endlich das verhaßte deutsche Land verließ.

Sachsen suchte uns zum Schluß mit seinen landschaftlichen Reizen zu gefallen. Singend zogen wir durch die dichtgesäten properen Dörfer, vorbei an blühenden Fliederbüschen, durch sonnenüberströmte Felder und Wälder – und hielten triumphalen Einzug in Dresden. Uns begrüßte ein Bismarck-Denkmal, das die Bombenangriffe überstanden hatte, in seinem aufgeblasenen Stolz auf lächerliche Weise die Ruinen der ausgestorbenen Stadt überragend.

Auf dem Bahnhof stand ein langer Güterzug, mit Grün geschmückt und voll von Leuten. Es wimmelte geradezu von Häftlingskleidern. Wir schoben das Wägelchen vor uns her, und von allen Seiten erklangen Rufe: »Servus Häftlinge! Hier Auschwitz! Buchenwald, Ravensbrück! Oranienburg!«

Sie halfen uns auf einen offenen Waggon. Auf Trittbrettern, Dächern und Puffern drängten sich die Menschen, die, aus grausamster Sklaverei befreit, fröhlich singend heimfuhren.

Gegen Abend blieb der Zug auf freiem Feld stehen; die Lokomotive wurde abgekoppelt und fuhr zurück, um einen weiteren Transport zu holen. Die Passagiere schwärmten aus, um Kartoffeln, Wasser und Brennholz zu beschaffen. Neben dem Zug flackerten die Feuer, wie in einem Zigeunerlager, und mit den Rauchfahnen stieg der Duft von gekochten Kartoffeln mit Zwiebeln auf. Scherzhalber hielten wir einen »Appell« ab, bei dem das leckere Abendessen mitsamt einer Portion Brot ausgeteilt wurde. Ein »Waggonältester« hatte die Aufgabe, die Zahl der »Bewohner« in den Waggons zu registrieren und von der Roten Armee Verpflegung entgegenzunehmen.

Wir ließen uns die Suppe schmecken – wir, das war eine Auschwitzer Gruppe von jungen Warschauern, darunter der große Mietek, Danek und Heniek, »der Minderjährige« – so nannte man ihn, weil er mit einem Kindertransport ins Lager gekommen war. In den Waggons wurde gesungen und gelacht. Von einem Militärzug drang eine wehmütige Weise zu uns, von russischen Soldaten in einem wunderschönen Chor gesungen. Der Vollmond leuchtete am klaren dunklen Himmel, die Erde und das frische Grün dufteten. Schön ist die Welt und schön ist das Leben, doch am schönsten ist das Bewußtsein einer durch nichts beschränkten Freiheit!

Wohl niemand von uns hat vorher oder nachher so ein absolutes, intensives und unbeschwertes Glück empfunden wie während dieser rauschhaften »Ferien vom Leben« zwischen Befreiung und Rückkehr in die Heimat – zu den normalen Pflichten erwachsener Menschen.

Nach einigen Tagen erreichten wir Rawicz, wo wir uns beim Roten Kreuz meldeten. Es herrschte eine ausgelassene Stimmung, aber die Reise zog sich in die Länge. Endlich in Tschenstochau angekommen, wollten wir in einen Personenzug umsteigen. Linka und Genia konnten sich nicht von ihrem Wägelchen trennen. Doch wie sollten wir mit soviel Gepäck in den vollgestopften Waggon kommen? Ich nahm ihnen durchs Fenster ein Köfferchen ab, als der Zug plötzlich anfuhr. Sie blieben mit ihrem Wägelchen voller Plunder auf dem Bahnsteig zurück. Doch die Trennung hatte jetzt nichts Bedrohliches mehr. Genia würde schon zur Długosz-Straße 7 finden.

Endlich erblickte ich das Panorama der Heimatstadt, meiner liebsten auf der Welt – *Krakau!* Jetzt erst war ich wirklich zu Hause, obwohl ich nicht wußte, ob unser Haus noch existierte und wen ich dort antreffen würde. Vor Erregung zitternd stieg ich am Bahnhof aus, blickte mit Tränen in den Augen auf das graue Pflaster, den grünen Ring, die blaue Trambahn. Wie im Traum stieg ich auf die Plattform, obwohl ich keinen Groschen für die Fahrkarte besaß. Der Schaffner bemerkte die Auschwitzer Tätowierung, winkte ab, und ich fuhr umsonst.

An der Einmündung der Floriańska-Straße stürzte ich zum Ausstieg. Der Koffer fiel mir aus der Hand, polterte die Stufen hinunter und landete auf der Straße. Der silberhelle Klang des Türmerliedes schwebte über der Stadt. Ich nahm das geliebte Bild des Marktplatzes in mich auf, sein Kopfsteinpflaster, die Tuchhallen, die aufragenden Türme der Marienkirche, das stechend intensive Blau des Himmels. Alles war, wie es gewesen ist, auch die Fiaker, auch die Blumenverkäuferinnen, und der Turmbläser begrüßte mich!

»Nun nehmen Sie schon Ihren Krempel«, erboste sich ein beleibter Passagier, »man kommt ja gar nicht vorbei. Was ist hier los?!« Mit Mühe löste ich meinen verzückten Blick von dem Bild, packte den empörten Kerl mit beiden Händen und schrie freudig: »Was hier los ist? Mein lieber Herr, ich bin frei, ich bin zu Hause! *Ich fange an zu leben!*«

Das Haus an der Długosz-Straße 7 stand noch, aber Mama war nicht da. Die anderen Mieter nahmen mich herzlich auf; in den ersten Tagen übernachtete ich mal bei den einen, mal bei den anderen, denn unsere Wohnung war von fremden Leuten belegt. Genia kam bei einer Freundin in Kazimierz unter. Vom Verband der ehemaligen Häftlinge erhielten wir 100 Zloty und Märkchen für die Volksküche.

Wir meldeten uns beim Jüdischen Komitee an der Długa-Straße, wo bereits ein Ambulatorium und die Historische Kommission zur Untersuchung der Naziverbrechen eingerichtet worden war. Dort konnte man sich nach dem Schicksal von verschollenen Verwandten und Freunden erkundigen. Dort traf ich Erna Neiger. Sie wollte nach Schlesien, wo ihr Vater das Lager Groß-Rosen heil überstanden hatte. Freundlich wie sie war, nahm sie mich mit in ihre Wohnung in der Starowiślna-Straße 78, wo sie zwei Zimmer mit Küche, Dienstmädchenkammer und Bad hatte. Im Zimmer standen ein Sofa, ein Bett und zwei Stühle. Erna bat mich, auf die Wohnung aufzupassen und dort zu bleiben, falls sie nicht in einer Woche zurückkehren würde. So kam ich zu einem »Appartement« an der nunmehr umbenannten Straße der Helden von Stalingrad Nr. 78, Wohnung 13. Aus Spaß befestigte ich eine Visitenkarte an der Tür: »Halina Nelken – professionelle Weltenbummlerin«, ohne zu ahnen, welche Wanderungen mir noch bevorstanden.

Ich eilte zu Genia, erfreut, daß wir nun ein Plätzchen für uns haben sollten. Sie sah elend und krank aus.

»Um Himmels willen! Du kommst auf der Stelle mit!«

Wortlos gehorchte sie mir. Wir gingen geradewegs zum Ambulatorium, denn sie war ernstlich krank. Gelbsucht. Wir bekamen ein Glas Honig, Hafergrütze und Zucker, Trockenei und Medikamente. Nach einigen Tagen in der Starowiślna hatte sich ihr Zustand soweit gebessert, daß ich endlich losfahren konnte, Mama zu suchen. Wir wußten nicht, wo sie geblieben war – die einzige Spur war das Dorf bei Wodzisław.

Die mit Menschen überfüllten Personen- und Güterzüge fuhren unregelmäßig, und die Fahrt dauerte endlos. Nach zwei schlaflosen Nächten fuhr der Zug endlich in den Bahnhof der schlesischen Kleinstadt ein.

Den Namen des Dorfes wußte ich nicht mehr, hoffte aber, beim Roten Kreuz Hilfe zu finden. Im selben Gebäude befand sich die Polizei. Alle erinnerten sich an die schrecklichen Kolonnen aus Auschwitz. Der Kommandant, ein älterer Mann, hörte mir teilnahmsvoll zu und stellte mir einen Polizisten mit Motorrad zur Verfügung. Wir fuhren die Dörfer der engeren Umgebung ab, ergebnislos – keines ähnelte dem, das ich in Erinnerung hatte. Es mußte weiter weg sein, und so ließ der Kommandant einen Einspänner kommen und fuhr selbst mit mir.

Endlich! Der Weg, der von der Chaussee abzweigt, die Gebäude, die Scheune links, das Haus mit dem Keller gegenüber. Die Frauen liefen auf dem Hof umher, beunruhigt vom Anblick des »Schutzmanns«. Als ich erklärte, um was es ging, wurden sie blaß und nickten: »Ja, so eine war hier. Sie wollte nicht bleiben.«

Sie hätten sie ja versteckt, aber sie habe zu ihrer Tochter gewollt. Sie hatten ihr zu essen gegeben, und dann sei sie fortgegangen, übers Feld. Auch hier hätten die Deutschen gemordet, wenn sie Leute in der Scheune fanden.

»Das stimmt nicht!« rief ich. »Im Nachbardorf haben sich viele Leute versteckt, und die Bauern haben sich diese paar Tage im Versteck vergolden lassen! Meine Mama hatte keine Kraft, um weiterzugehen, sie ist mit meinem Wissen hiergeblieben. Wohin habt ihr sie gejagt?«

Sie erröteten: »Das waren nicht wir, sondern der Bauer, aber wir hatten alle Angst ...«

Der Kommandant stieg von der Kutsche: »Wenn ihre Mutter nicht zurückkehrt, werdet ihr dafür bezahlen. Ich finde euch alle, und ihr werdet für euer Verbrechen im Gefängnis verschmachten!«

Der Kommandant brachte mich an den Zug nach Krakau.

»Gib mir Bescheid, Kind, ich werde es ihnen heimzahlen. Aber der Krieg ist ja gerade erst zu Ende, nach und nach kehren die Leute heim. Gebe Gott, daß deine Mutter auch heimkehrt.«

Wie anders, wie hoffnungslos traurig war meine zweite Heimkehr nach Krakau.

Im vierten Stock begrüßte mich fröhliches Stimmengewirr. Zwei Schwestern waren eingezogen, Lola und Giza mit einer Freundin und Lolek, der Motorradfahrer. Die vom Krieg verschonte Stadt war überfüllt mit Warschauern, die sich nach dem Aufstand hierher geflüchtet hatten, mit ehemaligen Häftlingen der Nazilager und Kriegsgefangenen. Alle Wohnungen waren überbelegt. Aber daß Genia sich aus dem Zimmer hatte vertreiben lassen!

»Du hättest ja hierbleiben und aufpassen können! Außerdem ist das nur eine Übergangslösung. Sie werden in Kürze wegfahren, und ich auch, sobald Felek zurück ist.«

Ich konnte mich nicht einmal richtig ausruhen, denn alle bekamen Besuch von Bekannten, die die Freiheit feiern wollten. Dazu hatte ich keine Lust; es ging mir auf die Nerven.

Alle schliefen noch nach dem Saufgelage, als ich mich in aller Frühe ziellos in Richtung Marktplatz davonmachte. Für die Heimatstadt konnte ich nichts mehr empfinden. Alles war sinnlos. Ich hatte den Krieg überlebt, aber für wen? Wer brauchte mich? Wer würde mir Rat erteilen? Wer würde sich über meine eventuellen Erfolge freuen? Wer würde mir Mut machen, für meine Mißerfolge Verständnis aufbringen? Genia? Fast hätte ich aufgelacht. Die Eltern waren nicht da, Felek nicht, nicht die Tanten, Onkels, Cousins ...

Ich bog in die Wallanlagen ein, doch die Schönheit der Kastanien, die im Morgentau blühten, tröstete mich nicht über meine Trauer hinweg. Auf den Alleen war noch kein Mensch zu sehen, aber auf den Bänken lagen welche, ein Bündel unter dem Kopf – Leute in gestreifter Häftlingskleidung! Hier also verbrachten meine Leidensgenossen die Nächte, bevor sie sich nach Hause wagten und dort vielleicht niemanden antrafen. Wir standen im Leben wie ein nackter Baumstamm ohne Laub, mit abgehackter Krone ... wir waren zwar davongekommen, aber wozu?

Du dachtest, armer Häftling, als du
Jahrelang stecktest hinter Gittern,
Bei Kriegsende würden sie als einen Helden
Dich mit Blumen überschütten.

Du würdest auf dem Rücken liegen,
Würdest Schweinekotelett mit Kraut verschlingen,
Würdest eine Zigarre rauchen, zu dir kommen.
Aber... leider, mein Bruder, leider

Ziehst du in zerrissener Häftlingskleidung umher,
Und das Fertigsüppchen gluckert im Magen ...
Umsonst versuchst du dich mit der Hoffnung zu trösten,
Daß es so doch meistens nur am Anfang ist.

Jeder empfängt uns wie Geister aus dem Jenseits
Oder wie den »Schrecken des Flammenschwerts«,
Fragt neugierig und lauscht erschreckt,
Und wir sollen – wie Geister – von Luft leben!

Wenn du, ohne Wohnung, in den Anlagen schläfst,
Lächelt der Mond spöttisch herab. -
Du hast dich so nach der Freiheit gesehnt,
Nun, Bruder, genieße sie im Schoß der Natur!

Und wenn du siehst, daß du keine Familie mehr hast,
Kein Haus, keine Arbeit, daß du allein bist, wie die
Vielen anderen Schiffbrüchigen des Lebens,
Wie ein Boot ohne Segel, ohne Ruder, ohne Steuer ...

Kannst du dich kaum noch mit der Hoffnung trösten
Und wider die Logik ganz arglos glauben,
Wenn wie Gift die Frage in die Seele dringt:
War es das wert, so zu leiden, um zu überleben?
(Krakau, 10. April 1945*)

Ich hatte keine Lust, nach Hause zurückzukehren. Ich ging gedankenverloren durch die Anlagen in Richtung des Weihers, während andere an mir vorübereilten. Alle hatten Wichtiges zu erledigen, nur ich hing in der Luft.
Plötzlich schloß mich ein bärenstarker junger Mann in die Arme: »Fräulein Nelken! Du spazierst hier in den Anlagen herum, und deine Mutter weint sich in Mauthausen die Augen nach dir und Felek aus!«

* Dieses mein erstes Gedicht nach dem Krieg schrieb ich auf der Maschine beim Häftlingsverband. Auf die Bitte des Vorsitzenden hin trug ich es zu der Tageszeitung »Dziennik Krakowski«. Der Redakteur las es und schüttelte traurig den Kopf: »So bitter, so pessimistisch. Dabei beginnt für uns jetzt eine Zeit des Wiederaufbaus und der freudigen Arbeit für das Vaterland. Ich kann es nicht abdrucken.«

Ich konnte es nicht glauben. Mauthausen war ein Männerlager, wie war Mama dorthin geraten?
»Noch vor einer Woche habe ich mit ihr gesprochen. Wenn ich gewußt hätte, daß du hier bist, hätte ich sie mitgebracht. Ich habe meine Schwester hier gefunden, und heute fahren wir zurück. Wir gehen nach Palästina, von unserer Verwandtschaft ist keiner mehr da, alle sind sie umgekommen. Deinen Bruder hat man angeblich in Dachau gesehen.«
Drei Wochen später klopfte eine abgezehrte Frau in Häftlingskleidung an unsere Tür: Mama!!!
Jetzt erst war für uns der Krieg zu Ende.

Am nächsten Tag schaute sich Mama in unserer provisorischen »Kolchose« um. »Jetzt muß wieder ein normales Leben beginnen«, stellte sie fest. »Das wäre ja noch schöner, wenn wir uns auf die Unterstützung der Komitees verlassen würden! Morgen gehe ich arbeiten! – Halina, du gehst aufs Gymnasium! Genia, willst du was lernen? Worauf hättest du Lust?«
Sie hatte zu nichts Lust außer auf Felek. Wir wußten nicht, daß er in Dachau im Krankenhaus war und ihn seine ersten Schritte nach der Rekonvaleszenz auf die Universität zum Medizinstudium führen sollten. Er kam für einen Tag nach Krakau, um uns alle nach München zu holen. Einstweilen fuhr jedoch nur Genia mit ihm. Das war im November gewesen.
Inzwischen war Juli. Mama nahm ihre Arbeit in der Historischen Kommission auf, die die Kriegsverbrecherprozesse vorbereitete. Aber wie sollte Mama uns alle drei alleine durchbringen? Um zu helfen, war ich bereit, nach der Schule als Kellnerin in einem Café zu arbeiten.
»Kommt nicht in Frage!« meinte Mama entrüstet.
Eine Halbtagesstelle als Stenotypistin in der Redaktion einer literarischen Zeitschrift fand jedoch Mamas Billigung. So hieß es also vormittags: »Fräulein Nelken, Sie sind wieder zu spät gekommen. Übersetzen Sie mir doch bitte einmal den Horaz.« Und nachmittags: »Fräulein Halina, tippen Sie mir bitte noch diesen Essay hier ab.«
Allmorgendlich eilte Mama in die Historische Kommission, ich zur Schule, und Genia wartete zu Hause auf Felek. Für uns hatte das normale Leben begonnen. – Das normale Leben?

Nachwort

Zwischen dem Angriff auf Polen am 1. September 1939 und dem Ende des Krieges in Europa am 9. Mai 1945 vergingen 2077 Tage und Nächte, die man irgendwie durchstehen mußte. Kein Mensch auf der Welt war auf die besondere Art des Lebens und Sterbens unter der Nazibesatzung vorbereitet. Niemand – auch die seit Jahrtausenden verfolgten Juden nicht. Gerade für uns verwandelte sich die reale Welt, die wir kannten, in die allerschwärzeste Leere, aus der sich die Ghettos, Arbeitslager, Konzentrationslager und Todeslager als isolierte Planeten abhoben, verbunden nur durch einen einzigen, uns unbekannten Zweck – die Ausrottung.
Der heldenhafte Aufstand im Warschauer Ghetto verschleierte einen anderen, nicht minder heldenhaften Kampf, der freilich ohne Waffen und nicht auf dem Schlachtfeld geführt wurde. Auf diesem Planeten aus einer surrealistischen Vision wurde täglich um das Leben gerungen, um eine *menschliche* Existenz, die den individuellen Anforderungen des Milieus, der Kultur oder der religiösen Tradition entsprach. Das zeigte sich in dem Bemühen, im plötzlich hereingebrochenen Chaos die hergebrachten ethischen Normen zur Geltung zu bringen, in der Sorge um die Bildung der Kinder und Jugendlichen, um die Befriedigung kultureller Bedürfnisse in den Bereichen Literatur, Kunst und Musik. Es zeigte sich in der Ausweitung der Fürsorge für den ärmsten Teil der Bevölkerung, in der Einrichtung von Altersheimen, Kranken- und Waisenhäusern – solange es offiziell erlaubt war, alt, krank oder ein kleines Kind zu sein (was bald zu einem todeswürdigen Verbrechen wurde). Es dauerte übrigens nicht lange, bis auch die Jungen, Starken und Gesunden zu Tausenden in die Gaskammern gingen.
Das Bemühen um die Bewahrung einer humanistischen Haltung ist nach 1942, 1943, 1944 – den Jahren der »Endlösung«, nicht verkümmert. Es nahm eine andere Form an. Wenn von den Greueln der Ausrottung die Rede ist, darf nicht der subkutane Strom der instinktiven Solidarität der Verfolgten und der Opfer vergessen werden. Es ist ein kardinaler Irrtum, in Auschwitz, Dachau, Ravensbrück, Płaszów oder Mauthausen Lager zu sehen, in denen – so grauenhaft sie auch waren – jeder auf sich allein gestellt war.

Wenn das der Fall gewesen wäre, hätte niemand überlebt – und es hätte sich wohl auch nicht gelohnt, zu überleben, wenn alle Menschen schlecht und gemein gewesen wären.
Doch die Leute haben sich gegenseitig geholfen. Das galt natürlich für Familienangehörige, für diejenigen, die aus derselben Stadt, demselben Dorf kamen. Später, als unsere Welt schrumpfte, halfen einander Menschen aus demselben Lager, aus demselben Block, von derselben Pritsche – der Mensch half einfach dem Menschen, ob Jude oder Nichtjude. Es genügt ein Blick in die Akten des Prozesses gegen Amon Goeth, den Lagerkommandanten in Płaszów, und in die Zeugenaussagen. Płaszów hat ein wunderbares Zeugnis der Solidarität und gegenseitigen Hilfe zwischen polnischen und jüdischen Häftlingen abgelegt. Ähnlich Auschwitz unter Rudolf Höss.
In der ständigen Konfrontation von Leben und Tod war keine Zeit für unschlüssige Überlegungen – es galt sofort zu handeln, ohne Zögern. Durfte man in die privilegierte Polizei des OD eintreten – oder sollte man sich lieber nicht mit den Henkern des eigenen Volkes identifizieren? Durfte man sich vor der Arbeit drücken, wenn andere dafür doppelt arbeiten mußten? Durfte man unter dem Jakkett Lebensmittel einschmuggeln, obwohl andere dafür erschossen wurden, wenn man ertappt wurde? Denn die Strafe war immer kollektiv und tödlich. Mußte man während der endlosen Appelle einen Kranken vor dem Geierblick der SS-Männer schützen, indem man sich in die erste Reihe stellte, obwohl jeder von uns wünschte, unsichtbar zu werden? Genau auf diese Weise wurde ich in Ravensbrück beschützt, als ich Typhus hatte. Und bei der Selektion oder Deportation aus dem Ghetto: Sollte man nach rechts gehen, mit der Mutter, oder nach links, mit dem Geliebten?
Für Eltern gab es diesen Zweifel nicht. Mir ist kein einziger Fall bekannt, daß Eltern sich allein gerettet hätten; ich weiß aber von vielen, die sich hätten retten können, aber mit ihren kleinen oder schon erwachsenen Kindern freiwillig in den Tod gegangen sind. In dieser grausamen schwarzweißen Welt ohne Nuancen standen wir ständig vor der Entscheidung, mußten wir zwischen Moral und Unmoral wählen. Ein negatives Verhalten hätte man durchaus mit den Umständen entschuldigen können, und doch – das muß betont werden – hat die Ethik in den meisten Fällen gesiegt.
Die unmenschlichen Bedingungen wirkten sich auf Charaktereigenschaften aus: Schlechte Menschen wurden vollends böse, gute Menschen verwandelten sich in Heilige. Charakterstärke und Mut

färbten auf andere ab. Die Anständigen, die das Brot in gleich große Schnitten teilten – und solche gab es in jeder Gruppe – mobilisierten andere, und tatsächlich haben sich die Häftlinge gegenseitig geholfen. Wenn es möglich war, durch die Tat, wenn nicht, dann haben sie dem anderen doch wenigstens durch ein Wort, ein Lied, eine Geste, ein Lächeln oder einen Blick Mut zum Durchhalten verliehen.

Die siegreichen Armeen der Alliierten haben unser Leben mit Blut erkauft. Hätte der Krieg länger gedauert, hätte kein Häftling die Nazilager überlebt. Weil Millionen umgekommen sind und es uns vergönnt war, mit dem Leben davonzukommen, haben wir die Pflicht, für alle Zeugnis abzulegen. Wir müssen die Wahrheit weitergeben, die so oft in den nichtssagenden Theorien von »Experten« entstellt wird. Statistiken und soziopsychologische Untersuchungen richten das Erbe zugrunde, das uns der Genozid des 20. Jahrhunderts hinterlassen hat. Es besteht für mich im unerschütterlichen Glauben an den Menschen – in der schlichten Tatsache, daß die Redlichkeit des Charakters, die Güte des Herzens und die menschliche Würde des einzelnen trotz allem unbeugsam und unzerstörbar sind, auch in einem Ozean von Niedertracht und Verbrechen. Dieses Bewußtsein hat mir geholfen, durchzuhalten und ohne Verbitterung und Haß durchs Leben zu gehen.

Cambridge, Massachusetts, 4. September 1986

Gisela Schneider F f 07